国家自然科学基金项目（72104027）
北京市社会科学基金项目（22JCC074）

加快发展新质生产力

创新引领高质量发展的中国路径

尹西明　陈　劲——著

河南科学技术出版社
·郑州·

图书在版编目（CIP）数据

加快发展新质生产力：创新引领高质量发展的中国路径 / 尹西明，陈劲著.--郑州：河南科学技术出版社，2024.4（2025.7重印）

ISBN 978-7-5725-1496-8

Ⅰ.①加… Ⅱ.①尹… ②陈… Ⅲ.①新兴产业－投资－研究－中国 Ⅳ.①F269.24

中国国家版本馆CIP数据核字（2024）第072513号

出版发行：河南科学技术出版社

地址：河南自贸试验区郑州片区（郑东）祥盛街27号　　邮编：450016

电话：（0371）65788613 65788642

网址：www.hnstp.cn

出 版 人：乔　辉

策划编辑：于凯燕　王志强

责任编辑：许逸舒　慕慧鸽　郭亚婷　许　静　于凯燕

责任校对：崔春娟　张萌萌

整体设计：李小健

责任印制：徐海东

印　　刷：三河市腾飞印务有限公司

经　　销：北京中图猫文化传媒发展有限公司

开　　本：720 mm × 1 020 mm　1/16　印张：24.25　字数：400 千字

版　　次：2024 年 4 月第 1 版　2025 年 7 月第 2 次印刷

定　　价：99.00 元

推荐语

加快发展新质生产力，是党和国家领导人推进马克思主义生产力理论中国化时代化的重大创新，为中国经济从高速增长向高质量发展转型指明了前进方向、提供了根本遵循。本书从理论、战略和实践三维视角系统解读了新质生产力是什么、如何发展，既有视野宽度、理论高度，又有实践深度，同时涵盖典型区域和企业的实践探索与模式提炼，为关心和从事创新发展的社会各界勇担创新引领高质量发展时代使命，因地制宜加快发展新质生产力提供了重要参考。

——方新　中国科学院原党组副书记，中国科学学与科技政策研究会名誉理事长

科技现代化是中国式现代化的关键，发展新质生产力是推动高质量发展的内在要求和重要着力点。如何准确理解新质生产力的内涵特征，系统把握创新引领新质生产力培育的理论逻辑和战略路径，是因地制宜发展新质生产力的重要突破口。本书抓住了“创新”这一新质生产力的本质特征，从科技创新、产业创新和体制机制创新等多维视角作了系统深入的理论研究和实践探索总结，为新发展阶段加快深化体制机制改革，以科技创新推动产业创新，培育和发展具有高科技、高效能、高质量特征的新质生产力提供重要的理论、政策和实践参考。

——吕薇　国务院发展研究中心创新发展研究部研究员，第十一、十二、十三届全国人大常委

培育和塑造新质生产力是构建现代化产业体系的必然要求，也是遵循可持续发展基本规则，强化产业源头技术创新和产业系统创新能力，不断提升国家综合实力与国际竞争力并实现高质量发展的必然选择。加快形成新质生产力，说到底要提升创新引领发展的能力，包括科学价值创造、技术价值创造、经济价值创造、社会价值创造和文化价值创造能力。本书为社会各界准确把握创新驱动发展规律趋势，发挥创新主导作用，因地制宜加快发展新质生产力提供了重要的理论、战略和实践参考。

——穆荣平　中国科学院科技战略咨询研究院研究员，中国科学学与科技政策研究会理事长

把握新阶段创新驱动发展趋势规律，打通束缚新质生产力发展的卡点堵点，是塑造新质生产力、培育高质量发展新动能的关键所在。本书由科技创新管理与政策领域领军学者陈劲教授团队领衔，以理论和实践相结合的视角洞悉新的战略环境，系统揭示了把握创新主导作用、加快形成新质生产力的逻辑机理，对进一步深化科技体制机制改革、塑造与新质生产力相适应的新型生产关系，拓展科技支撑中国式现代化新格局具有重要参考价值，对企业和区域分类施策、因地制宜加强科技创新、加快科技成果转化和产业化、培育新动能新优势具有实践指导意义。

——吴善超　中国科协办公厅副主任，一级巡视员，研究员

新一轮科技革命浪潮，正在加快重塑全球经济格局和产业格局，如何以新质生产力推动产业高质量发展，做好创新这篇大文章，成为中国式现代化新征程上的“时代之问”。尹西明和陈劲教授的这本新书中，阐释了新质生产力的理论内涵、发展逻辑和战略路径，提出新质生产力要靠数字科技这一“介质”来实现，这也符合我们在产业一线的观察体验。

过去几年，我们在拥抱产业互联网的过程中深刻认识到，作为前沿技术的重要领域，数字技术不仅是新质生产力的重要组成部分，也是助力实体产业塑造新质生产力的关键引擎。腾讯也利用自身技术积累，不断向上突破云计算、数据库、AI 等关键技术“天花板”；向下扎根实体产业的“试验田”，打造了工业、农业、医疗等 400 多个行业解决方案，助力各行各业高质量发展。

本书不仅提出“以场景驱动数字科技向生产力转化”等新质生产力的发展路径，也纳入了企业和区域的不少案例，观察各行各业因地制宜将科技创新与管理创新相结合，催生新质生产力的最新实践和探索，可以给产业的管理者、研究者、从业者带来相当的启发。

——汤道生　腾讯集团高级执行副总裁，云与智慧产业事业群 CEO

数据要素，作为推动科技创新、促进生产要素创新性组合和实现产业深度转型的关键，已成为数字经济发展的核心动力，为新质生产力的发展提供了重要的基础性资源。尹西明和陈劲教授在本书中，顺应数字时代的创新趋势，深入剖析了如何利用创新的主导力量和数据要素的乘数效应，加速科技创新和产业创新的步伐。他们详细探讨了相关的理论、战略和实践探索，为我国在新发展阶段进一步深化改革，激发数据交易所、科技领军企业和平台企业等新质主体的活力，构建数字时代的新型生产关系，推动新型生产要素向新质生产力的转化，以及根据不同地区特点发展新质生产力，提供了宝贵的理论支持和实践指导。

——王冠　深圳数据交易所副总经理，民盟中央科技委员会委员

序言

欢迎您翻开这本凝结了我们团队研究心血的著作——《加快发展新质生产力：创新引领高质量发展的中国路径》。本书旨在深入探讨在世界百年未有之大变局和中华民族伟大复兴全局的历史背景下，如何通过强化创新引领，更好发挥创新主导作用，做好创新这篇大文章，加快发展新质生产力，以实现经济社会的高质量发展。本书的撰写，源于我们对中国特色社会主义进入新时代以来，在创新引领生产力实践方面所取得的卓越成就，以及新形势下面临的新挑战新使命的深刻认识与长期跟踪研究；源于我们对国家未来发展方向的坚定信心和热切期待，更源于对扎根中国实践、总结概括中国创新引领发展模式和理论，助力加快发展新质生产力的使命感和责任感。

创新已成为引领人类社会进步和文明发展的核心动力，而中国，作为世界上最大的发展中国家，其发展道路的选择和实践，不仅对自身的未来至关重要，也将对全球经济格局产生深远影响。2023 年中央经济工作会议强调，要以科技创新推动产业创新，特别是以颠覆性技术和前沿技术催生新产业、新模式、新动能，发展新质生产力。习近平总书记 2024 年 1 月 31 日主持中共中央政治局第十一次集体学习时指出："新质生产力是创新起主导作用，摆脱传统经济增长方式、生产力发展路径，具有高科技、高效能、高质量特征，符合新发展理念的先进生产力质态。它由技术革命性突破、生产要素创新性配置、产业深度转型升级而催生，以劳动者、劳动资料、劳动对象及其优化组合的跃升为基本内涵，以全要素生产率大幅提升为核心标志，特点是创新，关键在质优，本质是先进生产力。”①作为中国共产党谱写马克思主义生产力理论中国化时代化重大理论创新成果，如何准确理解、系统贯彻落实，因地制宜加快发展新质生产力，成为新征程上社会各界共同关切的重大紧迫议题。

习近平总书记强调，发展新质生产力是推动高质量发展的内在要求和重要着力点，必须继续做好创新这篇大文章，推动新质生产力加快发展。②高质量发展需要新的生产力理论来指导，而新质生产力已经在实践中形成并展示出对高质量发展的强劲推动力、支撑力，需要我们从理论上进行总结、概括，用以指导新的发展实践。

在这一背景下，本书从理论逻辑、发展逻辑和实践逻辑三位一体的视角，以理论研究与典型案例相结合的方式，系统解读以创新为主导、以科技创新为核心要素，加快发展新质生产力的理论逻辑、战略路径与实践探索。我们首先梳理了新质生产力的理论内涵、特征和多重逻辑，明确了创新在这一过程中的主导作用。接着，我们从战略路径的角度，探讨了科技创新在推动产业创新、科技与产业深度融合、发展方式绿色转型等方面的重要作用，并针对如何进一步深化体制机制改革，畅通教育、科技、人才良性循环和全面提升国家创新体系整体效能等维度，提出了一系列具体的政策建议和实施路径。最后，我们总结梳理了新质生产力的典型案例，展示了如何因地制宜发挥创新引领作用，培育和发展新质生产力。

本书的核心思想在于，新质生产力的发展必须依靠科技创新及其催生的新模式、新业态和新产业，实现劳动者、劳动资料和劳动对象三要素优化组

---

①②习近平在中共中央政治局第十一次集体学习时强调　加快发展新质生产力　扎实推进高质量发展［N］. 人民日报，2024-02-02（1）.

合和量质齐升；而创新主导作用的发挥，则需要在国家战略的引领下，围绕发展新质生产力的要求，优化乃至重构生产关系，整合各类创新资源，优化创新环境，深化科技体制机制和管理模式改革，激发创新活力。概言之，我们必须面向未来，深入理解和贯彻新质生产力理论，深刻把握创新这一“本质”，通过数字要素这一“介质”，实现绿色和高质量发展的“品质”。

我们认为，中国在新的发展阶段，必须坚持创新是引领发展的第一动力、人才是第一资源和科技是第一生产力，把握数字化智能化时代的科技创新和第四代管理学发展趋势规律，抓住场景驱动科技创新的范式跃迁机遇，通过“场景＋问题＋科技”三轮驱动的新范式，加强科技创新，加快前沿性、颠覆性技术突破和关键核心技术攻关，以科技创新促进产业创新，引领产业智能化、高端化、融合化和绿色化发展。在以科技创新为基础推进全面创新的过程中，加快实现高水平科技自立自强，推动科技创新成果向具体产业和产业链应用，加快科技创新成果向现实生产力转化，推动劳动者、劳动资料和劳动对象及其优化组合实现质的跃迁，以此加快推进新型工业化和现代化产业体系建设，为高质量发展提供持续动能，实现经济社会的全面进步和可持续发展。

本书不仅提供了丰富的理论分析和政策建议，还特别注重鲜活案例，力求将抽象的理论具体化、形象化。我们深入研究了京东方、三峡集团、腾讯、阿里巴巴、深圳数据交易所、小视科技等一批在创新引领新质生产力发展的实践中取得显著成效的中国企业或组织，分析了它们如何通过科技创新实现转型升级，成为各自领域的领军者。同时，本书也选取了北京、江苏苏州和重庆等典型区域在因地制宜培育和发展新质生产力、加快推进高质量发展方面的探索和相关经验总结的案例。这些案例源自新质生产力的生动实践，佐证了创新引领加快发展新质生产力理论的历史逻辑和发展逻辑的正确性和有效性，也为其他企业和地区因地制宜加快发展新质生产力提供了可借鉴的经验。

期待读者朋友在阅读本书过程中能够获得启发，增强实践动力，提高发展实效；也欢迎读者朋友提出反馈建议，共同做好创新这篇大文章，凝心聚力加快发展新质生产力，扎实推进高质量发展，开辟中国式现代化新篇章！

谨此序言，以飨读者。

尹西明　陈　劲
2024 年 3 月 16 日
于清华园

目录

理论逻辑篇　001

导　言　准确把握新质生产力思想内涵　003

第一章　加快发展新质生产力的逻辑、形势与重点　007

一、加快发展新质生产力的多重逻辑　007

二、发展新质生产力面临新形势新机遇新挑战　013

三、做好创新这篇大文章，加快发展新质生产力的重点议题　014

第二章　创新引领加快发展新质生产力的理论范式　021

一、管理学范式跃迁、第四代管理学与中国学派的兴起　021

二、整合式创新：基于东方智慧的创新理论　038

三、场景驱动创新：数智时代发展新质生产力的新范式　053

战略路径篇　077

第三章　科技创新：发展新质生产力的核心要素　079

一、强化科技创新的主导作用　079

二、强化企业科技创新主体地位　082

三、培育壮大科技领军企业　085

四、加快原创性、颠覆性技术创新　098

第四章　产业创新：发展新质生产力的产业动能　107

一、场景驱动人工智能等颠覆性技术创新　107
二、加快国有企业创新体系建设，深入推进产业现代化　123
三、双新互促：在打造现代新国企中加快发展新质生产力　129
四、民营企业参与重大创新，加快发展新质生产力的困境与对策　134

第五章　科产融合：强化科技成果向产业链转化效能　143

一、时代呼唤科技成果向生产力转化的新范式　143
二、科技成果转化的相关研究与范式演变　145
三、场景驱动科技成果向新质生产力转化的理论逻辑　149
四、场景驱动科技成果向新质生产力转化的过程机理　154
五、提升科技成果向产业链转化效能的对策启示　157

第六章　数智赋能：释放新质生产要素的乘数效应　159

一、数字经济对新质生产力发展的放大、叠加和倍增价值　159
二、培育数字化动态能力，加速产业数字化智能化转型　162
三、探索多元主体协同共创机制，加快释放数据要素价值　169
四、加强数据要素市场培育，推动数据财政体系构建　173

第七章　绿色转型：夯实新质生产力和高质量发展的底色　176

一、数据要素 × 绿色低碳：场景驱动加速碳中和进程　176
二、建设新型数据基础设施，赋能实现碳达峰碳中和战略目标　182

第八章　深化改革：形成加快新质生产力发展的新型生产关系　187

一、健全完善新型举国体制，全面提升国家创新体系整体效能　187
二、推进国家战略科技力量体系化协同，打造国家科技先导能力　210
三、加强企业主导型产学研深度融合，加快提升产业科技创新能力　218
四、创新人才工作机制，形成教育、科技、人才良性循环　223

实践探索·区域篇　231

第九章　北京：智源研究院以人工智能大模型突破赋能新质生产力　233

一、智源研究院：北京瞄准颠覆性技术突破部署的新型研发机构　234

二、智源研究院场景驱动人机协同赋能新质生产力发展的创新机制　235

第十章　重庆：区域科技创新中心支撑新质生产力与高质量发展　239

一、高质量发展的科学内涵　241

二、区域科技创新中心　242

三、西部（重庆）科学城建设概况　243

四、区域科技创新中心支撑新质生产力和高质量发展的理论逻辑　245

五、区域科技创新中心支撑高质量发展的实现路径　250

六、政策和实践启示　257

第十一章　江苏苏州：在科技创新与产业创新深度融合中发展新质生产力　261

一、江苏：科技创新与产业创新深度融合成就发展新质生产力的重要阵地　261

二、苏州：以创新联合体推进科技创新与产业创新深度融合的江苏示范　262

三、苏州模式：以创新联合体为抓手推进产业科技创新　264

四、持续精进：建好用好服务好创新联合体，加快发展新质生产力　268

实践探索·企业篇　271

第十二章　京东方：“屏之物联”战略升维开启实体经济增长新空间　273

一、转型背景：从行业领军迈向世界一流　274

二、战略引领：以显示联万物　276

三、创新筑基：领航物联网转型　279

四、场景驱动加速构建物联网创新生态系统 286
五、战略升维，穿越周期，向全球物联网创新领军者迈进 290

第十三章 三峡集团：场景驱动打造原创技术策源地 292

一、原创技术策源地：从概念到国家战略 293
二、三峡集团科技创新体系建设与成效 294
三、打造原创技术策源地的战略逻辑 297
四、打造原创技术策源地的主要抓手 300
五、打造原创技术策源地的重点路径 303
六、打造原创技术策源地的突出成效 305
七、中央企业加快打造原创技术策源地的启示 306
八、中央企业加快打造原创技术策源地的思考 310

第十四章 腾讯集团：探索数字科技向新质生产力转化新范式 312

一、新质生产力背景下，科技成果转化亟待范式突围 312
二、面向新质生产力培育的科技成果转化：场景驱动新范式 314
三、场景驱动科技成果转化的实践进路——以腾讯为例 315
四、场景驱动成果转化培育新质生产力的对策建议 321

第十五章 阿里巴巴：科技平台企业如何赋能新质生产力 324

一、如何理解科技平台企业 324
二、科技平台企业促进新质生产力加快形成和发展的模式 326
三、从中美竞争视角看科技平台的使命与责任 330

第十六章 深圳数据交易所：新质主体加快数据要素向新质生产力转化 333

一、新质主体如何突破数据要素市场化困局 333
二、抓内核：场景化需求与多元数据精准匹配的“蝴蝶模型” 337
三、强能力：从生态汇聚到能力形成 339
四、提成效：破解场景痛点，释放数据价值 344

五、共生长：场景驱动的数据要素生态飞轮 347

六、创未来：建设国家数据交易生态体系，培育现代化新动能 348

第十七章 小视科技：场景驱动 AI 赋能企业与产业智能化跃迁 350

一、破局 AI 产业化困境：从技术驱动迈向场景驱动 350

二、战略生长，场景驱动——贴“地”而行的创新之路 353

三、机制创新：构建企业增长飞轮 357

四、价值绽放：赋能不同场景中的新质生产力涌现 361

五、生态嵌入：小企业妙入大生态 365

六、持续破界，创新跃迁 368

理论逻辑篇

导言
准确把握新质生产力思想内涵

纵观人类发展历史，生产力是推动人类社会发展的根本动力，是一切社会变迁和政治变革的终极原因，也是大国兴替、强国博弈的关键所在。而新质生产力理论的提出和发展，是中国特色社会主义进入新时代以来，以习近平同志为核心的党中央，面对外部世界百年未有之大变局全方位、深层次加速演进，和我国全面推进中国式现代化新征程上扎实推进高质量发展首要任务、新型工业化关键任务，加快超越追赶、创新引领，实现高水平科技自立自强，以科技现代化全面推进中国式现代化建设而提出的重大任务。党的十九大报告指出“我国经济已由高速增长阶段转向高质量发展阶段”，党的二十大报告指出“高质量发展是全面建设社会主义现代化国家的首要任务”。习近平总书记 2023 年 7 月在江苏考察时强调“中国式现代化关键在科技现代化”①，2023 年 9 月在黑龙江考察时首次提出“新质生产力”，指出要“整合科技创新资源，引领发展战略性新兴产业和未来产业，加快形成新质生产力”②。

2023 年 12 月，中央经济工作会议强调“要以科技创新推动产业创新，特别是以颠覆性技术和前沿技术催生新产业、新模式、新动能，发展新质生产力”。2024 年 1 月 31 日，在中共中央政治局第十一次集体学习时，习近

①习近平在江苏考察时强调　在推进中国式现代化中走在前做示范　谱写“强富美高”新江苏现代化建设新篇章［N］. 人民日报，2023-07-08（1）.

②习近平在黑龙江考察时强调　牢牢把握在国家发展大局中的战略定位　奋力开创黑龙江高质量发展新局面［N］. 人民日报，2023-09-09（1）.

平总书记强调：必须牢记高质量发展是新时代的硬道理，全面贯彻新发展理念，把加快建设现代化经济体系、推进高水平科技自立自强、加快构建新发展格局、统筹推进深层次改革和高水平开放、统筹高质量发展和高水平安全等战略任务落实到位，完善推动高质量发展的考核评价体系，为推动高质量发展打牢基础。发展新质生产力是推动高质量发展的内在要求和重要着力点，必须继续做好创新这篇大文章，推动新质生产力加快发展。①

新质生产力是创新起主导作用、科技创新作为核心要素的先进生产力质态。习近平总书记深刻阐释了新质生产力理论，指出："新质生产力是创新起主导作用，摆脱传统经济增长方式、生产力发展路径，具有高科技、高效能、高质量特征，符合新发展理念的先进生产力质态。它由技术革命性突破、生产要素创新性配置、产业深度转型升级而催生，以劳动者、劳动资料、劳动对象及其优化组合的跃升为基本内涵，以全要素生产率大幅提升为核心标志，特点是创新，关键在质优，本质是先进生产力"②，并进一步强调"高质量发展需要新的生产力理论来指导，而新质生产力已经在实践中形成并展示出对高质量发展的强劲推动力、支撑力，需要我们从理论上进行总结、概括，用以指导新的发展实践"③。

2024 年 2 月 1 日至 2 日，习近平总书记在天津考察时指出，天津作为全国先进制造研发基地，要发挥科教资源丰富等优势，在发展新质生产力上勇争先、善作为。要坚持科技创新和产业创新一起抓，加强科创园区建设，促进数字经济与实体经济深度融合，推动制造业高端化、智能化、绿色化发展。要加强与北京的科技创新协同和产业体系融合，合力建设世界级先进制造业集群。④

①②③习近平在中共中央政治局第十一次集体学习时强调　加快发展新质生产力　扎实推进高质量发展［N］. 人民日报，2024-02-02（1）.

④习近平春节前夕赴天津看望慰问基层干部群众　向全国各族人民致以美好的新春祝福　祝各族人民幸福安康 祝伟大祖国繁荣昌盛［N］. 人民日报，2024-02-03（1）.

2024年3月5日，习近平总书记在参加十四届全国人大二次会议江苏代表团审议时的讲话中强调，要牢牢把握高质量发展这个首要任务，因地制宜发展新质生产力。面对新一轮科技革命和产业变革，我们必须抢抓机遇，加大创新力度，培育壮大新兴产业，超前布局建设未来产业，完善现代化产业体系。①

2024年3月6日，习近平总书记在看望参加全国政协十四届二次会议的民革、科技界、环境资源界委员时，在联组会上指出，科技界委员和广大科技工作者要进一步增强科教兴国强国的抱负，担当起科技创新的重任，加强基础研究和应用基础研究，打好关键核心技术攻坚战，培育发展新质生产力的新动能。②

2024年3月7日，习近平总书记出席十四届全国人大二次会议解放军和武警部队代表团全体会议上进一步强调“发展新质战斗力”，并指出“党的十八大以来，我们统筹推进战略性新兴产业和新型作战力量发展，取得一系列重大成果。党的二十大后，党中央从推动高质量发展全局出发，明确提出加快发展新质生产力。这为新兴领域战略能力建设提供了难得机遇。要乘势而上，把握新兴领域发展特点规律，推动新质生产力同新质战斗力高效融合、双向拉动”③。“新兴领域发展从根本上说源于科技的创新和应用。要增强创新自信，坚持以我为主，从实际出发，大力推进自主创新、原始创新，打造新质生产力和新质战斗力增长极。要把握新兴领域交叉融合发展特征，加强集成创新和综合应用，推动形成多点突破、群体迸发的生动局面”④。

新质生产力理论将发展新质生产力作为实现高质量发展的重要着眼点，将创新作为新质生产力的核心特点，突出创新起主导作用，明确了科技创新

---

①习近平在参加江苏代表团审议时强调　因地制宜发展新质生产力［N］. 人民日报，2024-03-06（1）.

②习近平在看望参加政协会议的民革科技界环境资源界委员时强调　积极建言资政广泛凝聚共识　助力中国式现代化建设［N］. 人民日报，2024-03-07（1）.

③④习近平在出席解放军和武警部队代表团全体会议时强调　强化使命担当　深化改革创新　全面提升新兴领域战略能力［N］. 人民日报，2024-03-08（1）.

作为新质生产力的核心要素，阐明了通过技术革命性突破和生产要素创新性配置推动产业深度转型升级这一主导路径。这一内涵阐述同党的二十大提出的“坚持创新在我国现代化建设全局中的核心地位”，“高质量发展是全面建设社会主义现代化国家的首要任务”一脉相承。这一内涵阐述进一步彰显了创新引领和高质量发展的有机统一、科技创新和产业创新的有机统一、技术革命性突破和生产力发展路径跃升的有机统一。

概言之，新质生产力依靠的是创新这一“本质”，通过数字要素这一“介质”，实现绿色和高质量发展的“品质”。新质生产力理论的提出，历史性地将“科技是第一生产力”和“创新是第一动力”的内在本质联系完成了逻辑整合，是中国共产党谱写马克思主义生产力理论中国化时代化的重大理论创新成果，也是对以熊彼特创新理论为代表的西方经典创新发展理论的超越。对我们进一步立足中国式现代化新征程和高质量发展时代任务，深入理解、学习、应用和发展新质生产力理论，推进经济社会高质量发展提供了科学指引，提出了新要求。

第一章
加快发展新质生产力的逻辑、形势与重点

新质生产力是创新起主导作用、科技创新作为核心要素的先进生产力质态，实现了“科技是第一生产力”和“创新是第一动力”的逻辑整合。加快发展新质生产力，需要立足中国式现代化新征程和高质量发展的新要求，从历史逻辑、发展逻辑和理论逻辑深刻理解发展新质生产力这一时代抉择的内在逻辑。

创新作为新质生产力的显著特点，既包括技术和产业、发展模式层面的创新，也包括管理模式和体制机制层面的创新。

一、加快发展新质生产力的多重逻辑

以科技创新引领加快发展新质生产力，是遵循历史逻辑、发展逻辑和理论逻辑的重要时代抉择。

（一）历史逻辑：生产力是驱动人类社会进步的关键变量

从历史逻辑来看，人类社会历次科技和产业革命表明，科技创新能够带来工具变革、效率变革和产业变革，是生产力变革的关键变量。科学技术创新能够不断催生新技术、新产品、新材料，以及新的组织模式和开发新业态、开辟新市场，成为提升综合国力、增强国际竞争力的战略基石。

从历史逻辑来看，人类社会的每一次重大进步都伴随着科技和产业革命

的兴起。科技创新作为推动社会发展的关键力量，不仅改变了人类生产和生活方式，更重塑了社会结构和文明形态。每一次科技革命都伴随着工具的变革，这些变革在提高生产效率的同时，也推动了产业的升级和社会的转型。人类历史上进入工业时代之前的农耕社会是以体力或畜力为代表的生产力所驱动的社会发展，而农业革命带来的农具的创新则推动了农业生产力的跃迁。第一次工业革命是以蒸汽机的发明为代表的技术突破带来的动力革命，人类从农业社会迈向了工业社会。第二次工业革命则是以内燃机的发明，以及电力的广泛应用为代表的技术突破带来的电力革命。第三次工业革命则是以信息技术为代表的技术革命性突破带来的算力革命，互联网、大数据等产业蓬勃发展，科技平台企业不断崛起。正在发生的第四次工业革命则是以新一代人工智能为代表的智力革命，催生了通用人工智能的突破和科学、产业范式的巨大变革，正在带来生命、社会和伦理的巨大变革与社会生产力的跃迁。

在古代，农业革命带来了农具的创新，如犁和灌溉工具的使用，极大地提高了农业生产力，使得人类能够定居并形成复杂的社会结构。工业革命时期，蒸汽机的发明和机械化生产的普及，彻底改变了生产方式，推动了工业化进程，也为现代资本主义经济体系的建立奠定了基础。进入20世纪，电力和内燃机的广泛应用，进一步加速了工业化和城市化的步伐，同时也催生了新的产业形态，如汽车工业和石油化工。到了信息时代，计算机和互联网的发明与普及，不仅极大地提高了信息处理和传输的效率，也引发了全球范围内的经济结构和社会生活方式的深刻变革。信息技术的发展催生了数字经济，改变了商业模式，促进了全球化进程，同时也带来了新的社会问题和挑战，如信息安全和数字鸿沟。

科技创新带来的工具变革，不仅仅是对现有工具的改进，更是对生产方式和生活方式的根本性改变。例如，人工智能和机器人技术的发展，正在逐步替代传统的人力劳动，提高生产效率，同时也引发了对就业结构和社会保障体系的重新思考。生物技术的进步，如基因编辑和生物制药等，正在改变医疗健康领域，为治疗疾病和提高生活质量提供了新的可能性。

效率变革是科技创新带来的另一重要影响。从手工作坊到自动化生产线，从传统计算工具到超级计算机，科技创新使得生产效率和决策效率得到前所未有的提升。这种效率的提升不仅体现在经济领域，也体现在社会管理和公共服务中。例如，大数据和云计算的应用使得政府能够更有效地进行城市规划和管理，提高公共服务的质量和效率。

产业变革则是科技创新带来的直接结果。每一次科技革命都会导致旧产业的衰退和新产业的兴起。例如，互联网的兴起导致了传统零售业的衰退，同时催生了电子商务等新兴产业。新能源技术的发展，正在逐步替代传统的化石能源产业，推动能源结构的转型。这些产业变革不仅改变了经济结构，也影响了劳动力市场的供需关系，对教育和培训体系提出了新的要求。

总之，科技创新作为生产力变革的关键变量，其影响深远而广泛。它不仅推动了工具的变革、效率的提升和产业的转型，还深刻地改变了人类社会的发展方向和文明的进程。面对新一轮科技革命和产业变革的机遇与挑战，我们必须把握科技创新的趋势，培养创新能力，构建适应新时代的产业体系和社会结构，以实现可持续发展和社会全面进步。

（二）发展逻辑：科技创新引领生产力跃迁是高质量发展的关键着力点

从发展逻辑来看，这一内涵阐述同党的二十大提出的“坚持创新在我国现代化建设全局中的核心地位”，“高质量发展是全面建设社会主义现代化国家的首要任务”一脉相承。这一内涵阐述进一步彰显了创新引领和高质量发展的有机统一、科技创新和产业创新的有机统一、技术革命性突破和生产力发展路径跃升的有机统一。这种认识更加凸显了创新，特别是科技创新作为新质生产力的“核心要素”和推动新质生产力加快发展的“主导作用”的功能定位。

在这一发展逻辑下，创新不再是单一的元素，而是成为推动社会进步和经济发展的核心动力。科技创新作为新质生产力的“核心要素”，其在现代化建设中的作用不仅仅是推动生产力的提升，更是在塑造新的生产方式、经济结构和社会形态中发挥着决定性的作用。科技创新的突破性进展，如人工智能、量子计算、生物技术等领域的重大发现，都在为经济社会发展注入新的活力，推动产业转型升级，实现从传统产业向战略性新兴产业的跃迁。

高质量发展的要求则强调了发展质量和效益，而不仅仅是发展的速度和规模。这种发展模式要求我们更加注重创新驱动，通过科技创新来提高生产效率，优化资源配置，减少环境污染，实现经济的可持续发展。在这个过程中，科技创新不仅是提高生产力的手段，更是实现高质量发展目标的关键路径。通过科技创新，我们可以开发新的产品和服务，创造新的市场需求，提高产品和服务的附加值，从而推动经济结构的优化升级。

同时，科技创新与产业创新的有机统一体现了科技与经济深度融合的趋势。科技创新提供了新的理念、方法和技术，而产业创新则是将这些成果转化为实际的生产力，推动产业的发展和变革。这种统一要求我们在科技创新的基础上，加强产业创新，培育新的经济增长点，形成新的竞争优势。通过科技创新和产业创新的互动，我们可以更好地应对经济发展中的各种挑战，实现经济社会的全面进步。

技术革命性突破与生产力发展路径跃升的有机统一则强调了科技创新在推动生产力发展中的重要作用。技术革命性突破往往带来生产方式的根本变革，如互联网、大数据、人工智能等新技术的出现，正在引领新一轮的产业革命。这些技术的应用和发展，不仅改变了生产和生活方式，更推动了生产力的质的飞跃，为经济社会发展开辟了新的路径。

综上所述，创新，特别是科技创新，不仅是新质生产力的核心要素，更是推动新质生产力加快发展的关键力量。在全面建设社会主义现代化国家的进程中，我们必须坚持创新驱动发展战略，加强科技创新，促进产业创新，以科技创新引领高质量发展，实现经济社会的全面进步和可持续发展。

（三）理论逻辑：发展新质生产力是中国特色发展理论的新篇章

从理论逻辑来看，这一内涵阐述旗帜鲜明地提出了“新质生产力是创新起主导作用、科技创新作为核心要素的先进生产力质态”这一重大论断，历史性地将“科技是第一生产力”和“创新是第一动力”的内在本质联系完成了逻辑整合，是中国共产党谱写马克思主义生产力理论中国化时代化的重大理论创新成果，也是对以熊彼特创新理论为代表的西方经典创新发展理论的超越。

新质生产力的提出不仅是对传统生产力理论的一次重大突破，更是对马克思主义生产力理论中国化时代化的创新发展。这一理论创新明确指出，新质生产力是在创新主导下，以科技创新为核心要素的先进生产力质态。这一论断深刻揭示了科技进步与创新在推动生产力发展中的核心作用，强调了科技创新在经济发展中的重要地位。

自 20 世纪 80 年代以来，随着全球化和信息化的快速发展，科技创新已成为推动经济社会发展的关键力量。科技的进步不仅改变了生产方式，提高了生产效率，还催生了新的产业和商业模式，推动了经济结构的优化升级。而创新作为推动科技进步的原动力，其重要性愈发凸显。在这一背景下，新质生产力理论的提出正是对这一时代特征的深刻把握和理论总结。

中国共产党在推动马克思主义生产力理论中国化时代化的过程中，不断探索和实践，将科技创新与经济社会发展紧密结合，形成了一系列具有中国特色的创新发展理念。新质生产力的提出，正是这一理论探索的重要成果，它不仅体现了中国特色社会主义理论体系的最新发展，也是对西方经典创新发展理论的重要超越。

以熊彼特为代表的西方经典创新理论强调企业家精神和市场竞争在推动经济发展中的作用，而新质生产力理论则在此基础上进一步强调了国家在科技创新体系建设中的引导和支持作用，以及科技创新在推动生产力发展和社会进步中的决定性作用。这一理论超越了西方经典创新理论的局限，更加注重科技创新与国家发展战略的紧密结合，强调了科技创新在国家发展全局中的核心地位。

新质生产力理论的提出，对于指导当前和未来中国的科技创新和产业发展具有重要意义。它要求我们在科技创新方面持续加大投入，优化创新环境，激发创新活力，推动科技成果转化应用。同时，要通过科技创新引领产业转型升级，培育新经济增长点，实现经济发展方式的根本转变。此外，新质生产力理论还强调了科技创新在解决社会问题、提高人民生活质量、促进可持续发展等方面的作用，要求我们在推动科技创新的同时，更加注重科技创新的社会价值和人文关怀。

概言之，新质生产力理论的提出，是在马克思主义生产力理论基础上，结合中国实际和时代特征进行的重大理论创新。它不仅丰富和发展了马克思主义生产力理论，也为全球科技创新和产业发展提供了新的理论指导和实践路径。在新的历史条件下，我们应深入理解和把握新质生产力的内涵，发挥科技创新的主导作用，推动经济社会持续健康发展。

二、发展新质生产力面临新形势新机遇新挑战

当前，新一轮科技和产业革命向纵深演进，新质生产力不断涌现，为我国推进高质量发展和现代化建设提供了重大机遇，也带来新的挑战。

新时代以来，党中央作出一系列重大决策部署，推动高质量发展成为全党全社会的共识和自觉行动，高质量发展成为主旋律。尤其近年来，我国科技创新成果丰硕：创新驱动发展成效日益显现；城乡区域发展协调性、平衡性明显增强；改革开放全面深化，发展动力活力竞相迸发；绿色低碳转型成效显著，发展方式转变步伐加快，高质量发展取得明显成效。

党的十八大以来，我国发挥新型举国体制优势，大力推进战略性新兴产业发展，在数字经济、光伏太阳能、锂电池、新能源汽车等领域持续突破，通过换道赛车的方式实现产业焕新乃至换道超车。同时，近年来国家密集部署和前瞻布局，培育未来产业和推进新型工业化，现代化产业体系建设步入快车道，为发展新质生产力奠定了良好基础。

与此同时，全球范围内数字化、绿色化双转型正在加速推进，制约高质量发展的因素依然存在。尤其面对大国科技博弈加剧和发展新质生产力的新形势、新要求，我国基础研究投入不够、企业科技创新主体地位不强、产业科技创新能力不足、科技创新成果向产业链转化效能不高、“有为政府”和“有效市场”的有机协同不力等瓶颈问题依然严峻，亟须进一步优化布局国家战略科技力量、强化体系化协同攻关能力，支持全面创新的基础制度和政策体系仍有待进一步健全和完善，适应新质生产力发展的新型生产关系亟待建立健全。

基于此，习近平总书记深刻指出：“必须牢记高质量发展是新时代的硬道理，全面贯彻新发展理念，把加快建设现代化经济体系、推进高水平科技自立自强、加快构建新发展格局、统筹推进深层次改革和高水平开放、统筹

高质量发展和高水平安全等战略任务落实到位，完善推动高质量发展的考核评价体系，为推动高质量发展打牢基础。”①

三、做好创新这篇大文章，加快发展新质生产力的重点议题

面向以科技现代化支撑引领中国式现代化的使命和加快发展新质生产力、扎实推进完成高质量发展的新任务，必须全面学习领悟新质生产力理论的深刻内涵特征，前瞻研判新质生产力发展面临的新形势新挑战，多路并举推进新质生产力加快发展。具体而言，要重视以科技创新打造核心引擎，强化企业科技创新主体地位和主导作用，以原创性、颠覆性技术创新培育新动能，打造国家科技先导能力，以科技创新引领新型工业化和现代化产业体系建设，释放数字要素乘数效应，提升科技创新成果向重大场景转化效能，解放思想和全面深化改革，形成与新质生产力相适应的新型生产关系，释放新质生产力发展的澎湃动能，扎实推进高质量发展，有效支撑中国式现代化。

（一）加强科技创新，发挥创新在发展新质生产力中的主导作用

科技现代化是支撑和引领中国式现代化的关键，要坚持创新在现代化建设全局中的核心地位，抓住人工智能、数据要素等新型生产要素快速发展带来的新机遇，立足超大规模市场、海量应用场景、产业体系完整、战略性新兴产业发展基础良好等优势，把握场景驱动创新和通用人工智能革命带来的科技和产业范式变革机遇，激活科技创新作为培育新质生产力的“核心要素”，

①习近平在中共中央政治局第十一次集体学习时强调　加快发展新质生产力　扎实推进高质量发展［N］. 人民日报，2024-02-02（1）.

发挥创新在发展新质生产力中的“主导作用”，以科技创新引领产业创新，整合科技创新资源，优化科技创新体系，优化生产力布局，全面提升国家创新体系整体效能，打造推进新质生产力的核心引擎。

（二）强化企业科技创新主体地位，培育新质生产力发展的“有力主体”

企业强则产业强，产业强则国家强，而企业核心能力、动态能力、先导能力的培育，是全面提升产业科技创新能力的基础，更是健全完善新型举国体制、推动新质生产力加快发展的“有力主体”。强化企业科技创新主体地位、培育壮大科技领军企业，加强企业主导型产学研深度融合创新联合体和科技成果转化体系建设，是推动国家战略科技力量体系化协同、塑造新型生产关系的“题眼”所在，也是打造国家科技先导能力，为发展新质生产力提供体系动能的关键所在。以科技现代化支撑引领新质生产力发展，需要把强化企业科技创新主体地位、培育壮大科技领军企业摆在完善党中央对科技工作统一领导的体制、实现高水平科技自立自强的更加突出位置。重视发挥科技领军企业作为新型举国体制中的“有力主体”，有效整合“有为政府”“有效市场”“有容社会”，加强科技创新全链条管理和国家战略科技力量体系化发展的主导性作用。支持科技领军企业发挥好市场需求、集成创新、组织平台的优势和企业主导型创新联合体作为新型举国体制的独特载体优势，发挥“出题人”“答题人”“阅卷人”和重大创新场景建设者作用，推进自主创新、开放创新、集成创新一体布局，牵引发挥各类企业围绕新质生产力培育的新要求新场景新任务，全面推进以科技创新为核心的全面创新。

（三）加快原创性、颠覆性技术创新，培育发展新质生产力的新动能

习近平总书记强调：必须加强科技创新特别是原创性、颠覆性科技创新，加快实现高水平科技自立自强，打好关键核心技术攻坚战，使原创性、颠覆性科技创新成果竞相涌现，培育发展新质生产力的新动能。①

颠覆性技术具有改变游戏规则的“归零优势”，对技术创新范式、组织模式和生产力构成带来革命性影响。尤其是伴随着通用人工智能、生物制造、未来能源等新技术持续突破和大规模应用，重构了传统线性的创新模式，组织边界、产业边界日益模糊，新业态、新场景和新模式不断涌现，全球创新格局加速重构，为大国博弈和生产力发展带来新机遇新挑战。在此背景下，需要进一步重视通过基于纯基础研究的科学创新和产业应用引致的基础研究并行模式，加快原创性、颠覆性技术创新，以颠覆性、前沿性技术创新成果催生新质生产力的新动能。

（四）打造国家科技先导能力，强化面向新质生产力的前瞻引领能力

习近平总书记强调，在激烈的国际竞争中，我们要开辟发展新领域新赛道、塑造发展新动能新优势，从根本上说，还是要依靠科技创新。我们能不能如期全面建成社会主义现代化强国，关键看科技自立自强。②

2016 年，《国家创新驱动发展战略纲要》提出通过“三步走”战略，

①习近平在中共中央政治局第十一次集体学习时强调　加快发展新质生产力　扎实推进高质量发展［N］. 人民日报，2024-02-02（1）.

②习近平在参加江苏代表团审议时强调　牢牢把握高质量发展这个首要任务［N］. 人民日报，2023-03-06（1）.

到 2050 年建成世界科技创新强国；党的二十大将建成“科技强国”作为我国 2035 年发展的总体目标之一，把“科技强国”建设目标往前提了 15 年，更加凸显了科技现代化在中国式现代化中的先导性、战略性、基础性和全局性地位。

对此，需要尽快跳出西方“议程设置”所带来的“追赶—落后”“再追赶—再落后”的“追赶陷阱”，加快国家发展从传统的后发追赶、创新驱动，向超越追赶、创新引领的战略思维转型。应用整合式创新和体系思想，以未来大国博弈场景和重大使命型需求场景为牵引，以国家战略科技力量为抓手，加快推进国家有组织创新。以新质创新主体为体系功能节点，依托新型基础设施，释放人工智能、数据要素等新型创新要素动能优势，重构、提升国家创新体系的组织模式和运行机制，推动政府引导支持、场景驱动、企业主导、人民参与的产学研深度融合创新体系建设，实现“有为政府”与“有效市场”统一，激发全体人民共同参与创新的活力与动力，全面提升国家创新体系效能，为新质生产力加快发展提供持续的科技先导动能。

（五）坚持科技创新与产业创新互促互进，加快新型工业化和现代化产业体系建设

新型工业化是顺应技术—经济范式变化规律，由新质生产力驱动、数字技术赋能、产业深度融合的工业化，是建设现代化产业体系和实现高质量发展的关键任务。未来，需要进一步重视提炼我国依靠科技创新引领产业数字化、智能化、高端化、融合化和绿色化，培育新质生产力的模式与路径。立足传统产业转型升级、战略性新兴产业发展和所积累的现代化产业体系建设基础优势，加强要素供给、培育重大场景和优化政策体系，以科技创新引领推进新型工业化，培育未来产业，加快建设现代化产业体系。重点围绕推进

新型工业化和加快建设制造强国、质量强国、网络强国、数字中国和农业强国等战略任务和重大场景，坚持科技创新和产业创新双向互促，提升产业科技创新能力，探索科技创新赋能新质生产力的新路径、新模式，不断催生新业态、新动能。

（六）重视数字技术和数据要素等市场化配置，释放加速绿色创新的乘数效应

新质生产力本身就是绿色生产力，而人工智能等数字化智能化技术和数据要素作为数字经济时代快速发展的新型生产资料，为加快发展方式绿色转型、助力碳达峰碳中和（简称“双碳”）目标实现提供了新机遇。破解数据要素市场化配置和流通交易瓶颈难题，把握场景逻辑，促进数据要素高效市场化配置和应用，是释放数字技术和数据要素乘数效应的关键所在。对此，必须抓住全球数字经济发展重大机遇，以海量数据为抓手，推动国家和区域数字创新生态系统。加强数据要素市场建设，通过数据链将创新链、产业链、政策链、资金链和人才链以真正低成本高效率的方式连接起来，探索数据要素赋能科技创新、绿色创新与绿色生产力培育的新模式、新机制，加快绿色技术创新和先进绿色技术推广应用，构建绿色低碳循环经济体系，赋能新质生产力持续涌现。

（七）把握场景驱动，提升面向新质生产力发展重大场景的成果转化效能

新质生产力的培育关键在于以科技创新推动产业创新和产业体系现代化。而当前我国科技成果转化的瓶颈依然凸显，以高校院所主导的传统转化范式难以适应企业为主导的产学研深度融合新趋势和推进新型工业化、发展新质生产力的新要求。要把握场景驱动创新的新范式，形成场景驱动科技创

新和向新质生产力转化的“飞轮效应”。场景驱动创新的过程，既是将现有技术、数据和产品应用于特定领域或场景，实现从“1 到 10”的技术熟化迭代和从“10 到 N”的产业价值释放的过程；更是基于未来大趋势与未来场景洞察，发现现有技术瓶颈乃至科学空白，进一步凝练科学问题，以场景化问题和任务吸引汇聚多元创新主体创造性配置生产要素，实现“从无到 0”和“从 0 到 1”地创造新技术、新领域，开辟新赛道、新市场的过程。要加快探索建构场景驱动科技成果向新质生产力转化的新范式，推动企业主导型科技成果转化新型组织模式，健全完善科技成果高质量供给、高效率转化的创新生态，及时将科技创新成果应用到发展新质生产力的重大场景上，以新技术的场景化快速应用有效破解产业和产业链发展的痛点、难点问题，改造提升传统产业，培育壮大新兴产业，布局建设未来产业，完善现代化产业体系，赋能新质生产力持续涌现和快速发展。

（八）解放思想，全面深化改革，形成与新质生产力发展相适应的新型生产关系

解放思想是党的思想路线的本质要求，是党和国家事业发展取得成功的重要法宝。改革开放是事业发展的根本动力，是近代以来中华民族摆脱落后挨打局面，迎来了从站起来、富起来到强起来的历史性飞跃的重要经验，也是加快发展新质生产力、推进中国式现代化的必由之路。习近平总书记在庆祝改革开放 40 周年大会上的讲话中指出，前进道路上，我们必须“坚持解放思想和实事求是有机统一”，“坚持扩大开放，不断推动共建人类命运共同体”。[①]对此，需要在深入理解新质生产力内涵特征、发展路径和趋势基

①习近平．在庆祝改革开放 40 周年大会上的讲话［EB/OL］.（2018-12-18）［2024-01-15］.https://www.gov.cn/xinwen/2018-12/18/content_5350078.htm?eqid=8b3e587300067d0200000003648c091f.

础上，进一步解放思想，全面深化改革，处理好自主创新与国际合作的关系、“有为政府”与“有效市场”的关系、高质量发展和高水平安全的关系。

在此基础上，探索教育、科技、人才“三位一体”良性循环互促的模式，创新生产要素配置和参与收入分配的机制，营造尊重科学、鼓励创新、开放合作、敢于试错、宽容失败的良好国内国际社会文化环境，激发全社会、全员、全要素参与全面创新的动力和活力。以此形成开放创新、自主创新、协同创新一体布局，国内国际双循环互相促进的整合式创新生态，不断推动效率变革、质量变革和动力变革，加快新质生产力发展步伐，开辟国家发展新优势，提升我国在新型国际创新体系中的竞争力和影响带动能力。

第二章
创新引领加快发展新质生产力的理论范式

一、管理学范式跃迁、第四代管理学与中国学派的兴起

在时代转型和科学范式变革的交互推动下，管理学经历了从古典管理到现代管理再到后现代管理的两次跃迁。而新科技革命和中国特色管理实践，正推动管理学向中国哲学引领的第四代范式——整合管理——转型。

管理实践的新经验、新问题对现有管理理论的挑战，为管理学范式演变提供了新情境和新动力。企业、国家乃至全球可持续发展和生产力的跃迁，也需要管理理论的不断创新予以引领和推动。当下，全球新一轮科技革命正快速而深刻地重塑全球企业和产业竞争格局，一系列管理和伦理问题也相伴而生，挑战着以工具理性和线性增长思维为主的西方管理学理论。改革开放 40 多年来，中国经历了前所未有的巨大变革，取得了举世瞩目的成就，中国企业在组织管理效率、自主创新能力及国际化影响力方面整体上取得了长足进展，在现代管理思想和方法上也有了相当的积累。进入扩大开放新阶段，中国企业管理和国家治理从“摸着石头过河”向基于顶层设计的创新驱动发展转型。目前，中外企业所处的日趋多元化和国际化的竞争环境具有的复杂性、模糊性和不确定性特征愈加显著。以中国为代表的新兴经济体中企业和产业转型、培育新质生产力和推进高质量发展的实践，推动着以西方管理学为主导的管理理论的范式变革，更呼唤中国管理学者的使命承担。

在全球创新与和平发展面临挑战、中国创新引领发展与和平崛起的大背景下，立足管理全球化的趋势和中国特色社会主义新时代社会主要矛盾变化，我们基于范式跃迁的视角，围绕“管理学代际演变的历史和趋势”这一核心议题，构建一个管理学发展脉络的认识框架，批判性回顾自管理学科诞生后管理学的演变和发展趋势，简析了正在发生的，由新科技革命、中国特色管理探索及管理实践的新挑战共同推动的管理学第三次范式跃迁，并探讨了中国哲学引领下的第四代管理学——整合管理的兴起、社会责任与未来使命，指出第四代管理学对管理学本身的发展，以及对管理实践的呼应与引领。一方面有助于中国和世界管理学者回应管理学主流理论与中国管理学面临的挑战，借鉴中国哲学智慧，以东西方共性的管理研究方法研究具有民族特色的管理实践，完善中国管理理论体系，形成共同认同的理论，影响和推动世界管理理论的发展。另一方面能够助力中国企业把握战略节奏，构筑动态能力，加快打造具有全球竞争力的世界一流企业，助力培育国家科技先导能力，推动国家加快发展新质生产力和人类命运共同体建设。

（一）时代转型与科学范式交叉推动管理学范式跃迁

管理学作为一门经世致用的学科，与经济管理实践和科学范式的发展演变密不可分，管理学科和理论的发展演变本质上是由时代转型和管理实践的发展演变决定的。人类历史管理思想源远流长，中国古代的《论语》《孟子》《孙子兵法》《道德经》等著作中管理思想的体现，以及古希腊、古埃及、古印度时期不同地域也有许多早期朴素的管理思想。在第一次工业革命的推动下，人类逐渐从农业社会向工业社会转型，以实验为主导的科学范式逐渐取代经验研究的科学范式。与工业经济和资本主义规模化生产方式相伴而生的，是有一定科学依据和较为系统的管理理论和思想。1911 年，弗雷德里克·泰勒在《科学管理原理》中提出科学管理思想，标志着管理学的正式诞生。此后，管理学的科学化、合法化和动态演化过程既是管理学理论和思想受经济社会变迁这一“经济基础”变化而演变的过程，也是通过自身发展来推动生产变革、助力甚至引领管理实践的过程。工业革命、资本主义规模化生产方式和近现代科学体系最早是在西方社会形成和发展壮大的，因此系统的管理学理论和思想流派也是在西方管理实践和科学化过程中形成和发展壮大的。时代转型和科学范式变迁交叉推动管理学的演变发展，管理学理论同时肩负着促进经济发展和社会转型的使命。

托马斯·库恩在《科学革命的结构》一书中正式提出范式跃迁（paradigm shift）的概念，引发了科学哲学领域一场影响深远的认知革命。范式涉及对真理或现实的不同假设；而范式跃迁，意指一个领域或学科里所赖以运作的稳定范式，随着理论假设和实践规范的变化，产生了新的张力，催生了冲破常规范式束缚的新概念、新行为，从而为人们的思想和行动开创了新的可能性。就管理学领域而言，管理学范式为管理学者提供了理解和推动管理实践的概念、评价标准和方法体系，管理学理论范式的跃迁则为管理学理论和实践的发展提供了管理工具和管理思想的双重变革动力。回顾管理学发展的百年历史，作为社会科学中较为“年轻”的学科，管理学的诞生和发展受经济社会转型决定性影响的同时，也受到经济学、社会学、心理学、认知科学和行为科学等学科发展的影响。科学的演进是范式跃迁的结果，基础科学的范式演进推动着应用科学和社会科学的范式跃迁。时代转型伴随着的管理实践演变带来的决定性影响，与社会科学领域的理论范式演变产生的影响相互叠加，交叉推动着管理学范式跃迁和理论聚焦点的深化。

我们沿着管理学发展的时序，围绕“时代转型”和“范式聚焦”这两个影响管理学范式跃迁的主要维度出发，构建了一个管理学理论代际演变的范式跃迁认知框架（图 2–1），批判性回顾了管理学代际演变与范式聚焦的转移。研究发现，时代转型和基于人性假设的科学范式变革交互推动了管理学从古典管理到现代管理再到后现代管理的两次跃迁，而新科技革命和中国特色社会主义管理实践，对以西方实证主义主导的管理学理论提出了新挑战，正推动着管理学向中国哲学智慧引领的第四代管理学范式——整合管理——转型。

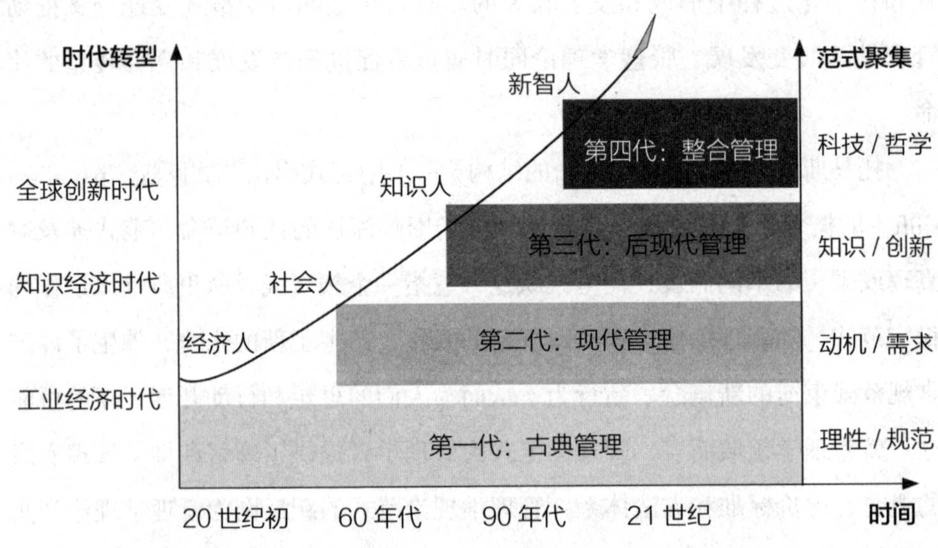

图 2–1　基于范式跃迁视角的管理学理论的代际演变与趋势

技术经济范式与管理理论体系协同演进过程中，人类从工业经济时代向知识经济时代进而向全球创新时代的转型，决定和推动着管理学范式的变革。生产力和生产方式在技术创新和组织管理实践推动下持续演变，不断催生新的管理现象、新经验和新问题，为管理学理论的发展与范式变迁提供了根本性的动力和创新的土壤。随着工业生产方式从资本主义主导向资本主义和社会主义多元并存发展，中国特色社会主义经济建设和管理实践的探索，管理实践在新时代和不同情境下遇到的挑战与难题，及其与传统管理理论的冲突，决定着也呼唤着管理理论的发展能够反映并推动社会主义生产管理方式的发展。同时，伴随着人类认知层面由理性主义向现代主义及后现代主义的转型，管理学理论范式所根植的人性假设，也随着经济学、社会学、心理学等管理学合法化过程中支撑性学科范式的变化而变化。

在工业经济时代，以泰勒、法约尔、韦伯为代表的古典管理学理论极大地推动了管理实践的进步，但其所依托的“经济人”假设过于强调从理性和规范的角度加强控制、提高劳动效率，无视“情感逻辑”，而陷入了“忽略人性的管理”陷阱，第一代管理学面临极大挑战。随着组织社会学和心理学的发展，以梅奥、马斯洛、赫兹伯格、弗洛姆、斯金纳等人为代表的行为科学理论，推动管理理论从“经济人”时代进入“社会人”时代，丰富了现代管理的理论基础，进一步关注员工行为和人际关系背后的期望、动机和需求，管理学步入第二代的发展轨道。以斯蒂芬·罗宾斯为代表的组织行为学者构建了管理学体系，为管理知识体系的完善和推动各类组织管理的蓬勃发展作出了杰出贡献。

然而，第一代和第二代管理学的体系都是工业经济时代的产物，都是效率导向、崇尚资源、强调控制而忽视创新。随着人类社会从工业经济时代向知识经济时代发展，知识与创新成为组织获得持续竞争优势和动态能力的主要来源。管理学大师彼得·德鲁克进一步提出了“知识工作者”这一概念，强调组织管理必须高度关注“知识人”的成长与发展，以“知识人”的观点设计组织发展的哲学、运行体系和激励模式尤为关键。以野中郁次郎和陈劲为代表的学者进一步拓展和完善了“知识管理”的研究。加上以互联、开放、合作、共享为特征的管理实践模式逐渐成熟，面向复杂系统、应用全面管理思想并聚焦于知识和创新的管理学第三代范式逐渐形成。

全球化的深入发展使得组织发展面临更大的不确定性，更多的机会和更大的挑战。云计算、物联网、人工智能、区块链、生物技术等新一代技术革命的快速深度推进，也将人类推进至人机交互、增强智能和有机更新的“新智人”时代。与此同时，新一轮科技革命和认知革命带来的全球创新多元化竞争和伦理挑战，呼唤企业在通过技术创新创造知识和经济价值的同时，进一步承担社会责任，推动绿色可持续发展。同时，西方认知科学的进步，以及以中国为代表的新兴经济体跨越式发展，呼唤、推动着以实现“人的全面发展”为聚焦点的第四代管理学范式的形成和管理流派的丛林式发展，象征着中国哲学引领的科技与哲学融合、东方与西方融合、规范管理与创新管理融合的管理学理念的崛起。

以人为本的人文精神不仅是西方近现代科学的主流价值取向，更是以儒释道为代表的中国哲学最根本的精神和最重要的特征。纵然技术变革和时代转型是管理学范式跃迁的根本动因，但是管理科学的发展离不开管理哲学思想的引领，更不能背离人的价值实现和幸福提升这一终极目标。德鲁克强调的对管理者的认识，以及更普遍的对人的认识，“是管理所面对的首要话题”。一方面，从古典管理到现代管理和后现代管理，再到正在蓬勃兴起的整合管理时代，是管理学者和管理理论对人性的假设和人的价值认知的不断发展与深化的过程。另一方面，管理决策和实践均是由管理者和参与者借助一定的管理工具和决策依据开展的，作为与“人”打交道的理论，管理学理论自始至终都离不开工具理性和价值理性的交互发展。

如图 2-2 所示，管理实践的决策工具和依据，从数据到信息再到知识并向智慧决策为主导的多维化、复合化发展，贯穿了对人性和人的价值认知的变化。横向来看，企业管理理论随着时代转型和科学范式交叉演变，对人的价值的认知也在不断深化，根本上是对人性的假设和认识由“经济人”向“社会人”“知识人”“新智人”的转型。纵向来看，企业管理决策实践的依据随之也不断丰富与提升。从最初的依靠简单数据的科学决策，到信息化转型带来企业数据交互促成的决策信息化，而后随着企业对知识资产的重视与认识，通过大数据和信息化协同，加强了对显性知识和隐性知识的充分运用。

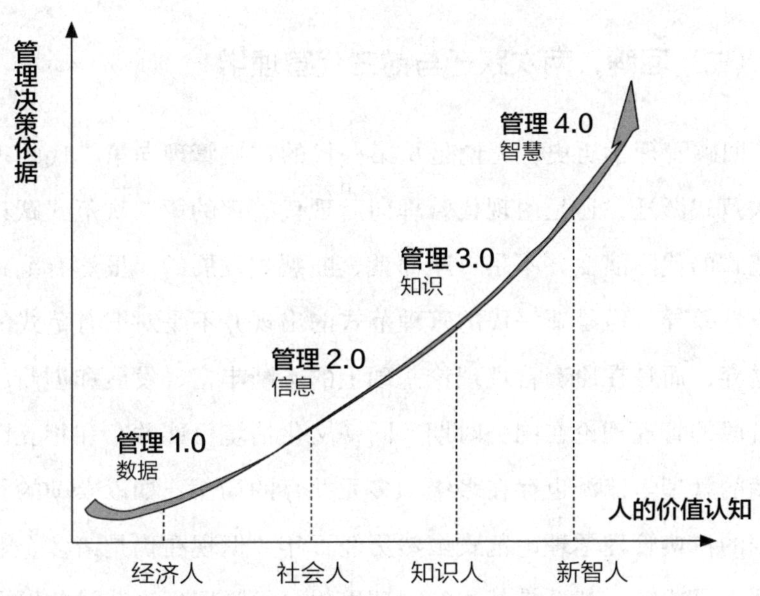

图 2-2　管理决策随人的价值认知演变而发展的趋势

进入工业4.0时代，物联网、人工智能及区块链等新一代技术的迅猛发展，给企业的传统管理模式和管理伦理带来了新的挑战，甚至是颠覆。倒逼企业和社会管理决策依托从知识管理进一步向自动自主管理和智慧、智能管理转型，以智能制造、智慧企业和智慧城市为代表的管理探索正日趋成为企业管理实践新的前沿，也是管理理论和管理学者亟待或正在关注的新现象、新问题。管理决策的进阶不是新方式、新工具完全取代旧方式、旧工具的过程，而是管理决策系统不断更新、升级和完善的过程，这一过程也伴随着企业管理文化的变革升级。数据、信息、知识和智慧融合共存于企业管理的不同层级或情境中，管理决策的工具理性与价值理性逐渐整合于问题驱动、创新驱动，以及人的价值与意义驱动之中。管理决策升级发展的趋势正与西方管理科学思想与中国管理哲学思想整合的趋势相一致，即管理实践的发展需要整合知识和理论、价值观，以及个人的行为方式，并且要动态更新，借助整体性、系统性和开放性的规划来应用人的智慧解决问题、创造价值。

（二）回眸：两次跃迁与前三代管理学

回顾管理学历史，无论是从第一代的古典管理向第二代的现代管理的首次范式跃迁，还是由现代管理向后现代管理的第二次范式跃迁，管理理论范式的代际演变并不是一蹴而就、断裂式发展的。虽然有范式聚焦点的阶段性差异，但是新一代的管理范式的出现并不是对旧有范式的彻底颠覆和抛弃，而是在原有管理理论基础上的不断丰富、发展和创新的过程。各个阶段的管理理论在同一时期、同一文化情境可能并存和相互影响，同一时期的管理学流派也存在多维、多元并存的局面。如以泰勒的科学管理为代表的古典管理学理论范式虽然历经百年，但现在仍是诸多企业乃至国家管理不可或缺，甚至是基本的管理思想。而管理理论范式的发展演变为日趋多元化、跨文化的管理实践和管理情境提供了基于不同假设和不同边界条件的多元化选择，也是管理学这一经世致用之学顺应时代变革、承担社会使命和促进社会进步的体现。

1. 第一代管理学：工业时代聚焦理性与规范的古典管理

作为管理学的先驱，弗雷德里克·泰勒在其著作《科学管理原理》中，通过动作分析和时间研究，准确地把握了工厂管理现场的操作规律，首次将“科学管理”的概念引入管理过程，促使管理由早期漫长的经验管理阶段迈向科学管理阶段，为科学管理理论奠定了坚实基础，“是管理学发展史上一个里程碑式的理论，具有划时代的意义”。同时，亨利·法约尔作为管理过程学派的奠基人，在其著作《工业管理与一般管理》中提出的管理的“五项职能”“十四项管理原则”“五类管理活动”等经典理论，标志着一般管理理论的形成，迄今仍是企业和政府管理中的重要指导性原则。而作为组织理论奠基人之一的马克斯·韦伯则在其著作《政治作为一种职业》中提出了三种正式的政治权威形式，并论证了理想组织的合法性基础，与马克思和涂尔干一同奠定了现代社会学的基础，同泰勒和法约尔并称为古典管理理论的三位先驱。

科学管理思想主导下的古典管理学主要特征是聚焦理性与规范，顺应了人类新型组织——工厂管理工作的新要求，也论证了作为行政管理的国家政权及官僚组织合法性的基础，是“一次伟大的创造性破坏”。古典管理理论不但解决了劳动效率最大化的问题，也为组织效率最大化提供了系统的理论阐释，极大地推动了工业经济时代劳动生产率和各类组织管理的发展，推动了人类文明尤其是物质文明的极大进步。然而，由于第一代管理学以“经济人”为假设前提，以提高运营效率为核心导向，忽略了人性和环境对员工生产和管理效率的影响，遭遇了管理控制成本的增加和劳资关系冲突等一系列挑战，企业和行政管理者不得不思考从更广阔的领域汲取灵感，以及环境管理“非人性化”带来的组织与个体冲突。

2. 第二代管理学：行为科学时代聚焦动机与需求的现代管理

以人际关系学说、组织行为学为代表的行为科学则是对古典管理范式瓶颈的探索和超越。以梅奥、马斯洛、赫兹伯格、弗洛姆为代表的社会心理学家和以沙因为代表的企业文化学家，推动了社会学、心理学研究成果在管理学中的应用，特别关注人和组织的行为、动机与需求，这构成了第二代管理学的主要特征。例如，梅奥在著名的霍桑实验中发现了非正式组织的存在，创立了人际关系学术，并提出了“社会人”的概念，认为职工不是只追求高工资的“经济人”，还有社会和心理等方面的需求。梅奥的“社会人”假设与马斯洛需求理论、赫兹伯格的双因素理论，以及弗洛姆的期望理论相呼应，促进了 20 世纪 60 年代组织行为学的发展，推动管理学从古典管理向聚焦员工动机、期望与需求的现代管理范式转变。基于社会心理需求特征的现代管理，强调个体、团队和组织的目标管理与激励，通过鼓励和引导员工从事有利于组织目标实现的事情，限制和避免员工从事不利于组织目标实现的负面行为。

然而，虽然现代管理学更加强调基于行为科学的管理控制，有效提高了员工积极性、降低了企业管理成本、提高了运营效率和管理质量，但是仍然没有摆脱工业经济时代的效率导向，强调控制而忽略个体和组织创新，漠视知识对企业构建核心能力的重要性，也忽略了对组织内外个体、团队的创新管理与创意实施，限制了企业知识创造与创新竞争能力的进一步提升。

3. 第三代管理学：知识经济时代聚焦知识与创新的后现代管理

前两代管理学范式都是工业经济时代的产物，随着人类社会从工业经济时代向知识经济时代发展，知识与创新成为组织获得持续竞争优势和动态能力的主要来源，以效率、成本为导向或以人际沟通为基础的第二代管理学体系，在知识经济时代已不能够满足组织成员对足够大的学习与成长、自由与创新的空间的需要。1985 年，德鲁克在其出版的《创新与企业家精神》一书中强调，经济发展模式已经由“管理的经济”转变为“创新的经济”，并于 1999 年在其出版的《21 世纪的管理挑战》中正式提出了“知识工作者”这一概念，指出“知识工作者”是新的“知本家”，而管理者所面对的工作对象也不再是一般意义上的员工，而是“知识工作者”的管理。“知识人”的兴起，以及 20 世纪 90 年代以来互联网和信息技术发展导致自由职业家和创业家的大量出现，使得组织管理必须高度关注“知识人”的成长与发展，推动了管理学从现代管理向后现代管理的范式跃迁。

于是，聚焦知识与创新的后现代管理逐渐在知识经济时代扮演更为重要的角色。西方学者提出的开放式创新、创新生态系统等概念和理论快速发展，企业对知识的编码、吸收、转化和应用能力，以及通过知识管理和创新管理“赋能”员工创新，强化自主创新实力，打造自身的核心能力和动态能力变得愈加重要。中外管理学者对复杂系统和开放式创新、全要素管理的认识也不断深化，徐绪松等人提出和发展了面向制度复杂性、系统复杂性与复杂产品知识管理的管理学理论，许庆瑞等人则提出和完善了知识管理时代推动以中央企业为主导、企业为主体的全面创新理论。陈劲等在《管理学》一书中，以“知识人”的观点批判性地回顾了管理学的发展与管理的职能，指出知识与创新是第三代管理学范式的典型特征，也是组织获得持续竞争优势的主要来源。

（三）当下：第三次跃迁与第四代管理学兴起——中国哲学智慧引领的整合管理

后现代管理学在多元范式并存和发展的过程中，面临三个重要的张力和挑战。第一，随着管理学合法化运动的蓬勃发展和实证主义的日益强化，管理理论研究的方法和手段变得越来越复杂，愈发忽视对管理实践中所产生的现实问题的研究，管理理论与实践脱节、缺少管理哲学引领的张力日益凸显。第二，随着全球化发展面临日益严重的环境和社会治理问题，新一代科技革命带来的伦理冲击也进一步引发了对企业管理和国家治理范式的思考，经济效率与社会责任和可持续发展之间的张力也日益凸显。第三，以中国为代表的新兴市场的快速发展冲击和重构着旧的世界格局，以往西方企业为主导的企业管理模式和理论范式与新兴经济体的制度环境的差异愈发明显，西方管理理论与新兴市场管理情境的张力、多元管理范式之间的冲突也将管理学推到了一个新的十字路口。对此，西方管理学者和主流期刊多次呼吁引入中国、印度等东方国家的哲学智慧（如道家的自然主义、阴阳平衡、无为而治思想，儒家的有教无类、和谐思想，佛教的中观哲学，法家的战略思维等）和新兴经济体的管理实践经验，推动东西方管理学对话，回应全球化转型面临的挑战和难题，推动管理学的创新发展。同时，中国管理学者也在“管理学在中国”“中国管理理论”“本土管理”等话题的广泛争鸣、思考与探索中取得了长足的进展。

管理理论发展方面，以科学管理为代表的西方管理模式在中国改革开放 40 多年历程中起到了不可估量的作用，但是现有的三大“张力”（实证主义工具理性与管理实践之间的张力、经济效率与社会责任之间的张力、西方理论与新兴经济治理之间的张力）呼唤管理学者借鉴东方智慧和人文精神，借助新兴科技带来的机遇，实现科学主义与人本主义、科技与哲学的整合。“整合与创新”，已经成为当下和未来中国管理学发展与世界管理学范式变革的新方向。

以人工智能为代表的新一轮科技革命、认知科学进展和中国特色社会主义管理实践，正推动着管理学向中国哲学智慧引领的第四代管理学范式——整合管理——转型，这一最新范式最大的特征是以中国哲学智慧为代表的东方哲学引领管理学由以往的工具主义理性主导范式向人本主义价值理性主导范式转型。这一新的管理学范式侧重整体观和系统观，聚焦三个整合：科技与哲学整合、东西方文化整合、规范管理与创新管理整合，旨在推动人的全面发展和全球包容性增长。

随着全球化深入发展，以及创新的全球化，超越单一文化维度、单一经济发展理念，利用人工智能和生物技术等新科技提高人类认知、健康与生物智能，推动人类迈向“新智人”时代的同时，更加强调人和社会的全面可持续发展及幸福感的提升。这一新的价值理性，是新时代管理学理论新的价值立足点。

一方面，云计算、物联网、人工智能、区块链、生物技术等新一代技术革命的快速深度推进带来了第二次认知革命，人与 AI 的深度融合趋势日益明显，使得人类正在或即将把工作和决策权越来越多地交给机器和算法来完成。基因编辑等技术突破也将极大地延长人类的平均寿命，重塑工作形态、生活形态乃至社会结构，将人类推进至人机交互、增强智能和有机更新的“新智人”时代。

另一方面，管理科学化、技术 / 平台中立化等思想与负责任的管理、科技伦理、环境保护之间的张力愈发凸显，如何让技术创新和管理系统更好地服务于人的价值实现和人与自然可持续发展，成为管理学者必须面对的新问题。陆亚东等学者也明确指出，由于过于偏重科学性和思辨性，西方的不少管理理论严重缺乏哲理性和思想性，这也导致这些理论的生命力不强，在实践界影响力较低。而强调价值理性引领工具理性，科学与哲学、艺术融合，经济发展和人与自然和谐的管理哲学思想，恰恰是中国哲学与东方智慧所一以贯之提倡和推行的。这一基于整体观、系统观及和谐观的哲学思想和西方近年来认知科学发展所提倡的“全脑思维”等管理理念相得益彰，符合东西方管理文化融合的“人本、人德、人为、人和、人道”的趋势，体现了中国哲学对中国管理学“承袭思维”的突破和引领管理创新的“致用”价值，也彰显了汲取哲学尤其是中国哲学智慧推动新一代管理学理论建设的潜在理论意义和重要的社会价值。例如，中国哲学中的整体观和系统思想对中国式现代化建设，以及“两弹一星”、载人航天工程和超级计算机、量子通信等领域的重大技术突破起到了重要引领作用。

在第四代管理学范式中，以往基于牛顿经典力学科学范式和行为控制的线性、原子性管理思想，也将让位于使命引领和内生驱动的量子力学科学范式及非线性、动态性和整合性管理思想。“融合发展趋势下的中国哲学思想引领西方管理科学范式”，日益成为全球创新发展和中国特色社会主义新时代的管理理论创新的主要特征，既与东西方管理学日益共同强调的系统论思想相呼应，也是中国管理学界践行中国文化自信、助推文化复兴和中国管理学提升理论自信，走出困境、走向世界，进而形成东西方共同认同的新理论的重要途径。

在这方面，成中英、苏东水等学者从西方管理危机切入，汲取儒释道等中国传统文化精髓，提出并发展了“C 理论”“四治五行”等东方管理学，强调要着眼整体、把握全局，从工具理性和本体价值融合的角度考察管理实践的内涵，为企业在动态和不确定环境下整合知识、理论、价值观和行为方式提供了创造性的原则。席酉民等学者提出的“和谐理论”则为企业立足和谐管理思想，应用整体性策略来应对多变环境下的复杂管理问题提供了一个有代表性的理论视角。黄津孚等学者则从中国企业管理的现实出发，提出了三维（范式、行为、对象）企业管理模型等框架，旨在分析评估中国企业管理模式的历史文化渊源与发展趋势，从而引导管理实践，为世界管理学发展作出中国贡献。李宝元等学者提出了“大历史—大逻辑—大跨越”的宏观视阈框架，为中国管理学研究提供了一个突破大历史跨越中的逻辑困局、助力中国管理实践进步的对策思路。陈劲等学者则批判性回顾了东西方创新范式，基于对中国特色科技创新实践的调研，提出了基于东方智慧的“整合式创新理论”，提供了一个“战略视野驱动的全面、开放与协同创新”管理视角。王利平和陈春花则将西方管理学主流的组织理论、新制度主义思想，以及管理科学精髓与中国文化和企业实践三者有机整合，进一步用动态、整合的逻辑来解释包括中央企业、新创企业和共享时代的跨国企业的组织管理和人的价值实现方式，是一种兼具前沿性和争议性的新探索。杨百寅和单许昌则综合了对中美管理与社会实践的观察，认为中国当前面临的最深层次的挑战是缺乏严谨、坚实的思想理论基础，中国企业管理与社会治理急需吸取中外哲学思想精华，兼收并蓄，从而实现整合发展。

（四）展望：第四代管理学的社会责任与发展使命

展望未来，与管理范式第三次跃迁和第四代管理学兴起相互交织的，是全球新一轮科技和产业革命，以及企业组织管理模式的快速变革与创新。

诸如数字经济时代企业主动利用内外部创新资源应对跨行业和跨国的竞争挑战，借助人工智能、区块链、大数据及工业物联网等新兴技术，超越开放和追赶，迈向“智慧企业”的管理实践探索。而中国的阿里巴巴、海尔、华为，西方的谷歌、亚马逊、特斯拉、奈飞、英伟达等数字化、生态化领军企业的创新历程则体现了哲学思维与管理战略引领企业管理实践的趋势：推动企业战略和能力的耦合，从数据依托的决策不断向智慧驱动的决策丰富和提升，各种资源要素经过系统集成产生大数据，通过物联网和人机交互增强技术，实现人与人、人与机器、机器与机器、企业与企业之间的数据流动与信息协同，借助云计算、信息化平台实现创新主体的知识共创与共享，最后将通过战略与组织创新引领的人工智能、区块链技术应用，集成和转化企业内外部和生态系统的各类知识，实现智慧决策和智慧管理。而智慧企业、智慧城市，跨边界、跨文化的共享共创的生态型混合型组织，以及在线教育、共享经济、区块链经济模式的出现，也将颠覆和重构传统的产权概念、雇佣关系、组织边界、竞争逻辑，带来企业、产业和人的生命周期、价值与幸福认知的革命。

第四代管理学范式——整合管理——的兴起与发展，既体现了管理学者直面管理学发展危机、直面全球创新转型时代的管理挑战的积极探索，更践行负责任的科学精神与开放包容的态度，致力于促进中国哲学与西方管理科学对话、东西方管理学社群与理论对话，积极承担使命的重大“转向”；对引领管理实践发展、推动管理理论创新、完善中国管理理论体系、提升理论自信和文化自信具有重要价值，也对积极建设东西方共同认同的跨文化管理学理论具有重大理论意义。而整合管理范式的发展与整合管理理论丛林的繁荣，对全球范围内以人工智能、类脑智能为代表的新兴颠覆性技术创新和治理、世界一流企业培育、科技强国建设、新质生产力发展和全球化跨文化管理具有重大实践意义，将会极大促进人的全面发展和人类命运共同体建设，推动世界和平与可持续发展。

1. 培育世界一流企业，助推科技创新强国建设和发展新质生产力

企业是创新的主体，也是国家创新体系的重要组成部分。企业和国家创新能力的持续提升，呼唤中国管理学者基于中国企业实践和自主创新，探索、提炼、总结出引领发展的理论体系，培育世界一流的创新型企业和企业家。国际发展方面，中国企业和国家创新能力的全球影响力伴随着西方国家主导的管理体系的束缚。以中国中车、华为、华大基因、科大讯飞、阿里巴巴、百度、腾讯等为代表的中国企业正在从“跟跑”向“跟跑、同跑、领跑”并存发展，冲击和重塑着全球企业竞争格局，对提升中国制造和中国管理的国际声誉具有显著的促进作用，以“一带一路”倡议、亚投行为代表的，由中国主导的新型全球价值链也正在重构以美国为主导的全球价值链。但是也应当看到，中国企业和产业的崛起正面临着来自以美国为代表的全球治理体系的围堵和压制，美国对华“脱钩断链”形势愈演愈烈，我国关键核心技术“卡脖子”的局面仍未得到根本改观，更暴露出中国在核心技术和高端制造行业的国家竞争力还显著受制于西方发达国家，亟须提升自主创新能力和制造业高附加值。

在此背景下，推动整合管理理论创新与实践应用，加快创新型国家建设和助推中国企业集群式崛起，加快发展新质生产力，是第四代管理学尤其是中国管理学者的重要使命之一。扎根中国管理实践，汲取中国哲学智慧和管理经验，积极回应中国产业转型升级和国际化管理面临的挑战，把握企业在快速变革时代的战略节奏，助力中国企业不断通过整合式创新提升自主创新能力、核心能力、动态能力，获得中国企业本土化和全球化的持续竞争优势，是第四代管理学的挑战，也是整合管理时代理论丛林争鸣和繁荣发展的新机遇。

2. 绿色管理与包容性增长，促进世界和平与人类命运共同体建设

新质生产力的底色是绿色和高质量，绿色转型不但是中国高质量发展的重要要求，也是符合中国历史文化、契合全球发展趋势的重要选择。

中国哲学历来强调“道法自然”“以天为则”“世界大同”，2018年，习近平主席在博鳌亚洲论坛提出的“构建人类命运共同体，共创和平、安宁、繁荣、开放、美丽的亚洲和世界”的倡议，也呼唤基于中国企业管理特色和中国哲学智慧的新型发展与管理理论。绿色管理和包容性增长的理念融入整合管理相关理论的创新与实践应用过程中，将会有效赋能管理者和利益相关者，促进价值共创共享，进而推动世界和平与人类命运共同体建设。进入中国特色社会主义新时代，我国社会的主要矛盾已经转化为人民日益增长的美好生活需要和不平衡不充分的发展之间的矛盾。第四代管理学的使命不但在于提升企业创新能力、建设创新型国家，更在于以绿色管理理念引导科技创新的伦理治理，推动人的完整价值提升，实现“科技—人—企业—产业—国家—环境”协同发展。

在全球创新发展的新时代，通过管理创新推动绿色创新、反贫困和包容性发展，也是实现联合国2030可持续发展目标，推动包容性增长的内在要求。党的十八大首次把“美丽中国”作为生态文明建设的宏伟目标，党的十九大则进一步明确提出要加快生态文明体制改革，建设美丽中国。“坚持以人民为中心”“坚持人与自然和谐共生”的绿色发展理念，对企业管理和社会治理提出了新的要求。绿色发展理念融入第四代管理学范式，与中国哲学强调的“天人合一”和谐理念一脉相承，也是哲学引领科技向善、赋能新质生产力发展、提升人的幸福感和推动人类命运共同体建设的重要方向。

3. 弘扬中国哲学和人文精神，推动哲学、科技与人文整合发展

虽然第三代管理学强化了知识与创新，人的因素也被重视，但在哲学方面，特别是中国哲学的整体和统筹观体现不够。所以在第四代管理学中，必须进一步强调和弘扬中国哲学与人文精神，以整体性、动态性和系统科学思维，推动哲学、科技与人文的有机融合，推动中华优秀传统文化、社会主义

管理文化与西方管理文化的融合。

中国的经济管理学者不但肩负着解读“中国模式”、总结提炼“中国经验”、推动传统文化与现代管理融合的转型使命，也肩负着同西方组织管理理论对话、共建全球创新时代的新型管理理论的使命，如此才能共同应对全球创新和转型挑战，共享发展经验，更好地建设人类命运共同体。因此，第四代管理学的整合发展，需要在吸收西方现代市场经济理念、现代管理制度和科学研究范式的基础上，着重从中国哲学和中华优秀传统文化中汲取智慧，立足中国特色社会主义创新实践和新质生产力的实践探索，进而以理论创新提升文化自信和理论自信，探索完善新型举国体制，积极回应中国扩大开放及“一带一路”建设所面临的重大和关键实践难题，践行中国管理学理论的价值和使命担当。一方面，引领和助力科技创新强国建设、培育世界一流企业和加快发展新质生产力；另一方面，推动绿色包容性增长，加快人类命运共同体建设，最终实现全球和平与可持续发展。

二、整合式创新：基于东方智慧的创新理论

整合式创新是战略视野驱动下的创新范式，是战略创新、协同创新、全面创新和开放创新的综合体，体现了中国情境和东方文化的智慧。整合式创新的四个核心要素——战略、全面、开放、协同——相互联系、有机统一。整合式创新是顺应人类文明进化、全球和平与可持续发展时代背景，满足企业技术创新战略管理需求和支撑科技创新强国战略实施，助力新质生产力加快发展的原创性理论范式，也是促进我国企业构建全球创新领导力的实战思维。

（一）整合式创新提出的背景

创新是驱动全球和平和经济社会可持续发展的主要动力。近年来，随着全

球化程度的不断提升，全球发展使人类面临重大挑战，变革性技术创新与社会发展、联合国人类可持续发展议程目标等议题引发了创新与发展范式的思考。旧有的以工业革命和信息化技术为代表的西方科技创新范式单纯聚焦于技术与经济，在应对全球变革过程时显现出局限性。技术创新范式开始延伸至更广泛的科学研究、技术创新与社会发展之间的对话，并在实现科技进步和经济增长之外，进一步符合道德伦理和社会满意的发展目标，实现可持续的转型。

创新无疑已成为当今世界经济与社会发展的一个重要主题，各发达经济体都意识到，只有创新才能不断刺激新的经济增长点。而发展中国家也都在通过创新推动产业结构不断升级，提高国家竞争力。中国作为新兴经济体的代表，依赖国家能力不断发展以东方文明为基础的国家治理思维，从“面向和依靠”“稳住一头，开放一片”“科教兴国”“国家创新系统”到“科技创新强国”，正在逐步实现“到 2020 年进入创新型国家行列”“到 2030 年跻身创新型国家前列”“到 2050 年建成世界科技创新强国”的发展目标。2017 年，习近平总书记在中国共产党第十九次全国代表大会上指出，“中国特色社会主义进入新时代”，“我国社会主要矛盾已经转化为人民日益增长的美好生活需要和不平衡不充分的发展之间的矛盾”①，发展理念从原来的“先富带后富”转变为如今注重均衡和充分发展，从原来以经济建设为中心转变为当今更加注重“人民群众对美好生活的需要”。这既包含了发展理念的变化，也呼唤更注重全局性、均衡性和系统性的创新范式和创新思想。有效落实中国特色社会主义新时代的创新驱动发展战略，需要更大格局和战略视野的创新思维范式加以支撑，完善国家创新体系和技术转移体系，加快高校科技成果转化，从而将“科技求真”与“艺术求美”结合起来，实现“创新求善”——满足人民对美好生活的向往与追求，

①习近平．决胜全面建成小康社会　夺取新时代中国特色社会主义伟大胜利［M］．北京：人民出版社，2017：10–11.

在创造“金山银山”的同时永葆“绿水青山”。

在全球创新与和平发展面临挑战、中国创新驱动发展与和平崛起的大背景下，创新理论范式的发展却有一些滞后，存在缺口：

第一，各国多依赖传统西方创新范式对以气候、变革性技术治理等为代表的全球科技创新重大议题展开讨论与治理。发达国家虽然对自身的主要创新范式进行了提炼——如组织创新对美国繁荣复兴的作用，芬兰、瑞典等国强盛基础的国家创新系统等，但是忽视了发展中国家与东方创新范式的作用。研究与实践均呼唤全球范围内跨国家边界与文化背景语境的对话，从而有效引导科技创新范式向全球情境下的分治、开放、包容等范式属性转移，实现更广泛的国际公约与全球治理，推动全球和平与可持续发展。

第二，以中国为代表的东方文明对全球发展的贡献逐步增大。例如，2008 年全球经济危机后中国对国际经济的增长和稳定作出了贡献，以“一带一路”致力打造的“利益共同体、责任共同体和命运共同体”为代表的中国创新与治理对全球发展的价值输出等作出了贡献。关于中国创新实践，以及对国际发展的价值输出，亟待理论研究者从理论层面提炼与总结中国特色的创新范式，从而助力中国科技创新强国建设，打造世界级创新企业，提升和巩固中国的全球创新领导力，进而为全球创新理论发展和创新实践提供知识和智慧增量。

（二）创新的概念与演进

传统创新范式源于熊彼特界定的五种情况，即创新指代生产一种新的产品，采用一种新的生产工艺，开辟一个新的市场，获取一种新的原材料供应源，或建立一个新的组织。区别于传统经济增长驱动要素中资本、土地和制度等的重要性，熊彼特的创新理论强调企业家精神对经济增长的核心贡献，其定义的创新意味着企业家有效识别外部环境中潜在的收益创造与获取的潜在机遇，打破传统的商业化规律惯性，开展创新活动直至获得商业化利润回报，从根本上关注科技发明的商业可行性和价值回报，强调企业家精神内在驱动力产生的“创造性毁灭”，以及由此推动的价值创造与持续增长。随着熊彼特主义的兴起，创新被视为经济增长的核心动力，全球不同国家情境下的创新范式开始涌现。

通过梳理现有创新范式的演变过程，笔者发现，现有的创新范式基本可分为三类：第一类，立足于局部思维，如美国学者提出的用户创新、颠覆式创新，欧洲学者提出的设计驱动创新、公共创新，日本学者提出的知识创新，韩国学者提出的模仿创新；第二类，只重视横向的知识、资源和人员等要素的整合，如美国学者提出的开放式创新，中国学者提出的全面创新、自主创新等，它们缺少纵向垂直的有机整合，企业可能面临诸如开放过度、核心能力不足的风险；第三类，过于倚重概念、文化或社会因素而走向另一个极端，如欧洲学者提出的责任式创新、社会创新，印度学者提出的朴素式创新等。

现有的创新范式侧重从具体的创新行为、创新方法或创新环节、创新主体等角度理解创新过程，无法摆脱原子论的创新思维方式。回顾世界一流企业的创新之路，新产品、新要素、新方法和新流程乃至新的组织方式的产生，都不是依靠单个方面的改进或提升，也不是自然而然生发出来的，而是有组织、有设计地开展创新的结果。上述三类传统创新范式忽略了战略设计和战略执行在推动创意落实、获得创新成果、转化创新价值的过程中发挥的引领与前瞻性作用。现代管理思想大师加里·哈默在《管理大未来》一书中提出了创新的四层次模型，包括技术创新、营运创新、战略与商业模式创新，以及管理创新。可见，战略设计对于创新而言具有重要的引领与驱动价值。

此外，上述三类传统的创新范式缺乏东方哲学（如中国传统文化、佛教智慧等）中源远流长的全局观，如总体思维、对立统一、有机整合和动态发展等，未体现道家哲学提倡的阴阳一体、天人合一，儒家哲学提倡的允执厥中的“中道”哲学和“和而不同”的和平观，佛教中的“性相一如”和“中观”哲学，以及《孙子兵法》中提出的全局战略观。

（三）整合式创新——基于东方智慧的创新理论范式

1. 整合式创新的概念

针对现有中国语境下创新理论与范式的不足，笔者基于东方哲学和中国传统文化的优势，首次提出一种全新的创新范式——整合式创新（holistic innovation，HI），也即战略视野驱动下的全面创新和协同创新。基于整合式创新的创新管理范式，则是整合式创新管理（holistic innovation management，HIM）。整合式创新的四个核心要素是“战略”“全面”“开放”“协同”，也即战略视野驱动下的全面创新、开放式创新与协同创新，四者相互联系、缺一不可，有机统一于整合式创新的整体范式中。

“战略”（strategy）一词源远流长，西方普遍认为起源于古希腊的“strategos”一词，意指军事将领指挥军队作战的谋略，后来被用于企业管理。在中国，春秋战国时期的《孙子兵法》被认为是中国最早对战略进行全局谋划的著作，其中“战”指战争，“略”指谋略。虽然现在“战略”一词从军事术语引申至经济、政治领域，但是其含义始终包含“统领性、全局性、整体性”的思想。在企业技术创新管理中，战略视野观要求企业领导者不能将技术创新视为单一的活动，而应将之内嵌于企业发展的总体目标和企业管理的全过程，根据全球经济社会和科技的大趋势，借助跨文化的战略思维，确定企业和生态系统的发展方向，从而实现“战略引领看未来”。产业和国家也需要根据所处环境和创新体系制定全局性的战略，使得各要素相互连接，促进竞争优势的形成。

以中国高铁产业企业为例。中国南车股份有限公司（简称“中国南车”）自2007年成立以来，在国家推进“引进国外先进技术，联合设计生产，打造中国品牌”的高铁发展战略的驱动下，客观分析自身面临的内外部机遇和挑战，制定并实施了“归核—强核—造核—扩核”的集团发展路径，通过整合内外部资源，在集团宏观层面进行战略协调实现了全球竞争优势的提升。

华为技术有限公司（简称“华为”）自1987年成立以来，经过长期的技术积累与发展，从一家民营通信科技公司逐步成长为全球最大的电信网络解决方案提供商、全球规模第二的电信基站设备供应商。军人出身的华为总裁任正非正是将军事战略思维成功应用于企业创新管理的典型。他反复强调，华为在创新过程中“不能在非战略机会点上消耗公司的战略竞争力量”。华为围绕技术研发制定了适应全球化发展的产品开发战略、人才战略和组织管理激励战略，助力其保持电信领域的全球领先优势。例如，华为制定的集成产品开发战略（integrated product development，IPD）由市场管理、流程重组和产品重组三大模块构成，该战略的实施使得产品开发周期缩短一半、不稳定性降低了2/3，是华为在技术创新方面赢得全球领先优势的重要源泉。

“全面”是指全面创新（total innovation management，TIM），即“与生产过程相关的各种生产要素的重新组合”，包括全要素调动、全员参与和全时空贯彻三个方面。全面创新最早于2002年由中国创新管理领域的创始学者许庆瑞院士正式提出。他在其著作《全面创新管理：理论与实践》一书中指出，“全面创新管理应该以培养核心能力、提高持续竞争力为导向，以价值创造增加为目标，以各种创新要素的有机组合与协同创新为手段，通过有效的创新管理机制、方法和工具，力求做到人人创新、事事创新、时时创新、处处创新”。全面创新具有全要素创新、全员创新和全时空创新三个重要特征。其中，全要素创新是指创新需要系统观和全面观，需要调动技术和非技术的各种要素，进一步激发和保障所有员工的创新活力；全员创新是指创新不再只是企业研发人员和技术人员的专属权利，而应是全体人员的共同行为；全时空创新是指企业在信息网络技术平台上实现创新时空观的全面扩展，做到 24/7 创新（即每周 7 天、每天 24 小时都在创新）。

以中国南车为代表的国内高铁企业有效整合内外部资源，打造了基于核心能力的企业创新生态系统，实现了集团要素、人员和时空的全面创新。中国南车打造了以减震技术、降噪技术、轻量化技术、绝缘技术和水处理技术五大技术为基础的企业核心技术体系，并在核心技术体系之外进一步聚焦科技人才培养、仿真能力、试验能力、研发与技术及核心业务创新产品开发，延伸业务开发。

“开放”是指开放式创新（open innovation，OI）。开放式创新由亨利·切萨布鲁夫于 2003 年在其著作《开放式创新：进行技术创新并从中赢利的新规则》中正式提出，是指“企业利用外部资源进行创新，提升企业技术创新能力”。开放式创新聚焦企业内外部知识的交互，强调企业要突破原有的封闭式创新，通过获取市场信息资源和技术资源，实现“从外部获取知识（内向开放）”和“从内部输出知识（外向开放）”的有机结合，弥补企业内部创新资源的不足，进而提高创新绩效。在开放式创新的环境中，企业与环境之间的边界变得模糊，越来越多的企业通过跨边界合作，构建开放式创新生态系统，赢得持续竞争优势。

以海尔集团（简称“海尔”）为例。在开放式创新的新竞争环境下，海尔除了继续强化基于核心技术的多级研发体系之外，海尔开放合作伙伴生态系统平台（Haier open partnership ecosystem，HOPE）于 2013 年 10 月正式上线。通过“人单合一”模式和创新生态系统构建与发展的多年实践，海尔基于 HOPE 创新平台构建了企业与用户交互的创新生态圈，同时基于自主经营体与小微创新的组织管理模式，实现了用户参与、全员创新的生态成员交互模式，从而进一步优化了海尔的企业创新生态系统（图 2–3）。

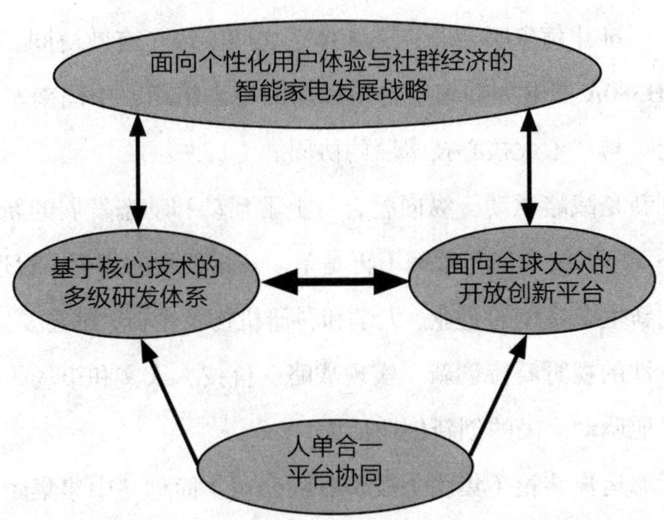

图 2-3　海尔集团战略驱动下的整合式创新架构

“协同”是指协同创新（collaborative innovation，CI），由陈劲于2012年在《协同创新的理论基础与内涵》一文中正式提出，是指“以知识增值为核心，企业、政府、知识生产机构（大学、研究机构）、中介机构和用户等为了实现重大科技创新而开展的大跨度整合的创新组织模式”。协同创新具有两个特点：第一，强调科技创新的整体性，即创新生态系统是各要素的有机结合而非简单相加，其存在方式、目标和功能都表现出统一的整体性；第二，动态性，即创新生态系统是不断动态变化的。在科技经济全球化的环境下，以开放、合作、共享为特征的协同创新模式被实践证明是有效提高创新效率的重要途径。充分调动企业、大学和科研机构等各类创新主体的积极性，跨学科、跨部门、跨行业地组织实施深度合作和开放创新，对于加快不同领域、不同行业，以及创新链各环节之间的技术融合与扩散尤为重要。

中国南车通过搭建创新平台，推进了集团内外部资源的协同。经过多年的创新资源积累和能力建设，中国南车搭建了“协同仿真平台”“试验验证体系”“技术标准化信息平台”，三大体系之间实现了有效协同。此外，作为和谐号 CRH380A 型电力动车组自主创新的核心组织，中国南车自主实现了“四大理论”与“十大核心技术”的协同。

整合式创新是战略驱动、纵向整合、上下互动和动态发展的新范式。在开放式创新环境下，技术创新管理不再是单一技术要素的组合、管理和协同，身处开放式创新生态系统的企业、大学和科研机构及个体，都需要以战略性、全局性和整体性的视野看待创新，实现战略、科技、人文和市场等的互博融合，极大程度地调动全民的创新创业活力。

中国国际海运集装箱（集团）股份有限公司（简称“中集集团”）作为一家为全球市场服务的多元化跨国产业集团，通过不断地组织和技术变革应对不断变化的外部环境，于 2010 年发布了“中集集团升级纲要”，全面启动战略驱动下的创新升级，横向整合各层面的子模块及外部信息和合作资源，纵向集成金融、人力资源、文化和信息平台等对营运和技术创新的支持系统。战略驱动下的中集集团整合式创新架构如图 2–4 所示。在整合式创新战略理念的指导下，中集集团实现了对遍布全球 300 多家成员企业和 100 多个国家

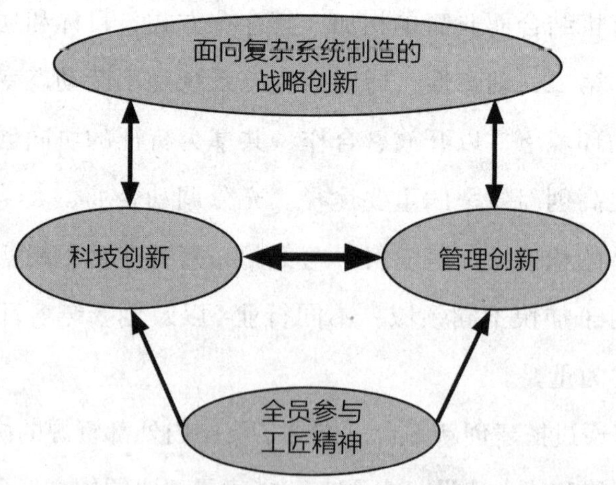

图 2–4　中集集团战略驱动下的整合式创新架构

和地区的客户与销售网络的管理服务优化，全面提高了全球综合竞争力，巩固和强化了其在物流装备和能源装备供应领域的世界领先地位。

整合式创新作为战略视野驱动下的全面创新和协同创新的新范式，强调战略引领和全面协同的高效有机统一、纵向整合、动态发展，是对局部的、横向的和静态的创新管理范式的质的超越。中国南车、海尔、华为和中集集团等领先企业，无一不是在整体性战略视野的驱动下制定、构建和完善了企业自身的创新体系，在整合内外部资源的同时实现了战略、技术、市场和文化等多维度融合，实现了全要素、全员和全时空参与创新，并通过内外协同、上下协调的组织创新打造可持续竞争优势，是全面创新管理的升级。

2. 整合式创新的概念框架

在开放式创新生态系统的时代背景下，整合式创新是整体管理变革下的创新，是东西方哲学思想引领下基于自然科学和社会科学跨界融合的"三位一体"。整合式创新思想蕴含的全局观、统筹观及和平观，符合东西方哲学的核心价值追求，有助于在跨文化的国内外竞争过程中实现工程、技术、科学与人文、艺术、市场的互博、互融，并突破传统的企业边界，促进企业与外部需求端、供给端，甚至国内外的政策端等各个创新利益相关主体联合构建、合纵连横的创新生态系统，在动态协同中开发市场机会和科技潜力，创新企业产品与技术通过跨界创新与竞合推动产业变革与区域协同发展，实现"创新为了和平、为了全球可持续发展、为了人的幸福与价值实现"的终极目标。

对于企业而言，企业应从大处着眼、立足高远，通过前瞻性的战略设计引领自身及所处生态系统的发展演变方向，在战略执行中行动迅速，打通横向资源整合和纵向能力整合的脉络，依托协同创新思维，实现总体思想下的技术集成和产品创新，达成竞合双赢局面。

对于国家而言，在重大科技创新领域，如航天系统、高铁技术、量子通信、人工智能和工业互联网等，不仅需要单纯的技术创新，更需要从国家中长期发展战略入手，实现科技战略、教育战略、产业战略与金融战略、人才战略、外交战略的有机整合，通过战略视野驱动各要素的横向整合和纵向提升，为建设科技创新强国提供源源不断的动力，为全球的反贫困、和平和可持续发展作出重大的引领性贡献。

整合式创新框架如图 2–5 所示。

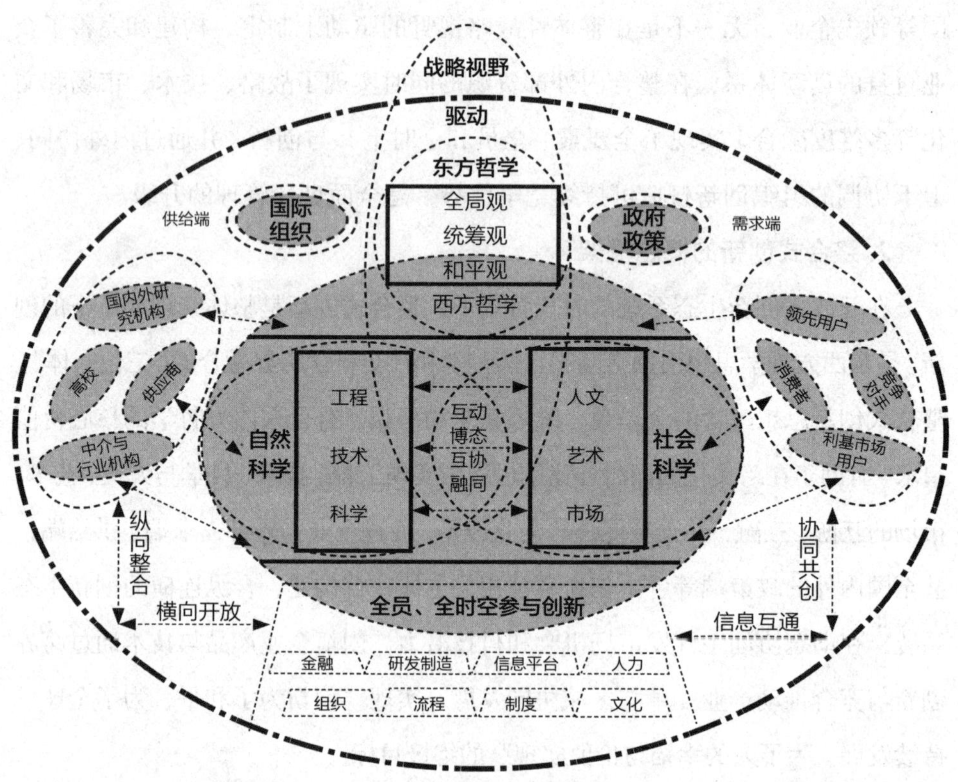

图 2–5　整合式创新框架：战略视野驱动下的新兴创新范式

从东方文化和中国特色的企业实践中我们可以看到，在知识经济和大数据时代，企业发展资源的方式经历了数据感知、数据互联、信息集成、知识聚合和智慧洞察五个阶段。这是企业发展资源实现创新的五阶段模型，也是未来建设智慧企业和智慧城市（群）的重要思路。而在最高阶的智慧洞察阶段，企业领导者要充分调动和利用系统科学观，超越知识本身，在制定创新战略时兼顾企业的组织架构设计、资源开发利用和创新文化营造。对于国家而言，整合式创新蕴含着中国特色的和平观、举国体制下的战略执行优势和系统驱动的中国式创新经验与智慧，同时顺应了中国的创新战略需求，即不能再仅依靠工业化、信息化、城镇化和农业现代化的“四化”实现社会经济的创新发展，而是需要放眼全球、着眼全局，同时兼顾消除贫困、保护环境、促进健康、建设国防和推进国际事务等方面，通过各方面的有机整合，实现富民强国，推动全球和平发展。

3. 整合式创新的内涵

作为战略视野驱动下的全新创新范式，整合式创新的关键内涵包括三个方面。

第一，整合式创新是战略创新、协同创新、全面创新和开放式创新的综合体。世界一流企业创新之路的共同特征，都是在开放式创新的环境下，通过统筹全局的战略设计创新，调动全要素参与，实现各个部门主体与利益相关者的协同创新。

在整合式创新范式下，企业的创新之路包括战略引领、组织设计、资源配置和文化营造四个方面，具体可细化为“战略引领看未来”“组织设计重知识”“资源配置优质化”“文化宽严为基础”。将战略、组织、资源和文化进行有机整合，着眼长远，实现动态创新，企业才能构建稳定、柔性和可持续的核心竞争力。

例如，1968 年成立的美的集团股份有限公司（简称“美的集团”）是全球领先的消费电器、暖通空调、机器人与自动化系统、智能物流（供应链）的科技集团。基于核心技术、研发体系等技术要素，美的集团通过强化技术创新管理和战略创新等非技术要素，进一步提升了集团的创新能力。美的集团在战略层面推进集团的战略转型与创新，在国内行业巨头海尔集团、格力电器长期战略跟随的基础之上，于 2012 年提出“333 战略转型”。该战略聚焦于消费者主导的核心能力建设，明确集团的战略定位：利用约 3 年时间做好产品、夯实基础、提升经营质量，利用约 3 年时间从家电三强中脱颖而出成为行业领导者，利用约 3 年时间在全球家电行业占有一席之地，实现全球经营。在战略视野的驱动下，美的集团进一步打造研发与生产的全球创新生态系统，建设与发展基于产学研协同的创新生态系统，并打造基于“美创平台”的创新生态系统（图 2–6），以实现创新生态系统伙伴和资源的全面汇聚、价值互动和创新溢出，形成了包容性的创新文化，大力提升了集团的制造效率、资源利用效率、自动化水平和库存运作优化能力等。通过整合式创新，美的集团为参与全球竞争、实现全球家电市场的竞争优势与行业领先地位奠定了基础，提升了自身的品牌价值。

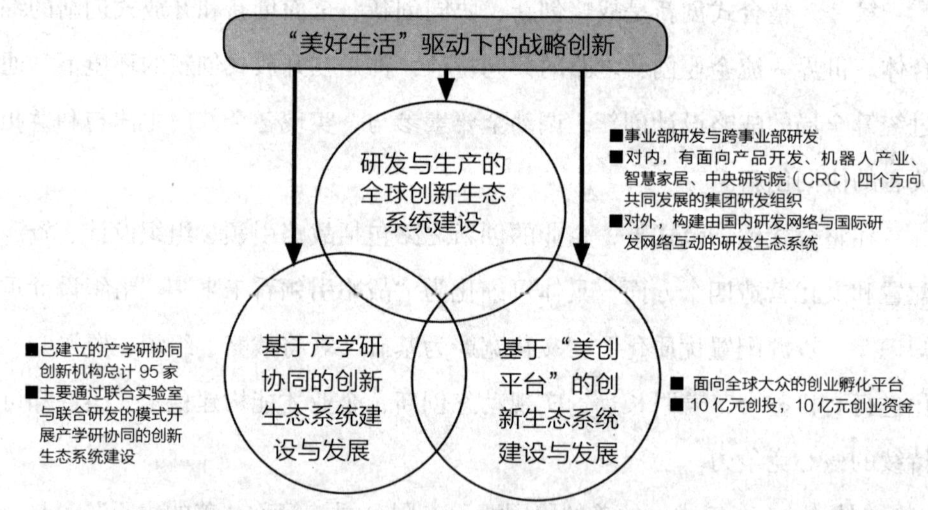

图 2–6　美的集团战略转型驱动下的整合式创新架构

第二，整合式创新在战略引领的哲学全局视野下，将自然科学的聚合思维与社会科学的发散思维进行有机整合，既体现了东方文化的价值，也结合了中国特色的创新实践经验，顺应了中国创新的战略需求。具体而言，整合式创新基于系统科学的系统观和全局洞察，通过顶层的目标确定和战略设计，超越知识管理，突破传统企业的组织边界，同时着眼于企业创新发展密切相关的外部资源供给端（如高校、研究机构、供应商、技术与金融服务机构等）、创新政策与制度支持端（政府、国内外公共组织和行业协会等），以及创新成果的需求端（消费者、领先用户、竞争对手和利基市场用户等），借助东方文化孕育的综合集成、全域谋划和多总部协同等智慧，助力企业调动创新所需的技术要素（研发、制造、人力和资本等）和非技术要素（组织、流程、制度和文化等），构建和强化企业的核心技术和研发能力，打造开放式创新生态系统环境下企业动态、可持续的核心竞争力。

第三，整合式创新是一种总体创新、大创新的创新思维范式，其精髓在于整体观、系统观和着眼于重大创新。整合式创新突破了传统的研发管理、制造管理、营销管理和战略管理相互独立的原子论思维范式，通过战略引领和战略设计，将企业管理的多个方面进行有机整合，为企业和国家实现重大领域、重大技术的突破和创新提供支撑，是量子理论时代具有量子管理学思想的创新观。

以我国航天产业为例。我国以举国体制的优势，聚焦国家发展战略目标，在顶层设计与自顶向下的大系统思路指导下，由中央调配全国产业资源，以国家级重大项目为研究与运作平台开展创新实践。例如，在选择“长征三号”火箭第三级发动机的过程中，为了实现推力较大的低温高能液氢液氧发动机的创新，国家利用体制优势开展系统性的协调，在全国范围内汇聚研发与创新的优势资源，有效协同中国航天科技集团第一研究院（703所）、兰州空间技术物理研究所、中国钢研科技集团有限公司、北京有色金属研究总院（现为中国有研科技集团有限公司）等顶尖研发与创新资源，并整合上海市的相关材料焊接专家资源，形成国家支持的技术创新攻关组织，最终形成了焊接技术的解决方案，实现了发动机的研发创新。中国作为一个发展中国家，在全球产业追赶跃升的情境下，在总体创新与大创新的引导下整合全国资源的体制优势，有利于克服我国核心技术的相对劣势与基础工业的研发能力短板，实现产业竞争力的提升与发展。

4. 对创新引领加快发展新质生产力的启示

整合式创新范式强调了战略驱动、顶层设计、中长期发展导向等在创新过程中的重要意义，强调了全局观、统筹观及和平观对于创新范式的重要性，强调了东方文化与中国情境的作用。这一创新范式的提出，对于理解中国重要科技领域和典型企业的创新实践，帮助企业管理者落实基于战略创新的技术创新能力提升策略、提升企业创新绩效、加快发展新质生产力具有重要的实践价值。

整合式创新提供了面向新质生产力发展的政策启示，对国家和政府部门优化顶层战略设计、完善科技创新政策有重要价值。整合式创新对我国高铁、航空等领域具有重要贡献，是改革开放以来我国在重大科技创新领域取得突破性进展、赢得全球领先优势的经验升华，也是指导我国在未来加快建立国家技术转移体系、完善国家和区域创新体系，强化高铁、航天产业优势，促进人工智能、工业互联网、量子通信和天文物理等领域的重大技术创新的重要思维范式和创新政策着眼点。在全球化和第四次工业革命方兴未艾的时代背景下，整合式创新是通过国家层面的战略设计，联合产业、企业和创新者，加快推动人工智能、工业互联网、量子通信和健康医疗等领域的快速发展，打造一批世界级创新领军企业的重要思想武器。

虽然整合式创新范式目前尚未引起学术界和科技政策领域应有的重视，但在企业创新能力建设方面，整合式创新为企业提供了将战略管理、组织设计、文化建设与产业趋势相结合的系统观和整体观，实现了自然科学的工程思维与社会科学的发散思维的融合，有助于企业抓住产业变革和技术革新的“机会之窗”，是企业塑造可持续创新能力和核心竞争力的全新范式，值得企业管理者进行实践探索，以及学者持续深入地跟踪研究。在政策层面，整合式创新范式提供了一种基于全局观、统筹观和总体思想的创新政策设计视角。创新政策不应局限于科技方面，应将科技、教育、经济、文化、民生和生态等结合起来，形成系统合力，促进战略驱动下的全面创新与协同创新。唯有如此，我国才能在国家创新驱动发展战略的引领下，实现国家创新战略与产业创新战略、企业创新战略“三位一体”，系统提升国家和区域创新体系、技术转移体系，为我国在重大技术领域、战略性新兴产业和中国企业赢得全球创新领导优势等方面创造生生不息的动力。

三、场景驱动创新：数智时代发展新质生产力的新范式

党的二十大和国家“十四五”规划提出，坚持创新在我国现代化建设全局中的核心地位，把科技自立自强作为国家发展的战略支撑。科技创新要坚持面向国家重大需求，坚持需求导向和问题导向，优化创新要素资源配置，汇聚形成创新发展强大合力。

然而长期以来，我国的科技创新一般侧重特定技术领域或学科领域，遵循从基础研究发现到关键核心技术突破、产品开发、工程试制、中试熟化与市场化应用的传统路径。其本质在于技术驱动，属于从实验室成果到产业化落地的链式创新模式，面临研发周期冗长、技术迭代滞缓等问题，缺乏面向国家重大战略需求、产业高质量发展需求和组织韧性发展需求的精细化任务设计，极易造成科技创新与转化应用脱节。不仅难以跨越从技术研发到成果转移转化的“死亡之谷”，而且容易陷入技术轨道锁定和“创新者悖论”，迟滞从创新追赶向创新引领的转型步伐。

尤其是伴随着以数字技术为代表的新一轮科技和产业革命向纵深演进，数据成为新型生产要素和重要创新驱动力，大量新场景、新物种、新赛道涌

现，科技创新速度显著加快，市场需求瞬息万变，需求侧与供给侧融合愈发紧密。如何瞄准数字化场景和具象化、复杂性需求痛点，重构技术创新体系和商业模式，以此引导与创造供给，释放数据要素价值，在场景实践中实现技术、产品和服务迭代，创造并满足用户新需求和新体验，成为创新管理和数字化转型的热点与难点。2022 年，国家《"十四五"数字经济发展规划》进一步明确要"坚持创新引领、融合发展"，"坚持应用牵引、数据赋能"，"坚持把创新作为引领发展的第一动力，突出科技自立自强的战略支撑作用，促进数字技术向经济社会和产业发展各领域广泛深入渗透，推进数字技术、应用场景和商业模式融合创新，形成以技术发展促进全要素生产率提升、以领域应用带动技术进步的发展格局"。

在此背景下，政府和科技领军企业如何联合开放与建设多元应用场景，加强场景任务设计与技术体系建构，牵引大中小企业融通创新，破解科技成果转化难题，加快经济、社会数字化转型，激活数据要素价值，促进创新生态和平台经济健康可持续发展，推动数字驱动型创新发展和世界一流企业培育，成为数字经济时代创新引领加快发展新质生产力的重大新议题。

场景驱动创新既是将现有技术应用于特定场景，进而创造更大价值的过程，也是基于未来趋势与愿景需求，突破现有技术瓶颈，开发新技术、新产品、新渠道、新商业模式，乃至开辟新市场和新领域的过程。目前，围绕场景驱动创新的理论与实证研究整体滞后于科技强国建设和数字经济高质量发展的政策要求、管理需求和实践探索，学术界对场景驱动的创新内涵、作用机制、实现路径、治理模式等基本问题仍缺乏系统深入的研究。

在全面建成社会主义现代化强国的新征程中，面向科技强国、数字中国、美丽中国、平安中国、乡村振兴、共同富裕等新时代经济建设、工程科技、社会民生和军民融合领域的重大战略性目标，仅采用瞄准单一技术领域或需求的科技创新模式，难以满足国家、区域、产业和组织创新发展的复杂综合性战略需求。需要更加重视场景驱动创新理论研究及实践应用，充分发挥技术与场景双轮驱动优势，为实现科技自立自强提供新发展机遇和可行路径。

（一）创新的五代范式

熊彼特于1912年在《经济发展理论》一书中首次提出创新的基本概念和思想，即在商业利润驱动下，将一种关于生产要素和生产条件的全新组合引入生产体系，包括开发新技术、新产品、新原料渠道，开辟新市场或革新组织管理模式。技术创新相关理论自此不断演进，形成包括技术驱动范式、需求拉动范式、技术需求耦合驱动范式、整合范式、数字生态范式在内的创新范式体系。

技术驱动范式将创新界定为从基础研究到应用开发，再到产业化、市场化的，以技术为导向的线性过程，如突破性创新聚焦于纯技术问题以打造独特先进的产品。该技术范式强调基础科学，即重大科学发现、重大理论突破、重大技术方法发明，对国家和产业构建核心竞争优势的重要驱动作用。同时，关注技术环境、知识管理等影响企业技术研发与转化的因素。以历次工业革命为例，经典力学、电磁理论和电动力学、相对论和量子力学等基础科学研究取得突破，催生出蒸汽机、发电机、计算机等重大技术变革，进而重塑生产方式、产业组织模式和生活方式。

需求拉动范式由施穆克勒在1966年率先提出，认为创新发明活动的方向与速度取决于市场潜力和市场增长。此范式认为创新以市场为导向、以获利为目的，市场需求促使企业开展研发活动，为产品和工艺创新提供坚实可靠的技术支撑。其包括众多理论，如用户创新，即用户作为核心主体参与创新，从使用者角度提供瞄准自身价值需求的创意；渐进性创新，是指通过持续不断的局部或改良性创新活动，提升产品性能和服务质量，从而满足现有客户群体需求；体验经济与服务创新通过融合产品与服务、提升顾客全面参与和感受的双向度；社会创新则是以创新为手段解决社会问题与赋能社会生产生活。

技术需求耦合驱动范式将创新视为市场环境与企业能力，尤其是技术能力匹配整合的连续反馈式链环过程，强调技术、市场及其相互作用的重要性。如云计算就是互联网时代信息技术发展与个性化信息服务需求共同作用的产物。如突破性创新以服务领先客户群体或开辟新市场为目标，依托新理念和新技术，革新产品架构、服务体系与商业模式，进而重塑产业链和价值链；颠覆性创新强调从低端市场或市场入手，开辟技术发展和产品演进新路径，开拓新兴市场，最终实现对传统行业格局的颠覆与重塑；设计驱动创新关注设计语言而非产品技术属性对产品价值输出的增值作用，通过引导购买意愿最终满足客户需求。

整合范式以陈劲、尹西明和梅亮提出的整合式创新理论为代表，强调战略驱动下的全面创新、开放式创新和协同创新。全面创新是各种生产要素在生产过程中的重新组合，包括全要素调配、全员发力、全时空开展三个层面，体现出系统思维与生态观。开放式创新打破了传统封闭式创新模式的外围约束，关注企业内外部知识交互，强调开放组织边界，引入外部创新力量。协同创新则指包括政府、企业、高校和科研院所、科技中介机构、市场用户等在内的广泛创新主体，以攻坚重大科技项目、实现知识增值为目标，构建大跨度整合式创新组织。整合范式更关注新兴技术环境下的战略引领、产业协同和要素融通，是技术、市场与政策不确定性催生出的创新范式巨变。由此衍生出研究联合体、有组织科研、高能级创新联合体、战略联盟、开放创新平台、创新生态系统等创新模式。

数字生态范式则是顺应技术加速迭代、产品日新月异、竞争空前激烈等新一轮技术革命与产业变革发展趋势，在整合范式基础上关注数字技术等新兴技术，高度重视创新联合体、创新生态支撑的技术积累与环境应变力。基于此，学者们提出了产业数字化动态能力、数字创新生态系统等科技创新模式。

（二）数智时代的创新转向

结合对现有技术创新范式的梳理和总结可以看出，经济与技术的互动在技术创新范式演进过程中起决定性作用。从离散线性范式转向整合性、生态性范式的底层逻辑在于：随着技术进步与经济增长，创新主体更广泛，由企业家、科学家、研发人员拓展至员工、用户、社会大众乃至类人智能体；创新动机更多元，由技术驱动转向技术与市场双轮驱动；创新活动更复杂，由企业“闭门造车”的个体行为转变为企业牵头、多主体群智共创的群体性集成性行为；创新手段更丰富，新兴数字技术赋能实体经济，推动资源要素集聚共享，促进跨时域、跨地域、跨领域创新；创新要求更综合，由产品开发与服务升级转向商业模式重塑、核心能力重构与产业范式跃迁。

在逆全球化下的数字经济时代，科技创新环境呈现出复杂多变、模糊不定和极端情况频出的发展趋势。一方面，国际政治局势动荡不安，技术变革迅猛发展，产业链供应链深度调整，不确定、不稳定和不安全因素剧增。另一方面，国内关键领域面临技术封锁，新兴产业角逐激烈，超大规模市场、海量数据及丰富应用场景优势尚未充分释放。在上述发展趋势下，传统技术创新范式的局部性、短期逐利性和数据要素价值难释放等局限性日益凸显。

首先，现有范式多立足局部思维，过于强调技术驱动，容易陷入技术轨道固化、创新路线保守和创新模式僵化等困境，导致科技经济“两张皮”、创新者窘境、创新跃迁困难、错失第二曲线创新机会等问题。克里斯坦森指出，为维持现有竞争优势，在位企业更倾向于将技术专长发挥到极致，因此更容易忽视微小需求和新兴趋势，错失技术轨道迁移的最佳时机。这就要求从顶层设计和战略层面开展创新活动，保持动态变革的能力。其次，现有范式过度强调市场需求，不仅容易被短期商业逐利裹挟，为追求经济效益而忽视可持续发展和社会责任，而且局限于实用主义导向的利用性创新，忽略探索性发现，难以实现远景构想，更容易忽视使命和愿景在推动创意“落地”、获得创新突破、转化创新价值中的洞察与牵引作用。如朱志华于2021年提出，数字经济时代，新技术、新业态、新模式层出不穷，部分科技领域进入“无人区”，亟须在原始创新突破的基础上探索能够洞见未来、“弯道超车”、引领前沿的创新范式。最后，现有范式多关注知识、资源、人员等传统创新要素的横向整合，缺乏对数据这一新型基础性生产要素和创新引擎对创新链、产业链、供应链融通整合发挥巨大杠杆价值的关注与研究。

因此，针对数字经济时代和新发展阶段对传统创新范式提出的新挑战与新需求，亟须突破技术创新的线性及链式思维，在整合范式与数字生态范式的基础上，更加重视场景驱动下创新链与产业链深度融合的全新范式。

（三）场景驱动创新的内涵与外延

场景驱动创新（context-driven innovation）是数字经济时代涌现出的全新创新范式，该范式超越传统创新理论与范式的局限，蕴含整体观和系统观，顺应了数字经济时代科技强国建设场景和未来场景对创新的新挑战与新需求。场景驱动创新以场景为载体，以使命或战略为引领，驱动技术、市场等创新要素有机协同整合与多元化应用。基于场景创新的管理范式，则是场景驱动的创新管理（context-driven innovation management，CIM）。

场景驱动创新包括场景、战略、需求、技术四大核心要素，即依托场景，在使命和战略视野牵引下，识别国家、区域、产业、组织和用户层面存在的重要科学问题、重大发展议题、产业技术难题，乃至个性化需求问题，通过加强场景任务设计，实现科技研发与场景应用有机融合，推动形成创新链、产业链、资金链、政策链、人才链融合创新及协同攻关合力，构建共生、共创、共赢的创新生态系统。场景、战略、技术和需求四者紧密相连、互为促进、协调一致，构成场景驱动创新的整体范式。

场景在管理领域的应用源自市场营销，泛指日常生活工作中的特定情境及其催生的需求和情感要素。场景驱动创新中的“场景”，意指某特定时间的特殊复杂性情境。该情境发展或演变面临的复杂综合性挑战、问题、使命或需求，为多元创新主体发起与开展创新活动，以及应用创新成果提供了嵌入性场域。该场域涵盖时间、空间、过程和文化情感维度，是时间、问题、主体、社群、要素、事件汇聚与发生关系，以及相互作用的场域，既包括物理空间和社会空间，也包括赛博空间。

在数字时代，场景设计更加精准，内涵不断丰富，边界不断拓展，重要性也不断提升。首先，数字经济与实体经济融合并进，大数据、云计算、人工智能、物联网等新兴数字技术赋能时空、事件、状态、需求等场景要素。数据将传统意义上难以衡量的场景要素具象化与可视化，进一步解决了场景设计的准确性与操作性问题，进而实现场景解构、重塑与颠覆。其次，场景具有战略性、综合性、开放性、应用性等特点，可瞄准前沿方向和重大问题，融通数据和需求等创新要素，汇聚产业领军企业、专精特新（专业化、精细化、特色化、新颖化）中小企业、高校、科研院所、科技中介机构、用户等创新主体，为关键技术突破、成果转化应用、商业模式创新、新产业新业态培育提供创新生态载体。最后，场景可塑性强，发展潜力巨大，可通过科学建构和优化不断演化，持续释放和引导需求，拓展发展前景，贯通多重领域，进而引发技术、产业和经济的深度变革。在场景中，战略可以细化为更具体的目标，细分后的技术与具象化后的需求循环联动，更加贴近真实的应用环境，在多方主体的共同参与中实现有节奏的创新。

战略概念源于军事，后被引申到企业管理领域，广义上是指具有统领性、全局性、整体性，影响成败的谋略、方案与计策。迈克尔·波特将战略思维置于企业制胜因素的首位，认为鲜有企业能凭借运营优势屹立不倒，以运营效益替代战略定力的结果必然是零和博弈。数字化时代，全球化在经济与科技领域不断深化，世界产业与发展格局深刻变化，使命运动成为主流。创新更需运用系统观和整体观，统筹前沿领域探索、经济平稳增长、社会安定团结、生态文明建设等蕴含哲学思辨和东方智慧的重大命题，坚持使命导向和战略牵引，实现短期应对和长期发展平衡兼顾。战略的引领对场景构建起锚定作用，使得场景任务设计和面向场景的技术创新及应用更有针对性。

技术与需求及其相互关系始终是技术创新过程中的核心议题，两者在循环互动中共同发展。技术推动需求升级，催生新业态与新模式；需求拉动技术创新，倒逼新技术和新机制形成。当前经济社会全面迈向数字化，数据成为关键生产要素，新兴技术呈现群发性、融合性增长态势，市场需求凸显个性化、前瞻性发展特点，要求技术与需求、愿景、使命间建立更紧密的对接和实现更顺畅的转化。场景驱动的创新模式则能够以使命、愿景、价值观为引领，通过场景定位与需求分析、场景解构与难点识别、任务设计与技术应用体系建构、产业链与创新链“痛点”的针对性破解等环节，推动科技供给与前沿需求双向融合：一方面为创新应用提供需求真实、数据全面、生态完善的孵化平台；另一方面为需求升维和产业引爆带来更先进、更富创造力、更具变革性的机遇。技术与需求的循环联动，能为场景驱动的创新提供持续的动力源。

以海尔智家股份有限公司（简称“海尔智家”）为例，其秉持绿色低碳发展理念，聚焦国家“双碳”目标，积极落实“绿色设计、绿色采购、绿色制造、绿色营销、绿色回收、绿色处置”的“6 – Green”战略。在智慧家庭领域，面向用户“衣食住行娱”的具体需求，基于衣联网、食联网等平台，创造性设计出一批绿色场景，利用标识解析技术与物联网技术，打造“回收—拆解—再利用”的绿色再循环体系、智能分拣系统、全链条数字化系统等技术应用体系，首创性建设“碳中和”拆解工厂。从发布“三翼鸟”场景品牌到获评四家“灯塔工厂”，海尔智家通过绿色场景驱动产业与消费双升级，全面赋能“大场景生态”。

（四）场景驱动创新的突出特征

回顾现有技术创新范式，学术界和产业界愈发强调战略引领，并关注技术与需求双重驱动的整合式创新组织管理。场景驱动创新模式源自并超越现有创新范式，更加重视战略引领、基于数据的现实场景与未来场景建构及场景任务设计，符合数字经济时代特色，具有引领性、战略性、多样性、精准性、整合性、强韧性等特点。

引领性，即在现有先进科学技术与理论模式等基础上，强调当下社会经济发展的重要场景（如智能交通、智能制造、智慧医疗、智慧家居、智慧城市等）和未来中国乃至人类经济社会发展大趋势、大场景（如老龄化、碳达峰碳中和、探月探火等）的目标引领及趋势引领。场景驱动创新不再仅着眼于新技术应用示范和市场需求挖掘，而是通过洞见与创造未来，重构技术创新模式、生产生活与价值创造方式。

战略性，即瞄准重要场景和重大关键性需求，明确关键问题，建立价值主张，设计解决方案，构建技术体系。针对“卡脖子”技术、技术整合，以及技术需求耦合问题一举攻破，超越传统创新范式的短期导向和片面性。具有重要战略意义的场景往往会催生重大的技术—经济范式变革，形成颠覆性技术、颠覆性产品和前沿引领性产业。在科技自立自强的时代洪流中，场景创新正成为科技创新的新航标，通过加速原始创新突破、破解科技成果转化难题，形成科技强国建设战略新优势。

多样性，体现为不同时间、空间和维度的场景存在显著差异，参与场景构建的创新主体具有多样性，强调针对场景开展定制化的场景任务设计和技术创新。此外，场景驱动下的创新生态系统建设也需要通过多样性，即多元主体、多种要素、多种模式，激发创造性和持续性，并以“标准化+个性化”模式赋能多样化场景，实现共性场景与个性化场景的融通。

精准性，即数字时代场景更多是基于数据构建的，场景分析与任务设计更多是由数字技术支撑的，实现了对用户需求的精确定位和生动模拟。数字技术与数据要素使得特定场景下的场景问题和痛点识别更精确，促使场景匹配和场景驱动多元主体创新更加精准高效，大大降低了技术创新和成果转化成本，提高了创新应用效率。

整合性，体现为创新要素集成、主体汇聚、动因融会和领域融合，是对现有创新范式中整合理念的延续与发展。要素层面，需以战略统筹数据、知识、资源、人才等多种创新要素，通过市场化配置，推动创新供给与创新需求耦合，最大限度释放数据要素的创新活力，赋能国家、区域、产业和组织创新发展与个体幸福感提升。主体层面，则需汇聚科技领军企业、产业链上下游相关企业、高校院所等多个创新主体，促进创新资源高效流转和科学配置，是数字创新融通生态的聚合器。动因层面，通过真实场景融会创新链和产业链，为研发提供试错容错反馈机制，为需求设定边界和价值主张，精准匹配创新应用和需求愿景，以技术带动需求，以需求促进技术，是有目的、针对场景问题的创新路径。领域层面，关键场景跨越行业边界，实现实体经济与数字经济的深度融合、不同产业与领域的协同发展。

强韧性，强调从传统竞争领域的核心能力到数字时代的动态能力，包括组织与创新韧性，技术体系、创新决策模式和管理模式的灵活性，以及根据场景需求和技术经济范式跃迁趋势，敏捷、动态、柔性地调整创新模式，迎接挑战、化解风险、应对冲击、抓住机遇的动态能力，更适应数字经济时代复杂多变、模糊不定的创新情境特征。

总体来看，与以往从技术到市场的线性创新模式不同，在场景驱动的创新模式中，创新动力从单一的好奇心驱动转向瞄准重大场景的使命牵引和需求倒逼；创新环境从实验室走向真实的市场环境；创新主体则从原来的研发人员转向由来自科学界、产业界、投资界和普通公众等各方主体乃至深度学习算法驱动的类人智能体构成的数字化创新联合体；创新主导者从科研院所走向科技领军企业和领先用户；创新过程浓缩在真实的市场验证环境中，从以往先研发后转化的历时性创新走向技术研发与商业转化同时发生的共时性、共生性创新。这种场景驱动的创新能够实现制造业“微笑曲线”研发端与市场端的实时、动态、精准和高效能匹配，在保障产业链安全、降低成本的同时，实现柔性、大规模定制化和即时生产，并能够通过产业链激励相容的数字化合作机制与区块链等数字技术保障产业链、供应链的强韧性与可信数字化发展。

（五）场景驱动创新与需求拉动创新的异同

虽然场景驱动创新与需求拉动创新均关注需求的创新驱动作用，但前者超越了传统的需求拉动创新范式，二者具有本质区别。

从需求内涵看，场景驱动创新范式中的“使命牵引与需求倒逼”包含需求拉动创新范式中的“用户需求”，强调国家、区域、产业、组织、用户五大维度的使命需求，从发掘短期、个体企业的商业需求上升到关注产业共性发展问题、国家发展远景目标、人类社会重大命题，体现出引领性、战略性和多样性。

从场景特质看，数字经济时代的场景一般由可量化的数据构成，场景设计一般通过高效精准的数字技术和数字化流程实现。需求则是一个较模糊的想法而非一种特定的复杂性情境，它不包含细化后的具体环境因素和多重参与主体。因此，相较难以量化、无法摸清、不好把握的需求而言，场景更容易实现技术创新的精准突破。

从创新过程看，在场景驱动创新范式中，场景为特定技术与具象化需求的全过程深度交互融合提供载体，通过场景设计、方案建构实现技术创新与成果转化的同时推进。需求拉动的创新范式则遵循从需求反馈挖掘到技术创新应用的线性路径，难以打通科技成果转化的“最后一公里”。

具体而言，需求拉动范式更关注特定人或主体的需求，侧重单点或者单维度，需要一个技术、一个产品或一个产品与技术的组合，且需求往往过于宏观与模糊，面临数据化、具象化和可视化难题，使得企业无法准确将其运用于技术创新驱动过程，并面临创新成功率不高和创新资源浪费等问题。此外，需求局限于单个创新主体与其较为固定的用户群体之间的线性联系，无法兼顾产业中的其他创新主体及用户需求，往往只是在原有技术上进行渐进式创新，难以为产业共性问题提供解决方案，更无法开辟新赛道与新领域。场景驱动范式则强调面向主体嵌入的当下和未来场景，关注多元主体在场景中的复杂综合性问题和需求。其不是凭借单点技术或产品突破就能解决的，而是需要针对场景开展需求分析、问题识别、任务设计，在包括创新供需双方在内的多元主体参与下提供综合性、适配性解决方案，并根据场景变化进行动态优化，也即整合性和强韧性。表 2–1 进一步梳理了场景驱动创新对现有典型创新范式的超越。

表 2-1　场景驱动创新对现有创新范式的超越

<table>
<tr><th>范式</th><th>创新的内涵与特点</th><th>代表性理论</th><th>场景驱动创新的超越性</th></tr>
<tr><td>技术驱动范式</td><td>以技术为导向的线性自发转化过程</td><td>突破性创新</td><td rowspan="3">瞄准重大关键场景和复杂性需求，以使命或战略为引领，驱动技术、市场和创新要素有机协同整合与多元化应用</td></tr>
<tr><td>需求拉动范式</td><td>以市场为导向、以利润为目的的线性过程</td><td>体验经济</td></tr>
<tr><td>技术需求耦合驱动范式</td><td>市场环境与企业能力尤其是技术能力匹配整合的连续反馈式链环过程</td><td>设计驱动创新</td></tr>
<tr><td>整合范式</td><td>战略视野驱动下的全面创新、开放式创新和协同创新</td><td>整合式创新</td><td rowspan="2">蕴含全新的整合观和系统观，强调以重大需求和使命为牵引，重视差异化、精准性的场景任务设计，构建共生共创共赢的创新生态系统</td></tr>
<tr><td>数字生态范式</td><td>在整合范式基础上关注新兴数字技术，高度重视创新联合体、创新生态基础上的技术积累与环境应变力</td><td>产业数字化动态能力</td></tr>
</table>

（六）场景驱动创新的理论逻辑

1. 场景驱动创新的战略重点

场景驱动创新的战略重点不同于以往的技术驱动范式，其蕴含全新的整合观和系统观，强调以重大需求和重大使命为牵引，加强场景任务设计，构建共生共创共赢的创新生态系统。

场景驱动创新生态系统建设的战略逻辑主要体现在五个方面：其一是使命牵引；其二是场景需求与技术创新的双轮驱动；其三是努力瞄准场景驱动

创新的引领性、战略性、多样性、精准性、整合性、强韧性等六大特征，推进场景构建、问题识别、技术体系设计与技术创新应用；其四是通过数字化创新平台和高能级创新联合体的载体建设，强化多元主体协同创新，加速项目、资金、基地、人才和数据等创新要素一体化高效配置；其五是深化包括创新链、产业链、人才链、资金链、政策链在内的五链融合，打造共生共创共享共赢的创新生态系统，为国家、区域、产业、组织高质量发展和共同富裕目标的实现，持续提供高水平原始性创新、关键核心技术及高素质创新型人才支撑。

2. 场景驱动创新的过程机制

场景驱动创新过程主要包括场景构建、问题识别、（场景）任务设计和技术创造与成果转化应用。该过程体现了场景驱动特质，即技术创新与应用场景在创新全过程的高度融合，因此能够超越传统的创新链式、环式和网络集群模式，突破科技成果转化瓶颈问题，实现技术、需求、要素、场景的有机整合，以及“沿途下蛋式”创新和多元化应用。

在这一动态过程中，场景驱动战略、技术、组织、市场需求等创新要素和情境要素有机协同整合。其内在机制包括由使命和愿景牵引凝聚而成的战略共识、数字技术和跨界场景驱动形成的共生生态，以及基于共生、面向共识的共创共赢。场景驱动创新的本质是多元主体价值共创共生，关键在于识别场景需求痛点和问题难点，进而围绕场景问题，设计面向场景需求的解决方案，最终实现技术创新与应用。场景驱动创新既包括现有技术的创造性组合应用，也包括瞄准技术空缺开展“从0到1”的原始性创新，乃至“从无到0”的面向“无人区”的基础科学探索。

场景驱动创新机制的实现，有赖于创新思维和创新管理模式的全方位转型，也即，创新思维要从线性迈向融合，从竞争转向竞合，从零和博弈走向共生共赢；从吸收转化的创新追赶迈向洞见未来的创新引领，强调未来需求和使命愿景的引领；从注重稳态管理和核心能力迈向强调韧性组织和动态能力；从关注因果关系到同时兼顾相关关系和因果关系；从少数人基于经验的决策模式转向基于海量数据开展动态预测的智能决策模式。

（七）场景驱动创新的路径与实践探索

在探究场景驱动创新的内涵特征、战略思路和价值创造典型过程机制的基础上，进一步探索场景驱动创新的差异化路径和实践机制，这对深入理解和应用场景驱动的创新范式、加快创新驱动发展尤为重要。场景驱动创新的实践路径取决于场景中的问题和需求，因此存在场景化设计的差异，其关键在于面向未来趋势与愿景需求，从国家、区域、产业、组织、用户等不同维度的突出问题着手，针对性设计场景任务，构建技术架构、转化机制与治理体系，打造场景创新生态，从而兼顾场景驱动模式的引领性、战略性、多样性、精准性、整合性、强韧性等共性特征，以及边界、创新需求层次、创新主体能级等个性化特质。

1. 国家场景驱动的创新路径与实践探索

国家层面重大场景驱动的创新发展路径，侧重国家安全与强国建设的使命目标和未来场景。其立足新发展阶段、贯彻新发展理念，瞄准社会主义现代化强国建设目标和科技创新 2050 远景目标，以高水平科技自立自强、国防强国、乡村振兴、共同富裕、“双碳”目标、人类命运共同体建设等为重大需求。在历史使命和远景需求的牵引下，面向事关经济社会可持续发展的重大安全问题、重大民生问题和科学探索问题，以战略视野驱动核心技术攻关体系构建。同时，发挥新型举国体制的制度优势，推动由科技领军企业牵头主导、高校院所提供基础研究和高水平人才支撑、政府提供引导和治理的高能级创新联合体建设，促进高水平原始创新、关键技术突破与国家重大发展需求的紧密融合，真正实现创新驱动社会主义现代化强国建设。

量子科学与工程研究院的建设体现了国家层面场景驱动创新模式的实践。长期以来，量子科技领域“卡脖子”形势严峻。习近平总书记在2020年十九届中央政治局第二十四次集体学习时强调，“加快发展量子科技，对促进高质量发展、保障国家安全具有非常重要的作用”[①]。国家“十四五”规划进一步提出，瞄准量子信息等前沿领域，对量子科技前沿技术攻关作出重大部署。在深圳量子科学与工程研究院的牵头和南方科技大学等科技力量的积极参与下，量子科学与工程研究院正式成立。其以科技强国建设为使命，瞄准量子科技优先发展的战略需求，快速布局基础研究并构建关键核心技术攻关体系，显示出强大的科技创新驱动力，正成为粤港澳大湾区量子科学中心建设的主力军。

2. 区域场景驱动的创新路径与实践探索

区域场景驱动的创新发展路径，需要聚焦区域高质量发展的重大需求、目标任务和场景痛点。须以国家重大区域和核心城市的发展战略为顶层设计，在使命和需求的引领下，聚焦京津冀协同发展、长三角一体化发展、粤港澳大湾区建设、北京国际科技创新中心建设、海南自由贸易港建设等重要场景，在区域功能科学定位、区域现状综合评价、区域发展全面规划、区域问题分析解构的基础上，明确区域场景任务设计并确立关键技术体系架构。进而在国家和地方政府的顶层设计引导下，形成多方力量共识一致协同参与、多种资源要素高效流转合理调配的高能级区域创新与应用平台，促进区域创新布局完善、区域创新能力强化及区域战略地位提级。在区域场景的整合驱动下，区域创新供给不再聚焦于区域发展过程中的单一需求痛点，而是综合考虑区域整体目标和重点场景建设，在从设计到落地的全流程中与区域发展需求达成动态平衡。

---

①习近平主持中央政治局第二十四次集体学习并讲话［EB/OL］.（2020-10-17）［2024-01-30］. https://www.gov.cn/xinwen/2020-10/17/content_5552011.htm?eqid=e5218229000e673500000003646eefdd.

北京国际科技创新中心建设的冬奥场景是区域场景驱动创新的典型范例。依托冬奥场景，北京龙头中央企业、中小科技企业、一流大学和科研院所汇聚国际科技创新中心，明确了智能场馆建设、5G 云转播、公共卫生安全等细分场景任务。针对关键核心技术研发应用难点，打造出由国家战略科技力量主导的重大原始创新成果产出路径，进而形成后奥运时代体现首都特色、场景与技术双轮驱动的智慧城市发展范式，即以新技术支撑城市场景运行、以城市场景为新技术提供全域应用空间。

3. 产业场景驱动的创新路径与实践探索

产业场景驱动的创新发展路径，重点在于场景驱动产业技术应用和创新跃迁。其以新兴技术应用与突破、新兴产业培育和引爆、新兴业态赋能与激活为愿景，以产业共性需求为牵引，强调对前沿科技发展趋势和前瞻性商业模式的把握。也即瞄准产业未来场景构建方案，实现未来洞见和前沿引领。在产业场景创新过程中，新兴数字技术的发展和应用提升了数据要素的战略价值，颠覆了上下游链接关系，重塑了组织与行业边界，促使创新主体采用更具整体性的思维方式，逐步形成以科技型企业尤其是新物种企业为主导、以数字技术和数字基础设施为支撑、以数据融通共享和业务广泛连接为特征、以价值共生共创为内核的产业数字创新生态系统，打造灵活性高且韧性强的产业数字化动态能力，进而带动产业持续创新和升级跃迁。

用友软件集团（简称“用友”）是重大产业场景驱动创新的实践典型。用友深耕企业服务产业，将研发体系定位在覆盖大部分应用场景及行业领域，从而支撑丰富的业务场景与广泛的客户需求，打造战略引领、场景驱动、技术筑基、管理保障的数字化动态能力，营建全球领先的聚合型企业服务生态。公司瞄准企业和公共组织数智化场景，建立从平台、领域、重点行业到生态产品与技术创新体系，进而在覆盖多个领域、数种场景的开发需求下，针对不同类型客户，因地制宜地提供解决方案，形成个性化优势。

4. 组织场景驱动的创新路径与实践探索

组织场景驱动的创新发展路径，强调组织要瞄准自身研发、制造、销售、财务、组织管理等多样化内部场景的痛点，通过数字技术和数据要素精准赋能创新全过程，从而加快自身的数字化转型。同时，通过自身的数字化转型，发挥数字化生态优势，吸引多元利益相关主体参与共创，链接和赋能更多组织场景。

"三翼鸟"作为海尔智家智慧家庭场景生态品牌，是组织场景驱动下的典型创新实践案例。秉持"撕掉家电制造业标签，打造全场景生态解决方案"的转型战略，"三翼鸟"围绕智慧厨房和卧室场景，构建B2C家电家居家装一体化平台、"1+3+5+N"智能家装资源整合平台、家装数字化效率平台。同时，与红星美凯龙、索菲亚等领域头部品牌打造大家居TOP生态联盟，共享创意、共同研发、共建方案，打造以智家大脑为智慧家庭生态场景的核心基础设施，进而实现"门槛高、标准高、体验好"的差异化商业模式，在实现自身服务模式转型的同时，不仅带动行业整体转型升级，还加速科技从产品向场景的研发升级。

"Magic Box智能移动服务平台"是广汽集团在组织场景驱动下的突破性创新成果。集团以"移动生活的价值创造者"为愿景，面向移动创新服务场景，将场景洞察、场景设计和场景测试嵌入汽车，模糊前期原型创新与整车开发阶段，打造"软件＋硬件＋服务"的一体化系统，实现"服务找人"的创新模式，带动汽车设计从技术研发、产品创新进化为服务创新与社会创新。

5. 用户场景驱动的创新路径与实践探索

用户场景驱动的创新发展路径，强调以核心用户和潜在用户实践情境中存在的需求痛点为抓手，"技术＋模式"双路并举，通过组合现有技术、突破新兴技术和发掘新商业模式、确立价值主张，创造新产品、新要素、新商业模式，乃至开辟新市场和新领域。用户场景为技术创新与市场需求的融合提供了更真实且更高效的载体。一方面，应用场景催生用户需求，在场景中针对性地开展技术创新活动，有助于将产品服务卖点同用户需求对接，更容易抓住用户痛点、引发用户共鸣、形成用户黏性，从源头破解技术创新成果转化问题。另一方面，在场景中开展技术应用转化更容易被用户感知和体验，激励用户参与创新，且新场景往往能创造新需求，进而实现从技术到产业的规模化发展。

盒马鲜生是用户层面新零售场景驱动创新的典型探索。随着生鲜新零售的日益普及和消费需求的持续升级，消费者和社区对于生鲜食品消费的需求愈发聚焦于质量与安全性。盒马瞄准生鲜新零售发展的首要痛点，利用大数据、物联网、区块链等数字技术，进行社区生鲜新零售“人货场”等全场景赋能方案设计，推出“盒马溯源计划”。这一创新使消费者在盒马 App 上能够对肉食、蛋奶、蔬菜、水果、水产等超 1 700 种常见生鲜品类商品进行全链路溯源，引发消费者在食品安全方面的共鸣，以此吸引消费者体验和购买产品服务。

（八）场景驱动创新对借力数智技术加快发展新质生产力的价值

顺应数字经济时代科技创新的新特征与科技成果转化的新趋势，以及国家、区域、产业和组织高质量发展对新的创新范式的呼唤，在系统回顾传统技术创新范式的基础上，针对数字时代高度不确定性、高度复杂性给技术创新理论与范式带来的变化及挑战，基于整合观和系统观，瞄准未来发展场景和愿景需求，结合领先企业、产业和区域创新管理实践的经验与案例，我们提出一种全新的创新范式——场景驱动创新，即以场景为载体，以使命或战略为引领，驱动技术、市场和创新要素有机协同整合与多元化应用。

场景驱动创新的贡献主要表现为以下三个方面：

首先，从技术创新与科技成果转化角度，在系统回顾传统技术创新范式演进的基础上，针对数字经济时代对现有范式提出的挑战，结合东方哲学中的整合观与系统观，提出“场景驱动创新”这一独特创新范式，即应用场景支撑和使命战略牵引下的技术创新与场景需求的双轮驱动。场景驱动创新是顺应数字经济发展，满足企业技术创新管理需求及支撑现代化产业体系建设、区域协调发展和新质生产力发展的原创性理论范式，也是进一步优化企业和产业全球创新引领力、提升区域和国家科技创新能力、推动人类命运共同体建设的创新政策设计与实战思维。

其次，场景驱动创新强调场景驱动及使命引领的意义，具有引领性、战略性、多样性、精准性、整合性、强韧性等六大特征。对于理解中国重要科技领域和新兴领域的创新实践，帮助企业管理者和政策制定者基于场景与战略的技术创新能力提升策略，实现未来洞见和前沿引领具有重要实践价值。

最后，场景驱动创新提供了面向新质生产力加快发展的政策启示，对国家和政府部门瞄准重大场景，优化顶层战略设计，完善科技创新政策，从而实现高水平科技自立自强、加快发展新质生产力具有重要意义。场景驱动创新是数字时代我国在重大科技创新领域取得原始性创新突破经验升华，也是指导我国在未来完善国家、区域和产业创新体系，强化战略性新兴产业和未来产业优势，促进量子通信、航空航天、人工智能等领域重大技术突破，进而实现从“创新追赶”到“创新引领”这一关键转型的重要思维范式和政策着眼点。

虽然场景驱动创新范式目前已引起学术界、企业界和科技政策领域的广泛关注，但仍面临突出的实践难点，如场景选择与设计中对社会价值的重视不足、场景生态治理体系缺失，以及政策难点，如数字技术和数字场景打破社会领域界限带来新秩序并引发新矛盾，需要进一步深化理论建构、实践探索和政策引导。对此，还应在开展场景驱动创新时，深化对场景多重特征的理解，强化使命和战略视野，关注国家、区域、产业、组织、用户间的价值共创共生。未来，场景驱动创新应加强对新质生产力发展的相关重点议题的重视和深入研究推进，如绿色低碳、数据要素市场化、人工智能技术突破和快速产业化等。同时，进一步关注宇宙起源、地外生命探索等面向人类文明的场景，以场景驱动国际合作创新和人类命运共同体担当。

参考文献

白光祖，曹晓阳，2021. 关于强化国家战略科技力量体系化布局的思考 [J]. 中国科学院院刊，36（5）:523-532.

陈春花，2010. 论形成“中国式管理”的必要条件 [J]. 管理学报，7（1）:7-10, 16.

陈春花，2016. 共享时代的到来需要管理新范式 [J]. 管理学报，13（2）:157–164.

陈劲，2017. 管理学 [M]. 2 版 . 北京：中国人民大学出版社 .

陈劲，2024. 不断探索科学学中国化时代化新规律 [J]. 科学学研究，42（1）:1-2.

陈劲，2024. 加快形成促进新质生产力发展的科技创新能力 [J]. 今日科技（1）：卷首语 .

陈劲，尹西明，陈泰伦，等，2024. 有组织创新：全面提升国家创新体系整体效能的战略与进路 [J]. 中国软科学（3）:1-17.

陈劲，朱子钦，2024. 以新技术、新产业驱动新质生产力 [J]. 经济（1）:22-24.

陈凯华，冯卓，康瑾，等，2023. 我国未来产业科技发展战略选择 [J]. 中国科学院院刊，38（10）:1459-1467.

成中英，晁罡，姜胜林，等，2014. C 理论、C 原则与中国管理哲学 [J]. 管理学报，11（1）: 22–36.

德鲁克，2007. 创新与企业家精神 [M]. 蔡文燕，译 . 北京：机械工业出版社 .

德鲁克，2006.21 世纪的管理挑战 [M]. 朱雁斌，译 . 北京：机械工业出版社 .

法约尔，2007. 工业管理与一般管理 [M]. 迟力耕，张璇，译 . 北京：机械工业出版社 .

郭重庆，2011. 中国管理学者该登场了 [J]. 管理学报（12）:1733-1736, 1747.

哈默，布林，2008. 管理大未来 [M]. 陈劲，译 . 北京：中信出版社 .

赫拉利，2017. 未来简史 [M]. 林俊宏，译 . 北京：中信出版社 .

赫拉利，2018. 今日简史：人类命运大议题 [M]. 林俊宏，译 . 北京：中信出版社 .

黄津孚，2006. “中国式管理”研究的六个基本命题 [J]. 经济管理（22）:4–9.

克里斯坦森，2010. 创新者的窘境 [M]. 胡建桥，译 . 北京：中信出版社 .

库恩，2012. 科学革命的结构 [M]. 金吾伦，胡新和，译 . 北京：北京大学出版社 .

李宝元，董青，仇勇，2017. 中国管理学研究：大历史跨越中的逻辑困局：相关文献的一个整合性评论 [J]. 管理世界（7）:157–169.

李晓华，2024. 深刻把握推进新型工业化的基本规律 [J]. 人民论坛（2）:8-13.

李政，廖晓东，2023. 发展“新质生产力”的理论、历史和现实“三重”逻辑 [J]. 政治经济学评论，14（6）:146-159.
刘冬梅，2023. 科技现代化支撑和引领中国式现代化 [J]. 红旗文稿（21）:34-37.
刘冬梅，杨洋，李哲，2023. 习近平科技创新重要论述研究的现状与展望 [J]. 中国科技论坛（6）:1-8.
柳卸林，常馨之，杨培培，2023. 加强企业基础研究能力，弥补国家创新体系短板 [J]. 中国科学院院刊，38（6）:853-862.
罗珉，2005. 论管理学范式革命 [J]. 当代经济管理（5）: 37–42.
罗珉，2006. 管理学范式理论述评 [J]. 外国经济与管理（6）: 1–10.
齐善鸿，李宽，孙继哲，2018. 传统文化与现代管理融合探究 [J]. 管理学报（5）: 633–642.
切萨布鲁夫，2005. 开放式创新：进行技术创新并从中赢利的新规则 [M]. 金马，译. 北京：清华大学出版社.
秦朔，2017. 中国管理学家"转向"的时代意义 [J]. 管理学报，14（1）: 24–25.
戎珂，柳卸林，魏江，等，2023. 数字经济时代创新生态系统研究 [J]. 管理工程学报，37（6）: 1-7.
苏敬勤，马欢欢，张帅，2018. 本土管理研究的传统文化和情境视角及其发展路径 [J]. 管理学报，15（2）:159–167.
苏宗伟，范徵，苏东水，等，2015. 大变革时代的东方管理理论发展与实践创新：第十八届世界管理论坛暨东方管理论坛观点综述 [J]. 管理世界（1）:164-166, 175.
泰勒，2013. 科学管理原理 [M]. 马风才，译. 北京：电子工业出版社.
王利平，2012. "中魂西制"：中国式管理的核心问题 [J]. 管理学报，9（4）:473–480.
席酉民，尚玉钒，井辉，等，2009. 和谐管理理论及其应用思考 [J]. 管理学报（1）:12–18.
熊彼特，2015. 经济发展理论 [M]. 郭武军，吕阳，译. 北京：华夏出版社.
熊勇清，2013. 管理学 100 年 [M]. 长沙：湖南科学技术出版社.
徐绪松，2010. 复杂科学管理 [M]. 北京：科学出版社.
许庆瑞，郑刚，陈劲，2006. 全面创新管理：创新管理新范式初探 [J]. 管理学报，3（2）: 135–142.
杨百寅，单许昌，2018. 定力：中国社会变革的思想基础 [M]. 北京：北京大学出版社.
尹西明，苏雅欣，陈劲，等，2022. 场景驱动的创新：内涵特征、理论逻辑与实践进路 [J]. 科技进步与对策，39（15）: 1-10.
张学文，靳晴天，陈劲，2023. 科技领军企业助力科技自立自强的理论逻辑和实现路径：基于华为的案例研究 [J]. 科学学与科学技术管理 ,44（1）:38-54.
张越，余江，杨娅，等，2023. 颠覆性技术驱动的未来产业培育模式与路径研究：美国布局下一代集成电路产业的启示 [J]. 中国科学院院刊，38（6）:895-906.
朱志华，2021. 场景驱动创新：科技与经济融合的加速器 [J]. 科技与金融（7）:63-66.
KUHN T S, 1970. The structure of scientific revolutions[M]. Chicago: University of Chicago Press.
CHEN M-J, MILLER D, 2010. West meets east: Toward an ambicultural approach to management[J]. Academy of Management Perspectives, 24(4): 17–24.

战略路径篇

第三章
科技创新：发展新质生产力的核心要素

习近平总书记指出，科技创新能够催生新产业、新模式、新动能，是发展新质生产力的核心要素。必须加强科技创新特别是原创性、颠覆性科技创新，加快实现高水平科技自立自强，打好关键核心技术攻坚战，使原创性、颠覆性科技创新成果竞相涌现，培育发展新质生产力的新动能①。

一、强化科技创新的主导作用

在现代化进程中，科技创新发展和应用日益成为推动现代化的核心力量，是引领发展的第一动力，为推进生产力能级跃迁和质态跃迁、实现中国式现代化本质要求提供关键科技支撑。以高水平科技自立自强为核心特征的科技现代化，在中国式现代化新征程上具有基础性、先导性和战略性作用。

发展新质生产力需要首先强化科技创新的主导作用，因为科技创新是推动经济社会发展的关键动力，尤其在当前全球化和技术快速发展的背景下，科技创新的重要性愈发凸显。

科技现代化是坚持党对科技事业的集中统一领导，坚持以人民为中心的发展思想，以中国特色科技创新理论体系为理论引领，以体制机制创新为保障，以科技创新为核心，以科技进步为主要内容，以科技成果转化应用为重要手段，以科技人才为关键支撑，以国家战略科技力量为牵引，以企业主导

①习近平在中共中央政治局第十一次集体学习时强调 加快发展新质生产力 扎实推进高质量发展［N］. 人民日报，2024-02-02（1）.

的新型国家创新体系为主要依托的现代化过程。科技现代化通过加快实现高水平科技自立自强，建设面向未来的世界科技强国，打通从科技强、产业强、经济强到国家强的通道，夯实国家强盛之基、安全之要，在保证我国发展独立性、自主性和安全性的基础上，为推进中国式现代化的各项目标任务提供不竭的科技支撑。

从发展逻辑来看，科技现代化是中国式现代化的关键，强调的是科技创新成为引领高质量发展的第一动力，体现了科技创新同国家强盛和民族复兴的统一。一方面，新征程上加快建设现代化产业体系、推进高质量发展，首要任务是需要以强大的科技支撑来推动质量变革、动力变革和效率变革，加快突破制约关键核心技术“卡脖子”问题，提高粮食、能源资源和重要产业链、供应链安全韧性水平。同时，建设以国内大循环为主体、国内国际双循环相互促进的新发展格局，也需要通过科技创新来提升供给侧质量，激发需求侧活力，开辟新赛道新领域，创造发展新优势新动能。另一方面，发展全过程人民民主、丰富人民精神世界、实现全体人民共同富裕、促进人与自然和谐共生，要通过科技创新来提供高质量的创新成果和创新产品，满足人民对美好生活的向往。从辩证唯物主义的观点来看，科技现代化为推动国家现代化进程提供加速度，而中国式现代化为科技现代化和高水平科技自立自强提供了新使命新任务，创造了更广阔的发展空间和市场。

从历史逻辑来看，科技现代化与中国式现代化的探索相伴相随，是新中国由弱到强的关键支撑。第一阶段的探索是新中国成立后近30年，以科学技术支撑建立独立和比较完整的工业体系与国民经济体系为主。1964年12月，根据毛泽东的提议，周恩来在《政府工作报告》中正式提出“四个现代化”的战略目标，即“把我国建设成为一个具有现代农业、现代工业、现代国防和现代科学技术的社会主义强国”；1975年1月，我们重提实现“四个现代化”的宏伟目标。第二阶段则是1978年改革开放以后，随着相关体制机制改革加速推进，迎来了“科学的春天”，《1978—1985 年全国科学技术发展规划纲要》《中共中央关于科学技术体制改革的决定》《中华人民共和国促进科技成果转化法》《国家中长期科学和技术发展规划纲要（2006—2020 年）》等重要科技政策相继出台并逐步落实。“科学技术是第一生产力”的战略思想逐步得以确立，国家创新体系快速建立和完善，取得了“两弹一星”、航空航天、杂交水稻、高速铁路等一系列重大科技突破，建成了一系列事关国计民生的重大工程，极大地促进了国家经济发展，提升了国际竞争力。

党的十八大以来，以习近平同志为核心的党中央更加重视科技现代化的先导性作用，把创新作为引领发展的第一动力，强调“谁在创新上先行一步，谁就能拥有引领发展的主动权”[①]，深入实施创新驱动发展战略，坚定不移走中国特色自主创新道路，加快建设创新型国家和科技强国，以前所未有的力度推进我国创新型国家建设取得历史性突破。2016 年，中共中央、国务院印发的《国家创新驱动发展战略纲要》提出，到 2020 年进入创新型国家行列、到 2030 年跻身创新型国家前列、到 2050 年建成世界科技创新强国“三步走”的战略目标。得益于创新驱动发展战略的深入实施和创新引领发展思想的贯彻落实，为中国进一步朝着“跻身创新型国家前列”和“建成世界科技创新强国”的中长期战略目标前进打下坚实的基础。

当前，科技现代化在中国式现代化全局的战略性地位和价值更加彰显。随着国际形势和科技发展趋势产生前所未有的新变化，推进中国式现代化新征程新使命面临的外部不稳定性、不确定性明显增加。经济全球化遭遇逆流，特别是产业链、供应链上存在的一些短板让我们清醒地认识到，中国在建设世界科技创新强国之路上还面临诸如国家创新体系效能不高、原始性创新不足、关键核心技术受制于人、科技发展独立性自主性安全性亟待提升、重要

①习近平 . 深入理解新发展理念［EB/OL］.（2019-05-16）［2024-02-03］.http://www.qstheory.cn/dukan/qs/2019-05/16/c_1124491225.htm.

产业链供应链安全韧性不足等多重挑战。习近平总书记强调，“在激烈的国际竞争中，我们要开辟发展新领域新赛道、塑造发展新动能新优势，从根本上说，还是要依靠科技创新”，“我们能不能如期全面建成社会主义现代化强国，关键看科技自立自强”[①]。党的二十大将“建成科技强国”作为我国2035年发展的总体目标之一，把2016年《国家创新驱动发展战略纲要》中提出的建成世界科技强国的时间从2050年往前提了15年，更加凸显了科技现代化在全面建设社会主义现代化国家中的全局性、基础性、先导性和战略性地位。

新时代新征程，发展新质生产力，必须将科技创新作为主导力量，通过不断推动科技创新，实现生产力的质的飞跃，促进经济社会的全面发展。需要全社会增强科技创新的使命感和紧迫感，更好地坚持科技是第一生产力、人才是第一资源、创新是第一动力，发挥新型举国体制优势，从科技创新的主体、人才、平台、要素、制度、生态和理论等多管齐下，全面提升国家创新体系效能，加快推进科技现代化，为中国式现代化提供澎湃动能。

二、强化企业科技创新主体地位

企业是国家创新体系的核心主体，也是现代化产业体系的主导主体，更是发展新质生产力的微观主体。党的二十大报告提出，要“加强企业主导的产学研深度融合，强化目标导向，提高科技成果转化和产业化水平。强化企业科技创新主体地位，发挥科技型骨干企业引领支撑作用，营造有利于科技型中小微企业成长的良好环境，推动创新链产业链资金链人才链深度融合”。党的二十大报告使用了“强化企业科技创新主体地位”的全新表达，特别强

①习近平在参加江苏代表团审议时强调 牢牢把握高质量发展这个首要任务［N］. 人民日报，2023-03-06（1）.

调要“加强企业主导的产学研深度融合”。

2023 年 4 月 21 日，二十届中央全面深化改革委员会第一次会议审议通过了《关于强化企业科技创新主体地位的意见》，强调推动形成企业为主体、产学研高效协同深度融合的创新体系。这进一步明晰了企业在高水平科技自立自强中的重要地位作用，深入贯彻落实这一意见需要从多个方面发力。

一是多管齐下深化改革，全面强化企业主体地位。在全球发展不稳定不确定不安全性日益凸显、西方对我“断链阻链”和极端风险叠加的背景下，在全面深化改革突进深水区、稳大局应变局开新局的迫切要求下，在高质量发展的时代主题下，亟须多管齐下，进一步强化企业在创新决策、人才集聚、科研组织、成果转化、价值评判等方面的主体地位、主导作用。要实现产学研深度融合，进而实现高水平科技自立自强，企业责无旁贷。同时，创新引领、科技支撑又是现代企业发展的必由之路。无论从何种角度出发，强化企业创新主体地位是当前的重要课题、重要推手和集中发力点。

强化科技领军企业主导作用。新时代 10 年，我们推动的改革是全方位、深层次、根本性的，取得的成就是历史性、革命性、开创性的。目前一大批骨干企业已经站在新的历史起点上，把发展的主导权牢牢掌握在自己手中、形成世界现代化发展新格局，已经成为可能并正在形成不可扭转的大趋势。深化国资国企改革，加快布局优化和结构调整，做强做优做大国有资本和国有企业，提升企业核心竞争力，是提升我国核心竞争力的当务之急。应当进一步激励科技领军企业和科技型骨干企业增强创新内生动力，强化应用基础研究投入，赋予领军企业负责人更多的资源调配权、产业联盟建设权、产业标准制定话语权。

支持“两家”发挥更大作用。创新驱动根本在于人才引领，人才引领的关键在于培育适应现代化产业体系新要求、企业自主创新新需求的战略科学家和战略型企业家（简称“两家”）。给予“两家”在重大科技项目立项、重大科技基础设施建设等方面更多的参与权，逐步形成科技领军和骨干型企业协同高校、科研院所推进重大项目实施的新局面，从根本上解决我国长期存在的产学研协作不畅、产业基础薄弱、科技成果转化难等症结。

支持企业成为基础研究主体。充分发挥企业在应用基础研究中的“出题人”“答题人”和“阅卷人”作用，加快全国重点实验室改革，支持重大科技平台更多地在领军企业设立。加强对企业总部研究院等高层次研发机构的建设，对设立企业总部研究院，大力投入前瞻性、引领性基础研究的企业实施财政、税收等优惠，支持其参与国家重大项目、重大科技基础设施和科技平台建设，建立企业主导的新型创新体系。

支持企业成为人才“引育用留”主体。以企业创新和产业发展的真实场景、市场真实需求问题为牵引，发挥企业在人才引进、培育、使用、留用和成长的场景优势，加强高校人才培养体系和企业人才使用体系的深度融合，突破以高校主导的传统人才培养模式下校企衔接不畅、重知识传授轻实践能力培养等瓶颈。

二是推进“四链”深度融合，引导企业开放创新。党的二十大报告强调，营造有利于科技型中小微企业成长的良好环境，推动创新链、产业链、资金链、人才链深度融合。“四链”融合是形成企业主导的开放型创新生态的重要表征，应以政策链为抓手，通过制度设计突出企业主体地位、优化营商环境，引导创新链、人才链、资金链围绕产业链协同布局。

加强企业主导的创新联合体建设。紧紧围绕国家发展和安全等重大需求场景，以科技领军企业牵头主导、高校院所支撑、各创新主体相互协同，打造高能级创新联合体和产业贯通联合体，最大限度释放新型举国体制的制度优势。以高能级创新联合体为抓手，深入推进有组织的科研，建设由国家战略科技力量牵引的新型国家创新体系，建构从源头创新到成果产业化的贯通式“创新循环”。

重视场景驱动大中小企业融通创新。通过重大场景驱动和产业政策引导，支持龙头企业构建支撑融通创新的产业平台、共创场景。专精特新企业发挥在细分领域和颠覆性技术创新方面的独特优势，以战略敏捷性和创新活力参与到科技领军企业的创新链和供应链中，打造产学研深度融合、大中小企业深度融通创新的新型产业生态，保障产业链供应链安全稳定和韧性发展。

引导中国企业深度参与全球分工合作。完善强化企业主体地位的基础制度，保障和支持中国企业更高质量、更高效率、更低成本和更平等地融入全球创新网络。完善中国特色现代公司治理，以全球视野推进世界一流企业建设。支持企业主体参与全球科技创新联盟组织、科技创新标准制定、科技创新网络建设和全球产业分工合作，促进内外部产业深度融合，为全球科技创新与发展贡献中国力量。

三、培育壮大科技领军企业

新发展阶段的本质特征是实现高水平自立自强，其核心在于强化以科技领军企业为代表的国家战略科技力量，为加快发展新质生产力、扎实推进高质量发展提供强大的体系牵引。这一背景下，需要更加明确科技领军企业的定义、定位与特征，理清科技领军企业的分类思路与评价要点。我们在此基础上提出培育科技领军企业、发挥科技领军企业科技创新主导作用的对策思路，为建设和完善科技领军企业评价与促进体系、强化国家战略科技力量、全面提升国家创新体系效能和加快发展新质生产力提供理论与实践参考。

企业是国家创新系统的核心主体，科技领军企业更是我国全面提升国家创新体系效能的先锋队、参与国际科技竞争和掌握国际科技创新话语权的代表者。针对我国国家创新体系建设面临的原始创新能力不强、创新体系整体效能不高、科技资源整合不够、科技创新力量布局有待优化、科技投入产出效益较低、科技人才队伍结构有待优化、科技评价体系还不适应科技发展要求、科技生态需要进一步完善等一系列问题，2021 年 5 月 28 日，习近平总书记在两院院士大会和中国科协全国代表大会上强调，要“强化国家战略科技力量，全面提升国家创新体系效能”，并指出“国家实验室、国家科研机构、高水平研究型大学、科技领军企业都是国家战略科技力量的重要组成部分，要自觉履行高水平科技自立自强的使命担当”①。这为深入理解科技领军企业的定义、内涵、定位与核心特征指明了新方向，更为新发展阶段通过制度和政策体系创新，加快培育一大批敢当、能当高水平科技自立自强使命的科技领军企业提出了新要求。

尤其是在强化国家战略科技力量视角下，科技领军企业显著不同于以往的创新型企业或世界一流企业，不再是传统的依靠商业模式或运营优化而打造的综合竞争力，而是以高强度的硬科技投入和硬科技产出，尤其是以原始性创新和引领性创新为核心特征和竞争优势来源的企业，更是能够有效整合产业链和创新链资源、面向国家科技自立自强使命、带动全产业链创新升级，以及国家创新体系效能提升并代表国家参与国际科技竞争的领军企业。

发展新质生产力，需要明晰科技领军企业的定义、核心特征与分类评价思路，对建设和完善作为国家战略科技力量的科技领军企业评价体系，进而加快培育一大批敢当、能当科技自立自强使命任务的科技领军企业，对加快推动高水平科技自立自强和建设面向未来的世界科技强国，具有重要的理论意义与实践价值。

---

①习近平．在中国科学院第二十次院士大会、中国工程院第十五次院士大会、中国科协第十次全国代表大会上的讲话［EB/OL］．（2021-05-28）［2024-03-01］.https://www.gov.cn/gongbao/content/2021/content_5616154.htm.

（一）科技领军企业的定义、定位与核心特征

1. 科技领军企业的定义与核心特征

科技领军企业是指具有明确的科技创新愿景使命和科技创新战略及完善的组织体系，科技创新投入水平高，在关键共性技术、前沿引领技术和颠覆性技术方面取得明显优势，能够引领和带动产业链上下游企业，有效组织产学研力量实现融通创新发展，并在产业标准、发明专利、自主品牌等方面居于同行业国际领先地位的创新型企业。

其中，具有明确的科技创新愿景使命，并同国家高水平科技自立自强使命有效整合，是科技领军企业显著区别于一般的创新型企业和科技型企业的关键特征。愿景是领导者的经营哲学、企业核心价值观和发展使命的集中体现，其不但是组织的精神动力，也是组织可持续发展的保障，更能够服务于组织经营，进而持续提升组织绩效。一系列研究表明，伟大的组织能够实现基业长青，最主要的条件并非结构或管理技能，而是超越经济目标的信念驱动。中国的科技领军企业不但肩负着探索和拓展企业创新体系、实现科技领先、造福产业和社会发展的使命，更需要积极主动担负起建设世界科技强国和实现高水平科技自立自强、保障国家产业和经济安全的政治担当与社会使命，这也是新时代中国特色企业家精神的底色所在。

明确的科技创新战略及完善的组织体系是科技领军企业得以持续发展的基石。根据波士顿咨询公司（BCG）对全球最具创新力企业榜单的统计，2005 至 2021 年每年都能进入前 50 强榜单中的企业仅有 8 家，仅有 12% 的企业连续入榜 10 次以上，包括 Alphabet（谷歌母公司）、亚马逊、苹果、惠普、IBM（国际商业机器公司）、微软、三星和丰田等 20 家企业。可见，企业若要做到稳定的持续创新是异常艰难的。然而，在快速变化的外部环境及日趋激烈的竞争环境下，连续性创新能力对于打造科技领军企业来说又是必不可

少的。只有对创新不断探索，才能使企业在变动的外部环境中保持着持续的竞争优势。对此，企业能否构建强大的创新体系，即是否具有明确的科技创新战略及完善的组织体系，以实现对技术创新的有效管理，是能否确保科技领军企业持续发展的基石。纵观微软、苹果、IBM、航天科技（中国航天科技集团）、中国中车、国家电网、华为等国内外科技领先的企业，不但能够通过明确的科技创新战略和完善高效的组织管理体系实现核心技术的积累与重大突破，更能够通过对时代需要、产业技术前沿变革趋势和国家战略方向的前瞻性洞察，及时调整创新战略、更新组织文化和架构，实现持续的科技创新能力跃迁，持续引领产业技术创新和竞争能力提升。

高强度的科技创新投入是科技领军企业实现技术引领的保障。创新作为一项长周期、高投入、高不确定性和复杂性的创造性活动，不但需要伟大的愿景使命、明确的科技创新战略和完善的组织体系，更需要持续高强度的资源投入，尤其是在技术经济范式加速跃迁、市场竞争白炽化、全球创新环境复杂化的数字经济时代，高强度的科技创新投入是实现关键核心问题“卡脖子”问题突破、打造企业动态核心能力和推进颠覆性创新并引领技术前沿、掌握未来技术主动权的根本保障，也是科技领军企业跨越“创新陷阱”和技术成果产业化的“达尔文之海”，实现技术与市场互为促进、创造持续技术引领优势的底气所在。根据 2020 年欧盟发布的产业研发投资排行榜，以 Alphabet、苹果、惠普、IBM、微软等为代表的 17 家公认的科技领军企业无一例外都有着高强度的研发投入比例。17 家企业的平均研发投入为 696.6 亿元，研发强度为 8.4%。其中，Alphabet 以 1 857 亿元占据榜首，研发投入比例达到 16.1%。对比我国，华为、百度、中国中车等企业近些年发展迅猛，技术创新能力突出，已经具备较强的自主创新能力和国际竞争力，包括华为、阿里巴巴、中国中车等 10 家企业在内的研发投入均值为 328 亿元，与世界科技领军企业研发投入均值的半数仍有差距。其中，仅有华为以 1 340 亿元的研发投入总额超过世界科技领军企业的均值。然而，这也并不意味着一味地强行要求企业加大研发投入。企业仍应当注重研发投入结构的优化问题，并能够通过战略创新和企业创新体系的优化，实现高强度研发投入与高水平创新成效和创新成果市场化。

关键核心技术领域的科技创新引领性优势，以及其在产业发展中的引领作用是科技领军企业的必备特征。科技领军企业不但要在所处行业和技术领域实现持续的重大原始性创新突破，还需要灵活的创新体系来保障持续的技术跃迁，保持自身的科技创新引领性优势。此外，更加重要的是，科技领军企业不能够止步于自身强大和科技领先，更要能够作为产业链的“链主”，主动承担起引领产业创新水平不断提升、带动所在行业“集体出海”共同参与全球价值链竞争的责任，为中国企业“走出去”和参与全球竞争提供技术、产业链和价值链的协同、集成和赋能支持，尤其是通过重大应用场景、重大科技专项和参与共建重大科学基础设施来牵引完善创新链、激活各类创新要素，并为专精特新的产业链内中小创新型企业提供重要的新技术、新产品、新方案，为中小创新型企业跨越“首台套”［首台（套）重大技术装备］的创新鸿沟提供应用场景和产业化平台，进而带动中国企业集群式崛起，为制造强国和科技强国建设提供由点到线及面的系统性支撑。

在产业标准、发明专利、自主品牌等方面居于同行业国际领先地位，是科技领军企业从“大”到“强”再到“久”的重要创新绩效跃迁。放眼全球，世界领先的科技创新企业不但是市场占有率高、销售和营收绩效好、市值规模大的企业，更是在高质量发明专利、产业标准和自主品牌等方面显著超越同行业、同领域、同时代其他企业的企业。高水平科技自立自强视角下的科技领军企业，不但要在科技创新方面具备研发投入规模、市场表现、科技成果等“大”的特征，更要有研发投入密度高、高质量发明专利多、产业创新话语权大等“强”的表现，还需要拥有深度参与国家科技创新标准体系制定、培育系列自主创新品牌和输出中国特色科技创新管理模式等“久”的影响力。科技领军企业作为国家战略科技力量和新型国家创新体系的重要和主导性创新主体，需要在科技创新成效方面兼具雄厚的创新规模、良好的创新效益、优化的创新布局和持续引领国家科技创新、促进世界科技进步的能力和潜力。

2. 科技领军企业的定位

被誉为“创新的先知”的熊彼特在其经典著作《经济发展理论》中指出，伟大的企业和企业家是时代的产物，也是推动时代转型与社会进步的中坚力量。创新是国家和民族进步的核心驱动力，更是科技领军企业立身之本、使命承担之源。科技原创能力和引领能力是科技领军企业进一步实现效率、效益和品质领先，持续引领国内外资源配置、创新链整合、行业技术创新、全球产业发展和推动社会进步的根基所在。

我国要实现建设社会主义现代化强国目标，跻身创新型国家前列，需要有一批技术创新能力突出、整合创新能力强、具备国际竞争力的科技领军企业，需要其充分发挥在提升企业技术创新能力、强化国家战略科技力量、引领带动产业发展、增强我国产业国际竞争力中的重要作用，为我国建设科技强国提供有力支撑。

2021 年，习近平总书记在两院院士大会和中国科协全国代表大会上的讲话指出：“科技领军企业要发挥市场需求、集成创新、组织平台的优势，打通从科技强到企业强、产业强、经济强的通道。要以企业牵头，整合集聚创新资源，形成跨领域、大协作、高强度的创新基地，开展产业共性关键技术研发、科技成果转化及产业化、科技资源共享服务，推动重点领域项目、基地、人才、资金一体化配置，提升我国产业基础能力和产业链现代化水平。”[①]这一讲话指明了科技领军企业在创新中的主导性、平台性和牵引性定位与功能作用。

①习近平．在中国科学院第二十次院士大会、中国工程院第十五次院士大会、中国科协第十次全国代表大会上的讲话［EB/OL］．（2021-05-28）［2024-03-01］.https://www.gov.cn/gongbao/content/2021/content_5616154.htm.

在强化国家战略科技力量、加快实现高水平科技自立自强的视域下，发挥科技领军企业创新资源优势，可以进一步增强我国产业的自主创新能力及核心竞争力，打造原创技术策源地，履行作为国家战略科技力量实现高水平科技自立自强的使命担当，充分发挥企业“出题人”的作用，构建以企业为中心，高校、科研院所围绕企业创新开展科研活动，以企业为主导推动创新发展的新模式。发挥科技领军企业在产业链融通创新中的引领作用，牵头组织各类创新主体实现融通创新，加快突破产业共性技术、关键核心技术、“卡脖子”技术，保障产业链安全，提升供应链水平，特别是带动科技型中小企业走科技创新发展道路，共同促进传统产业升级、探索前沿科技、发展未来产业、抢占全球未来产业制高点、掌握产业发展主动权。

概言之，国家战略科技力量视域下的科技领军企业，是国家的科技领军企业，是超越一般意义上的龙头企业、“链主”企业和“隐形冠军”企业的企业，是以关键核心技术、颠覆性技术、未来产业技术等技术创新为核心推进全面整合式创新的企业，是立足中国、面向全球深度参与国家战略科技领域竞争的世界级企业，更是有意愿、有能力和有实力持续引领科技创新、持续提升产业和国家创新体系效能的世界一流企业。

（二）科技领军企业的分类思路与评价要点

1. 科技领军企业的分类思路

在对科技领军企业开展分类评价和培育的过程中，要统筹“四个面向”“五大领域”“两类需求”和“两个能力”。

第一，要瞄准“四个面向”进行分类评价和培育。“坚持面向世界科技前沿、面向经济主战场、面向国家重大需求、面向人民生命健康，不断向科学技术广度和深度进军。”2020年9月11日，习近平总书记主持召开科学家座谈会，把脉我国发展面临的内外环境，着眼“十四五”时期加快科技创新的迫切要求[①]，以“四个面向”指明了科技创新方向和科技领军企业培育方向。能否坚持一个或多个“面向”，将其融入企业自身发展的长期愿景和使命并坚定不移地贯彻落实，是判断一个企业是否有资格成为国家战略科技力量视域下的科技领军企业的重要前提。

第二，要聚焦五大技术领域。科技领军企业作为中国企业参与科技强国建设和国际科技竞争的“国家队”，需要聚焦党的十九大、十九届五中全会提出的关键共性技术、前沿引领技术、现代工程技术、颠覆性技术四类技术领域，以及“十四五”规划和习近平总书记在两院院士大会讲话中提出的未来产业技术，共五类技术领域，打基础、补短板，强能力、抢先机。

第三，“两类需求”是从战略性和关键性需求出发，一类是国家战略支柱型产业所迫切需要和长远需求的，包括石油天然气、基础原材料、高端芯片、工业软件、农作物种子、科学试验用仪器设备、化学制剂等方面的关键核心技术，亟须科技领军企业牵头，协同高校院所和各类主体全力攻坚，加快突破一批药品、医疗器械、医用设备、疫苗等领域关键核心技术。另一类是事关发展全局和国家安全的基础核心的前沿与未来技术领域，包括人工智能、量子信息、集成电路、先进制造、生命健康、脑科学、生物育种、空天科技、深地深海等前沿领域，以及需要瞄准未来科技和产业发展的制高点，前瞻部署一批战略性、储备性技术研发项目的领域。

第四，“两个能力”分别是当下承担国家科技自立自强使命责任和国家重大战略任务的科技领先硬实力，以及不断引领产业科技创新突破与跃迁、带动培育更多科技领军企业“预备队”的引领性能力。进入新发展阶段，我国科技创新战略正在从追赶型迈向引领型，科技创新路径也正在从点的突破

①习近平主持召开科学家座谈会并发表重要讲话［EB/OL］.（2020-09-11）［2024-02-06］.https://www.gov.cn/xinwen/2020-09/11/content_5542851.htm?type=bgxz.2020-9-14.

到线的跃升和系统突破。而科技领军企业正是实现创新引领型发展和国家创新体系系统性突破的重要和基础性主体，必须超越一般意义上的产业龙头企业或产业链“链主”企业的概念，在打造自身科技创新领先能力的同时，进一步强化和发挥对推动产业链创新链融合、加速带动产业链整体创新水平提升的引领能力。“打铁还需自身硬”，科技创新的领先性侧重科技领军企业作为具体科技或产业领域的市场化创新主体所必须打造的科技创新硬实力，也是承担国家使命的“底气”所在；科技创新的引领能力则侧重科技领军企业作为国家战略科技力量，对整合创新链、促进产业链价值链融合、全球竞争力提升的牵引与带动能力，尤其是通过整合创新资源、联合高水平研究型大学等其他国家战略科技力量打造高能级创新联合体、推动创新链和产业链深度融合的能力。前者侧重“领先性”，后者侧重“引领性”，两个能力有机协同和整合，才能担起“领军”的旗帜性角色。

2. 科技领军企业的评价要点

一是坚持国家使命为先导。强化国家战略科技力量视角下的科技领军企业，不再是分散地单纯以市场化的方式和为单纯的经济效益驱动而开展创新活动，而是站在国家政治使命的高度，自觉承担国家高水平科技自立自强的使命和战略任务，持续高强度地投入科技创新、优化创新模式和提升科技创新成效，实现面向科技自立自强使命承担的“使命意愿（mission）—履责能力（capability）—引领成效（performance）”（M—C—P）三位一体，进而协同其他国家战略科技力量，全面建设新型国家创新体系，支撑国家创新体系效能整体提升和科技强国建设战略目标实现。因此，要从是否愿意主动承担国家高水平科技自立自强的使命，并主动强化自身的科技创新领先能力、增强产业链创新引领能力，实现持续的关键核心技术、产业共性技术突破与卓越创新成效等多个维度综合评价和培育科技领军企业。

二是科技创新项目组织从经济利润驱动的自由探索和追赶模式，转向以国家重大需求为导向的有组织的研发模式。科技自立自强视角下的国家战略科技力量致力于从国家战略全局的高度出发，通过大跨度、纵深、有组织的研发模式，整合创新资源、多元创新主体和环境要素，解决事关国家科技安全、产业安全和国家发展、国计民生等根本性和重大问题，而不仅仅局限于某个区域和某一科技项目。有组织的科研和企业技术创新模式要求企业面向国家重大需求和经济社会主战场，超越传统的单一自由探索式基础研究模式和纯粹的市场利润导向的工程技术与应用研究模式，转变为使命牵引、问题和重点需求相结合的综合导向。

三是兼具强大的自主创新能力和产业发展引领能力的“双核”优势。科技领军企业作为新发展阶段国家战略科技力量的中坚力量，首先是“打铁还需自身硬”，需要在产业关键共性技术、前沿技术和颠覆性技术方面具有领先能力，能够在产业技术自主创新能力、联合攻关能力、应急科技保障能力、国际科技竞争能力等一个或多个方面，代表国家在某一产业或技术领域的最高水平；其次是能够“团结一致共奋进”，通过集成创新和整合创新资源，在支撑平台建设、构建产业生态、带动产业发展等方面发挥引领及辐射带动作用，提高产业安全可控程度，提升产业链现代化水平。

四是要坚持评价的梯度性、动态性和分级分类公开性。动态性是指分阶段以评促建，建立梯度和退出机制。同时，需要做到评价指标的公开透明和公平，但同时，“国之利器不可轻易示人”，考虑到中美竞争的激烈程度和科技领军企业参与国际市场竞争所需要的国际性支持，对于前沿技术和未来技术相关的、公布后可能会引起国际围堵的科技领军企业或“预备队”，则要采取分类分级地公开或有选择地公开。

（三）培育壮大科技领军企业，加快发展新质生产力的对策思路

一是要立足长远，坚持科技是第一生产力，创新是引领发展的第一动力，

将坚持创新在现代化建设全局中核心地位和坚持企业创新主体地位统一在高水平科技自立自强的国家战略目标中，进一步突出科技领军企业的创新主导性地位。我国到 2030 年要跻身创新型国家前列，到 21 世纪中叶要建成社会主义现代化强国，需要培育或支持一批核心技术能力突出、集成创新能力强、国际科技竞争话语权大的科技领军企业，把科技的力量转化为经济和产业竞争优势，为新发展阶段塑造发展新优势、实现高水平科技自立自强提供有力支撑，更为我国建成世界科技强国、成为世界主要科学中心和创新高地的远景战略目标提供持续的强有力支撑。

二是要深化认识、树立标杆意识，以标杆带动先行先试和系统优化。树立科技领军企业的客观、通用和动态的评估标杆（树标杆），设立专项科技政策、专项基金和人才政策，鼓励并支持更多的创新型企业达到标杆而成为科技领军企业（上标杆），同时鼓励并支持已上标杆的企业能继续保持并适当提高对标能力（保标杆），从而实现我国科技领军企业持续涌现并不断成长，进而壮大成为科技领军企业梯队和集群，在越来越多的重要产业中发挥创新主导、引领发展的重要作用。

在树立标杆意识的基础上，要充分发挥标杆价值，引领带动有组织的科研探索和科技创新模式的先行先试。要组建由科技领军企业牵头、多元主体协同参与的大创新团队，平衡好短期功利目标、长期科学目标与市场竞争优势获取的关系，实现从基础研究、原始性创新突破到产业化应用和价值实现，再到反馈带动基础研究突破的“创新闭环”和加速创新。

三是要大胆探索科技创新的新型组织模式，以科技领军企业和创新型中央企业为科技创新先行先试示范，改革重大科技项目立项、攻关和组织管理模式，深入推进实施“揭榜挂帅”“赛马制”等制度，切实做到“创新不问出身，英雄不论出处”，激活全社会、全员和全要素参与实现科技自立自强的活力和创造力。

四是要发挥新型举国体制的优势，以体系化和整体性思想，前瞻性、系统性地科学布局和有组织地培育。中央和地方政府各部门要充分发挥国家作为重大科技创新组织者、引导者的作用，通过支持周期长、风险大、难度高、前景好的战略性科学计划和科学工程，重点抓系统布局、系统组织、跨界集成，把政府、市场、社会等各方面创新力量拧成一股绳，鼓励支持围绕科技领军企业为龙头的产业链布局和创新链完善，为科技领军企业全面提升科技创新策源能力、创新牵引能力和国际科技竞争话语权提供制度性支持、重大科学源头支持和前沿不确定性技术的早期重大应用场景支持，形成未来的整体性优势。而在竞争性领域、具体资源分配和创新协同过程及非科技主导型的创新领域（如商业模式主导型创新），则应该充分发挥市场在资源配置中的决定性作用，通过市场需求引导创新资源有效配置和创新收益分配的激励相容，形成推进科技创新的强大合力。

五是要着重推动科技领军企业牵头整合集聚创新资源，打造由科技领军企业牵头、高校院所支撑、多元主体高效协同的高能级创新联合体。构建跨领域、大协作、高强度的创新基地，提升产业共性关键技术研发、科技成果转化及产业化商业化、科技资源共享服务能力，在加速提高我国产业基础能力和产业链、供应链安全稳定上发挥更大作用。尤其是要引导和支持科技领军企业推进跨行业、跨领域的关键共性技术开发和资源整合，从而与国家实验室、高水平研究型大学、国家科研机构和区域综合型国家科学中心等战略科技力量形成有效整合，联合实现关键零部件、高端材料和高端软件与行业应用生态等方面的突破和持续创新，带动所在产业创新能力的持续升级与跃迁，并通过知识溢出和市场化的成果转化应用机制，带动技术相关产业的产业链创新能力提升与创新竞争力的跃迁。

六是要鼓励科技领军企业牵头探索企业主导型的科技创新模式。由科技领军企业牵头、高校院所支撑、各创新主体相互协同，打造促进重大原始性创新和产业核心技术、未来技术持续突破的高能级创新联合体，发展高效强大的共性技术供给体系。尤其是要着重提高科技领军企业在技术创新体系中的主体地位和主导作用，发挥企业“出题人”作用，构建以企业为中心，高校、科研院所围绕企业开展科研活动，以企业为主导推动创新发展的新模式，促进科技领军企业成为重大科技方向的提出者和科技成果的应用者，引导高校院所围绕企业和产业创新面临的重大和关键共性问题提炼科学研究问题，构建和推进有组织的科研体系与成果转化生态系统建设。在此基础上，加快提升国有企业，尤其是中央企业的创新活力、创新效率和创新质量，充分发挥创新型领军企业和科技型中小企业的创新生力军作用，培育一大批敢当、能当高水平科技自立自强使命的科技领军企业“预备队”，牵引形成国有企业和民营企业共生共创、大企业与中小企业高效协同发展的新生态，提高科技成果转移转化成效，为建设面向未来的科技创新强国、实现高水平科技自立自强和参与全球科技竞争与治理提供持久的动力源。

七是要充分发挥中央企业等国有企业在培育科技领军企业中的优势作用和核心使命担当。国有企业，特别是中央企业大多数处于事关国家安全和国民经济命脉的关键行业和重要领域，同时肩负着推进科技自立自强、振兴实体经济和履行国家政治使命的多重使命，是党和国家事业发展的重要政治基础、物质基础和系统支撑。2021 年 1 月 11 日，习近平总书记在省部级主要领导干部学习贯彻党的十九届五中全会精神专题研讨班上的讲话中指出，要“全面加强对科技创新的部署……适合部门和地方政府牵头的要牵好头，适合企业牵头的政府要全力支持。中央企业等国有企业要勇挑重担、敢打头阵，勇当原创技术的‘策源地’、现代产业链的‘链长’”[①]。对此，中央和各级政府及国有企业的主要负责人需要紧紧抓住科技创新这一核心动力，全面

①习近平在省部级主要领导干部学习贯彻党的十九届五中全会精神专题研讨班开班式上发表重要讲话强调 深入学习坚决贯彻党的十九届五中全会精神［N］. 人民日报，2021-01-12（1）.

强化党对国有企业的领导效能，加快推进国有经济结构调整和布局优化，坚定不移推进国有企业的优化重组工作，使之切实承担起高水平科技自立自强的使命和战略任务。

以科技领军国有企业和科技领军民营企业为基础，联合一流研究型高校院所，打造面向关键核心技术、未来前沿技术和颠覆性技术的创新平台与高水平创新联合体，为实现大中小企业，国有企业和民营企业、外资企业融通创新提供持续的平台和应用场景支撑，并全面提高科技成果转移转化成效，为持续推进战略高技术领域突破和高端产业、未来产业创新竞争力提升提供高效强大的平台支撑。瞄准事关国家科技安全和经济安全的空白但关键必争领域布局和培育一批科技领军企业，加快突破“卡脖子”问题的同时，在未来世界科技竞争中积极占先和“卡位”，赢得主动权，塑造更多先发优势。

四、加快原创性、颠覆性技术创新

在以人工智能为代表的新一轮科技革命背景下，颠覆性技术不断涌现，驱动着全球范围内的新一轮产业变革，并使得企业竞争环境呈现出模糊性、非线性、指数性、生态性等特征。面对更加模糊不定、复杂多变的竞争环境，企业只有加快实现颠覆性技术创新，才能具备持续创新能力和全球竞争力，为我国建设世界科技强国和发展新质生产力提供有力支撑。

基于整合式创新和场景驱动创新的理论视角，新竞争环境下，企业技术创新需要从封闭自主转向基于自主的开放整合，瞄准新质生产力和高质量发展的重大场景，通过科技创新筑基、制度文化赋能、战略视野引领，由单一技术创新转变为技术创新、制度创新、文化创新、战略创新、管理哲学创新的整合创新，打造动态核心能力，进而实现颠覆性技术突破和技术的持续跃迁。

作为一个后发经济体，中国的多数企业在发展初期缺少技术积累，与发达国家的企业存在显著的技术差距，因此，技术引进、消化吸收和模仿式创新是多数中国企业早期满足市场需求、实现自身发展的技术发展路径。但是，这一路径很容易使企业陷入“引进—落后—再引进—再落后”的“追赶陷阱”，虽然也有不少企业依靠二次创新克服了简单模仿的弊端，但总体来看，中国企业依然未能有效解决核心技术缺失的难题，在全球价值链中仍位于中低端环节，在国际生产分工格局中处于从属地位，关键核心技术“卡脖子”问题十分突出。

企业是国家创新体系建设和科技强国建设的核心主体，而颠覆性技术创新是我国实现关键核心技术自主可控、引发产业深度转型升级的突破口。因此，只有推动企业加快实现颠覆性技术突破，才能切实提高我国关键核心技术创新能力。企业亟须突破传统的线性增长思维和单一发展模式，从封闭自主创新转向基于自主的开放整合创新，应用整体性、全局性、非线性思维，调整自身使命、愿景和战略定位，加快实现颠覆性技术突破，提高持续创新能力和全球竞争力，这不但是培育世界一流企业要解决的首要问题，更是建设面向未来的科技创新强国和实现中国经济高质量发展的重要命题。

（一）数智时代企业竞争环境呈现新特征

当今世界正处于新一轮科技革命和产业变革孕育期，颠覆性技术不断涌现，新的产业组织形态和商业模式不断形成，为人类社会提供了跨越式发展的新动能，更为后发国家加快技术追赶、实现创新引领发展提供了新机遇。关于新兴颠覆性技术有两个代表性的组合词——“NBIC 会聚技术”和“ABCDE 互联网新兴技术”。

NBIC 会聚技术是指迅速发展的四大科技领域的协同与融合，即纳米科技、生物技术、信息技术、认知科学，最早由美国国家科学基金会和美国商务部牵头资助的 50 多名顶尖科学家共同开展的前沿科学研讨计划提出，NBIC 会聚技术将成为 21 世纪最具代表性的前沿科技，这四个技术领域的每一项重大突破都会为人类社会和经济发展带来巨大的变革，其中任意两项技术实现交叉、会聚、融合或集成，都将产生深远影响。

ABCDE 互联网新兴技术则是指伴随着 5G 和 6G 通信技术等的重大突破而广受关注的互联网新兴技术，包括人工智能、区块链、云计算、数据科学和边缘计算。ABCDE 互联网新兴技术的发展同样正在引发实质性的社会变革，包括美国、德国、日本、英国、法国、中国在内的全球主要国家纷纷出台了相关国家战略与科技政策。

以 NBIC 会聚技术和 ABCDE 互联网新兴技术为代表的颠覆性技术，正驱动着全球范围内的新一轮产业变革，使企业所处的国内外竞争环境和企业间竞争模式呈现出如下新的特征。

1. 模糊性

数智时代企业竞争环境的模糊性集中体现为企业边界和产业边界的模糊化。随着新兴颠覆性技术的涌现和基于互联网的商业模式变革，企业边界和产业边界越来越模糊，新产业、新模式、新业态不断涌现，行业格局被互联网深度重构，跨界颠覆日益成为普遍现象。企业不但要和同行业内的显性竞争对手直接竞争，还要时刻准备迎接来自跨界竞争对手的挑战。高度不确定性的竞争环境和产业边界的模糊化，倒逼企业重新思考自身发展与产业竞争格局变迁的关系。

2. 非线性

数智时代企业竞争环境的非线性集中体现为技术的非线性发展，以及知识生产和传播的非线性特征。大数据、人工智能等新一代颠覆性技术的发展呈现出典型的非线性特征，催生了诸如众包、维基经济学等非线性的知识创造和传播模式，并带来了许多生物学意义上的“涌现”现象，对现有的认知模式和组织模式产生了较大冲击。技术发展的非线性和知识生产与传播的非线性，使得企业技术创新管理和竞争优势培育不再遵循千篇一律的定式，而是越来越个性化、差异化、多元化。这不但给传统的企业管理带来了新挑战，也为新兴企业和后发经济体提供了差异化突破和非对称性赶超的机遇。

3. 指数性

数智时代企业竞争环境的指数性集中体现为技术成熟与扩散速度、用户和行业增长速度的指数性特征。以大数据、3D 打印、人工智能为代表的颠覆性技术的不断涌现和加速应用，不但有效破解了企业内部管理面临的“信息孤岛”难题，也极大地提高了企业间信息传播的速度和效率，大大加快了企业技术创新的速度，使企业间合作开展技术创新的成效大幅提升，管理和沟通成本明显降低。其结果之一，就是技术成熟和扩散的速度日益呈现指数性特征，新技术、新产品的用户获取成本显著降低、用户积累速度爆炸性增长。例如，云计算的指数性发展和应用，带来了云服务使用成本的指数性下降，随之而来的是云服务行业用户数量和销售规模的指数性增长。一大批新创企业借助云计算、大数据和人工智能技术快速崛起，并跨界冲击着汽车、金融、装备制造等传统行业的在位企业。人工智能和通信技术的融合发展，也正在带动智能制造、智能客服、智能家居行业的指数性发展。面对技术和行业的指数性发展趋势，无论是初创企业，还是成熟企业，都需要打破原有的稳态竞争思维，实施动态性、指数性的创新与竞合策略。

4. 生态性

数智时代企业竞争环境的生态性集中体现为生态型组织和竞争模式的涌现。生态型组织是相对于传统的科层制组织而言的，生态型组织拥抱变化，重视共生而非竞争，强调组织扁平化、管理民主化、员工创客化。如今组织和产业边界日益模糊化，互联网新兴技术使得在线共创和产业链、价值链高效联动成为现实，创新过程和利润分配模式出现结构性变化，企业竞争焦点也从单一技术、产品或市场转向基于创新生态系统的整合竞争。与此同时，开放式创新、众包、知识付费等新商业模式推动零工经济快速发展，冲击着现有的技术创新与获利模式，也改变着传统的封闭式创新模式与零和竞争思维。生态型组织不但是有效的企业组织管理模式，也是极具竞争力的商业模式。越来越多的企业正在成为生态型企业，或者与现有的生态型企业合作，加快技术创新、价值共创和利益共享的步伐。

（二）新竞争环境呼唤整合式创新

技术创新管理视域下，颠覆性创新是指后发国家或后发企业从低端市场或低端技术切入，沿着价值链逐渐攀升，最终比肩甚至超越原有竞争对手的过程，这一概念最早由哈佛大学教授克里斯坦森提出。颠覆性创新是相对渐进性创新而言的，目前已经成为全球创新的新趋势。颠覆性创新是建设科技强国的利器。

传统的创新理论和范式，侧重从具体的行为、方法、环节、主体或问题入手来理解创新过程、制定创新策略。现有的主流创新理论大都无法摆脱线性思维模式，虽然能够提升企业某方面的能力，但是缺少对创新作为一种社会性创造过程的整合性思考。新竞争环境下，面对更加模糊不定、复杂多变的竞争形势，我国企业亟须采用新的创新战略和创新模式，加快技术创新和应用，突破关键核心技术受制于人的困境。

整合式创新理论的提出正是基于这一背景。整合式创新是战略视野驱动下的全面、开放、协同创新，其核心要素是战略、全面、开放和协同，四个要素相互支撑，统一于整合式创新的理论范式中。根据整合式创新理论，创新不只是研发部门的责任，而是需要纳入企业整体发展战略中，以战略创新引领技术创新和管理创新，实现全价值链的动态整合，真正落实“人人都是创新者”的理念。在整合式创新过程中，企业不但要注重通过全员、全要素、全时空创新强化技术要素，还要注重对非技术要素的发掘和利用，围绕多元场景打造属于自己的独特“双核”——技术核心能力和管理核心能力，从而在新竞争环境下超越中国企业“引进—消化吸收—再创新”的传统追赶模式，加快实现颠覆性技术突破。整合式创新和传统创新范式最大的区别在于，整合式创新倡导战略视野驱动，强调从系统观和整体观出发，思考企业技术创新体系的建设和创新过程的管理，重视对国内外环境、行业竞争趋势、技术发展趋势和未来愿景的战略研判，以战略创新引领，场景驱动技术要素和非技术要素融合发展。

（三）企业加快颠覆性技术突破的路径选择

从整合式创新和场景驱动理论出发，结合企业创新实践探索，我们认为企业可通过科技创新筑基、制度文化赋能、战略视野引领等路径加快实现颠覆性技术突破。这是从技术要素向非技术要素升级、从战术层面向战略层面进阶和升华的过程，也是由单一技术创新向技术创新、制度创新、文化创新、战略创新和管理哲学创新演进的整合突破。

1. 科技创新筑基

科技创新对企业颠覆性技术突破和国家高质量发展具有基础性、关键性和引领性作用。建设具有全球竞争力的世界一流企业、适应和引领经济高质量发展，根本上要靠科技创新。企业可以通过自主研发、开放共创、并购吸收三种途径加快颠覆性技术创新，具体选择哪一种途径，需要企业结合自身资源禀赋、技术路线和所在行业的竞争环境综合作出选择，并根据不同发展阶段的需求和竞争环境的变化及时调整。与技术引进和模仿式创新相比，自主研发的投入周期更长，面临的不确定性更高，但相应的潜在回报也相对更高。自主研发对企业颠覆性技术突破和掌握核心技术具有长远的战略意义，在开发新产品乃至开辟新市场方面具有不可替代的价值。

然而，对于许多企业而言，自主研发面临着周期长、风险高、成果应用难度大等诸多挑战，而且可能因其封闭性产生效率低下、对外部资源和市场需求把握不准等风险。开放共创是在自主研发的基础上，借鉴开放式创新的理念，引入外部合作者，将供应商、用户乃至竞争对手作为企业技术创新的外部来源，实现内外协同、多元共创和价值共享，是降低技术创新风险、提高新技术和新产品研发效率的有效途径。开放共创的另一个优点在于能够有效发挥多元异质性主体的比较优势，通过“将蛋糕做大”实现联合技术突破和市场共赢。

此外，在自主投入的基础上积极寻求并购吸收后的整合，也是一种可行的颠覆性技术突破模式。并购吸收是实现“弯道超车”、加速技术突破的有效途径。

2. 制度文化赋能

在开放式创新时代，提升企业科技创新能力的责任早已不止于企业内部的研发团队，而是企业的全体员工，以及包括用户、供应商乃至竞争对手在内的多个外部利益相关者。在复杂的利益相关者协同问题上，制度与文化的赋能能力决定了企业能否真正激活组织、激活组织内的个体和外部合作伙伴，以及企业能否达成高效协同、联合推进技术创新和催生颠覆性技术的目标。

制度和文化赋能是指企业通过组织更新、打造包容创新的文化来赋能组织内外的创新个体，进而实现内外高效协同和上下有机整合。科技创新的目的在于构建企业核心技术能力，为长期发展奠定基础。但是仍然有许多技术和产品强劲的企业未能成功地实现持续的技术创新并从创新中盈利，重要原因就在于它们忽视了管理核心能力的打造。无论是自主研发、开放共创，还是并购吸收，科技创新的加速突破均需要依靠鼓励冒险、包容失败、奖励学习的制度和文化来持续赋能，由此才能实现全员、全要素、全时空的持续创新。

组织更新是指企业通过及时调整组织管理模式来积极应对外部市场和环境变化，满足不同阶段的发展目标。互联网和数字技术带来的商业模式变革，共享经济、零工经济等新经济模式的深入发展，对科层制企业的组织更新速度和效率提出了重大挑战，也为企业管理变革带来了压力和机遇。通过组织和制度更新培育鼓励创新、包容失败的文化，能够有效激发组织内外的个体和团队持续开展创造性活动并保持创新合作的积极性。

3. 战略视野引领

依靠科技创新筑基、制度文化赋能打造的核心能力，能够为企业提升整体生产效率和赢得短期竞争优势提供强大的保障，也是诸多初创企业成功跃过“创业死亡谷”，实现规模化发展的关键所在。

然而，回顾企业成长史和产业变迁史，可以看到，像柯达、诺基亚、施乐等许多知名企业都曾经在技术创新和市场竞争中取得过辉煌业绩，但由于没有抓住革命性技术带来的新机遇，在技术变迁的浪潮中错失良机。这种在短期内取得耀眼成绩但却在长期内错失转型最佳契机从而退出历史舞台或被后发者颠覆的现象，被称为“创新者的窘境”或“成功者的诅咒”。

究其根源，这类企业虽然在某类核心技术、产品或市场上占据领先优势，但企业管理者缺乏对社会、经济、产业发展趋势的超前判断与布局。战略视野的短视往往会导致企业管理者忽视技术变革的非连续性、非线性和非对称性，最终难以成功地从现有技术和产业高地跃迁至新的技术和产业高地。

那些不被短期的技术和商业模式优势“锁定”，能够及时进行组织更新和文化重构，在多次技术和产业浪潮中精准抓住机遇实现跃迁的企业，大都非常重视战略视野引领。

战略视野引领主要体现为超前布局前沿颠覆性技术研发、精准定位企业未来技术方向，加强短期战略和中长期战略的平衡，在此基础上实现组织战略、制度文化和技术创新的动态匹配。战略视野是区别一般管理者和卓越领导者的关键，更是企业和国家在复杂多变、模糊不定的发展环境中识别和抓住重大战略机遇，实现指数型增长的关键。

战略视野引领的重点在于分析影响社会、政治、经济、环境、客户、政策的长期因素，识别影响企业发展的大趋势，明确自身的愿景和战略定位。管理层需在此基础上建设基于共同愿景的协同平台，针对未来趋势共同谋划，形成企业发展路线图，结合自身的资源禀赋制定中短期战略。通过创新战略的动态调整与优化，以创新战略引领和加速颠覆性技术突破和核心能力建设。

改革开放以来，中国企业技术创新能力和国家创新实力正在从以模仿和追赶为主的阶段转向“跟跑、并跑、领跑”并存的阶段，科技创新强国建设也正步入关键的转折点——从需求引致的创新之路转向基础研究和重大技术突破引领的创新之路，成功转型的关键在于加快颠覆性技术创新和核心技术突破，加强创新的整合性思考，加快培育世界一流企业。

通过整合式创新实现对当下关键核心技术的掌握和面向未来的前沿技术的把握，是中国企业超越追赶、实现创新引领发展的关键所在。对于那些有志持续实现跨越式发展的企业，更为重要的是在非连续性技术创新和战略前沿技术创新方面保持领先，由此方能掌握和制定新的游戏规则，在全球竞争中赢得领先优势。

展望未来，企业在应用整合式创新和场景驱动创新，打造自身动态核心能力，加快颠覆性技术突破的同时，要进一步加强对于科技创新的整合思考，以未来使命型场景和战略视野引领持续的创新跃迁。企业在提升经济效益之外，也要不断赋能组织内外个体的能力改善、价值实现和幸福感提升，在此基础上创造更多、更可持续的社会价值，推动产业转型升级、国家高质量发展和全球可持续发展。

第四章
产业创新：发展新质生产力的产业动能

一、场景驱动人工智能等颠覆性技术创新

以人工智能领先的公司 OpenAI 发布的以 ChatGPT 和 Sora 为代表的生成式人工智能大模型所引发的新一代 AI 浪潮席卷全球，已然成为产业革命的新机遇、国际竞争的新焦点和国家高质量发展的新引擎。如何把握数智化新机遇，加速推动 AI 技术创新和应用落地，成为国家竞争优势建构的关键。然而，现有研究多关注 AI 的治理及其使能价值，鲜有学者针对实践困境探索适用于 AI 技术创新与应用的创新体系新模式。本部分结合创新生态系统和场景驱动创新理论，扎根中国 AI 产业实践，论述场景驱动型人工智能创新生态系统（context-driven AI innovation ecosystem，CDAIIE）的理论基础、架构和特征，提出场景驱动人工智能创新飞轮构建与生态培育的逻辑和进路，为培育中国特色、世界一流的 AI 创新生态，加速 AI 技术创新与应用、赋能形成和发展新质生产力，打造高质量发展和中国式现代化新引擎，提供重要理论和政策启示。

2024 年 3 月 13 日，国务院总理李强在北京调研时强调，要深入学习贯彻习近平总书记在全国两会期间的重要讲话精神，认真落实两会明确的各项任务，牢牢把握新一轮科技革命和产业变革趋势，在推进科技创新和产业创新深度融合中培育和壮大新质生产力，加快塑造高质量发展新动能新优势。要发挥我国应用场景丰富的优势，开放更多应用场景，加大制度供给，为人工智能产业发展营造更加宽松的环境。

（一）人工智能浪潮与我国发展瓶颈需求

人工智能技术的发展从 1956 年夏季的达特茅斯会议启航，历经逻辑智能（AI 1.0）和计算智能（AI 2.0）时代，平行智能（AI 3.0）方兴未艾。而今，随着以 ChatGPT 为代表的 AIGC（artifical intelligence generated content，生成式人工智能）技术的快速发展，以通用智能及数字具身智能为代表的 AI 4.0 发展范式正引领数智化的新浪潮。各国均把发展人工智能作为提升国家竞争力、维护国家安全的战略抓手，加紧出台相关规划和政策，围绕核心技术、顶尖人才、标准规范等强化顶层部署，力图在新一轮国际科技竞争中掌握主导权。人工智能技术创新能力的培育与强化，已经成为数智时代各国构建竞争优势的核心议题。

面对更加复杂多变的国际竞争形势和中国式现代化的迫切需求，中国必须放眼全球，从国家战略层面系统布局、主动谋划，把握人工智能发展新阶段的战略主动，以强韧创新链、产业链、资金链、人才链、政策链为支撑，打造竞争新优势，开拓发展新空间。2023 年 5 月召开的二十届中央财经委员会第一次会议进一步强调，要把握人工智能等新科技革命浪潮，适应人与自然和谐共生的要求，保持并增强产业体系完备和配套能力强的优势，高效集聚全球创新要素。其中，场景驱动创新正逐步成为助力提升人工智能技术创新效率与应用价值的核心理论与战略性议题。2022 年，科技部等六部门发布《关于加快场景创新以人工智能高水平应用促进经济高质量发展的指导意见》，已得到多地政府在实践上的积极响应。2023 年 8 月，时任科技部部长王志刚在《求是》杂志发文，提出要加快人工智能、量子计算等前沿技术研发和应用推广，形成以场景带动科研攻关、成果转化和产业培育的新模式。

然而，目前我国的人工智能技术创新在前沿理论突破、基础设施建设及应用落地转化等方面还存在着较为明显的提升空间，存在包括超前研发布局弱、引领性重大原创成果缺、行业统一技术标准乏、大模型复用能力差、“自我造血”难、产业培育慢等突出瓶颈问题。

同时，现有研究多关注人工智能的治理及其对组织管理和实体经济的使能价值，鲜有研究针对实践困境，系统探究中国的场景优势如何在驱动加速人工智能技术突破与应用转化中发挥作用。并且，当前研究仍未充分打通人工智能技术创新到国家层面的人工智能技术优势地位确立与能力建设的有效路径机制。因此，亟须把握人工智能技术创新发展趋势、特征和瓶颈问题，扎根中国 AI 创新实践，提出从国家层面推动中国人工智能技术体系化创新能力建设与提升的新范式和新路径。

（二）场景驱动型人工智能创新生态系统的理论基础

1. 人工智能的内涵、特征与影响

人工智能是一门以计算机科学为基础，通过理论、方法、技术和应用系统的研究开发来模拟、延伸和发展人类智能的新兴技术科学，包括混合增强智能和自然语言处理等关键共性技术。人工智能技术创新体系可依据复杂度和集成度，分为包括算力和数据的基础层；关注框架、算法和通用技术的技术层；输出软件平台与解决方案的应用层，即技术在场景需求中的延伸。人工智能已成为深度嵌入制造业和服务业发展的底层技术，并对自然科学与社会科学的研究底层逻辑形成重大冲击。作为一种兼具颠覆性与泛用性的技术，人工智能技术既具有数字技术的共性特征，包括可重编程性、数据的同质性和数字技术自我参考性，又拥有差异化特性，具体体现在自适应学习能力及其背后的运行决策黑箱。同时，人工智能技术的应用具有较为明显的场景特异性，这也使得场景思维贯穿人工智能技术创新从研发到应用的全过程。

目前，学术界已经围绕人工智能技术的应用及其影响的治理进行了系统深入的研究，包括人工智能的治理与负责任应用、人工智能的实践与赋能效应和人工智能的发展与范式变革。人工智能技术深刻影响企业管理及产业发展的各个维度，涵盖组织管理、市场营销、供应链运营等重要议题。在影响机制上，人工智能技术可以通过促进知识溢出、辅助精准决策、强化理性思维、重塑创新组织形式等路径，在产品创新、流程架构创新、商业模式创新、知识创新，以及供应链管理等活动中发挥使能作用。人工智能技术的应用催生出消费新模式和非标准化生产，推动企业在价值创造和管理模式上的全方位变革。总结而言，人工智能技术创新因技术本身影响的深度与广度，决定其创新过程的高复杂度与长周期。构建包含多元利益相关者与丰富类型创新资源的人工智能创新生态系统，已成为推动人工智能技术创新的关键任务。

2. 人工智能技术创新与创新生态系统

创新生态系统为企业间通过价值共创整合相对优势，打造一致性解决方案，实现互利共赢的创新活动组织模式。在要素构成层面，创新生态系统由跨学科领域、区域壁垒、行业边界的知识集群与创新网络组成，汇聚以企业为代表的多元创新主体和多重创新要素。在创新逻辑上，创新生态系统以知识共享体系为创新基础，以松散耦合网络为组织模式，以新产品开发为基本目标，以用户导向为价值主张，以焦点企业引领下的良性竞合为运作机制。创新生态系统的实践路径可以归纳为基于长期信任的共创、共享、共生、共荣。随着新一代信息技术的应用普及，创新生态系统理论研究开始着眼于更加开放、智能、复杂、多维的数字创新生态。张超等学者（2021）基于传统创新生态系统的强中心、平台化、网络化等关键特征，瞄准数据要素市场化、数字技术赋能创新应用、数字平台驱动产业跃迁等时代趋势，提出数字创新、数字创新生态等新范式。

随着人工智能技术在国家竞争与产业发展中的重要性不断提升，人工智能创新生态系统的构建与培育已成为产业界与学术界的热点议题。人工智能创新生态与创新研究、人才培养和国际合作已成为美国政府所界定的未来人工智能技术发展的重要战略方向。袁野从技术特征和主体要素等角度出发，构建人工智能关键共性技术创新生态系统并阐释其演化机制。阿尔贝托·阿雷纳尔等学者（2020）则基于三螺旋创新模型框架，系统分析人工智能创新生态系统内部技能、知识和资金流动的相互作用，并揭示生态主体间的动态关系与协作机制。与此同时，中国、美国、欧盟等人工智能领先经济体的政府部门均意识到，需要以国家创新体系的底层逻辑与基本形式布局人工智能创新生态系统的建设，以真正确保形成可持续的人工智能技术创新能力。

国家创新体系的研究主要关注如何从国家层面激励多元创新主体广泛协同，促进创新、加速产业化和带动经济发展。近年来，国家创新体系的研究重点逐渐从健全国家创新体系上升至提升创新体系整体效能，以适应新一轮科学技术革命发展的需要。其内涵在于兼顾创新过程优化和创新产出供给，既要关注创新成果的质量，也要注重创新过程中资源配置的合理性和创新主体间的协同性，要求更多地从能力建设的角度出发，在推进原始性创新和关键核心技术突破的同时，强调创新成果对于实体经济的赋能价值。强化国家创新体系效能的具体路径，包括使命驱动和需求导向的战略思维、组织机制和创新制度的优化、国家战略科技力量的体系化建设与强化、企业创新主体的地位确立与能力提升。

总而言之，以往研究多聚焦于人工智能技术创新的治理问题、赋能价值和路线选择。近年来，新兴研究着眼从创新生态系统及国家创新体系视角探究如何有效推动人工智能技术的创新突破与应用发展。然而，现有关于人工智能创新生态系统的研究还处于起步和探索阶段，鲜有研究结合已有的创新理论与中国人工智能技术发展的特征与需求，提出从国家创新体系视角下建设人工智能创新生态系统的路径和基本逻辑，从而为从国家层面统筹布局人工智能技术创新，激发相关主体的创新活力，促进人工智能技术创新成果的产出与转化效能提升，赋能高质量发展提供理论框架和实践指导。鉴于此，本部分基于场景驱动创新与国家创新体系的理论，结合人工智能技术创新的内涵与特征，构建旨在服务于中国式现代化与高水平科技自立自强战略目标的场景驱动型人工智能创新生态系统，推进我国人工智能创新，赋能高质量发展，培育国家发展新动能新优势。

（三）场景驱动型人工智能创新生态系统的概念、组成与运行逻辑

1. 概念源起与界定：面向人工智能技术创新的国家创新体系

伴随着新一轮科技和产业革命加速演进，以人工智能为代表的战略性、颠覆性技术创新逐渐成为技术创新管理的焦点话题。这些技术所特有的融合性、颠覆性与前沿性，对国家创新体系建设提出了更高要求与挑战。特别地，人工智能最新发展趋势如大语言模型和生成式人工智能对各行各业都产生了广泛且深刻的影响，进一步加剧了国内外新一轮围绕人工智能技术创新的“锦标赛”。在这种趋势下，作为数字技术和数据要素载体的场景及其在国家创新体系中的作用，尤其是新场景的拓展与建构对于创新动能的重要性，日益受到学术界和产业界的关注。

顺应这一现实需求和理论发展趋势，尹西明等学者基于国内外创新实践和理论研究，系统论述了场景驱动创新这一新兴创新范式的内涵和逻辑进路，旨在为数字经济时代的科技强国建设提供新思路。场景驱动创新既指通过将技术精准应用于现有的高适配度场景以最大化发挥技术创新成果价值，也涵

盖基于经济社会发展目标与趋势构建全新的重大场景以指导新兴技术原创性创新，包括场景、战略、技术与需求四大核心要素。其中，场景作为创新生态系统的核心载体，为创新链、产业链、人才链、资金链、政策链乃至数据链在内的多链融合提供场域，促进多重创新要素在场景中高效融通。使命和战略牵引确保创新成果紧密贴合国家发展趋势和战略需要。技术和需求在真实的场景中循环互动，打破传统意义的创新供给与需求的线性逻辑，形成创新投入和应用的闭环，并在此过程中实现场景升级与演化，形成新场景开辟新领域、带动新产业发展的创新循环。

本质上，面向人工智能等颠覆性技术的国家创新体系和场景驱动创新都是以创新生态系统理论的思想为底蕴内核。国家创新体系的组织模式在数字化背景下必然走向生态化，这既是数字技术客观发展规律的要求，也是创新主体在互动中形成的自发选择。而场景驱动创新范式的实践，则需要进一步强调将战略重点放在由场景驱动的创新生态系统构建上，以实现多元主体在复杂综合性真实场景中的共生、共创与共赢。同时，人工智能技术创新的研发与应用环节均极大地受到场景属性和特征的影响。

现有观点大多认为，人工智能技术发展与场景的关系主要体现在人工智能技术创新成果产出后的产业化应用需要匹配适合的应用场景。实际上，人工智能技术开发的主要方法，大多需要遵从“封闭性准则”，意指应用场景的相对“封闭”，是开发人工智能技术的先决技术条件。

换而言之，成功的人工智能技术创新从起始阶段就离不开对场景的关注和解构，而不是局限于人工智能技术创新成果产出后的产业化过程。

具体而言，场景的构建、开发与迭代是人工智能技术突破瓶颈与成果转化的基础，场景所汇聚的海量数据和多元主体是人工智能创新生态系统的核心要素，场景所蕴含的使命需求则是人工智能创新生态系统演进的内在驱动力。尤其是近年来基于大模型的通用人工智能算法和技术的创新与迭代需要依赖海量的场景化、高质量数据集。应用场景驱动思维，能够更有针对性地发掘和积累高质量的领域数据，有效提升算力并优化算法效率，以及节省大模型训练的时间和成本。

此外，商汤科技、百度、科大讯飞、北京智源人工智能研究院等中国人工智能技术创新和创业成功案例的实践表明，中国所特有的众多应用场景、海量数据及高度普及的网络连接，为人工智能技术创新提供了坚实的基础，是中国在人工智能技术创新上的差异化优势。

基于此，我们提出构建场景驱动型人工智能创新生态系统，将其定义为以国家使命和未来趋势为前瞻战略引领，以“四个面向”导向下的重大复杂性场景为载体，以经济社会发展愿景需求与人工智能技术创新应用循环互促共进的“人工智能创新飞轮”为驱动力的国家创新体系。与其他已有的，如研究联合体、产业联盟、创新网络等人工智能创新合作模式相比较，这一生态系统不仅有助于推动人工智能技术同社会发展与国家战略形成更高频、泛在与深刻的融合互动，充分发挥其高度通用性、自我进步性、智能生成性等独特优势，还能强化人工智能创新过程中市场要素同非市场要素的有机组合，顺应其从技术驱动的传统创新范式到场景驱动的范式转变。与此同时，这一创新生态系统还可以在充分把握场景化特征的基础上，既通过多元主体协同和创新要素融合等途径，提升人工智能技术创新效率并加速其产业化进程，又依靠面向世界科学探索前沿和国家发展重大战略的新场景提炼新科学问题与新研发需求，进而增强人工智能技术创新的前沿性与引领性。

具体而言，国家战略使命为人工智能技术创新提供整体方向性要求，为重大场景的构建与运转提供现实背景和合法性，确保人工智能技术创新成果与国家发展需求的适配。重大场景的构建将战略愿景具象化，通过数据要素和数字技术的辅助建构贴近现实开放场域，进而汇聚并融合各类与人工智能技术创新相关的创新要素及主体，形成创新生态系统。源于场景的需求和创新任务清单则用以指导人工智能技术的创新与产业化，创新产出的场景化应用，在促进产业发展的同时，不断推动场景的迭代和新的场景问题的挖掘，激发新的人工智能技术创新需求，形成场景驱动人工智能研发与应用迭代的创新循环。

从本质上说，场景驱动型人工智能创新生态系统即为面向未来技术的国家创新体系的典型代表和具象实体。特别要强调的是，这一概念中的重大场景与产业界常提及的应用场景虽有相同之处，却蕴含着更丰富的本质内核。应用场景偏向于商业运行的某一个具体环节，所包含的创新主体和具体问题往往较为单一。而场景驱动创新范式中作为核心要素的场景，则是嵌入了多重关系、多元主体和多种要素的场域，具有开放度高、综合性强、组成关系复杂、可自我进化等特性。对我国人工智能技术发展路径而言，典型重大场景包括实体经济智能化、绿色化和高端化转型场景，国家安全社会稳定场景，面向未来的科学探索场景，以及国家产业链、供应链韧性建设场景。场景驱动型人工智能创新生态系统的建设既服务于中国式现代化对人工智能技术创新的具体需要，也切合当前我国对于从国家层面以新模式推进人工智能技术创新能力培育的现实要求，是实现高水平科技自立自强和赋能高质量发展的有力支撑。

2. 系统架构与基本特征：战略引领下的“五链”融合

在具体构成和系统结构上，场景驱动型人工智能创新生态系统以战略为方向引领和指导，以场景为运行载体，以人工智能技术与场景应用需求的循环互促作为动力来源，以未来科学、国家、产业、企业、用户等各个维度的重大场景的复杂综合性需求，驱动政策链、创新链、产业链、资金链、人才链“五链”和数据链深度融合，以“人—机—场”三元深度协同，推动人工智能创新生态各子系统的高效运转和有机整合为关键机制。图 4–1 所示为场景驱动型人工智能创新生态系统的基本架构。

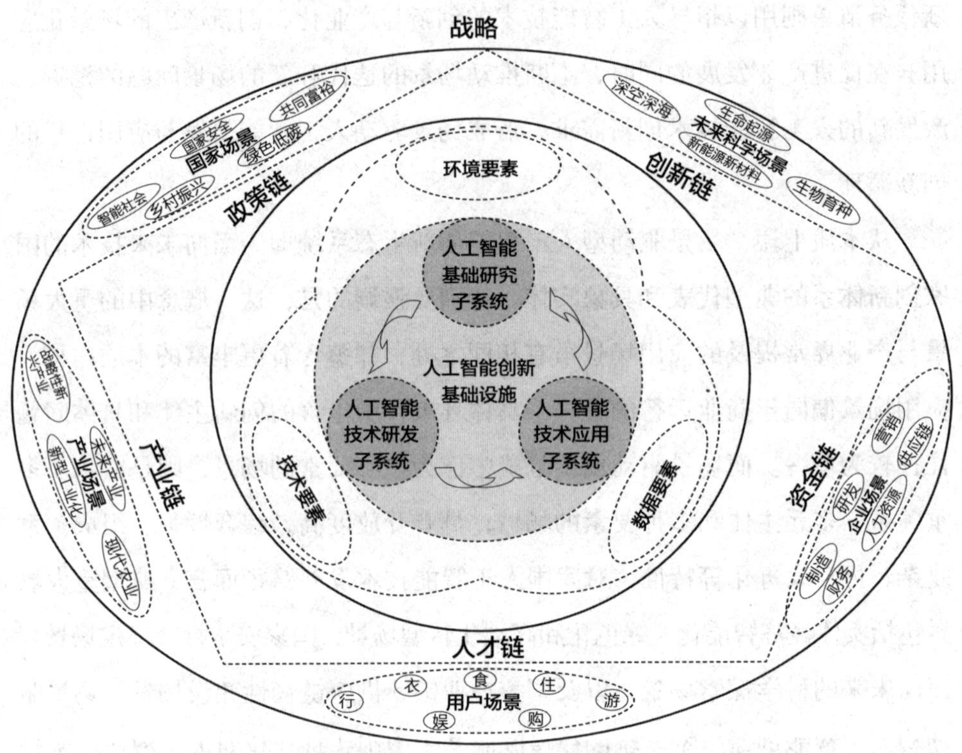

图 4-1　场景驱动型人工智能创新生态系统的基本架构

从创新生态系统的结构来看，场景驱动型人工智能创新生态系统的底座为由通用人工智能（AGI）、基础大模型、大科学装置和新型基础设施共同组成的人工智能创新基础设施，支撑包括技术要素（算法与算力）、数据要素（原始数据、脱敏处理数据、模型化数据和人工智能化数据）和环境要素（数据交易制度、人工智能知识产权保护规则等相关制度）在内的人工智能技术创新要素平稳高效流通。

在人工智能创新基础设施和创新要素的赋能下，创新主体可按照其在创新活动中承担的场景化角色及阶段性特征，在人工智能基础研究子系统、人工智能技术研发子系统和人工智能技术应用子系统三大有机整合的创新子系统中推进有组织的创新。人工智能基础研究子系统关注人工智能理论的前沿突破和关键技术路径的比较与选择，侧重在认知科学、神经学、数学、统计学、计算机科学与技术等人工智能支撑学科中的理论前沿突破与模式构建。人工智能研发子系统聚焦人工智能前沿技术与产业共性技术，推进以深度学习、自主学习、边缘计算、量子计算、自动驾驶为代表的关键技术的突破与迭代。人工智能技术应用子系统瞄准人工智能技术研发成果的商业化与产业化，主要关注原型开发、商业模式设计、产品运营与推广等关键环节。创新主体则包含人工智能领域的科技领军企业、专精特新“小巨人”、科技转化中介机构、研究型高校、人工智能科研院所与研发机构、人工智能国家实验室、专职政府部门、个人用户乃至类人智能体（如具身智能）等。

场景为人工智能创新生态系统内部的技术创新活动提供具体的场域和明确的需求指引，人工智能创新生态系统则通过产出并应用人工智能技术来解决场景需求，由此形成面向场景的人工智能技术创新与需求的互动循环，为生态系统持续提供演化动力。

从特征上而言，场景驱动型人工智能创新生态兼具国家创新体系理论所强调的整体观和系统观，以及场景驱动创新范式所蕴含的战略性、引领性、多样性、整合性、精准性和强韧性，基于对人工智能技术前沿和国家发展战略目标的双重导向，实现对创新生态系统的战略性和引领性建设。场景的高复合度和高异质性，以及创新生态系统的高复杂度和主体多元化，使这一生态兼具多样性和整合性。以数字技术与数据要素为底层支撑构建的场景使人工智能技术创新在匹配实际需求上更具有精准性，创新成果的产业化应用可实现更高效能。针对场景的演化而动态升级技术、产品和解决方案，并在场景演化中把握结构性机会，开辟新领域、新赛道，形成了更强的生态韧性。

3. 运行逻辑：场景驱动打造人工智能创新飞轮

场景驱动型人工智能创新生态系统的运行依靠多个具体环节的实施和连接，其核心在于构建场景驱动的人工智能创新飞轮。这一基于数据要素和数字技术打造的人工智能创新飞轮，带动涵盖从现有场景识别与新场景构建到场景化需求满足与反馈的全过程，并在循环过程中逐渐利用“飞轮效应”赋予场景驱动型人工智能创新生态系统以自创生、自组织和自进化的属性。场景驱动人工智能创新飞轮的运行启动于政府部门的支持、人工智能领军企业主导的对现有场景的识别或对新场景的建设，主要包括场景要素的确定、数字技术和数据要素赋能的场景基础设施搭建，以及场景范围的界定。继而提炼出针对人工智能场景化需求，并进一步细化为更具体的创新任务清单和里程碑任务。遵从场景化需求和创新任务的内容，与人工智能相关的科学问题、具体的技术攻关和产业化应用节点目标进而被提出并被细化，标志着人工智能场景化创新目标被确立。这一阶段，场景化需求已经被转化为可量化、可评价、可操作的具体创新要求或任务指标。下一环节则是人工智能技术创新成果产出的阶段，与这一目标相关的各类创新要素和多元创新主体，与场景需求主体开展全方位协同，发挥各自的资源、能力或场景知识禀赋，推进分布式的人工智能技术创新，达到里程碑式目标或产业化要求的阶段性成果或解决方案，在目标场景中实现“沿途下蛋式”的示范验证和规模化应用，满足场景化的需求。

在实际场景应用过程中所积累的反馈或数据将被实时捕捉或收集，用于进一步提升人工智能在实际场景中的适配性和可用性。更重要的是，对于技术应用的反馈可以激发新的场景化创新需求，最终推动场景的升级或新场景的构建，并进一步加速人工智能创新，形成场景驱动人工智能持续创新的“飞轮效应”（图 4–2）。

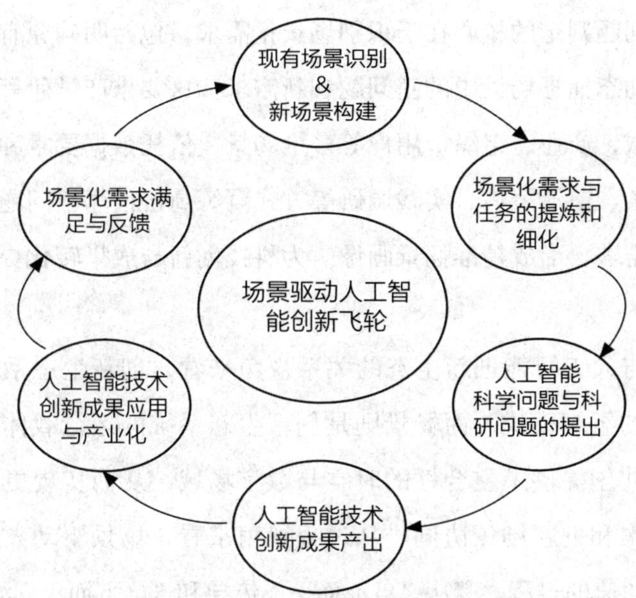

图 4-2　场景驱动人工智能创新的"飞轮效应"

其中，场景识别与场景化问题判定是人工智能创新飞轮形成的关键。场景识别要求创新主体结合全球人工智能发展趋势、国家战略发展紧迫程度、场景潜在技术应用价值、企业创新战略与能力基础等四个维度来研判场景的优先级和建设顺序。参照此标准，当前我国人工智能典型重大场景包括实体经济智能化、绿色化和高端化转型场景，国家安全社会稳定场景，面向未来的科学探索场景，以及国家产业链、供应链韧性建设场景。如实体经济智能化和高端化场景，既具有客观必然性，是各国产业数字化、智能化转型的重要抓手，又具有现实紧迫性，是国民经济高质量发展与新旧动能转换的有力支撑，同时覆盖医疗、农业、制造等关乎经济社会发展的场景领域，蕴含着巨大的创新应用机遇。再如国家安全社会稳定场景，从国际竞合格局来看，人工智能已成为影响和塑造国家安全的核心变量，面向重大工程、数据流通等领域的人工智能技术创新与应用关乎各国能否在强化竞争优势、提升国际话语权的同时弥合社会失序问题。

场景化问题判定的核心在于识别场景化需求，包括明确原有问题和原始需求，以及动态捕捉场景中的新问题和新需求。这要求产学研等创新主体立足国家、区域、产业、组织、用户等多维场景，依托数据要素和数字技术，通过自由探索、前沿聚焦、实践调研等方式凝练高价值场景问题，并将其拆解为场景化需求，形成精准场景画像，为科技创新与成果转化提供决策依据和实践抓手。

从场景与人工智能创新生态的关系视角来看，创新生态系统是人工智能技术创新的组织模式，而场景则是创新生态系统的运行载体，为创新主体间的竞合共创提供了整合性的时空与数字场域，从而实现更有针对性的创新资源集聚和创新场域协同。从过程视角来看，场景驱动人工智能创新飞轮启动和加速的过程，遵从"自上而下"传导和"自下而上"涌现的逻辑，复杂综合性的创新需求从场景中涌现，凝练和分解后的场景化创新任务则加速自上而下的精准创新与应用迭代。创新成果的产出与应用模式也伴随着新场景开辟与创新生态系统的逐步完善，从人为规划、挖掘转向以自然涌现为主，最终赋予场景驱动型人工智能创新生态系统自创生、自组织、自进化的属性。

（四）加快场景驱动人工智能创新赋能新质生产力的对策建议

1. 场景驱动人工智能创新生态系统的理论贡献

本部分着眼于人工智能技术发展的国际趋势，结合国内政产学研界的实践经验，基于创新生态系统研究和场景驱动创新理论，提出场景驱动型人工智能创新生态系统这一人工智能技术创新的组织模式新范式，并系统论述其理论基础、内涵特征和运行逻辑。场景驱动型人工智能创新生态系统是以国家使命和未来趋势为前瞻战略引领，以"四个面向"导向下的重大复杂性场景为载体，以经济社会发展愿景需求与人工智能技术创新应用循环互促共进的“人工智能创新飞轮”为驱动力的国家创新体系。

本部分所提出的场景驱动型人工智能创新生态系统，在充分把握场景化特征的基础上，既通过多元主体协同和创新要素融合等途径，提升人工智能技术创新效率并加速其产业化进程，又依靠面向人工智能技术远景和国家发展重大战略的新场景提炼新科学问题与新研发需求，进而增强人工智能技术创新的前沿性与引领性，弥补了现有人工智能技术创新研究聚焦于技术治理、主体协同等主题而忽略了场景作为人工智能技术创新应用关键驱动力的研究空白，为人工智能技术创新研究提供了新的理论范式。与此同时，本研究通过提出构建场景驱动型人工智能创新生态系统，为构建人工智能技术领域的体系化国家创新能力，促进新质生产力培育和高水平科技自立自强目标实现提供了新洞见。

2. 加快推进场景驱动型人工智能创新生态系统的对策建议

（1）健全场景驱动人工智能创新的政策引导体系

聚焦场景驱动人工智能创新的政策，在功能上需要更加注重前瞻导向和需求导向，在目标上需要更加针对不同主体和不同环节的异质性政策需求，在设计上需要提升政策间的联动和协同关系，真正做到政策的体系化，从而覆盖场景驱动人工智能创新的全过程。在通过政策提升参与主体的能动性和积极性的同时，为场景的地位确立与运转边界设立、创新主体的准入与资格赋予、产权归属、成果转化与应用效能、利益分配等关键问题提供解决方案的方向引导。着重关注政策的时效性和有用性，争取在保证政策连续性的同时做到面向重大差异化场景的精准设计和动态迭代，实现政策体系、创新体系与场景体系的共演。

（2）加快构建一批人工智能重大创新场景

对于人工智能技术创新而言，重大场景的建设需要兼顾“四个面向”的方向性要求和人工智能技术未来发展的前沿，统筹与人工智能相关的基础研究、技术研发和产业化应用的复合需求。在重大场景构建的过程中，需要充分发挥新型举国体制中“有为政府”和“有效市场”的有机融合，遵从“场景驱动、政府支持、企业主导”的原则，采用多方协同统筹的形式共同完成重大场景构建的探索，发掘具有典型性的真需求、真问题。人工智能技术具有明显的通用性特征，其开发过程跨产业、跨领域和学科交叉特征日益重要，但应用过程则要求面向场景的整合和精准，因此在重大场景构建的过程中应充分考虑更广泛群体的需求并注重涵盖多个产业及学科的异质性知识，将数据资源和数字技术嵌入场景构建的每一个环节中，提升所构建的重大场景的精准性。

（3）加强企业主导的人工智能创新联合体建设

强化企业科技创新主体地位已成为国家创新体系效能提升的关键问题，人工智能产业的领军企业承担着“出题人”“答题人”“阅卷人”和场景建设者等多重关键作用，参与场景驱动型人工智能创新生态系统运转的全过程并占据结构上的核心位置。这是由于人工智能科技领军企业在推动这一范式运行上具有的一系列独特优势，包括掌握大量一手真实数据和用户现实需求、具有由算法和算力支撑的较为体系化的人工智能技术自主研发能力、占据产业链和创新链的“龙头”或“链长”地位。加强企业主导的人工智能创新联合体建设能够使其充分发挥能动性和资源优势，并在明确权责分配的基础上保障体系更顺畅、更有效率的运行。应加快对于人工智能科技领军企业的能力培育和资格遴选，支持其牵头打造场景驱动的人工智能创新联合体，加速场景驱动型人工智能创新生态系统的建设和生长。

（4）加快面向人工智能创新的场景化人才体系建设

人才是创新发展的第一资源。当前，我国人工智能创新面临的一大关键问题在于缺乏高质量的兼具学术水平、科研能力和产业实践经验的人工智能复合型人才，且人才队伍内部缺乏充分的沟通与协作，难以将不同团队的异质性知识与经验形成合力。场景作为平台和创新生态系统的载体，可以为参与人工智能创新的人才团队提供充分的合作机会与交流场域，进而有助于形成场景化的人工智能创新人才体系。同时，在场景驱动人工智能创新的过程中，创新主体应有意识地促进人才的交流和协同，并主动从外部吸收人工智能创新人才，从而加速形成一批能够胜任多种人工智能创新任务的复合型创新人才，使这些人才在构建新场景、提出新问题、开辟新领域、打造新模式的过程中起到中流砥柱的作用。

（5）推动形成“场景—科技—金融—产业”良性循环

人工智能创新，尤其是面向未来前沿的原创性创新和路径探索，不仅需要投入丰富的异质性知识，还离不开充足的金融资源支持。需要针对场景驱动的人工智能创新的每一个具体环节，以及不同类型的创新活动，分别设计适合的创新型金融手段，通过财政政策及社会资金等多重路径汇聚金融资源，确保各个环节的顺畅连通与运转效率。同时，在控制风险的基础上充分利用金融资源对于场景驱动人工智能创新的赋能作用，有助于加速形成“场景—科技—金融—产业”这一循环链条，并进一步促进新场景的开发与创新成果的产业化，进而加深人工智能与实体经济各个产业的深度融合，赋能现代化产业体系建设和中国式现代化进程。

二、加快国有企业创新体系建设，深入推进产业现代化

面对外部环境巨变和终端特色需求应用场景不断涌现带来的新挑战、新赛道和新机遇，亟须建设现代化产业体系，以高质量发展推进中国式现代化。

本部分围绕加快国有企业创新体系建设，深入推进产业现代化这一发展新质生产力的重点主题，系统探讨以现代新国企为突破口，积极开展技术联

合攻关，打造高能级创新联合体，鼓励大中小企业深度融通，加快中央企业、国有企业（简称“央国企”）数智化转型，深化制度创新与政策体系创新，布局战略性新兴产业和未来产业，建设新型科技金融体系，推动国有企业在建设现代化产业体系中发挥更大作用，为中国经济高质量发展提供有力支撑。

（一）加快国有企业创新体系建设的时代新形势新要求

党的二十大报告指出，高质量发展是全面建设社会主义现代化国家的首要任务。建设现代化产业体系是加快构建新发展格局和推进中国式现代化的物质技术基础，关系到我国能否在未来发展和国际竞争中赢得战略主动。国有企业特别是科技型国资央企是补齐我国产业关键核心短板的“主力军”、强化产业优势供给的“顶梁柱”、抢先布局产业前沿的“排头兵”。党的十八大以来，国有企业改革持续深化，国有资本布局不断优化完善，产业结构逐步清晰合理，生产要素配置效率稳步提升，在产业关键核心技术攻关和前沿技术领域取得一系列重大成果，在补短板、厚基础、强动能等多个维度持续突破，促使我国重点产业发展战略更加明确、产业发展基础更加坚实、产业发展动能更加强劲，为新征程上加快构建现代化产业体系打下坚实基础。

当前，面对外部环境巨变带来的新挑战和终端特色需求应用场景不断涌现带来的新赛道、新机遇，加快推进我国产业现代化，需要以打造现代新国企，推进国有企业、民营企业共进协同共创为突破口，紧紧围绕科技自立自强的使命和建设现代化产业体系、发展新质生产力和推进高质量发展的战略需求，进一步加强央国企在应对外部风险冲击上的保障作用、在提升产业链和供应链安全韧性水平上的骨干作用、在国家现代化产业体系建设中的支撑引领作用。特别是要发挥新国有企业作为新型举国体制的有力主体优势，加快从“市场驱动为主”的后发追赶创新范式向“创新引领超越追赶”的新型创新范式跃迁。在此基础上，以现代新国企为牵引，打造高能级创新联合体和产业贯通联合体，整合推进基础研究、核心技术供给与应用迭代产业生态建设，优化重构我国产业多元主体间的协同关系，加快从“政府主导、企业参与”向“政府引导支持、央国企科技领军企业牵头主导、产学研深度融合、大中小企业融通”的产业发展新模式转变，多措并举推进产业创新战略、技术体系和产业生态现代化，推动国有企业在建设现代化产业体系、构建新发展格局中发挥更大作用。

（二）积极开展技术联合攻关

积极引导、激励由创新型国资央企与民营科技领军企业牵头主导，推动创新链、产业链、资金链、人才链“四链”深度融合，加快推进产业补链、强链、延链，建设具有完整性、先进性、安全性的现代化产业体系，多措并举，强化国有企业核心竞争力、增强核心功能。一要紧盯产业“卡脖子”领域，集中力量开展核心技术攻关，逆势而上补短板，打造理性追赶新动能；二要持续强化产业优势技术供给，厚基础、铸强项；三要抢先布局产业前沿技术和颠覆性技术，顺势而为锻长板，培育前瞻引领新优势，充分发挥国有企业在现代化产业体系建设中科技创新、产业控制和安全支撑的重要作用。尤其激励科技型央国企争当原创技术策源地和现代产业链“链长”，牵头打造本土企业主导、具有全球竞争力的开放型创新生态。

（三）构建高能级创新联合体

科技型央国企作为国家战略科技力量的重要组成部分，承担着支撑科技自立自强的使命与科技强国建设的领军地位。在推动产业跨越式发展的进程中，需要充分发挥其带头作用，加速产业共性技术攻关与制约产业发展的关键核心技术突破。通过牵头构建专攻产业发展共性问题与关键核心问题的国家级创新联合体，整合国内科研机构和高水平研究型大学等科技力量，以国家或区域科技创新中心为载体，在带动各个地区产业实现特色发展的同时，打造支撑高水平科技自立自强的产业共性技术与原始创新供给体系。要注重发挥高能级创新联合体在促进与产业发展相关的大科学装置与创新公地建设过程中的引领作用，为产业内创新要素交互提供国家级平台。

（四）鼓励大中小企业深度融通

体系化创新能力是产业实现跨越式发展的基础。激活体系化创新活力的关键在于通过有组织的创新模式，推进科技型央国企主导的产学研用多元主体深度融合、大中小企业深度融通生态。在平衡自由探索与应用需求两种创新导向的基础上，打通不同制度逻辑间的壁垒，形成快速产业化的通道。科技领军企业具备对科技创新全链条的深刻理解能力和产业辐射能力，能够有效融通产业链上的中小企业，形成更加灵活的合作协同机制，释放创新体系活力，推动资源自由流通的市场化机制走深、走实。与此同时，树立科技型央国企领军企业在推动产学研深度融合中的主导作用，引导其向战略性重要领域集中，是加强国有经济主导和战略支撑作用、提升创新效能的必要举措。

（五）加快央国企数智化转型

数字化智能化是实体制造产业高端化的重要战略机遇，是现代化产业体系的基本特征。现代化产业的创新组织过程存在着范围广、主体多、链条长、周期长等特征，若想有效统筹体系内的活动并提升其创新效能，在创新组织模式的基础上还需格外注重发挥数字化的赋能作用。作为构建现代化产业体系的“排头兵”“主力军”“顶梁柱”，央国企应加快自身的数智化转型，持续赋能产业高质量发展。一方面，人工智能、云计算、物联网等数字技术的应用，可以极大提升创新效率并降低主体间协作的成本，使创新过程中的合作更加及时高效。另一方面，数据要素价值的充分释放有助于提升创新迭代的精准性，进一步加速创新成果的转化应用、优化提升与现实需求的契合性。通过建立数实融合（即数字技术和实体经济深度融合）创新模式，打通数字空间与现实空间的连接，降低产业创新试错成本，并增强创新成果应用成效的可预测性。借助数字化的赋能作用，进一步增强我国产业对未来发展趋势的预测、规划与响应，以数字化智能化促进融合化发展和现代化突围。

（六）深化制度创新与政策体系创新

构建具有完整性、先进性、安全性的高水平现代化产业体系离不开科技创新制度的持续支持。国内外成功经验表明，现代化产业创新政策需形成体系化、连续性的合力，而非“零敲碎打”。首先，科技创新政策需要体现使命驱动的内涵，真正做到通过创新政策引导产业实现面向中国式现代化这一愿景的发展。其次，创新政策需要统筹规划产业供给端与需求端，供给侧结构性改革和扩大内需联动，打通创新政策传导的链条。此外，创新政策体系的构建目的应着眼于创新活动统筹、创新环境营造与创新活动风险承担上。机制创新方面，进一步发挥中央相关部门的重要作用，统一布局重点产业现代化创新发展政策的制订与实施，以重大产业工程为依托，实现战略性创新资源的跨部门协调，保障政策的连贯性、一致性与协同性，释放现代化产业体系潜能。

（七）布局战略性新兴产业与未来产业

战略性新兴产业和未来产业是新一轮科技革命和产业变革的主要方向，

是加快“造新链”、形成国资央企对现代化产业体系引领优势的关键所在，更是一项系统工程，须尽快从顶层设计、发展模式和体制机制等维度形成体系化布局。深刻把握全球变革趋势和场景革命机遇，聚焦未来科学探索、高质量发展和人民生命健康等重大使命型场景需求，集中力量加快布局和发展新一代移动通信、人工智能、生物技术、新材料、高端装备等重点战略性新兴产业，同时聚焦类脑智能、量子信息、深海空天开发等前沿领域，组织实施一批未来产业技术攻关、创新联合体和场景示范工程，打造一批世界级战略性新兴产业集群和全球产业链领军企业。

一是要充分发挥相关部门的统筹协调作用，健全完善促进战略性新兴产业和未来产业实现发展与持续突破的政策体系。二是要持续强化技术攻关，加大科技金融支撑，有效整合优质资源，坚持长期主义，打好“组合拳”，加快打造前沿技术优势，扩大产业发展规模，强化新技术赋能，多方位加快形成引领性现代化产业集群。三是持续优化体制机制创新，充分发挥国资央企的主体支撑和带头牵动作用，高效协同地方资源与中央企业战略耦合互动，引导激励民营企业等各类所有制主体形成强大合力，共同推进战略性新兴产业和未来产业发展。

（八）建设新型科技金融体系

新一代轨道交通、氢能储能、通用人工智能等属于典型的资本和技术密集型产业，资金的持续充足支持对技术突破到产业化落地起决定性作用。保障资金持续充足不仅需要财政政策支持，更需要充分调动市场上的金融资源，更灵活、更精准地满足各个层次上创新项目的需求。同时，加快国有资本布局优化、结构调整，持续推进国有上市企业的专业化整合，提升国有资本效率。建立重点产业科技金融信用体系，推动形成政府财政政策“以点带链、以链带面、以面拓网”和社会金融资源精准高效适配的科技金融体系。具体而言，在关键核心技术与产业共性技术攻关环节，需要更多依赖政府的支持来缓解国资央企的融资约束问题，保障项目成功所必需的持续高投入；在产业化与商业化的进程中，则要充分释放金融市场与社会资本的活力，以新型科技金融体系引导国资央企牵头培育产业生态，尽可能地加快从原创技术突破到产业化、规模化应用的进程。

三、双新互促：在打造现代新国企中加快发展新质生产力

习近平总书记强调，发展新质生产力是推动高质量发展的内在要求和重要着力点，必须继续做好创新这篇大文章，推动新质生产力加快发展①。2024 年《政府工作报告》指出，大力推进现代化产业体系建设，加快发展新质生产力。在新质生产力构建和发展的进程中，国有企业扮演着重要角色，尤其是在加快打造发展方式新、公司治理新、经营机制新、布局结构新的现代新国企的背景下，建设现代新国企不仅是增强国有企业核心功能和核心竞争力的关键路径，更是加快发展新质生产力的强大引擎。因此，国有企业需要立足新形势，把握新要求，善作为、出新策、下实招，通过打造原创技术策源地、以科技创新推动产业创新、推动创新成果向产业链转化、开放场景育生态、加快数字化绿色化双转型等路径推动新质生产力更上一层楼，在推动传统产业转型升级的基础上，加快发展新兴产业和布局未来产业，为经济社会高质量可持续发展培育强大动能。

①习近平在中共中央政治局第十一次集体学习时强调 加快发展新质生产力 扎实推进高质量发展［N］. 人民日报，2024-02-02（1）.

（一）新质生产力对现代新国企建设提出新要求

对现代新国企而言，培育和加快发展新质生产力不仅带来发展新机遇，也提出更高要求。新质生产力具有高科技、高效能、高质量特征，这对现代新国企的创新模式变革、管理制度变革和发展方式变革提出了全新的要求。

新质生产力要求现代新国企注重投入产出效率。新质生产力是创新起主导作用、以科技创新为核心要素的先进生产力质态。传统生产模式往往存在资源浪费、效率低下、生产滞后等问题，而新质生产力不仅要求“高效”，还要求“质优”。习近平总书记指出，创新是企业核心竞争力的源泉，很多核心技术是求不到、买不来的[①]。发展新质生产力不仅代表着核心技术创新，强调关键核心技术攻关，还要求国有企业进一步改革科技创新管理制度，优化科技激励体系，提高科技创新投入产出效率，从创新规模优势迈向创新效率优势和体系优势，并通过开放场景等方式加强对外合作，不断催生前沿性、颠覆性技术。

新质生产力要求现代新国企注重培育产业发展新动能。新质生产力是技术革命性突破、生产要素创新性组合和产业深度转型而形成的先进生产力质态，尤其强调以企业为主体加快传统产业升级、战略新兴产业发展和未来产业布局。国有企业作为推动现代化产业体系建设的核心力量，应当在传统产业的智能化、高端化和绿色化转型中展现出色的执行力和创新力，同时在战略性新兴产业的抢占和未来产业的布局中展现出卓越的战略眼光和实际操作能力，形成对新型工业化发展的有效牵引力。

新质生产力要求现代新国企注重提升精管善治水平。体制机制创新和新型生产关系的变革是培育新质生产力的关键机制保障。随着国有企业规模的

---

①习近平在江苏徐州市考察时强调 深入学习贯彻党的十九大精神 紧扣新时代要求推动改革发展［EB/OL］.（2017-12-14）［2024-02-08］.http://cpc.people.com.cn/n1/2017/1214/c64094-29705356.html.

不断扩大和业务的不断拓展，传统的管理方式已经难以满足建设现代新国企的需求，而发展新质生产力则可以促进国有企业建立更加科学、高效和激励相容的管理体系，提升管理水平。例如，数字化管理技术的应用，可以帮助国有企业更好地掌握市场动态、优化资源配置、提高决策效率，为发展提供有力支持。

新质生产力要求现代新国企注重加大绿色转型力度。新质生产力的本身是绿色生产力。在传统生产力模式下，资源被过度消耗、环境被污染，给经济社会可持续发展带来了巨大挑战。而新质生产力强调经济发展与环境保护的协调，倡导绿色生产、绿色消费和绿色生活，追求绿色、低碳、循环的发展模式，推动形成绿色低碳循环发展的经济体系。比如，清洁能源、循环经济等技术的应用普及，将有效减少能源消耗，实现企业与环境的和谐共生。

（二）现代新国企在加快发展新质生产力方面的优势

伴随体制机制改革的深入，现代新国企在培育新质生产力方面展现出显著优势，具体表现为技术创新优势、人才培养优势和文化建设优势。

现代新国企具备技术创新优势。首先，现代新国企一般都拥有先进的研发设施和优秀的科研团队，能够紧跟科技发展趋势，进行前沿技术研发。其次，现代新国企注重“政产学研金介用服”（“政产学研金介用服”具体指政策、产业、学术机构、研究院所、金融配套、中介机构、应用场景、服务体系）合作，通过技术交流和资源共享，加速科技创新成果的转化和应用。最后，现代新国企积极探索鼓励员工参与创新，设立创新奖励制度，完善创新激励方式，激发员工的创新热情。

现代新国企具备人才培养优势。首先，现代新国企注重员工职业发展和培训计划，通过定期举办培训班、研讨会等活动，提升员工的专业技能和综合素质。其次，现代新国企建立了完善的人才引进机制，吸引了大量优秀人才加入，为发展提供强大人才支撑。此外，现代新国企还注重员工职业生涯规划，为员工提供广阔的发展空间和晋升机会，激发了员工的创造力。

现代新国企具备文化建设优势。首先，现代新国企注重企业的核心价值观和使命感的培养，通过企业文化建设，塑造了积极向上的企业形象。其次，现代新国企倡导团队合作和共赢理念，建立紧密的团队合作关系，促进企业内部的信息共享和资源整合。最后，现代新国企还注重从环境、社会和公司治理等方面出发，积极履行社会责任，参与社会公益事业，为社会发展作贡献。

（三）现代新国企助力新质生产力加快发展的路径

国有企业是中国特色社会主义市场经济的重要物质基础和政治基础，是执政兴国的重要支柱和依靠力量，也是助力新质生产力构建与发展的“基本盘”，承担着推动社会进步、产业发展和经济增长的重要使命。因此，加快打造助力新质生产力构建与发展的现代新国企，不仅是提升国有企业自身核心能力、增强核心功能的需要，更是推动新型工业化，加快发展新质生产力，扎实推进高质量发展的关键一步。

1. 提升原创力，打造原创技术策源地

打造现代新国企、助力新质生产力发展的首要任务是提升原创力，加快打造原创技术策源地，形成创新引领产业发展的核心能力。一是加大资金投入，原创技术的研发需要长期性大额资金支持，用于购置科研设备、支付研究人员薪酬，以及维持科研日常运转。二是加强人才储备，创新型人才是原创技术的核心。因此，建立一支高素质、具备创新精神的科研团队必不可少。

三是塑造创新氛围，一个开放、包容、鼓励创新的环境，有利于激发科研人员的创造力，促进原创技术的持续涌现，形成支持创新的动态能力。

2. 提升促进力，打造产业创新主引擎

一方面，推进科技创新，提升产业附加值。国有企业通过引进和研发新技术，可以提高存量产业的产品质量和性能，满足消费者日益多样化的需求。这不仅可以提升竞争力，还可以推动整个产业的升级和新产业、新赛道的培育。另一方面，推进科技创新，引导新兴产业崛起。科技创新为战略性新兴产业、未来产业等新产业的兴起提供了条件。例如，人工智能、大数据、云计算等前沿技术的快速发展，为各行各业带来了前所未有的变革，催生了众多新兴产业，如智能制造、智慧医疗、无人驾驶等。

3. 提升转化力，打造成果落地主阵地

创新是推动社会进步的重要动力。当一项创新技术从理论走向实践，从实验室迈向市场，它不仅代表着技术的进步，更是新质生产力发展的阶段性标志。这一转化过程对于发展产业链、促进就业具有重要意义。一方面，创新成果的转化能够推动产业链优化升级，增强产业链、供应链的实力、韧性和安全水平，促进现代产业链“链长”和新型工业化发展。例如，一项新的生产工艺技术的转化应用，可以提高产品的质量和生产效率，从而提升整个产业竞争力。另一方面，创新成果的转化能够促进就业增长。只有当一项创新成果应用于产业和产业链场景中时，才能够为企业带来丰厚的利润，为社会创造更多的就业机会，进一步促进经济繁荣。

4. 提升融合力，打造开放创新新生态

一方面，在全球化市场竞争的背景下，跨越物理边界的企业之间的竞争日益激烈，特别是企业要想在激烈的国际竞争中脱颖而出，就需要深化体制机制改革，尤其是在现代新国企的打造中，需要以建立国有经济布局优化和结构调整指引制度为抓手，优化资源配置，增强整体竞争力。另一方面，在创新体制机制的过程中，需要坚持以人民为中心的发展思想，关注相关利益群体的诉求，打破利益固化，确保资源的公平分配，让发展成果更多更公平地惠及更多社会群体。最后，需要坚持开放创新理念，摒弃落后理念，比如摒弃追求规模、追求脱实向虚和挣快钱，真正将时间和努力转移到实体经济上，夯实新质生产力发展基础，加快落实以“人工智能+”行动为代表的开放产业和供应链场景应用工作，以开放促进产业创新生态发展。

5. 提升驱动力，打造绿色转型新标杆

习近平总书记指出，我国建设社会主义现代化具有许多重要特征，其中之一就是我国现代化是人与自然和谐共生的现代化，注重同步推进物质文明建设和生态文明建设①。对现代新国企来说，在具体实践中需要针对我国“产业结构偏传统、能源结构偏石化、时间窗口偏紧张、技术储备偏薄弱”的特点，把握人工智能等数字技术和数据要素市场化配置带来的变革新机遇，释放数据要素在绿色低碳转型方面的“乘数效应”，提升数据要素助力产业更新迭代的驱动力，推动产业结构、能源结构等调整优化，推进各类资源节约集约利用，完善支持绿色转型的政策和标准体系，发展绿色产业，推动形成绿色生产力。

四、民营企业参与重大创新，加快发展新质生产力的困境与对策

党的二十大报告提出，完善科技创新体系，提升国家创新体系整体效能；优化民营企业发展环境，依法保护民营企业产权和企业家权益，促进民营经济发展壮大。在加快实施创新驱动发展战略背景下，民营企业在国家创新体

①习近平在中共中央政治局第二十九次集体学习时强调 保持生态文明建设战略定力 努力建设人与自然和谐共生的现代化［N］. 人民日报，2021-05-02（1）.

系、现代化产业体系中的地位作用日益凸显，如何有效协同整合民营企业的创新活力和国资央企的比较优势，是突破创新主体在“有效市场”上“难为”等瓶颈，全面提升国家创新体系效能、加快发展新质生产力的重要突破口，更是加快实现高质量发展这一中国式现代化首要任务的关键。

二十届中央全面深化改革委员会第一次会议审议通过《关于强化企业科技创新主体地位的意见》，提出“积极鼓励、有效引导民营企业参与国家重大创新，推动企业在关键核心技术创新和重大原创技术突破中发挥作用”。《中共中央 国务院关于促进民营经济发展壮大的意见》明确指出，“民营经济是推进中国式现代化的生力军，是高质量发展的重要基础，是推动我国全面建成社会主义现代化强国、实现第二个百年奋斗目标的重要力量”，并对着力支持民营企业提升科技创新能力，培育民营科技领军企业，支持民营企业承担国家重大科技项目和参与创新平台建设等作出一系列部署。

与此同时，也要清醒地认识到，民营企业参与国家重大创新仍然存在“有能力没渠道、有意愿没环境、有作为没回报”等突出瓶颈问题。2023 年 7 月，国务院总理李强主持召开经济形势专家座谈会时强调，当前，我国正处在经济恢复和产业升级的关键期，结构性问题、周期性矛盾交织叠加，要建立健全政府与民营企业、外资企业等各类企业的常态化沟通交流机制，希望广大专家学者立足国情实际，发挥专业优势，在研究工作中把握客观规律，把握发展大势，多提建设性的意见建议，为推动高质量发展贡献智慧和力量。

对此，本部分从历史逻辑、发展逻辑和政策逻辑出发，回顾民营企业参与国家创新体系和现代化产业体系建设的历程和贡献。在此基础上，梳理了新征程上民营企业参与重大创新存在的主要瓶颈问题，进一步提出从“做活‘出题人’、做优‘揭榜人’、做强‘答题人’、做好‘阅卷人’”着手，强化企业科技创新主体地位，鼓励、引导、支持民营企业参与重大创新，构建民营企业融入全链条创新的雁阵格局，加强科技创新全链条管理和加强科技管理工作协调联动成效，促进民营经济做强做优做大，进而有力支撑高水平科技自立自强，有效助力高质量发展和中国式现代化。

（一）民营企业在国家创新体系和现代化产业体系中的地位日益突出

1. 历史逻辑：民营企业逐步成为推动科技创新的生力军

改革开放以来，民营企业蓬勃发展，作为生产主体在稳增长、促创新、增就业、改善民生等方面发挥了重要作用。党的十八大以来，民营企业在新一代信息技术、新能源汽车等战略性新兴产业领域不断取得突破，引领我国产业向价值链中高端迈进，逐步成为重要创新主体，涌现了一批具有较强创新能力、资源配置能力、市场竞争能力、企业治理能力的创新型企业。据统计（除特别指出外，本部分数据主要来源于《中国科技统计年鉴（2022）》《2022 研发投入前 1 000 家民营企业创新状况报告》《2023 中国民营企业 500 强调研分析报告》），有研发机构的民营企业数量由 2012 年的 1.8 万家上升至 2021 年的 7.8 万家；民营企业科研人员由 2012 年的 59.6 万人上升至 2021 年的 260.5 万人。连续多年的高强度研发投入造就了华为、小米、比亚迪、百度、腾讯、阿里巴巴、大疆等一批高科技民营企业，在 5G 通信、智能制造、新能源汽车、云计算、无人机等新兴领域实现了从“并跑”到“领跑”的跃升。截至 2021 年年底，我国高新技术企业数量已达 33 万家，到 2023 年 7 月全国已培育专精特新中小企业 9.8 万家，民营企业逐步成为推动科技创新和中国式现代化的生力军。

2. 发展逻辑：民营企业创新呈现蒸蒸日上的生命力

民营企业在平台建设、要素汇聚、开拓新赛道、开辟新领域新业态方面呈现旺盛的生命力。向价值链上游攀升的迫切需求，导致民营企业近年来瞄准高精尖领域的创新“蓝海”并持续加大投入。2021 年全国研发投入前

1 000 家民营企业的研发总费用已突破万亿大关，同比增速 23.1%，研发人员同比增长近 10%，超过七成企业参与了省级工程研究中心、重点实验室、院士专家工作站等各类平台建设。创新成为企业做大做强的重要引擎。2022 年全国民营企业 500 强中，研发强度超过 3% 的企业达到 86 家，研发人员占比超过 3% 的达到 326 家。通过灵活构建创新生态、积极拓展新兴领域，民营企业科技创新对我国产业现代化产生了巨大的牵引带动作用。

3. 政策逻辑：民营企业参与重大创新信心不断提升

政府引导和鼓励企业创新的各项政策近年逐步落实落细，加计扣除、减免税政策范围和力度持续加大，政策效力日益显现。2018 年起工业和信息化部开展专精特新“小巨人”企业培育，促进其在创新能力等方面得到提升；2019 年起全面试行留抵退税制度；2020 年国家发展改革委等六部委联合发布《关于支持民营企业加快改革发展与转型升级的实施意见》，继续推进减税降费，进一步降低用能用网成本，深入推进物流降成本；2021 年国务院出台《提升中小企业竞争力若干措施》，提出完善创业投资发展和监管政策，促进中小企业创新创业创造；2022 年起施行基础研究投资全额税前扣除制度；2023 年研发费用加计扣除比例提升至 100%；2023 年 5 月，工业和信息化部等十部门启动科技成果赋智、数字化赋能中小企业专项行动。2022 年，民营企业 500 强中有超过 83% 的企业享受到各类创新政策的优惠，59% 的企业享受到各级各类人才政策扶持，覆盖创新全链条的优惠政策有效缓解了民营企业创新的资金难题，民营企业参与重大创新的信心迅速提升。

（二）民营企业参与重大创新存在的瓶颈问题

1.“有能力没渠道”

我国头部民营企业研发投入巨大，仅华为一家企业 2022 年研发投入就达到了 1 615 亿元，2021 年全国研发投入前 1 000 家民营企业的总费用占全国科研总投入的近四成，占企业研发总费用一半以上。但是，常态化、体系化的政企沟通不畅，民营企业发声不足，以专精特新“小巨人”和制造业单项冠军为代表的民营企业，在国家重大科技战略布局的“前半篇文章”——重大创新需求问题凝练、创新任务设计决策部分缺乏话语权，行业前沿、潜在颠覆性技术趋势和创新需求难以及时精准反馈到决策者。民营企业与高校院所的敏捷互动机制尚未建立，与国资央企、科研院所仍未形成重大创新“合力”。一方面，管理部门受限于行政问责和绩效考核的压力，对民营企业承担重大创新任务缺乏足够信心；另一方面，民营企业也担心重大创新需求与自身发展目标的错位导致研发投入的综合回报不如预期。最终造成大部分民营企业在国家创新体系中长期处于“单打独斗”的困局。

2.“有意愿没环境”

党的十八大上提出要确立企业在技术创新中的主体地位，但时至今日民营企业参与重大创新仍存在隐形障碍。重大科技平台对民营企业开放程度不足，民营企业在重大创新平台、资源汇聚和技术路线选择方面呈现被边缘化倾向。融资难、融资贵这些民营企业面临的“老大难”问题依然未得到实质性缓解，民营企业在融资担保、贷款利息等方面仍然处于弱势地位，制约民营企业持续投入研发和加快成长为世界一流创新企业。加上中美科技博弈加剧，美元风投基金“撤离”中国，经济增长预期下降，制约了领军企业投资初创企业的动力，初创型民营科技企业面临的融资约束难题日益凸显，科技金融服务断档风险加剧。

民营企业在项目申报环节与高校院所面对着同样的人才职称、科研项目经验标准，这些是民营企业很难具备的。项目运行环节，民营企业在技术路线、资金使用等方面真正发挥牵头作用，即使是民营企业牵头的重大创新合作项目，也难以实现真正协同。项目验收环节，验收条件中的论文和专利产出对民营企业意义有限，重大创新中产出的新技术、新产品存在转化盈利周期长的问题，造成民营企业项目验收难。成果转化环节，支持民营企业重大创新的差异化政策仍然不到位。例如药品开发中，原创药按国家集采政策与仿制药统一砍价，企业从重大创新中直接获益的预期不稳定、路径不明确。2022年民营企业500强中有15.2%的企业认为，缺乏公平的竞争环境是制约创新的主要因素之一。

3.“有作为没回报”

不同于高校院所，民营企业在参与重大创新时不但关注“能用”，更关注“好用”，但项目立项时重技术指标轻产业化指标，导致重大创新成果难以真正“用好”。重大创新通常涉及多主体参与，缺少高能级创新平台支撑的民营企业在重大创新中的主导权显著不足，对于技术路线和研发进度缺少话语权，造成最终成果与企业和市场的需求相差甚远，带来的经济回报小于预期。《国务院办公厅关于改革完善中央财政科研经费管理的若干意见》规定，项目完成任务目标并通过综合绩效评价后，结余资金留归项目承担单位使用。但实际操作中，结余科研经费的使用仅限于科研活动的直接支出，企业在灵活利用结余科研经费方面仍面临诸多限制。以上原因造成民营企业参与重大创新的回报激励不足，抑制了其持续参与意愿。

（三）构建雁阵格局，引导支持民营企业参与重大创新，加快发展新质生产力

1. 做活“出题人”：强化领军民营企业重大创新决策主体地位

部分民营领军企业已具备与高校和科研院所共同参与科技强国顶层设计和重大决策的能力、动力和活力，建议进一步给予战略型民营企业家和民营科技领军企业中的战略科学家在面向市场的重大创新方面更多的话语权。借鉴美国国家航空航天局（NASA）等项目管理经验，在重大科学问题攻关上

凝聚各界共识，发挥社会声誉对龙头企业参与重大创新的激励作用。改革重大科技项目组织攻关方式，探索适配不同任务场景的“揭榜挂帅”“赛马制”“军令状”等多元化机制，提高科技领军企业申报积极性，形成领军民营企业在重大创新决策中平等、广泛参与的新格局。

2. 做优“揭榜人”：强化民营科技型企业创新资源集聚主体地位

科技型中小企业技术含量高、创新能力强，是极具活力和潜力的创新主体。以“蜂群”战术统筹发挥全国 32.8 万家科技型中小企业的灵活性优势，提升其在经费决算、考核激励、团队组建等国家重大科技战略实施“后半篇文章”话语权。对于国家级、省部级重大或重点科研项目、科技工程和军民融合战略需求项目，应进一步对民营企业开放，以“英雄不问出处”的创新自信，给予非公类高科技企业一视同仁的参与机会，对能切实解决国家高精尖缺技术需求的企业给予优先支持。

引导资金集聚，聚焦“急难愁盼”。凝聚各方合力搭建民营企业融资对接平台，通过种子基金、风险投资、投贷联动等金融工具为不同发展阶段科技型中小企业提供金融公共服务，支持有实力和发展潜力好的民营企业开展中长期融资贷款，实行“一企一策”，免除民营科技型企业参与重大创新做“无米之炊”的后顾之忧。

引导人才集聚，保障“第一资源”。畅通科技创新人才体制内外流动的“旋转门”机制，保留在企业参与重大创新人才的编制待遇的基础上，高校院所与企业创新成果互通互认，探索形成人才在校企间“能进能出”的新机制、新路径。

引导政策集聚，完善诚信伦理体系。建立健全符合民营科技型中小企业特点的奖惩一体化科研诚信和科技伦理治理体系，强化民营科技型企业在重大创新中的使命感、责任感，提升负责任的创新质量。

引导项目集聚，试点探索民营企业自主设立课题、牵头攻关、集聚资源的“一条龙”模式，消除民营科技型企业参与申报重大创新时的不合理门槛和隐性歧视政策。

引导信息集聚，构建支撑大中小民营科技型企业融通创新的科研信息平台，数实结合推动民营科技型中小企业融入重大创新生态，形成创新“合力”。

3. 做强“答题人”：强化大中型民营企业创新平台建设主体地位

科技部统计显示，2021年国家重点研发计划中，有584项由非公有制企业牵头承担，占总项目数的67.9%，业已形成大中型民营企业参与重大创新的一股“新势力”。借鉴国资央企经验，鼓励支持民营大中型企业建设中央研究院，协调企业内部创新资源，强化企业自身基础性、共性、前瞻性核心技术研发能力。鼓励向民营企业开放共性技术平台、行业数据库；鼓励支持大中型民营企业与国资央企或其他国家战略科技力量合作共建产业技术研究院、未来产业研究院、颠覆性技术研究院等高层次、高能级科技创新平台。

围绕重点产业建立一批以龙头企业或专精特新“小巨人”企业为核心的创新联合体，支持民营企业以创新联合体形式主持参与国家重大攻关任务，开展关键共性技术研发、技术标准编制，解决“卡脖子”问题。对牵头组建制造业创新中心、国家工程实验室，参与国际大科学计划和工程的民营企业可以给予全额退还增值税、抵免所得税等政策优待。

探索对企业并购国际先进技术纳入研发经费加计扣除政策体系，引导支持民营企业利用市场化优势积极开展海外并购、引进国际先进技术，弥补国内企业在国际上存在的技术短板，及时捕捉国际产业前沿和新兴颠覆性技术机会。

4. 做好“阅卷人”：强化民营企业重大创新成果转化主体地位

2022年全国技术合同成交额已达到4.8万亿元，企业贡献了超过80%的技术吸纳，已成为成果转化的核心。进一步发挥民营企业贴近市场、技术敏感度高、对新兴技术转化模式灵活等优势，强化民营企业在重大创新成果转化中的主体地位，进一步支持军民融合创新联合体建设，探索面向国家战略急需和未来战略必争领域的军转民、民参军双向绿色快车道，建立健全场景驱动、企业主导的新型科技成果转化体系。

一是建立权责对等的国家重大创新奖惩机制，将成果转化纳入重大创新项目的考核指标，设置成果转化应用的里程碑节点。二是允许企业在科研项目结题时将预期成果转化收益作为项目成果，并建立成果转化跟踪审计制度，将企业成果转化履约情况纳入科研诚信系统。三是推广“先用后转”制度，充分保障民营企业在参与重大创新过程中受益。四是灵活采用后补助支持民营企业成果转化。对参与重大创新且助力成果产业化、产生经济效益较好的科技型企业，按照上年研发投入的一定比例给予研发投入后补助。五是推广科研经费“包干制＋负面清单”管理改革，放宽结余经费使用限制，以点带面激励企业持续投入，加快重大成果产业化和国产化自主迭代。

第五章
科产融合：强化科技成果向产业链转化效能

科技创新转化为现实生产力，关键在于以科技创新推动产业创新，形成科技创新与产业创新互促并进、深度融合的新格局，主要表现为以技术的革命性突破催生新产业、新业态，推动产业深度转型升级。习近平总书记强调，“要以科技创新推动产业创新”[①]，“要及时将科技创新成果应用到具体产业和产业链上，改造提升传统产业，培育壮大新兴产业，布局建设未来产业，完善现代化产业体系”[②]。要围绕发展新质生产力布局产业链，提升产业链、供应链韧性和安全水平，保证产业体系自主可控、安全可靠。要围绕推进新型工业化和加快建设制造强国、质量强国、网络强国、数字中国和农业强国等战略任务，科学布局科技创新、产业创新。要大力发展数字经济，促进数字经济和实体经济深度融合，打造具有国际竞争力的数字产业集群。

一、时代呼唤科技成果向生产力转化的新范式

科技创新与产业创新深度融合，是提高科技成果转化和产业化水平，促进新质生产力和高质量发展的关键。但现有相关研究与实践尚未实质性突破传统线性范式，难以有效破解制约转化的突出瓶颈。科技经济“两张皮”仍

①习近平主持召开新时代推动东北全面振兴座谈会强调：牢牢把握东北的重要使命 奋力谱写东北全面振兴新篇章［EB/OL］.（2023-09-09）［2024-02-08］.https://www.gov.cn/yaowen/liebiao/202309/content_6903072.htm?jump=true&wd=&eqid=fb8d307e0009e60b00000002655dc160.

②习近平在中共中央政治局第十一次集体学习时强调 加快发展新质生产力 扎实推进高质量发展［N］. 人民日报，2024-02-02（1）.

制约着我国科技创新能力提升，亟须以新范式、新模式提高科技成果转化和产业化水平，加强科技与经济深度融合。新征程上高质量发展面临的复杂国内外形势也对我国科技成果转化工作提出新要求，需提高科技创新对产业创新的引领能力，以科技成果转化促进区域经济发展、加快培育战略性新兴产业和未来产业，高效推动创新驱动迈向创新引领高质量发展。党的二十大报告强调，要提高科技成果转化和产业化水平。2023 年 9 月，习近平总书记在黑龙江考察调研时首次提出“新质生产力”，对推动生产力能级跃迁，构建融合数字时代特征、加快释放驱动高质量发展新动力的新型科技成果转化范式提出新要求①。

当前，我国科技成果转化与加快发展新质生产力、推进新型工业化的紧迫需求仍然差距较大，具体表现为高质量成果较少，大量科技成果仍停留在实验室和示范工程，商业模式难持续等问题。现有大量研究探讨了创新主体协同机制，但主要遵循传统的线性逻辑，缺少科技成果供需双方高效衔接、关键核心技术快速突破、高质量科技成果持续供给的有效抓手，难以满足高质量发展的时代需求。对此，亟须开辟科技成果转化新范式，以持续激发创新主体活力，实现线性增长到体系涌现，提升成果转化体系效能。

场景驱动创新作为数字时代涌现的新兴创新范式，强调创新与成果转化超越技术驱动的线性逻辑，围绕国家重大战略场景的复杂综合性需求整合协同创新要素，为加快建设企业主导的产学研深度融合创新体系、全面提升科技成果转化体系效能提供重要启示。2023 年 8 月，《求是》杂志发表文章《以高水平科技自立自强支撑引领高质量发展》，指出要“加快新能源、人工智能、生物制造、绿色低碳、量子计算等前沿技术研发和应用推广，形成以场景带

①习近平在黑龙江考察时强调 牢牢把握在国家发展大局中的战略定位 奋力开创黑龙江高质量发展新局面［N］. 人民日报，2023-09-09（1）.

动科研攻关、成果转化和产业培育的新模式，加快打造新的经济增长点”，凸显场景对于推动科技成果创造、转化和新产业培育，实现科技创新与产业创新深度融合的重要意义。

综上所述，本部分回顾科技成果转化从线性范式到平台范式和场景范式的跃迁过程，基于新型国家创新体系与场景驱动创新理论，提出场景驱动科技成果转化的概念框架，探讨其理论逻辑，并分析典型场景与逻辑要点。进一步构建场景驱动科技成果转化的飞轮模型，分析其过程机理，揭示场景范式下如何加快科技成果供需双方高效衔接、关键核心技术快速突破、高质量科技成果持续供给，为全面提升科技成果转化体系效能，加快形成和发展新质生产力，全面释放高质量发展的创新动能提供理论启示与实践参考。

二、科技成果转化的相关研究与范式演变

（一）科技成果转化的概念、内涵和影响因素

科技成果转化是由政府、高校、科研院所、企业等多行为主体共同参与，对科技成果进一步开发、应用、推广，将技术价值转变为经济价值的活动。与“技术转移”这一概念在主体、客体及运动过程上具有共同点，都强调将科研成果转变成社会生产力的动态市场化过程。

学者们对影响科技成果转化的主要因素开展了丰富研究，主要包含内部资源要素与外部环境因素。从内部资源来看，经费投入提供重要保障，供需双方跨学科跨领域合作能够整合优势，提高研发和转化效率，大学创业导向对技术供给方识别市场机会、提高技术商业化潜力具有重要作用，进而将直接影响企业是否愿意采纳应用对应技术。从外部环境来看，政策制定通过税收优惠、资金扶持等方式为科技成果转化创造有利条件，地理位置直接影响科技成果转化主体的交流互动频率、质量及知识共创效果，市场需求直接决

定了成果转化的方向和速度。通过厘清影响科技成果转化的内外部因素，各创新主体可瞄准关键环节持续发力，推动科技成果转化为实际生产力。

（二）科技成果转化的范式跃迁

“范式跃迁”指在一个领域或学科中随着理论假设和实践规范的变化而出现的新张力，促使人们打破传统范式束缚的新概念和新行为，为思想和行动开辟新可能。从概念出现至今，科技成果转化的范式经历了线性范式和平台范式，正在向数字经济时代的场景范式跃迁（表 5–1）。

表 5–1　科技成果转化的范式跃迁

范式演变	线性范式	平台范式	场景范式
时代背景	第三次工业革命、市场化改革、产业转型升级	共享经济、平台经济、创新型国家建设	数字经济、中美科技脱钩、中国式现代化、高水平科技自立自强
主要理论	创新扩散理论、三螺旋理论、协同创新理论	创新生态系统理论、双边市场理论、国家创新体系理论	场景驱动创新理论、新型国家创新体系理论
核心主体	高校、科研院所、中介、政府、企业	创新联合体、新型研发机构、数字化平台企业	高能级创新联合体
主导逻辑	高校、科研院所主导	高校院所与企业双引擎主导	企业主导
典型特征	单向性、被动性、线性和链式模式	共享性、互动性、中心化、集约式	战略性、精准性、整合性、强韧性
创新机制	市场驱动、经济利益导向、松散耦合	市场驱动、经济利益导向、平台赋能	使命牵引、场景驱动、企业主导的产学研深度融合

1. 线性范式

20世纪四五十年代，新科学技术革命兴起，麻省理工学院教授范内瓦·布什等在《科学：无尽的前沿》（*Science, the Endless Frontier*）中提出科技发展的线性创新模式。科技成果转化线性范式涉及创新扩散、三螺旋和协同创新等理论，以高校与科研院所为主导，局限于“基础研究、应用开发、中试熟化、转化服务、市场应用”的单行道，且由于专业化技术转移中介机构缺失或服务水平不高，各创新主体间关系较松散。在此背景下，科技成果转化呈现单向性与被动性等特征，技术供给与市场需求难匹配，技术供给质量有待提高，科研成果到产业化应用之间的“最后一公里”难以打通。

2. 平台范式

随着创新型国家战略不断深入，共享经济与平台经济兴起，科技成果转化逐渐向平台范式转变，强调创新过程中的网络效应及互动协作。现有研究以创新生态系统、双边市场及国家创新系统等为主要理论，对平台类型、平台创新主体及平台运行机制等开展了大量研究，涌现了创新联合体、新型研发机构、数字化平台企业等新核心主体。高校与企业作为双引擎，推动各主体跨越生态位交织耦合，在创新生态系统中动态稳定获取、转化和创造价值，表现出共享性、互动性与中心化等特征。然而，平台范式存在用户隐私泄露和数据滥用风险，以及垄断倾向导致的不公平竞争问题。总之，线性范式和平台范式遵循从基础研究到市场化应用的传统逻辑，以经济利益为导向，难以面向战略性新兴产业和未来产业输出高质量科技成果。即使平台范式为科技成果供需匹配提供新视角，但仍未充分解决科技成果转化的关键痛点，亟须向新范式跃迁。

3. 场景范式

十九届五中全会后，中国开启全面建设社会主义现代化国家新征程。

随着数字经济的蓬勃发展及中美科技脱钩的日益加剧，场景驱动逐步成为新兴创新范式，旨在发挥超大规模市场、海量数据和丰富应用场景优势，面向传统产业改造升级和新兴产业培育壮大的重大场景，加快构建现代化产业体系，实现经济高质量发展。当前，我国科技成果转化体系效能难提升，引领高质量发展的系统动能不足，其核心在于缺少面向场景的体系化设计，缺乏面向国家重大战略、产业高质量发展和组织韧性发展场景的精细化任务设计。场景范式超越传统的科技创新和成果转化逻辑，强调在场景瞄准精细化痛点，完成技术、产品和服务迭代，实现技术创新和场景应用的高度融合，注重数字赋能资源汇聚融通，与创新链、产业链、资金链、人才链和政策链深度融合，更适应数字经济时代复杂多变、模糊不定的创新情境特征。其主导逻辑转向企业主导，发挥企业场景应用优势，多主体围绕场景从松散耦合转向紧密耦合，共同构建产学研深度融合的新型国家创新体系，加快培育以国家战略科技力量为核心牵引、多元创新主体高效协同的高能级创新联合体。场景范式有望助推科技成果转化机制升级，突破科技成果转化的瓶颈。

面对瞬息万变的科技和市场趋势，如何破解科技成果转化“死亡之谷”已成为学者们关注的热点话题。现有研究虽然关注了科技成果转化的制约因素和提升机制，但都未突破线性和平台范式，难以有效发挥科技成果转化体系效能。场景范式超越传统的成果转化范式，强调挖掘场景化需求、前瞻性推进技术研发和场景化应用。然而，目前场景驱动创新理论相对滞后，尤其无法满足中国式现代化的高质量发展需求，亟须探索科技成果迭代创新的新机制，加速科技成果创新和高效转化。

因此，厘清场景驱动科技成果转化的理论逻辑与过程机理，有利于突破科技成果转化的瓶颈，指导我国科技成果转化实践，加快成果转化效率，释放经济与社会价值，对加快形成新质生产力，推进高质量发展具有重要的理论价值和现实意义。

三、场景驱动科技成果向新质生产力转化的理论逻辑

（一）场景驱动科技成果向生产力转化的理论基础

1. 新型国家创新体系

国家创新体系理论指出，由公共部门和私营部门的各种机构所组成的网络决定了国家扩散知识和技术的能力，并影响国家的创新表现。国内学者对国家创新系统的概念内涵、形成发展、建设逻辑等方面作了中国化探索，但仍存在科技创新与经济发展需求融合度较低、创新主体间协同低效、关系松散等问题，新型国家创新体系应运而生。

新型国家创新体系强调以国家战略科技力量为引领，指出要进一步优化科技创新资源配置，强化企业创新主体地位和科技领军企业的科技创新主导作用，加强科技创新全链条与全要素支撑。新型国家创新体系下的科技创新应面向关键难题和前沿科学问题，持续加大基础研究投入，加速原创性和颠覆性的技术转移与成果产业化，推动科技成果高质量转化，实现科技经济深度融合。

2. 场景驱动创新

大卫·肯尼等率先将场景概念引入管理学领域，将其定义为顾客生活中的特定情境及在这种情境下产生的需求或情感因素，多运用于面向用户设定场景进而促进营销的企业创新行为。基于数字时代的创新实践和理论研究，尹西明等学者系统论述了场景驱动创新这一新兴创新范式，强调科技创新与成果转化需从国家重大战略场景的复杂综合性需求出发，为加强企业主导的产学研深度融合创新体系、全面提升科技成果转化体系效能、推动科技成果转化范式跃迁和模式升级提供重要参考。

场景能够影响组织学习方式，推动组织在不同情境中选择探索式创新和利用式创新进行知识成果的创造和转化。通过与技术的交互作用，一方面场景引导技术创新，另一方面以技术赋能场景的精准构建。科技成果不再只是技术的开发，而是面向场景的解决方案供给，通过场景将供应链上下游的各主体相连接，使其围绕特定场景目标在场景中互动，围绕场景打通供应链，快速赋能科技成果多场景产出、跨场景应用，形成立体化场景体验，全方位满足客户需求。

（二）场景驱动科技成果向生产力转化的概念架构

建设新型国家创新体系亟须把握场景驱动创新范式跃迁机遇，提升科技成果转化体系效能，开辟创新引领高质量发展的新优势。应当充分发挥企业在新型国家创新体系中的主导作用，并结合其场景应用优势，推动科技成果转化体系向场景范式跃迁。因此，本章基于新型国家创新体系和场景驱动创新理论，提出场景驱动科技成果转化的概念架构（图 5-1），以揭示场景范式下科技成果转化的新模式。

国家、区域、产业、组织、用户等多维场景的构建与开发是科技成果转化体系的驱动内核。其重点是基于场景趋势与愿景需求，凝练不同场景中的核心问题与重点需求，进而开展场景化技术创新与解决方案供给，实现场景化价值释放，并推动场景拓展与新场景构建。通过将应用场景前置，重构科技成果转化流程，使得技术在研发成功后迅速找到合适的应用场景，从而确保成果的顺利转化，有效避免由于在研发阶段缺乏市场调研与场景设计而在后期不得不进行大量调整，甚至导致技术完全无法应用于实际场景的困境。

人才引领“政—产—学—研—数—金—服—用”等多元主体瞄准特定场景的复杂综合性需求，打造科技成果转化全流程创新循环是关键。政府部门

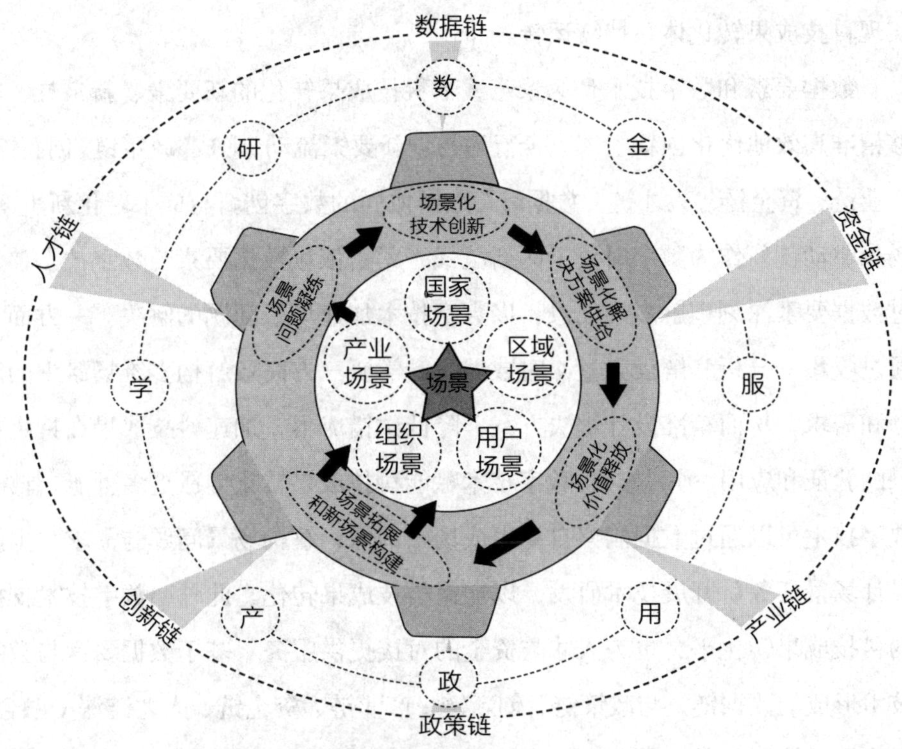

图 5-1　场景驱动科技成果转化的概念架构

提供多样化政策工具，从政策制定、人员赋权、激励设置等视角为市场主体开展科技成果转化提供政策保障，并进一步开放公共场景，参与场景拓展与新场景构建。产学研三方作为科技成果转化的创新源头，主要由高校和科研院所承担基础研究，企业承担应用研究，共同围绕特定场景，凝练场景问题，并推动场景化技术创新与场景化解决方案的供给。金融机构在此过程中提供资金支持，技术转移办公室、创新孵化器等科技中介服务机构沉淀场景认知能力，推动科技成果供需匹配，用户则通过提出新问题和新需求来推动场景拓展与新场景构建。总而言之，场景为多元主体共同参与科技成果转化提供了核心抓手，各创新主体围绕场景推动“场景问题凝练—场景化技术创新—场景化解决方案供给—场景化价值释放—场景拓展和新场景构建”过程循环，实现科技成果转化体系持续运转。

数据要素和数字技术是场景范式下科技成果转化的新要素、新工具，能够精准高效地优化创新主体竞合行为与创新要素流动，形成“政策链、创新链、产业链、资金链、人才链、数据链”六链协同的数字创新与成果转化新生态。场景驱动创新作为数字时代下的新范式，紧密依赖数据要素与数字技术，通过数据要素深刻理解多维场景，以数字技术加速场景问题的解决。一方面，通过收集、分析和解读大量实时数据，产学研三方高效解构多维场景中的问题和需求，从而精准设计解决方案，降低试错成本，加速科技成果在特定场景的验证和应用。另一方面，数字技术赋能科技成果转化创造更多可能。首先，数字技术可以通过数据洞察自动生成场景画像，解构场景问题与需求，据此设计场景任务、开展技术研发，以加速科技成果转化。此外，数字技术支撑的科技成果转化平台也为人才与资金的对接提供服务。基于数据要素与数字技术形成的数据链，与政策链、创新链、产业链、资金链、人才链深度融合，形成六链协同的数字创新与成果转化新生态，充分释放科技成果转化体系效能，创造更大的经济与社会价值。

（三）典型场景与逻辑要点

基于新型国家创新体系和场景驱动创新理论，场景驱动科技成果转化概念架构的核心逻辑在于多元主体围绕国家、区域、产业、组织及用户等多维场景，明确场景化需求与技术主体，进一步制定关键目标并设计场景化解决方案。根据细分场景痛点，由技术主体结合数据要素与数字技术，并联合其他创新主体形成合力，推动关键目标实现（表 5–2）。

在国家维度，以高水平科技自立自强支撑引领高质量发展，围绕网络安全、国防科技、“双碳”转型等重大国家场景，响应不断发展的国家战略需求。

在区域维度，围绕智慧城市建设、脱贫攻坚等区域重点场景，关注区域经济发展和社会治理重大目标。在产业维度，围绕现代化产业体系建设，既要关注现有产业体系结构升级和数字化转型，也要前瞻性布局战略性新兴产业和未来产业，针对不同细分场景，由技术主体协同产业链上下游的各主体瞄准关键目标系统攻关。在组织维度，重点关注组织创新和变革场景，聚焦组织关键目标，持续提升组织效率。在用户维度，针对用户衣食住行中的各个细分场景，通过洞察用户场景痛点，为用户提供切实的场景解决方案，推动需求升级，满足人民群众对美好生活的向往。

表 5-2　驱动科技成果转化的典型场景与逻辑要点

场景维度	典型场景	场景痛点	关键目标
国家维度	网络安全	赛博攻击、网络基础设施安全	提升数字中国整体安全水平
	国防安全	战略环境不确定、新型安全问题、国防现代化	军事科技创新，确保国家安全和主权
	“双碳”转型	能源结构转型、能源技术创新	推动清洁能源替代传统能源
区域维度	智慧城市	成本、数据开放共享与隐私保护	提高城市治理效率，改善市民生活品质
	脱贫攻坚	自然资源、基础设施、关键人才匮乏	改善民生，提高贫困地区“自我造血”能力
产业维度	智能制造	制造业效率低、难以满足多元化需求	产业智能化升级和竞争力重塑
	绿色制造	制造业环保难题、节能减排、绿色转型	建设环境保护和资源节约型社会，兼顾经济效益和社会效益，实现可持续发展
	战略性新兴产业	技术攻关、产业培育、规模化	突破关键核心技术，完善产业创新生态
	未来产业	原始创新、市场培育、人才短缺	加快原始性创新，形成主导和引领全球前沿的未来产业体系

续表

场景维度	典型场景	场景痛点	关键目标
组织维度	数字化转型	业务流程重构难、数据多源异构、员工数字化素养	降本增效提质
	企业跨界合作	企业文化差异、利益分配问题、信息不对称	创新协同平台，构建场景创新生态
	知识管理	传递效率低，组织内部知识流失严重	建立数字化培训平台，提升员工培训效果和知识管理能力
用户维度	医疗健康	数字健康、生命安全，数据隐私保护	降低医疗成本，保障安全健康
	教育科技	个性化学习需求、教育资源分配	智慧教育、促进教育公平
	智能家居	场景联动、数据隐私保护	场景化、个性化智慧生活，满足人民群众对美好生活的向往

四、场景驱动科技成果向新质生产力转化的过程机理

场景范式下，科技成果转化的关键在于以场景为牵引，通过构建“场景问题凝练—场景化技术创新—场景化解决方案供给—场景化价值释放—场景拓展和新场景构建”的过程循环，形成供需双方高效衔接、关键核心技术快速突破、高质量科技成果持续供给的科技成果转化飞轮模型（图 5–2）。

1. 第一阶段：场景问题凝练

该阶段以场景构建为起点，凝练场景问题，识别场景化需求，主要包括明确原有问题和原始需求，并快速发现场景中涌现出的新问题与新需求。产学研三方作为场景问题凝练的主体，需建立场景问题凝练机制，面向国家、区域、产业、组织、用户等多维场景，通过自由探索、前沿聚焦、需求调研等明确场景问题，结合数据要素与数字技术评估场景问题在特定场景中的价值释放潜能与利益相关者对场景的期望与诉求，进而精准凝练高价值场景问题并将其拆解为场景化需求，形成场景画像，为科技成果研发与转化提供决

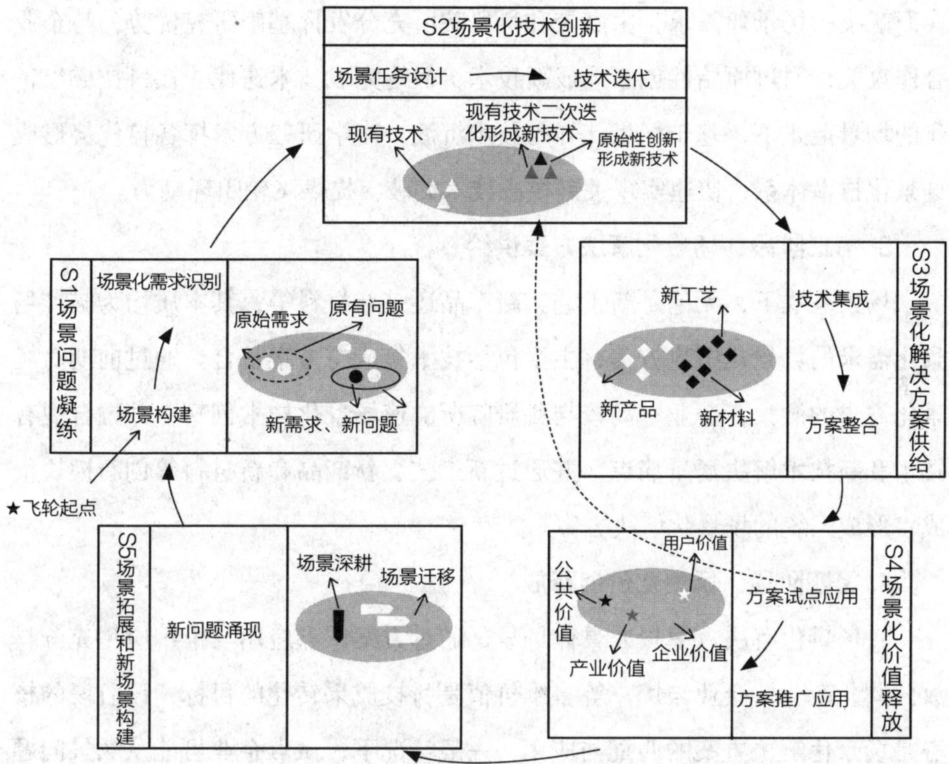

图 5-2　场景驱动科技成果转化的飞轮模型及其作用机制

策依据。场景问题凝练有效提高了技术与场景匹配度，高校和科研院所在研发前瞄准特定场景统筹科技成果转化全局，后期研发和转化阶段均面向既定或潜在的需求方，以特定场景画像开展技术攻关和成果转化，推动科技成果供需双方高效衔接，减小飞轮闭环阻力。

2. 第二阶段：场景化技术创新

结合前期凝练的场景问题设计精细的场景化任务，并在此基础上完成技术迭代，主要由三类技术方案：一是针对现有技术即可解决的场景化需求，无须迭代，由企业牵头持续沉淀现有技术体系；二是针对部分需求，由现有技术结合特定场景二次迭代形成新技术；三是对于无法基于现有技术二次迭代而解决的场景化需求，由高校和科研院所充分发挥基础研究优势，与企业合作攻关，通过原始性创新形成新技术，最终完成技术迭代。在科技成果转化的场景范式下，基于场景认知与技术沉淀，产学研三方发挥各自优势形成场景化技术体系，快速实现关键核心技术突破，提供飞轮闭环动力。

3. 第三阶段：场景化解决方案供给

场景范式下，无论是新工艺、新产品还是新材料等，其本质均为瞄准场景化需求的场景化解决方案，主要包括技术集成与方案整合。通过前期对场景化需求的洞察，企业、高校与科研院所加速场景化技术创新，并融合现有技术和新技术解决场景痛点，并通过新工艺、新产品和新材料等创新模块集成，形成系统的场景化解决方案。

4. 第四阶段：场景化价值释放

将场景化解决方案投入具体场景，通过方案试点应用与推广应用充分释放公共、产业、企业与用户等多维价值是科技成果转化的目标，该阶段的核心是场景化解决方案的匹配与应用。一般情况下，试点企业可能从场景问题凝练阶段开始参与科技成果转化全流程，供需双方基于全流程的合作共创，场景化解决方案对实际场景的适应性更强。如果试点企业并未参与前期方案形成，可通过自主匹配或第三方中介及平台机构的匹配，实现与场景化解决方案的对接，并在对接过程中进一步检验方案，对存在的问题与待优化的功能进一步凝练，进入新循环。对于成功试点的场景化解决方案，将推广至更多企业，并持续检测和评估，根据企业实际场景优化调整，最终实现场景化需求满足与场景化价值释放。

5. 第五阶段：场景拓展和新场景构建

场景范式下，场景化价值释放并不是终点，而是飞轮模型再次旋转的起点。在既有问题解决后，企业在实际业务中结合多维场景需要主动或被动迎接新问题，如原有场景涌现出新问题、企业需要进军新场景等。新问题的涌现推动产学研等主体进行场景拓展与新场景构建，不仅持续深耕现有场景，也基于原场景不断迁移；不仅面向现有场景，也瞄准战略性新兴产业和未来产业等，持续产出高质量成果，推动飞轮快速增长。

五、提升科技成果向产业链转化效能的对策启示

本部分立足数字经济时代科技创新前沿趋势，面向科技自立自强和高质量发展的战略需要，批判性回顾科技成果转化的范式跃迁过程，发现科技成果转化正从市场驱动、经济利益为导向的线性范式和平台范式转变为使命牵引、场景驱动、经济与社会利益兼顾的场景范式。同时基于新型国家创新体系与场景驱动创新理论，进一步阐明场景驱动科技成果转化的理论逻辑，提出其概念架构，并分析典型场景与逻辑要点，构建了科技成果转化的飞轮模型，揭示了围绕场景实现飞轮循环、提升科技成果转化体系效能的过程机理。

我们认为，场景驱动科技成果转化范式的关键在于“政—产—学—研—数—金—服—用”等多元主体以国家、区域、产业、组织、用户等多维场景的构建为起点，通过数据要素与数字技术所形成的数据链赋能政策链、创新链、产业链、资金链、人才链，使五链深度融合，加速多元主体围绕场景中的复杂综合性需求，共同推动科技成果转化飞轮高速运转，以场景化技术创新与产业应用，全面提升科技创新与成果转化效能，为加快现代化产业跃迁，培育新质生产力，实现高质量发展提供创新动能。

这一新的科技成果转化范式对科技成果高质量供给、高效率转化作出两个重要贡献。首先，通过回顾科技成果转化的范式跃迁过程，提出场景驱动科技成果转化的新范式，并解释其理论逻辑与过程机理，弥补了传统的线性范式与平台范式多从供给侧探究科技成果的单向转移的不足，忽略了场景对科技成果转化正向驱动与循环升级作用的缺口，为推动科技成果转化体系向

兼具战略性、精准性、整合性及强韧性的场景范式转变，面向现有场景和未来场景持续供给高质量科技成果提供新思路。其次，我们结合数字经济时代的主要特征，强调数据要素和数字技术在科技成果转化中的关键作用，在五链融合的基础上，进一步引入数据链，提出场景驱动政策链、创新链、产业链、资金链、人才链、数据链六链协同的科技成果转化新生态，弥补了现有五链融合内在机理研究忽视数据要素的倍增价值和数字技术的多元应用的研究缺口，为构建更具创新力和竞争力的新型国家创新体系提供新理论视角。

面对新一轮科技革命与产业变革，多元主体需把握场景驱动科技成果转化范式的重大机遇，围绕场景共建共治。首先，强化创新引领，推动多维场景体系化布局，以政策链为引导，围绕多维场景统筹布局，通过制度创新和政策体系设计推动关键核心技术突破和原始性创新。其次，强化企业主导，支持企业牵头建设场景创新联合体，鼓励科技领军企业深度参与重大创新场景建设，激励大中小企业踊跃“揭榜”场景项目。再次，强化数字赋能，统筹布局场景算力基础设施建设，利用数据要素和数字技术自动生成场景画像，实现科技成果转化的智能化评价和动态跟踪，完善科技成果转化质量评估机制。最后，培育场景创新人才，完善场景人才培训体系和产教融合体系，培养兼具场景创新和技术应用能力的复合型人才，以及技术经纪人和中介服务机构，强化场景对接能力。通过多措并举加快科技成果高质量供给与转化，推动科技成果转化范式跃迁，为加快推进新型工业化和建设现代化产业体系，实现高质量发展提供不竭动力。

第六章 数智赋能：释放新质生产要素的乘数效应

一、数字经济对新质生产力发展的放大、叠加和倍增价值

（一）数字经济的内涵与构成

数字经济（digital economy）的概念源于20世纪90年代，由唐·塔斯考特等学者率先提出。综合现有文献和二十国集团（G20）杭州峰会、各国政府文件的界定，本书将数字经济定义为以数字化内容，如数据、信息和知识，为核心生产要素；以互联网、移动通信网络、物联网等现代信息网络为关键载体；通过有效利用信息技术，提升效率，优化经济结构，赋能经济社会高质量发展的一系列经济活动。

数字经济的核心是通过数字技术推动数字创新实践，培育经济活动新模式，重置经济发展底层逻辑。基于数字技术开发产品服务、调整组织模式、变革商业模式的数字创新，是创新驱动国家战略与数字化趋势的融合，也是数字经济时代获得持续竞争优势的关键。数字技术的可再编程性赋予数字创新自生长性、融合性、解耦性、去中介性等特点，而基于数字融合的平台和生态系统涌现，催生了更加复杂多变、模糊不定（VUCA，即volatility，uncertainty，complexity，ambiguity）的经济管理新情境。如何构建支撑数字平台建设和商业模式设计的强大动态能力，从而不断更新商业模式，打造数字

时代竞争新优势，促进产业高质量创新发展，成为产业数字化面临的突出挑战。

从构成维度和结构关系来看，数字经济是以数字产业化（信息通信产业）和产业数字化，即数字技术与传统产业的渗透交融，为生产力的崭新技术经济范式，集中体现了数字技术的扩散和数据资源的汇集。作为数字经济的双重向度，数字产业化为产业数字化提供重要支撑，是数字经济的基础；产业数字化为数字产业化创造应用场景，体现产业特色，是数字经济的重要组成部分。两者交织融合，共同构成数据价值的呈现形式，驱动数字经济系统平稳运行。

1. 数字产业化

数字产业化以平台为载体，以数据为生产要素，通过数字手段和数据要素价值化配置，形成既可以在企业内流转，也可以在市场上流通的数据资产，如数字基础设施和解决方案，实现信息增值（图 6–1），是运用数字化方式解决工业制造、社会治理、在线医疗等领域中现实问题的重要支撑。具体而言，大数据公司依托领先的技术团队，对数据进行处理与分析，形成包括数据集成管理平台、分析平台、开发应用平台在内的三大产品体系，发展大数据运营业务，打通数字产业链，构建数据生态链，为产业链全要素数智化转型奠定基础。此外，数字产业的集群化发展还能为数字技术提供成长载体和应用环境，加速新技术成果转化和产业创新发展。

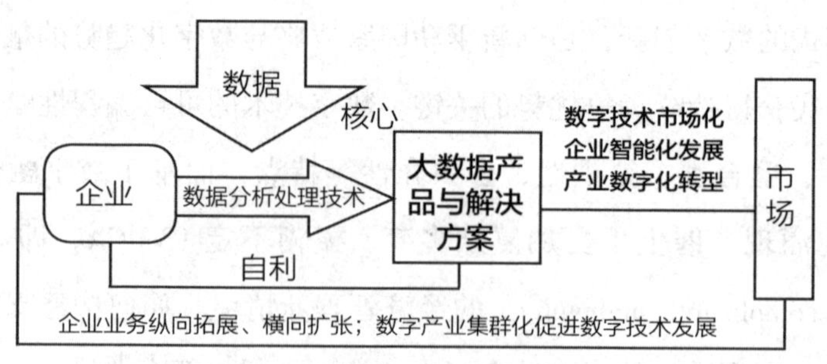

图 6–1　数字产业化信息增值模式

2. 产业数字化

产业数字化表现为融合驱动模式，指传统产业如工业、农业，利用新一代数字技术扩展并强化数据资源价值，进而带动业务改造升级、组织模式优化、生产效率提升的过程。产业数字化体现为生产要素数据化、业务流程数字化、产品智能化和服务在线化，是深化供给侧结构性改革的重要着力点，和建设数据要素驱动型高质量发展模式的重要动力（图 6–2）。

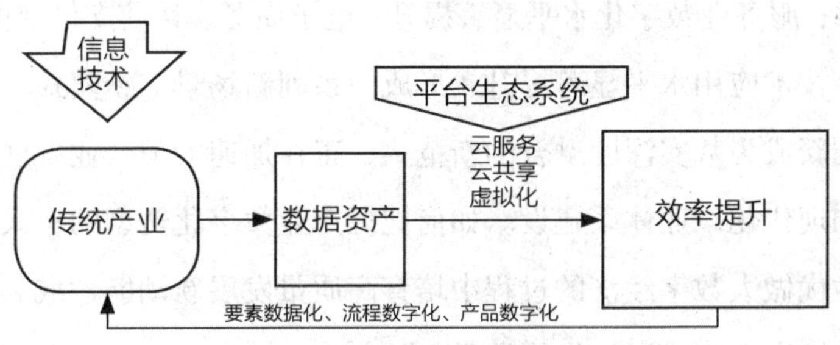

图 6–2　产业数字化过程逻辑

（二）数字经济日益成为中国式现代化新引擎

创新驱动发展，数字加速创新。党的十八大以来，党中央高度重视发展数字经济，从国家战略层面系统布局和推进。党和国家领导人多次强调要不断做强做优做大我国数字经济，以高瞻远瞩的发展眼光和坚如磐石的战略定力，牢牢把握数字化、网络化、智能化发展趋势，作出一系列新论断新部署新要求，为引领中国经济从高速增长阶段转向高质量发展阶段指明了前进方向、提供了根本遵循。在习近平总书记关于数字中国和网络强国的重要思想指引下，《网络强国战略实施纲要》《数字经济发展战略纲要》《“十四五”数字经济发展规划》《“十四五”国家信息化规划》《“十四五”大数据产业发展规划》等重大战略规划陆续出台，形成推动数字经济发展的强大合力，极大激发和释放了我国数字经济发展的巨大潜能。

数字经济日益成为我国高质量发展和中国式现代化的重要引擎。2022年我国数字经济规模达50.2万亿元，总量位居世界第二，同比名义增长10.3%，占国内生产总值比重提升至41.5%。数字赋能实体经济成效显著，制造业数字化转型正在从生产辅助环节的信息化向核心生产环节的数字化智能化拓展，驱动中国智造迈向全球价值链中高端；智慧农业加快发展，农作物耕种收综合机械化率2022年年底已超过72%，为保障国家粮食安全提供重要支撑；服务业数字化水平显著提升，电子商务、移动支付规模全球领先。企业数字技术应用水平显著提升，形成一系列新场景、新模式、新业态，场景驱动创新成为数实深度融合的新范式，正在加速助力产业发展新优势新动能培育和现代化产业体系建设。如何把握产业数字化转型的重大战略机遇，在做强做优做大数字经济的过程中培育高质量发展新动能，成为当下和未来我国加快推进中国式现代化的重要命题。

尤其是人工智能等数字化智能化技术和数据要素作为数字经济时代快速发展的新型生产要素，为加快国家创新体系和产业发展模式数字化、智能化转型，培育中国式现代化新动能提供重要支撑。

二、培育数字化动态能力，加速产业数字化智能化转型

产业数字化的本质是应用数字技术和数据要素重构企业组织模式和产业创新发展范式，推动数字技术与实体经济深度融合，实现加速创新与能力跃迁的动态过程。然而，当前产业数字化转型面临战略不清晰、技术应用难、要素难以价值化、数字化见效慢、龙头企业牵引机制缺等痛难点。对此，产业领军企业亟须发挥产业链“链长”优势，以数字技术创新与管理机制创新双轮驱动，在重构自身商业模式和竞争优势的同时，打造面向产业数字化转型的数字化技术核心能力与数字化管理核心能力，进一步以产业数字化应用

场景驱动“双核”协同，整合建构产业数字化动态能力（IDDC），加速大中小企业协同转型，推动产业数字化深度转型与持续创新跃迁。数字经济政策要更加重视培育产业数字化动态能力，发挥我国丰富应用场景优势，协同推进产业数字化与数字产业化，做强做优做大我国数字经济。

1. 产业数字化动态能力的源起、概念与核心内涵

（1）数字经济下的动态能力再认识

随着数字化迅猛发展，数字化知识和信息逐渐替代劳动力和资本，成为企业提升核心能力、挖掘潜在机会、开启新竞争优势的战略性资源。数据资源具有高速增长性、海量性、共享性等特征，不同于传统资源的难以模仿、不可替代和稀缺属性，唯有善于将数据转化为知识，形成创新惯性，并能有效应用于多元产业场景的企业，才能成为数字经济的引领者。

数字经济深刻改变了企业的管理过程和重点。数字化转型的核心是战略变革，而非技术升级。构建以数据为核心驱动要素的价值创造体系，形成由感知能力、获取能力和转型能力构成的动态能力组合，实现与利益相关者的紧密相连和价值共创，成为建构和强化核心竞争优势的关键战略要素。

数字驱动的引领型战略观成为企业管理的新要求。技术、市场和制度环境不确定性日益加剧，商业模式迭代日益加速，单一产品和服务的生命周期大幅缩短，需求端的超高速变化给供给端带来了更快速、更高效的决策需要，企业战略观亟须从传统的稳态、匹配思维转向前瞻性、动态性和引领型战略观。

从自身能力重塑到赋能产业共赢成为数字经济时代的新法则。现有理论、政策和实践探索多关注企业层面的数字创新，忽视了数字技术带来的跨企业和产业边界竞争、竞合乃至共生现象对传统管理理论和实践模式的新挑战，亟须加强对企业，尤其是行业领军企业，通过自身数字化转型和产业链“链长”优势引领带动产业数字化转型的理论与实践探索。尤其是要更加重视数字时代涌现出的场景驱动型创新范式与实践为产业数字化带来的新机遇。

（2）产业数字化动态能力的概念

在数字经济时代，产业链领军企业，必须意识到数字化转型兼具了自身业务转型升级和带动全产业链迈向现代化和全球价值链中高端的使命。随着中国产业从模仿追赶迈向创新引领，企业战略思维亟须从传统的基于人力资源和历史绩效预测的战略管控思维，转向基于数据洞察和产业趋势前瞻性分析的引领型战略思维。在这一过程中，基于组织内外的大数据洞察，快速调整战略和组织行为，并根据重要的产业应用需求场景，驱动企业技术与管理核心能力的动态整合与共演，成为企业尤其是产业领军企业引领全产业链数字化转型升级的关键议题和突出挑战。

因此，数字经济时代，企业尤其是产业领军企业，要高度重视数字科技和数字要素对企业自身资源利用、能力建设路径、企业间竞合模式，及产业发展范式带来的冲击，前瞻性地识别产业数字化的新趋势、新挑战和新机遇，应用整合式创新理论和创新生态系统思想，建构和应用产业数字化动态能力，在实现自身指数型、跨越式增长的同时引领带动产业链数字化转型和迈向全球价值链中高端。

产业数字化动态能力是产业领军企业以数字技术创新与机制创新双轮驱动，打造互为促进的数字化技术核心能力与数字化管理核心能力，在重构自身商业模式、重塑竞争优势的同时，发挥产业链“链长”优势，通过场景驱动“双核”协同，整合形成驱动产业数字化转型与持续创新跃迁的元能力。关键在于通过战略引领数字化技术核心能力与数字化管理核心能力建设，一方面重塑自身商业模式，另一方面培育产业场景驱动的动态能力，赋能产业数字化深度转型。

产业数字化动态能力包含数字创新战略、文化与价值观，数字化技术核心能力，数字化管理核心能力，面向产业应用场景的数字化动态整合能力四个维度。具有以构建产业数字生态为愿景，以战略创新为引领，以数据和技术为双引擎，以全产业链开放共创共治为生态支撑，以“双核”协同赋能场景创造价值为手段等特征。

2. 产业数字化动态能力的核心内涵

产业数字化动态能力包含两方面核心内涵。首先，产业数字化动态能力，是企业尤其是产业领军企业应通过数字创新重构自身技术核心能力和管理核心能力，打造全新商业模式，获取可持续竞争优势的同时，进行新型数字基础设施建设，改变产业主体间连接方式与竞合关系，构筑产学研、大中小企业融通生态，带动产业数字创新发展的动态能力。这一能力是数字技术创新、数字机制创新和场景驱动型创新协同的结果。深厚的技术积累和丰富的管理经验为企业数字化转型奠定坚实基础，通过数字技术的加速应用同现有核心能力的深度融合，演化出相互支持、互为促进的数字化技术核心能力和数字化管理核心能力。场景化是企业，尤其是产业领军企业基于技术与管理优势，推动技术核心能力和管理核心能力协同发展，赋能行业数字化转型的重要抓手。要实现场景驱动，数据融通是基础，架构牵引和工业互联网平台赋能是手段，全产业链开放共创是关键。

其次，产业数字化动态能力是战略驱动、动态发展、纵向整合、全面系统的新范式。领军企业应以动态能力为基础，将数字技术创新内嵌于企业发展的总体目标和组织管理全过程，结合全球数字技术和经济大趋势，确定企业和产业创新方向，并根据外部环境和组织条件进行战略变奏。在战略实施层面，应坚持基于自主的开放整合式创新，同产业链上下游企业共建数字化平台，推进数字化合作，联合全球伙伴构筑资源共聚、信息共联、机会共创和价值共赢的产业生态。

3. 产业数字化动态能力的理论框架

构建产业数字化动态能力本质是领军企业通过数字创新战略引领下的数

字化技术和数字化管理协同，赋能应用场景、重构传统产业发展范式，关键在于战略引领、双核协同、产业场景驱动（图 6–3）。

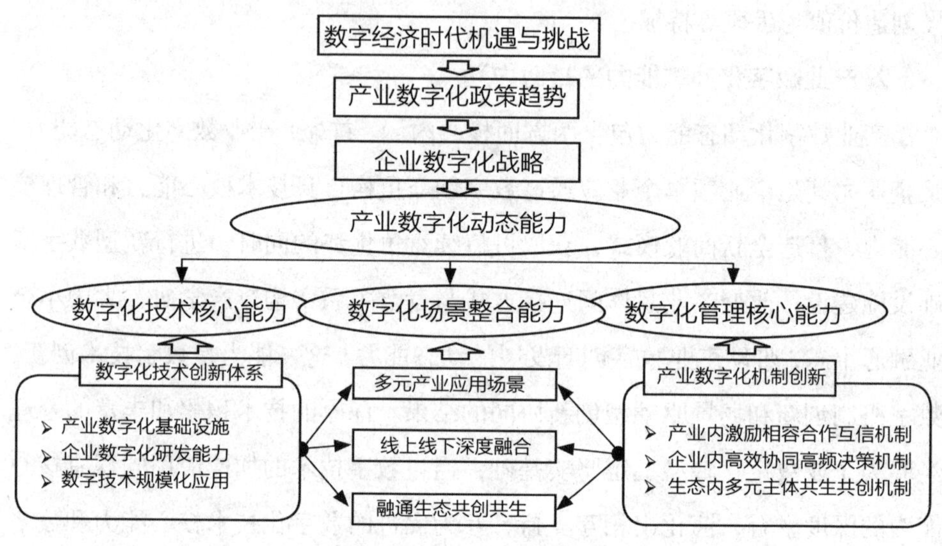

图 6–3　产业数字化动态能力的理论框架

在建构和应用产业数字化动态能力的过程中，产业领军企业需要通过发挥现代产业链"链长"的优势，瞄准产业数字化重点场景和关键难点，建设产业数字化基础设施，建立产业内激励相容的合作互信机制，其在产业内经济主体间建立的广泛连接，不仅有助于开放产业上下游供给链，打通行业壁垒，创新企业协作模式，还有利于降低信息互通和市场交易成本，优化资源配置，变革商业模式和产业组织形式。换言之，产业领军企业通过产业场景和产业需求驱动，建设多元主体融通和共生共创的生态系统，能够实现从内部转型到平台赋能产业共生共创、从企业数字化到产业链数字化、从企业数字化动态能力到产业数字化动态能力的跃迁，最终从数字驱动型企业创新竞争优势重构上升到产业层面的共创共赢。

（1）战略引领：数字时代机遇与企业角色的动态匹配

数字化战略具有前瞻指引作用，决定了产业领军企业能否灵活运用新技术，变革自身商业模式，有效破解产业链关键难题，引领产业生态系统演化。数字化不只是风口和短期机会，更是长期战略共识。企业数字化转型的实质是战略变革与模式更新，这要求企业建立长远价值思维，进行基于数字化、智能化的顶层设计和战略规划，包括制定清晰的使命、愿景、发展战略、制度体系和树立明确的文化价值观。保持强大的战略定力和执行力将有助于企业动态改进组织架构和业务模式，迅速适应内外部环境变迁，获得难以复制的竞争优势。

（2）数字化技术核心能力：以数字化技术创新体系打造能力底座

数字化技术创新体系由企业数字化研发能力、产业数字化基础设施和数字技术规模化应用构成，是领军企业构建数字化转型技术核心能力，打造世界级核心竞争力，借助产业链和价值链龙头优势，从企业级创新跃升至产业级创新的关键是创新、开放、合作和转型的高度统一。企业数字化技术核心能力以新一代信息科技为载体，强调领军企业在基于自主的开放式创新战略引领下，一方面牢牢掌握关键核心技术，另一方面积极同公共部门、产业链上下游企业和中介机构进行战略合作，加速先进技术的开发转化、融合应用与标准制定，形成产业数字化的基础设施体系，促进数字技术规模化应用和数据要素价值释放，强化产业创新牵引能力，推动产业数字化发展。

（3）数字化管理核心能力：产业数字化机制创新加速共生共创

产业数字化机制创新对建立数字化管理核心能力至关重要，包含产业内激励相容合作互信、企业内高效协同高频决策和生态内多元主体共生共创为运行机制，以产业结构更新、能力提升和生态重塑为主要目标。数字化机制创新是企业运用新兴技术手段，优化业务逻辑和结构，提升生产要素关系和流程效率，并应用数字孪生思想，推动实体空间与数字空间相互映射孪生协同，完善企业决策管理机制的过程。数字时代的管理机制创新要求管理层从网络空间视角出发，优化业务体系和运作模式；积极跨越组织边界，构建基于数字技术、数字流程和数据要素的产业创新生态，打造企业数字化管理核心能力，持续赋能产业数字化转型。

数字化技术核心能力和数字化管理核心能力是基础，互为促进，共同支撑对内的战略变革和对外的场景化应用。作为产业数字化转型和技术市场化应用的主体，企业需要持续强化技术创新和机制创新，一方面建立强化并革新关键技术，另一方面整合利用并发掘核心资源，以此带动产业创新升级。

（4）数字化场景整合能力：破解产业数字化痛点，实现持续创新跃迁

数字化场景整合能力是引擎，驱动企业不断创新，面向特定产业场景和痛点，实现数字化技术核心能力和数字化管理核心能力的协同耦合，形成推动产业持续创新跃迁的产业数字化动态能力。具体而言，场景整合能力从多元产业应用场景入手，通过推动线上线下深度融合和激励跨产业合作，打通企业数字技术能力和数字管理能力，联合多元主体构建产业数字化转型所需的共创平台，建设共创共生的融通生态，拓展产业内外部资源整合能力，打造面向数字化转型的产业动态核心能力。

产业数字化动态能力为驱动产业创新发展提供了全新能力范式机遇。其关键在于通过数字技术创新和管理机制创新，打造互为支持、互为引擎的数字化技术核心能力和数字化管理核心能力，通过产业数字化场景应用驱动“双轮”协同耦合，形成引领产业共创共享共赢生态建设和持续创新跃迁的元能力。

展望未来，数字经济政策不应局限于单个企业数字化经济绩效提升，而应有机统筹企业、产业和社会的发展需求，形成战略引领、重大场景驱动和开放合作的整合式国家数字创新生态系统。唯有如此，企业才能在国家创新驱动发展战略的引领下，整合推进企业、产业数字化转型，完善数字驱动型创新体系与数字化生态发展体系，助力做强做大数字经济，释放数字经济对实体经济和发展新质生产力的放大、叠加与倍增价值。

三、探索多元主体协同共创机制，加快释放数据要素价值

面对全球技术产业体系、大国竞争格局、国际治理体系大变局，抢抓数字经济新赛道、培育数字经济新优势是在危机中育先机、于变局中开新局的战略选择，是“十四五”时期实现高水平科技自立自强、构建新发展格局和加快发展新质生产力的“先手棋”。

纵观当今世界，产业数字化和数字产业化正在加速重构区域、产业、国家乃至全球性创新生态，数字驱动型创新创业成为智慧城市建设、区域产业升级和创新发展的重要新引擎。如何推动数据资源开发利用，加快推进数据要素市场化配置，将数据要素转化为经济发展的生产力，打造更高质量和更可持续的数字驱动型经济发展模式，正成为各区域乃至世界各主要大国竞争新的制高点。国家《“十四五”数字经济发展规划》也提出要“充分释放数据要素价值，激活数据要素潜能”，并强调要“坚持系统推进、协同高效。充分发挥市场在资源配置中的决定性作用，构建经济社会各主体多元参与、协同联动的数字经济发展新机制”。如何发挥海量数据优势，如何破解突出瓶颈，本部分进行了相关研究探讨。

（一）数据要素价值释放面临突出瓶颈

《“十四五”数字经济发展规划》指出，数据资源规模庞大，但价值潜力还没有充分释放是我国数字经济发展面临的问题和挑战之一。要保证数据要素市场化的顺利推进，需要明确市场化运行机制中哪些权益是数据交易的前提和核算基础，数据权利如何产生及产生于哪个环节。当前，对于数据市场化过程及内容的界定相对比较多元，但忽略了市场化过程中各环节、各市

场主体应享有的基本权益，以及权益的流转和变化。从本源逐层对数据要素市场化流程和权利形成进行解构，是明晰并推动数据要素市场建设、进一步释放数据要素价值的核心所在。如何就不同的数据生产者及市场参与主体设定不同权利，并依据何种逻辑在这些数据形成的参与者之间分配权利，成为当下数据权利体系构建和要素高质量发展的瓶颈。

在此背景下，需要坚持“权属—主体—角色”三位一体的整合式创新思想，系统推进“权属—主体—角色”三位一体的数据要素价值化机制创新，建构数据要素价值化的基本框架，理清数据要素价值化过程中涉及的数据权属界定、主体责任边界、协同共创机制等问题，系统破解数据要素价值化关键难题，完善中国特色数据要素价值化生态系统，激发多元主体深度参与、协同联动的活力，理清“权属—主体—角色”互动关系，建设高效可信的数据要素市场化共创体系，加快数据要素价值化、市场化配置，充分释放数据要素价值，助力做优做强做大我国数字经济。

（二）推进“权属—主体—角色”架构设计，激发多元主体协同共创活力

推进“权属—主体—角色”视角下数据要素价值化架构创新，需要从数据所有权、运营权和使用权“三权分立与过渡”的过程视角，细化数据要素市场化配置和价值化实现过程中的参与主体和角色功能。

第一，要认识到数据权属是最基本的数据产权界定和价值化实现的前提，包括数据所有权、数据运营权和数据使用与收益权。首先，最根本的权利是分属于数据创造者、原始数据拥有方、数据授权来源方和潜在用户的所有权，参与主体主要是政府部门、企业、数字平台及个人等数据源。其次，是运营权的归集，主要是由国家授权的数据要素价值化基础设施受托进行数据汇聚、

存储、治理、运营与增值服务等。最后，是使用权的界定，数据使用和交易是赋能社会化发展的重要环节，也是数据要素市场化价值变现的核心体现。例如，可以依托数据交易所、实体企业、数据信托等机构进行数据资产化、产品化、证券化处理，完成数据交易和变现，也可利用城市大脑、安全大脑、企业大脑，以及生态伙伴标准产品推广等来实现。

第二，从政府、企业和个人三个维度展示数据的权利图谱，明确多元主体的角色定位与功能发挥，以及公民对公共数据的知情需求与使用需求，推进数字政府建设。伴随治理能力和治理水平的不断提高，政府在履职过程中会集聚大量数据资源，行政机关对这一部分公共数据资源享有相关权利，即政府的公共数据权。各级行政机关和国家公共部门主体是公共数据的最重要主体，明确政府公共数据权的权限及内容，有助于行政机关在大数据时代充分利用政府数据提供更好的服务，满足公民对公共数据的知情需求与使用需求，推进数字政府建设。

从事社会生产的传统企业，拥有数据权有助于推动企业经营发展，帮助企业挖掘潜在客户群、构建营销网络。一般以数据所有者和数据控制者的身份出现。平台型企业数据权是指平台型企业基于商业运营的需要，对其所控制的数据应享有的权利。平台型企业的动态生产“链条”包含数据的收集、控制、使用和流转等步骤。只有经过收集的数据才能视为由平台型企业控制，企业应严格控制数据的收集、分析、传播等环节，企业收集的原始数据要经过复杂的加工流程才能成为企业实质需要的“有效数据”。

作为个人数据的生产者，赋予数据生产者所有权，是保障个人权益的核心所在。数据高度依赖链条化的处理场景，互联网时代的数据会经历原始数据生产（收集）和数据集的生产（汇集性处理）两个生产过程。结合欧盟《一般数据保护条例》，可将用户数据权利细化为数据收集确认权、数据汇集介入权、数据处理保障权。

第三，要实现数据主体权利归集和数据要素市场化流转过程动态耦合协同。在数据要素价值化生态系统建设和运行过程中，需要结合数据要素价值链与产业链，从数据市场化配置的全生命周期入手，进一步认知数据要素价值化生态系统良性运转所内嵌的“过程—权属”流转机制，理清数据市场化流通和价值化过程中不同数据权利在生态系统中的流转过程、流转规则和行权主体。

具体而言，对于个人和政府等数据原发的用户，赋予其最根本的数据所有权，是尊重数据权利源泉的表现，也是市场化配置过程中进行权利交易和价值变现的基石。为实现数据要素的资产化和市场化，通过政府授权赋予数据收集、存储、治理平台数据运营权，提供统一便捷的数据获取、存储、管理、治理、分析、可视化等服务。这一环节的关键是完成数据所有权向数据运营权的有限让渡，赋予数据处理者运营权以发挥平台企业对数据高效率汇聚和市场化运营的赋能作用。而数据交易和数据应用环节则是最市场化、场景最复杂、需求最多元和定价最个性化的阶段。这一环节的关键在于数据所有者通过数据运营主体或者授权数据运营主体参与市场化数据交易，或者通过信托服务、委托交易等方式把数据交易权有限让渡给数据运营主体、数据交易中心、数据交易所进一步交易和变现。

简言之，通过对数据所有权的有限让渡，数据应用和数据交易平台可以获得部分数据使用权，对数据进行控制、研发、许可乃至转让，进一步实现对数据资产的高效市场化运营。如同创新的最终目的是实现商业和社会价值创造并获得多重收益，数据作为重要的新型生产要素，进入市场流转和参与市场化配置的最终目的是实现数据产业化、赋能产业数字化，即通过多元主体、数字基础设施等新型载体和新兴业态，提供基于数据的新服务、新产品，或者应用于实体经济的生产与消费场景中，在权属分离和主体互动的过程中，深度参与初次分配和再分配，创造多维价值。

展望未来，在推进“权属—主体—角色”三位一体机制创新的基础上，还需要更好地发挥政府在数字经济发展中的作用，建构具有中国特色的数据监管体系，加强可信数据要素市场建设，实现可信数据要素价值化和市场化。从优化数据要素价值化顶层设计、推进数据要素权属界定与法律完善、建设和完善数据要素价值化基础设施、以平台化市场化方式加快数据要素变现等方面多管齐下，探索建构中国特色的数据要素价值化生态系统的相关理论研究与政策设计，探索形成数据要素市场化配置机制与价值实现的中国模式，破解数据隐私治理和数据要素市场化配置潜在的悖论，统筹数据安全和数字经济高质量发展，赋能传统产业转型升级，培育新产业新业态新模式，不断做强做优做大我国数字经济，为构建数字中国提供有力支撑。

四、加强数据要素市场培育，推动数据财政体系构建

中共中央、国务院印发的《关于构建数据基础制度　更好发挥数据要素作用的意见》，财政部印发的《企业数据资源相关会计处理暂行规定》均对探索数据资产入表新模式，逐步完善数据资源会计处理和收益分配制度作出相关说明，这意味着数据要素的资产化、价值化向更高层次、更深层次推进。2024 年《政府工作报告》提出要深入推进数字经济创新发展，制定支持数字经济高质量发展政策，积极推进数字产业化、产业数字化，促进数字技术和实体经济深度融合。健全数据基础制度，大力推动数据开发开放和流通使用。

然而，目前数据要素市场建设主要聚焦于数据权属确认、数据价值计量、数据流通交易、数据安全治理等方面，但在体现效率、促进公平的数据要素收益分配制度方面较为欠缺。随着数据全生命周期运作模式的日益成熟及各级政府部门对财政收入增长方式转变的迫切需求，亟须审慎探索和推进构建

"数据财政"的数据要素价值实现和收益分配新范式。建立政府公共平台与企业数据平台的数据交割制度，形成政府代理个体数据的机制，创建数字经济时代的分税新秩序。

（一）构建"主体—技术—制度"三位一体的数据财政实施路径

数据财政体系构建重点可从数据要素市场主体及运营过程进行实现路径的设计，核心问题包括数据市场参与主体的职责划分和数据运营过程的税收获取途径及体系设计等方面。

明确数据财政体系的市场主体。目前的主要运营对象是符合开放和公开条件的高价值数据。公共数据授权经营过程主要包括数据收集、数据存储、数据治理、数据使用、数据交易等多方角色，涉及的市场主体有政府、企事业单位、高校和科研机构及相关生态厂商、个人等。

构建完备的运营环境和技术支持。建设数据要素流通交易及公共服务平台，为各级各类交易场所和机构提供统一登记确权、统一授权存证、统一供需撮合、统一质量评估等公共服务，可考虑允许第三方服务机构依托该平台提供数据质量审计、数据资产评估、争议仲裁等更多衍生的专业服务。并围绕数据财政需求，探索和完善数据经纪、数据信托等服务机制，提升数据服务能力和流通效率。

逐步落实和完善制度设计及政策保障。加强数据集聚统一到政府平台的"一揽子"制度保障，建立个人信息"授权—确权—运营"制度，在数据管理整体法律框架下，建立公共代理机制。要建立政府公共平台与企业数据平台的数据交割制度，形成政府代理个体数据的机制，创建数字经济时代的分税新秩序。

（二）推进“多维度支持、多层级协调和多主体参与”的数据财政建设生态

探索建立数据要素评估、定价、入表、流通、价值分配的政策工具箱。选择数据要素市场化运营水平相对较高的地区作为试点，推动政府相关部门论证数据财政的合理性和科学性，借鉴试点制度改革方案的经验教训，逐步细化数据财政的总体设计思路。不断改进和优化数据治理手段，提升数据质量分级分类处理效率，保障数据财政顺利推进和落实。积极探索基于保障数据安全的区块链、联邦计算和隐私计算等手段在数据财政运行过程中的作用路径和适用边界。

坚持创新引领，以企业为主体，以场景需求推动试点建设，出台行业标准和典型案例。选取有条件的区域和应用场景开展数据银行、数据信托、公共数据授权运营等数据资产化实践，作为市场化导向的运营方案。以场景驱动实现有为政府、有效市场和有力主体的整合式创新，促进海量数据要素、数字技术和丰富应用场景的深度融合，建设“数据要素价值释放—促进产业数字化转型—提升数字产业化质量—数据财政可持续发展—赋能新发展格局”的良性循环。

探索符合数据要素特征的税费征收制度。从应用场景出发对数据财政的实现方式进行引导和设计，利用财政政策逐步引导社会资本参与公共数据运营产业投资和经营。特别是在行业发展初期，研究制定相关的税收优惠政策或者创新扶持标准支持数据运营业务相关的中小型企业甚至微型企业发展，可以尝试通过企业向政府提供高质量数据来进行税收抵扣，逐步推进与数据产业发展相关的财政优惠政策的实施来服务数字产业化和产业数字化的发展。

第七章
绿色转型：夯实新质生产力和高质量发展的底色

习近平总书记指出，绿色发展是高质量发展的底色，新质生产力本身就是绿色生产力。必须加快发展方式绿色转型，助力碳达峰碳中和。牢固树立和践行绿水青山就是金山银山的理念，坚定不移走生态优先、绿色发展之路。加快绿色科技创新和先进绿色技术推广应用，做强绿色制造业，发展绿色服务业，壮大绿色能源产业，发展绿色低碳产业和供应链，构建绿色低碳循环经济体系。持续优化支持绿色低碳发展的经济政策工具箱，发挥绿色金融的牵引作用，打造高效生态绿色产业集群。同时，在全社会大力倡导绿色健康生活方式①。

一、数据要素 × 绿色低碳：场景驱动加速碳中和进程

（一）绿色化与数字化双转型呼唤数据要素赋能碳中和新模式

碳达峰碳中和是国家的战略性部署，科学合理减少碳排放，促进能源结构低碳转型，是推进“双碳”目标实现的关键。近年来，党中央、国务院印发《关于完整准确全面贯彻新发展理念做好碳达峰碳中和工作的意见》《2030年前碳达峰行动方案》系列文件，构建“双碳”顶层设计及“1+N”政策体系，

①习近平在中共中央政治局第十一次集体学习时强调 加快发展新质生产力 扎实推进高质量发展［N］. 人民日报，2024-02-02（1）.

推动全社会加速向绿色化、低碳化、智能化转型。

数字化智能化技术（简称“数智技术”）和数据要素为能源行业面向“双碳”目标转型提供新机遇，在能源和数据驱动的广泛而深刻的经济社会系统性变革中发挥关键作用。清洁能源是驱动社会生产生活绿色化低碳化转型的血液，数据要素是驱动工业企业社会数字化智能化转型的动力。2023 年 3 月，国家能源局在《关于加快推进能源数字化智能化发展的若干意见》中指出，能源是经济社会发展的基础支撑，能源产业与数字技术融合发展是新时代推动我国能源产业基础高级化、产业链现代化的重要引擎。

当前能源大数据是能源革命、碳中和、数字中国和全国统一大市场建设等多项国家战略的交叉领域。如何依托数据要素新理念，推动数智技术与能源产业深度融合发展，是当前亟待解决的问题。《中共中央 国务院关于加快建设全国统一大市场的意见》明确提出，“加快培育统一的技术和数据市场”“建设全国统一的能源市场”。2023 年 12 月，国家发展改革委和国家数据局联合发布《“数据要素 ×”三年行动计划（2024—2026 年）（征求意见稿）》，将绿色低碳作为数据要素赋能的十二大场景之一。如何在加强能源与数智技术融合的新型基础设施建设，助推能源行业数字化、智能化、低碳化、绿色化转型的同时，深入挖掘能源大数据的广泛应用场景和深层资产价值、释放能源数据价值潜力、助力数据要素和能源全国统一大市场建设等，理论研究与实践开展均面临巨大挑战。

在深入实施创新驱动发展战略，推动高质量发展的关键时期，需要重视探索以碳中和数据银行为载体的能源大数据开发利用、场景应用、价值流通的理论机制和实践路径，完善能源和数据要素全国统一大市场建设，统筹推进产业绿色化和数字化“双转型”，促进绿色循环经济和能源数字经济协同发展，助力“双碳”目标实现和高质量发展。

（二）碳中和数据银行为场景驱动数据要素赋能绿色低碳提供新机遇

数据银行理论认为，在数据要素价值化的过程中，需要多元主体结合数据要素的自然、物理和社会属性，从“要素—机制—绩效”的过程视角推动数据要素汇聚、确权、治理、交易和场景化应用；该理论认为数据要素价值化的关键在于推动数据要素基础设施与交通、能源等重点产业场景应用需求相结合，从而释放数据要素对实体经济的倍增价值。应围绕“双碳”战略，将数据银行理论与碳中和重点产业转型发展的瓶颈问题结合，探索建构中国特色碳中和数据基础设施，助力“双碳”目标的动态整合理论框架。

能源碳中和数据银行是由政府引导支持，以企业为主体，多元社会主体参与共建，发挥能源数据和数字技术的叠加倍增价值，协同推进能源领域数字产业化和产业数字化，赋能“双碳”多元场景和数据基础设施。具体而言，能源碳中和数据银行结合能源大数据的自然、社会、商品和金融属性，通过自身理论技术平台，开展能源和碳排放相关的可视、核查、分析、应用、智能、信用等场景适配，推动能源大数据聚合政府、数据供给方、数据需求方和数据服务商等数据要素市场培育参与主体，实现其助力数字政府精准治理、方便民众、惠及企业、能源市场绿色转型、数据要素市场建设、赋能低碳美丽中国的多维使能效益，最终促进能源和数据要素全国统一大市场建设及“双碳”战略目标实现。

（三）碳中和数据银行有望带来多维效益

1. 治理效益：赋能政府精准治理和服务社会民生

能源碳中和数据银行是数据驱动的数字能源基础设施，可有效赋能政府精准治理和服务社会民生。一方面，政府基于此，能加快实施一系列能源政策工具，构建面向“双碳”的能源创业创新创意体系，打破阻碍生态创新的各类路径依赖，推动社会资金资源技术人才转向绿色经济，实现国家生态文明建设目标；另一方面，基于数智技术和数据要素理念衍生的能源碳中和数据银行，可帮助地方政府认清本地区能源供给需求现状、低碳减排技术路线和实现“双碳”目标的痛点、难点，充分发挥能源数据赋能数字化、智能化、低碳化的科学决策和精准施策功能，服务乡村基础设施建设及公共服务资源布局，推动社会民生服务智能化低碳化发展。

2. 经济效益：助力能源和数据全国统一大市场建设

能源碳中和数据银行可推动多元市场主体低碳绿色转型，赋能能源、交通、金融、工业等产业的数字化、智能化、绿色化、低碳化发展，为市场主体带来经济效益；也可助力构建全国一体化能源大数据中心，形成融数据采集汇聚、安全治理、场景应用、资产评估、价值定价、流通交易等全生命周期于一体的数据要素市场化机制。激活能源数据价值有助于打造共建、共享、共治、共赢的能源金融生态圈，带动产业链上下游协同发展，持续释放数字红利，赋能能源数字经济可持续发展。

3. 生态效益：推动能源大数据赋能碳达峰碳中和

碳达峰碳中和是生态文明建设的重要组成部分，做好“双碳”工作是有效应对气候变化、推动绿色低碳发展、实现可持续发展的重要抓手。当前，碳中和已成为全球共识，通过能源碳中和数据银行探索最优能源配置，促成能源交易市场、数据交易市场、碳配额交易市场、金融市场等领域的价值链重构，推动高质量发展和生态效益提升。随着绿色新技术和新模式不断涌现，能源碳中和数据银行在全局性智能决策和资源动态优化配置进程中，在提高生活质量、保护生态环境等方面带来了多重效益。

（四）多措并举推进能源数据要素乘数效应释放，加快碳中和进程

展望未来，需要以能源碳中和数据银行等新型基础设施和新模式为突破口，多措并举，加快推动能源大数据资源化、资产化和资本化的进程，释放数据要素对能源产业乃至整个社会经济绿色低碳高质量发展的放大、叠加、倍增价值。

1. 探索数据确权授权运营体系，完善能源数据管理机制

加强能源领域以人工智能、区块链、物联网为代表的数智技术应用，对能源领域数据采集、存储、处理、流通、交易、应用等流通全过程进行记录和溯源。建立能源数据资源质量评估和信用评级体系，提升能源交易和数据交易过程中的市场主体资质水平。制定能源数据隐私保护制度和安全审查制度，开展能源数据分类分级管理，构建能源数据登记确权体系，推动能源数据确权、授权运营实践，在保障数据安全的情况下，推动持有能源数据的企业充分向社会共享开放数据资源。

2. 以数据价值化为主线，制定能源大数据定价估值标准

加强能源数据质量规范化管理，推动其基础设施数字化、智能化升级，实现数据采集、分析标准化。能源数据可视化是数据价值传递的基本方式，应加强可视化分析，寻找海量数据价值规律，为评估能源数据价值提供条件。可按不同交易模式和适用的评估方法核算能源数据成本，合理应用已有算法模型，委托数据交易平台等第三方协助定价，制定能源大数据定价估值标准。

3. 强化企业市场主体地位，丰富拓展能源数据应用场景

强化企业作为能源大数据市场化的主体作用，推动相关企业面向场景应用和价值实现，建立以客户为中心的市场化运作机制，根据市场定位细分客户并提供定制化服务；推动企业加强与智库、高校合作，开展能源大数据的产学研用研究，拓展能源大数据应用场景；推动能源大数据与实体经济的深

度融合，立足特定产业需求，如节能降耗、提升生产效率、构建智慧能源供应链等，形成可推广、可复制的能源和碳相关的数据产品和服务，丰富能源大数据在政府治理及交通运输、金融等行业的应用水平，实现能源大数据赋能数据交易市场、能源交易市场、碳配额交易市场和金融市场高质量发展。

4. 推动多种主体共同参与，实现多元目标协同高效发展

推进能源数字化、智能化发展和能源大数据赋能社会经济高质量发展，需要政府、企业、个人等多种主体共同参与，在区域、城市、园区、企业等多层面建立具体的评价标准和实施规范，还需要综合发挥行政、法律、财税、金融等多种政策工具，共同实现经济发展、生态保护、气候应对、节能减排等多元细化具体目标的协同。一方面，依靠能源碳中和数据银行等数字基础设施，建立从能源及能源数据生产、存储、运输、利用等在内的全生命周期闭环监管，实现碳排放统计核算数字化、透明化，为制定科学、系统、全面、有效的“双碳”方案提供可靠数据基础；另一方面，通过将数智技术与能源行业发展需求结合，推动能源行业全产业链的资源利用效率提升和能源结构清洁化，推进能源大数据赋能全社会、全行业数字化、智能化、电气化、低碳化转型。

5. 建立技术与机制双重保障，确保能源数据安全可靠

推动建设能源行业数据分类分级保护制度，通过采取针对性的安全管理措施，释放数据价值的同时，提升数据安全治理水平。一方面，对于安全敏感性高的数据，加强数据安全治理，提升数据全生命周期的风险识别与防护水平，推动数据面向真实场景应用的汇聚融合，强化加密保护、数据脱敏和安全合规；另一方面，对于安全敏感性低的数据，通过加强对数据的规范性、标准化管理，健全数据确权登记、流通交易、安全治理和收益分配机制，推动数据资源的开放共享和价值释放。

二、建设新型数据基础设施，赋能实现碳达峰碳中和战略目标

数据基础设施是建设数字中国的关键基础设施，也是实现碳达峰碳中和目标的重要一环。当前，破解节能减排和保障高质量发展的能源需求的矛盾、整合推动能源结构转型升级和产业绿色低碳发展助力双碳目标的路径与机制仍面临多重挑战。结合数据要素驱动创新发展和数据基础设施赋能行业数智化的本质特征，建议系统建构“数据—机制—使能”过程视角下数据基础设施赋能双碳的系统创新框架，建设以碳中和数据银行为代表的新型数据基础设施，助力碳达峰碳中和，实现多维价值创造，从而为推动数字中国战略与“双碳”战略协同实施，实现数字要素引领高质量可持续发展提供持续力量。

（一）数据基础设施是数字赋能碳达峰碳中和的基石

以数据为核心要素的数字经济正深刻影响着政务服务创新、生态文明建设、科技创新及产业结构调整，成为加快数字中国建设、构建新发展格局、推动高质量发展的核心议题。

为推动实现“双碳”战略目标，2021年10月，党中央、国务院陆续印发《关于完整准确全面贯彻新发展理念做好碳达峰碳中和工作的意见》和《2030年前碳达峰行动方案》，形成碳达峰碳中和行动方案的顶层设计，相关机构也陆续发布重点领域和行业碳达峰实施方案，构建起“双碳”的“1+N”政策体系。碳达峰碳中和不仅是能源部门的系统性颠覆和绿色化革命，也是一场广泛而深刻的经济社会系统性变革，涉及经济、社会、科技、环境、观念等方面，更是整个中国经济基础和制造业的重构及整个增长模式的根本变化，将对现有经济运行基础和生产生活方式产生巨大影响和改变，更需要多管齐下全力推动全社会加速向绿色化、低碳化、智能化转型。

数据要素的自然属性和社会属性特征及数字技术对产业和创新体系的重构能力，可推动数据要素的边际产出和规模报酬递增，推进数字技术赋能工业、能源等高排放行业的低碳化、智能化、数字化转型，使得以产业数字化和数字产业化为特征的数字经济成为中国中长期低碳路径转型的关键选择和崭新动能。

（二）数据基础设施赋能碳达峰碳中和面临多重挑战

“十四五”时期是我国实现碳达峰及转向碳中和的关键窗口期，但实现碳达峰碳中和时间紧、任务重，面临一系列重大挑战。例如，部分地方政府和企业对“双碳”认识不足，开展运动式“减碳”；地方政府和重点企业对自身碳排放情况和生态系统碳汇能力缺乏清晰认识，缺少系统性、全局性、长远性的“双碳”行动方案。对此我国绿色低碳转型亟须摆脱路径依赖，需要通过数字化手段实现转型升级和跨越发展。

数据基础设施作为数字经济时代的底层和关键基础设施，发挥着关键支撑作用。一方面，数据基础设施对电网有着需求侧调节作用，具备电力实时响应、可转移及调节能力，促进电力资源的优化合理分配，从而降低能源消费和用电负荷。另一方面，数据基础设施和数字经济的发展短期内也存在高能耗的问题。相关数据显示，2020 年国内数据中心年耗电量为 2 045 亿千瓦·时，占全社会用电量的 2.7%。随着数字经济持续发展，数据基础设施的耗电量和二氧化碳排放量将会持续提升。对此，必须客观认识数据基础设施与碳达峰碳中和的战略性协同关系与多重挑战。

1. 数据基础设施绿色低碳运行成本高、压力大

数据要素是数字经济时代的核心战略资源，但数据存储成本高、算力能耗高，对数字经济可持续发展和数据要素价值化带来巨大挑战。《2019 中国企业绿色计算与可持续发展研究报告》指出，我国 85% 的数据中心能源使

用效率（PUE）值为1.5~2.0，运维能耗成本占总成本的40%~60%，且磁盘列阵每隔3年到5年就需进行设备更换，大量淘汰设备也存在资源浪费、环境污染的风险，更不利于数据中心实现海量数据的长期永久存储，数据基础设施绿色低碳运行面临巨大压力。

2. 区域行业数智化、低碳化高质量发展协同难

当前科技发展呈现数智化和低碳化两个趋势，高质量发展目标实现，需要在区域和行业两个层面同时兼顾这两个趋势。区域层面，我国区域发展差异大，无法保证绿色化数据基础设施建设运营和地方发展能够齐头并步，区域数智化、低碳化高质量发展协同难。行业层面，实现“双碳”目标面临包括政策、技术、标准、国际接轨等在内的一系列难题和挑战，加之数智化和低碳化未完全融合，需要破解产业、法律、科技、制度、金融、安全等多行业多领域全方位协同的阻碍。

实现“双碳”目标是一项系统工程，有着多线程、多路径的目标实现路径。产业绿色转型是“双碳”目标的核心关键，推进绿色转型需要培育新兴产业、汇聚产业集群、科技创新驱动。碳中和是“双碳”目标的标准尺度，无论是政府、企业、个人，还是区域和城市，都需要有具体的评价标准和明确的实施规范，来度量实现碳中和的进展程度。建设美丽生态和美好生活是“双碳”目标的终极目的，需要发挥政策、法律、财税、金融等多种工具作用，支持碳中和数据基础设施建设，实现气候减缓、节能减排、生态恢复、环境保护、经济发展等多项目标协同。

（三）建设新型数据基础设施，赋能实现碳达峰碳中和

针对新发展格局下“双碳”目标这一重大场景需求所面临的机遇与挑战，需要充分认识数据要素驱动创新发展和数据基础设施赋能数智化转型的本质

特征，系统思考和研判如何建设新型绿色化、智能化数据基础设施，在服务其他行业低碳化、数智化转型过程中，降低数据基础设施自身的碳排放，推动数字经济相关产业实现碳达峰碳中和。最后要多路并举，系统建构“数据—机制—使能”过程视角下数据基础设施赋能碳达峰碳中和的动态整合模型，建设以碳中和数据银行为代表的新型数据基础设施，通过制度创新和技术创新双轮驱动，打通碳达峰碳中和数据融通壁垒，健全和完善中国新时代数据基础设施，有效破解数字经济发展挑战、建设和发挥好以数据银行为代表的新型数据基础设施对“双碳”国家战略目标实现的基础性支撑作用。

全面系统认识新型数据基础设施与碳达峰碳中和的关系，加强顶层设计。碳达峰碳中和作为一项长期工作，既要防止运动式减碳，也要通过数字化技术手段，摸清碳排放和生态系统碳汇的家底，为制定科学、系统、全面、有效的碳达峰碳中和方案奠定基础。同时要认识到，绿色低碳转型需要依靠数字经济相关技术和基础设施，理顺和完善绿色转型相关体制机制，用市场机制来引导企业和消费者的行为，推动重点行业特别是能源行业数智化、低碳化转型，摆脱高碳排放发展的路径依赖。

重视建设碳中和数据银行，统筹推进数字化和低碳化发展目标。碳中和数据银行是依托数据银行推进系统性架构创新设计，开展数据要素层的碳中和数据全量存储、全面汇聚和高效治理，推进运行模式层摸清碳汇家底、未来模拟预测、行业减排路径和农林增汇路径，进一步在场景应用层通过重大应用场景，加快数据驱动的低碳减排、绿色金融和碳市场场景应用，实现碳中和数据使区域创新系统重构、政府治理能力现代化和产业低碳转型升级，最终促进数据基础设施促进碳达峰碳中和战略目标的实现。

创新引领、数智融合、多路并举，促进新型数据基础设施持续赋能碳达峰碳中和。一是要加强绿色低碳科技攻关，尤其利用数据要素和数字技术使绿色低碳核心技术突破；二是要多部门、跨区域和跨领域协同推进碳中和数据银行建设，加速工业制造等关键领域减碳；三是要注重完善政策法规体系，通过制度创新和技术创新牵引的双轮驱动，打破碳达峰碳中和面临的数据融通壁垒；四是要充分发挥我国超大规模市场和海量场景驱动的优势，加快碳中和数据银行多元应用场景的开发建设。在此基础上，探索数据基础设施助力实现碳达峰碳中和的中国模式和中国经验，实现数字创新引领新发展阶段经济社会高质量发展，也为全球碳达峰碳中和事业贡献中国力量。

第八章
深化改革：形成加快新质生产力发展的新型生产关系

习近平总书记强调，生产关系必须与生产力发展要求相适应。发展新质生产力，必须进一步全面深化改革，形成与之相适应的新型生产关系。要深化经济体制、科技体制等改革，着力打通束缚新质生产力发展的堵点、卡点，建立高标准市场体系，创新生产要素配置方式，让各类先进优质生产要素向发展新质生产力顺畅流动。同时，要扩大高水平对外开放，为发展新质生产力营造良好国际环境①。

习近平总书记强调，要按照发展新质生产力要求，畅通教育、科技、人才的良性循环，完善人才培养、引进、使用、合理流动的工作机制。要根据科技发展新趋势，优化高等学校学科设置、人才培养模式，为发展新质生产力、推动高质量发展培养急需人才。要健全要素参与收入分配机制，激发劳动、知识、技术、管理、资本和数据等生产要素活力，更好体现知识、技术、人才的市场价值，营造鼓励创新、宽容失败的良好氛围②。

一、健全完善新型举国体制，全面提升国家创新体系整体效能

中国式现代化关键在于科技现代化，对推动科技强国建设、加快实现高

①②习近平在中共中央政治局第十一次集体学习时强调 加快发展新质生产力 扎实推进高质量发展［N］. 人民日报，2024-02-02（1）.

水平科技自立自强提出新要求。然而，当前我国仍缺乏指导国家创新体系整体效能提升与转型升级的方法论和创新管理新思想。面向我国国家创新体系发展的新使命与新挑战，批判性回顾国家创新体系、新型举国体制和有组织科研的理论与实践“瓶颈”，基于整合式创新思想和场景驱动创新理论，提出以“有组织创新”全面提升国家创新体系整体效能的新战略范式，明晰有组织创新的内涵边界和理论基础，系统探讨其核心构成要素和典型特征，进一步从结构、过程和功能视角阐释运行机理，提出实践进路。

（一）新征程、新使命呼唤提升国家创新体系效能的新战略

科技创新是世界百年未有之大变局的核心变量，是现代化产业体系建设和新质生产力培育的引领力量，更是以科技现代化全面推进中国式现代化的战略关键。随着 2022 年我国进入创新型国家行列，科技强国建设正式步入新的周期，亟待以跻身创新型国家前列、建成科技强国和推动新质生产力加快发展为目标，优化科技创新体系布局和战略规划。

在这一背景下，全面提升和强化国家创新能力，成为新征程上实现科技创新引领现代化产业体系建设与新质生产力培育的核心任务。随着新一轮科技革命与产业变革深入发展，国家创新能力对国家竞争优势塑造和国家安全格局构建的支撑引领作用日趋强化，科技创新进一步成为带动国家经济社会转型升级，跨越“中等技术陷阱”与“中等收入陷阱”，突破西方“小院高墙”战略围堵，开辟国家发展新优势的核心抓手。这一新战略动向，对国家创新体系的转型升级提出更高要求和更急迫需要。国家创新体系建设的总体战略，急需超越“见招拆招”式的被动应对，而需要基于前瞻视野主动破局，以实现跨越周期的超越追赶、创新引领为目的，打造国家科技先导能力。

党的二十大报告明确指出，完善科技创新体系的核心任务之一在于“提升国家创新体系整体效能”。在此背景下，新型举国体制的设计与布局成为

政产学研各界共同关注的议题。2022年教育部印发《关于加强高校有组织科研，推动高水平自立自强的若干意见》以来，学术界日渐关注有组织科研与有组织的基础研究的相关理论研究，强调将现实需求和应用导向和现有的自由探索相结合，作为促进国家创新体系整体效能提升的具体组织手段。同时，新型国家创新体系的理论也被提出，这一理论强调国家创新体系整体效能提升的根本路径在于推动其组织模式和运行机制的全面转型升级，赋予国家创新能力面向未来的先导性。

然而，当前有关理论探讨与实践探索，在回应“如何全面推进国家创新体系效能提升与转型升级”的问题上还存在较为明显的不足，未能形成体系化的战略思想和方法论。这些不足主要体现在：研究视角多局限于单一制度逻辑或创新主体，较少关注“以人民为中心”的思想下社会创新力量的作用，缺少强化企业科技创新主体地位和主导作用的体系设计，未能充分接轨全球科技创新数字化和绿色化“双转型” 趋势和创新管理新兴理论。2023年中央经济工作会议提出，要以科技创新引领现代化产业体系建设。健全完善新型举国体制，加快发展新质生产力，对全面提升国家创新体系整体效能进一步提出新目标、新要求。

当前研究和实践表明，国家创新体系整体效能提升和转型升级的核心抓手，在于依托新型举国体制革新组织模式与运行机制。而有组织科研与有组织的基础研究为国家实验室、国家科研院所、高水平研究型大学等国家战略科技力量科研管理模式的效能提升提供了理论指导。

然而，当前针对国家创新体系整体效能提升的研究，还存在着较为明显的实践瓶颈和理论缺口。首先，新型国家创新体系概念的提出为全面整合国家层面的科技创新活动提供了基本思路，但缺乏对于组织模式与运行机制的进一步阐释。换言之，缺乏适用于新型国家创新体系架构下的创新管理新战略范式，以明确现有国家创新体系在提升整体效能的要求下推进转型升级的方法论。

其次，新型举国体制虽然明确了“有为政府”“有效市场”和“新质主体”等基本要素组成，但缺少对应的体系化战略设计，阐释何以在国家创新体系内完善对新型举国体制的实践。需要进一步的理论建构，将新型举国体制的制度思想内涵转化为用以指导国家创新体系整体效能提升的战略路径手段。

最后，有组织科研与有组织的基础研究等概念，虽然提供了将新型举国体制实践于国家实验室、高水平研究型大学科研管理的有益探索，却局限于传统科研主体的视角，片面聚焦科技创新的上游环节，缺乏创新链的全局视野。同时，未能体现科技领军企业的科技创新主体地位和主导作用。“有组织”的概念还停留在国家战略科技力量个体内部，只解决了“局部”效能提升的问题，未能解决国家战略科技力量多主体整合这一制约国家创新体系整体效能提升的核心问题。

基于此，本部分聚焦中国式现代化新征程上国家创新体系建设面临的新要求和新挑战，提出以“有组织创新”全面提升国家创新体系整体效能的新战略范式，辨析其内涵边界和理论基础，解析其核心构成、典型特征和运行机理。在此基础上提出新征程上推动国家创新体系建设总体战略从后发追赶、创新驱动向超越追赶、创新引领转型的实践进路。本部分研究旨在为政产学研多元主体进一步贯彻“以人民为中心”的创新思想，强化企业科技创新主体地位与主导作用，应用整合式创新和场景驱动创新理论完善新型举国体制，以数据链赋能政策链、人才链、创新链、产业链、资金链深度融合，全面提升国家创新体系效能提供重要理论启示和科技战略决策参考；为加快建设科技先导能力，赋能新质生产力加速发展，推进新型工业化和高质量发展提供强大的体系支撑。

（二）有组织创新战略的内涵、理论基础与核心构成

1. 有组织创新战略内涵与理论基础

（1）内涵与边界

有组织创新（organized innovation）是以中国式现代化新征程上高水平科技自立自强使命与“四个面向”科技创新战略引领，以实现国家创新体系升级跃迁和整体效能提升为目标，以整合式创新与场景驱动创新为理论基础，应用体系思想与场景思维，以新质创新主体为体系功能节点，依托新型基础设施释放新型创新要素动能优势，推动政府引导支持、场景驱动、企业主导的产学研深度融合为纽带，实现“有为政府”与“有效市场”统一，激发全体人民共同参与的国家创新体系新战略范式。这一新型战略范式旨在推动国家创新体系完成向新型国家创新体系的范式跃迁，以体系化手段面向科技创新贯彻“以人民为中心”的中心思想，强化企业科技创新主体地位与主导作用，为新型举国体制的实践提供具象化方法论，打通科学—技术—工程的科技成果融通互促机制与企业—产业—国家创新能力优势转化渠道，实现数据链牵引下的政策链、人才链、创新链、产业链、资金链深度融合。

本质而言，有组织创新可以被视为在新型举国体制的制度基础上，指导国家创新体系整体效能提升的战略规划，旨在明确新的组织模式和运行机制。有组织创新的核心构成遵循新型举国体制的基本思想，在全面贯彻党的领导基础上，把握场景驱动创新和数字要素带来的新机遇，进一步释放“有为政府、有效市场、有力主体、人民参与”四位一体的新型举国体制优势。在此基础上，进一步结合国家创新体系的转型需要和建设要求，完成对新型举国体制思想的具象化与操作化，明确将新型举国体制应用于国家创新体系效能提升的具体手段和路径。同时，有组织创新还结合创新生态系统、数字化绿色化双转型等国际前沿创新理论与实践的要点，在高质量发展背景下进一步丰富并

深化了新型举国体制的理论内涵。

作为新的战略范式，有组织创新相比现有指导国家创新体系发展的战略，在继承已有国家创新体系实践经验和发展基础的前提下，在战略导向、中心理念、发展趋势、理论基础、创新要素、核心主体、创新机制、企业能力、主导模式等多个维度上诠释了新型国家创新体系与新型举国体制之“新”的具体内涵（表 8–1），实现了与时俱进的内涵革新和范式跃迁。

表 8–1　现有发展战略与有组织创新战略的对比

比较维度	现有发展战略	有组织创新战略
时代背景	后发追赶，创新型国家建设	超越追赶，科技强国，中国式现代化
战略导向	创新驱动	创新引领
中心理念	依靠组织和关键个体	以人民为中心
发展趋势	中心化、集约式	数智化、绿色化、融合化
理论基础	协同创新、开放式创新、国家创新体系	整合式创新、场景驱动创新、新型国家创新体系
创新要素	土地、资本、人力、科技	土地、资本、人力、科技、数据
核心主体	政府、高校院所、企业等	国家战略科技力量、新质创新主体
创新机制	市场驱动、经济利益导向的松散耦合	使命牵引、场景驱动、企业主导的产学研深度融合
企业能力	核心能力，动态能力	先导能力
主导模式	举国体制与市场化机制、独立自主与开放合作的二元模式	自上而下制度引领与自下而上创新涌现循环互促、基于自主的开放整合模式

（2）理论基础

在理论基础上，有组织创新的理论基于国家创新体系理论的发展趋势，结合场景驱动创新与整合式创新的理论内核，基于体系思想实现东西方管理智慧的有机融合。国家创新体系的研究表明，多元创新主体的跨边界协同与异质性创新资源的互补互通，是培育国家创新能力的必要条件。而新型国家创新体系的理论更进一步地强调，建立微观、中观、宏观多维度的科技创新在目标、过程与影响上的关联。而“有组织”思想的具象化与操作化，正是为了应对创新过程不确定性提升、创新主体行为逻辑多元化、创新组织关系嵌套交叉等国家创新体系发展面临的现实趋势。有组织创新基于体系观的思维，结合整合式创新和场景驱动创新的思想，突破传统国家创新系统的研究所基于的系统观的局限性。

整合式创新理论强调战略视野引领下的开放、协同、全面创新，其核心要义在于以整体观、全局观整合多个环节和维度的创新，摆脱传统创新管理理论的视角局限性，能够同时兼容多重创新逻辑或微观创新模式。对于以提升国家创新体系整体创新效能为目标的有组织创新而言，整合式创新为实现创新主体的跨系统、跨层级协同提供了思路启示，即将使命驱动和战略引领的思想嵌入体系内各个层级创新活动的组织与运行过程。创新主体得以从体系的视角思考自身所对标的目标或任务，主动将组织愿景和创新战略与高维使命对齐。而国家创新体系的架构搭建与功能设计，也应该更加明确创新主体的定位与分工，以“牵一发动全身”的思想注重解决系统间功能整合、层级间要素联通、逻辑间桥接协调等关键结构性“起承转合”问题，打通支撑新型国家创新体系的节点。

整合式创新的理论为有组织创新模式下的国家创新体系整体效能提升与转型升级提供了宏观的思想启示与组织要点，诠释了有组织创新“何以可能”的基本问题。而场景驱动创新的理论则进一步为有组织创新“何以可为”提供了中观具体抓手，为搭建有组织创新的组织模式和运行机制提供了可行方案。当前，数字技术对组织运营的嵌入程度加深，数据要素对组织决策的影响范围拓广。在此背景下，创新主体间的边界被模糊，创新环节间的关联更紧密，创新需求端与供给端间的交互进一步强化。而场景驱动创新的基本思想在于，基于创新生态系统的理论，进一步提出将“数实融合”的场景作为创新主体融通、创新要素汇聚、创新目标演进的生态化载体，推动创新的自组织、自循环和自演化。场景之于国家创新体系转型升级的核心价值，在于以场景逻辑替代计划指令性逻辑，在场景化创新目标下引导创新主体自发形成基于共性需求的融通与耦合。基于数实融合，场景视角下的技术要素与需求要素得以实现更精准的匹配和更高效的相互转化，形成原始创新与快速转化应用双向互促、循环迭代的“飞轮效应”。

在数字技术和数据要素的赋能下，基于对海量场景的更深刻洞察，真实场景中的复合型、场景化创新需求和创新问题，得以被更精准地刻画、分解与重构。创新主体进而可以将场景化需求用于精准指导创新链与产业链的深度融合和整合式创新。除此以外，场景的自演化属性能够使国家创新体系持续跟进并引领全球科技创新的发展前沿。基于数字技术与数据要素的应用和积累，核心创新主体得以实现对于未来技术发展与社会影响的预测，将场景核心企业的先导能力进一步转化为整体的国家科技先导能力，强化国家创新体系的前瞻性和引领性，实现从创新驱动后发追赶向创新引领超越追赶的重大发展范式跃迁。

2. 核心内涵与典型特征

有组织创新的核心内涵在于，通过组织模式和运行机制的设计与重构，实现三重维度上的“有组织”：一是创新主体间有组织的整合共创，即通过有为政府、有效市场、新质主体间的内涵具象化与逻辑关系确立，超越传统以高校院所为主导、企业为配角的创新主导逻辑，确立场景驱动、企业主导型产学研深度融合的新范式；二是创新活动跨维度、跨层次、跨界地有组织开展，具体表现为使命驱动与战略引领下，基于体系思想与场景思维，实现企业主导科技创新的过程逻辑应用于不同类型、不同阶段、不同维度的创新活动开展过程；三是创新目标与多元诉求激励相容的有组织治理，即通过释放新质创新主体和新质创新要素的作用，实现“以人民为中心”理念下科技创新多元目标和多元诉求激励相容、协调互促，以科技创新治理体系现代化保障国家创新体系现代化。

（1）使命驱动与战略引领

使命驱动与战略引领是国家创新体系整体效能提升的顶层牵引，也是新型举国体制的核心优势特征。以高水平科技自立自强作为使命驱动，为创新主体提供思想的“向心力”与精神层面的持续能动性，是实现复杂体系有序组织、创新主体有效动员、跨越发展周期和避免体系失灵的思想基础。而“四个面向”下的战略引领，则确保国家创新体系的转型升级与国家长期发展战略目标的契合性，进而转化为科技创新活动在组织方向上的前瞻性与引领性。“四个面向”作为践行科技强国战略规划的核心抓手，为各个维度创新主体明确自身功能定位、设立具体发展目标规划提供基本类属上的方向指引。

（2）体系思想与场景思维

体系思想与场景思维作为新型国家创新体系中“承上启下”的关键新要素，向上承接国家科技创新需求与科技发展现实问题，向下对接创新主体核心诉求和行为逻辑，实现复杂真实情境中创新主体、创新资源、创新环境在面向具体创新任务下的协调与整合。体系思想是系统思想的进一步升维，不仅关注子系统内部的效能提升，更注重以子系统为最小组织单元的体系整体效能。随着国家创新体系内部分工不断细化、环节日趋复杂、层级嵌套加深，体系思想已成为推进其转型升级的必要组织思想。体系思想对体系架构者与创新主导者提出更高要求，需要其强化对参与主体异质性的关注与调和。通过设立基于前瞻洞察和场景化需求而形成的组织化安排和机制化手段，形成规制与自治共生的格局。而场景思维则是跨越组织、区域、产业边界，优化国家战略科技力量体系布局的抓手。依托场景刻画创新需求、提炼创新问题，更贴合真实环境中创新主体在特定情境下的行为逻辑，使得创新活动的组织更能兼顾异质性动机和需求。同时，场景的开放性与自演化特征，使得创新主体能够根据创新环境发展趋势与阶段性特征，及时调整优化创新任务的具体内容，进一步强化了体系的动态性与强韧性。

（3）有为政府与有效市场

实现有为政府和有效市场在国家创新体系中有机整合，破解举国体制和市场化机制二元分割模式下长期存在的效率失灵和市场失灵问题，是健全新型举国体制、加快国家创新体系转型的突出瓶颈。在有组织创新的战略范式下，有为政府的角色体现在各级政府承担指引长期创新方向、塑造新兴创新利基、明确创新组织核心、树立创新典型示范、划分主体行为界限等功能上。其核心行为准则可以概括为：引导创新主体的探索好奇心、破除制约跨边界创新协同的行政壁垒、提供创新制度微创新的合法性背书、促进领先创新实践经验推广，推进制度创新以前瞻应对市场化机制下可能出现的系统性风险。

而有效市场的内涵，则需要通过场景驱动、企业主导型产学研深度融合来实现。新型举国体制思想之于传统举国体制的超越性，就在于强调发挥市场机制在调配创新资源和动员创新主体上的优势，形成对于行政手段的有力补充。在明确法律底线和运行规则的“有效市场”下，源于自由良性竞争的创新主体自发行为，是创新活力和组织动能的主要来源。而树立企业的创新主体地位与创新主导作用，则是“有为政府”与“有效市场”二者得以联结，在保留个体能动性与自由度的基础上，形成整体规律化、有序化、可预测的新质载体与运行机制。以科技领军企业作为产学研深度融合的组织核心，有助于明确“有为政府”与“有效市场”的贯通路径，并降低政策机制与市场化机制的协同成本。同时，通过强化企业的科技创新主体地位与主导作用，有助于企业进一步确立创新基础观，强化先导能力的建设，并将其作为驱动国家创新体系转型升级和新质生产力培育的微观基础。在这一模式下，科技领军企业结合自身资源禀赋和能力优势，对场景化创新需求和问题进行分解和转化，形成具体的创新任务。围绕场景化创新任务，科技领军企业主动发挥产业影响力，以自建平台、合同协议、共建机构等市场化手段，作为组织核心融通产学研各创新主体的边界，打通创新要素的流通并依托内部项目管理机制，将创新活动的跨组织协调功能内化，进一步释放产学研多元主体的积极性和创新活力。

（4）新质创新主体

新质创新主体是当前新型举国体制研究中相对探讨较少的关键要素，是有组织创新的理论在实践上可行性的重要载体，也是国家创新体系得以提升整体效能、实现转型升级的结构支撑节点。新质创新主体，是指在数智化趋势下逐步涌现，以创新基础战略作为持续竞争优势的来源，在创新手段、创新逻辑、创新能级上与传统创新主体具有根本区别的创新主体。在数字化转型的背景下，创新活动逐渐脱离了传统组织边界的界限限制，更多地由跨组织复合型主体及具有突出创新能力和强大社会影响力的个体完成。

一方面，数字技术的联通性为组织的跨边界融合提供条件，创新战略的管理对象大多已经转向基于数智赋能的平台和生态，使得多元主体围绕场景化创新任务形成的紧耦合共同体，成为复合型新质创新主体的典型代表。另一方面，得益于通用人工智能的革命性突破和大规模应用，个体创新者能够比以往时代更低成本、低门槛、快速地利用创新公地或创新生态，形成“超级个体”，实现其创造力与影响力的指数级倍增。这些创新个体具有强大的创新资源号召力与整合力，是分布式、自组织、涌现型新质创新主体的典型代表。

如何驾驭和利用数字创新联合体和基于数智技术的“超级个体”，将成为通用人工智能时代各类组织得以高效推进创新活动、达成创新使命所依赖的重要微观基础。本质而言，新质生产力的培育，更需要倚重确立了新型生产关系的新质创新主体，发挥其基于数智赋能和创新基础观形成的先导能力，完成国家创新体系整体前瞻性与强韧性的升级。

有组织创新战略下国家创新体系的整体效能提升与转型升级，需要依靠各个层面上新质创新主体的培育和功能激发。这些新质创新主体作为新型举国体制中的“有力主体”，承担联结子系统、支撑体系运转的节点功能，负责实现跨制度逻辑、跨地域、跨主体的横向大规模、分布式协同，以及纵向跨层级的高效整合，真正实现“有为政府”和“有效市场”及“人民参与”的高效融通。

国家创新体系内的复合型新质创新主体，是由国家战略科技力量牵头布局构建的跨组织新质创新主体，包括顶层的高能级创新联合体，以及中层的产教融合体、创新联合体和新型研发机构。而国家创新体系内的自由态新质创新主体，则以通用智能体和超级个体为代表。依靠智能技术和组织数据构建的通用智能体，随着对组织内创新环节的深度嵌入，推动组织内部创新管理和外部创新协同的范式革命。具有领先洞察力与创造力的超级个体，逐渐在创新供给端和需求端同时占据更多话语权。超级个体依托数智化技术和独特创新资源的加持，与中小企业和创新平台形成互补格局。借助新质创新主体的功能发挥，国家创新体系内的社会力量参与得以被强化，公众创新诉求得以被反映，“自下而上”的创新通路得以被构建，使“以人民为中心”的中心理念得到进一步贯彻。

（5）人民参与

人民参与是“群众路线”历史经验和“以人民为中心”的发展思想在科技现代化中的重要实践，是推动新型国家创新体系战略落地和效能提升的根本动力，体现为在各个层级的创新决策、活动组织与运行中的“创新为人民—创新靠人民—创新惠人民”。

人民参与在具体执行上体现为三个“得到”和三个“实现”。一线的科技创新工作者和社会公众对于科技创新的诉求和期望，在创新目标与任务中得到切实反映；战略科学家、中层管理人员、基层创新先锋与领先用户的经验智慧，在创新产出过程中得到充分吸纳；社会群体对于创新成果效益的主流感知和反馈，在创新绩效的评价标准与制订中得到合理关注。以此实现科技创新全链条人民参与、科技创新生态人民共建、创新成果支撑共同富裕、提升全体人民的获得感和幸福感。

人民参与为新型国家创新体系与经济社会体制间的紧耦合提供了重要抓手，也是强化人才第一资源，激发全社会创新活力，以人才牵引推进科技现代化和助力中国式现代化的关键。在具体措施上，一方面要强调提高体系内先进科技工作者作为人民代表在创新活动中的话语权与能动性；另一方面要围绕场景构建国家“创新公地”，将更广大人民群众的物质、情感、精神需求转化为创新需求，尊重人民首创精神，坚定推进推动国家创新体系内共性资源、数据、平台和成果面向社会公众开放共享，激发广大用户、家庭和社会创新主体的活力。此外，人民参与还有助于发挥社会公众对国家创新体系的监督角色，督促体系内的创新主体通过提升效能并规制自身行为积极回应人民的期许和关切。

（6）新型创新要素

以数智化为代表的新一轮科技革命，触发了科技创新模式与底层逻辑重构。数据要素成为提升创新需求适配度和主体协同效能所必要的生产要素，而数字技术与特定创新环节共融形成的“飞轮效应”，则加速推动数字产业化和产业数字化，成为经济社会发展的新引擎。有组织创新强调发挥数据要素和数字技术作为新型创新要素的广域渗透、泛在连接、低成本复制、不完全排他性和边际成本为正等特色优势，提升战略前瞻引领成效，切实将体系思想和场景思维贯穿科技创新全链条。对于数据要素价值的充分发掘和数字技术功能的充分应用，需要贯穿创新主体内外部、创新过程全环节、创新体系全层级与全维度。只有完成创新全链条环节的数智化改造，有组织创新的体系规划与模式运行才能得以落地实施，赋予国家创新体系兼具敏捷性、自主性与开放性的创新韧性。而这一状态的实现，需要基于新型基础设施作为国家创新体系的底层支撑，包括以大科学装置为代表的科技创新基础设施，以超算中心、数据中心、数据交易所、产业数据平台为代表的数据基础设施，和以公有云、智慧网络、工业互联网平台为代表的数字基础设施。在此基础上，推动国家数据要素统一大市场，打通国家数据链，真正释放新型举国体制“有为政府、有效市场、新质主体和人民参与”的体系优势，赋能政策链、创新链、产业链、资金链和人才链“五链”深度融合，打造“数智创新飞轮”，加速国家创新体系数智化转型和整体效能提升。

（三）多维视角下有组织创新提升国家创新体系整体效能的机理

有组织创新战略范式能否切实转化为科技创新的具体实践，有赖于国家创新体系内多元主体全面认识和准确把握有组织创新提升整体国家创新体系整体效能的机理。关键在于进一步优化创新体系结构设计、加强科技创新全链条全过程管理，进一步强化面向全场景的国家创新体系功能发挥。据此实现全链条、全场景、跨层级的有组织创新，为国家创新体系效能提升的实践路径提供逻辑支撑。

1. 结构视角：体系上下全方位

国家创新体系依托的有组织创新战略，在结构上需要实现创新体系内部创新子系统与创新主体围绕场景，发挥企业创新主体地位与主导作用下的横向整合与纵向协调。这一格局构建的核心抓手在于，将新质创新主体作为国家创新体系关键结构节点。从结构视角来看，有组织创新模式下的国家创新体系的运行机理简化架构如图 8-1 所示。在体系之外的顶层之上，是国家发展战略引领和使命牵引，体现有为政府统一创新主体思想精神的角色

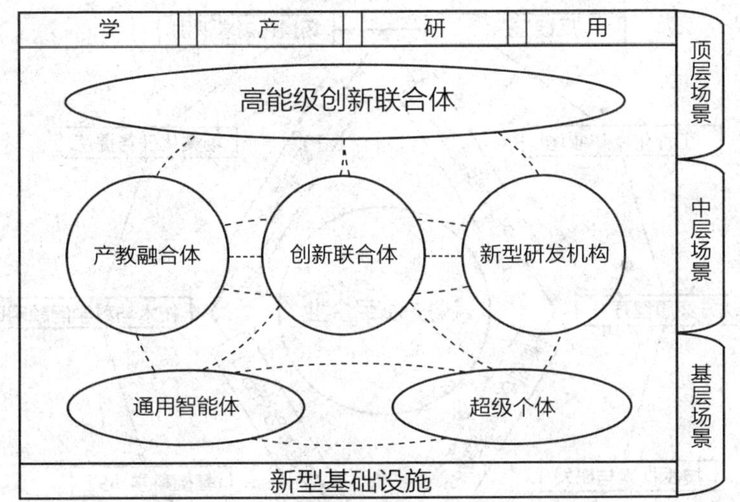

图 8–1　结构视角下的有组织创新运行机理

发挥。而在体系以内，顶层、中层、基层场景的结构，实现了将创新主体的主要活动范围依据其能级划分的"有组织"，又因为三个层级间场景的嵌套关系而实现了纵向联通。

在新质创新主体的分布上，复合型新质创新主体主要在顶层与中层发挥作用，而自由态新质创新主体则主要集中在基层。顶层的高能级创新联合体，中层的产教融合体、创新联合体、新型研发机构，基层的通用智能体和超级个体，不仅促进了同层级内"产学研用"多重制度逻辑的整合，还进一步通过横向协同和纵向融通，支撑新型国家创新体系的立体化、体系化结构，打通了自上而下与自下而上的循环互促。

2. 过程视角：科技创新全链条

从过程视角看，有组织创新的落地需要超越传统单点思维，加强科技创新的全链条、全过程设计。在明确每个阶段特征与基本内容的基础上，思考作为场景核心载体的企业如何在各个环节中体现其主体地位和主导作用。如图 8–2 所示，过程视角下的有组织创新运行机制，以科技领军企业贯穿科技创新的全链条，形成有组织出题、有组织的基础研究、有组织科研、有组

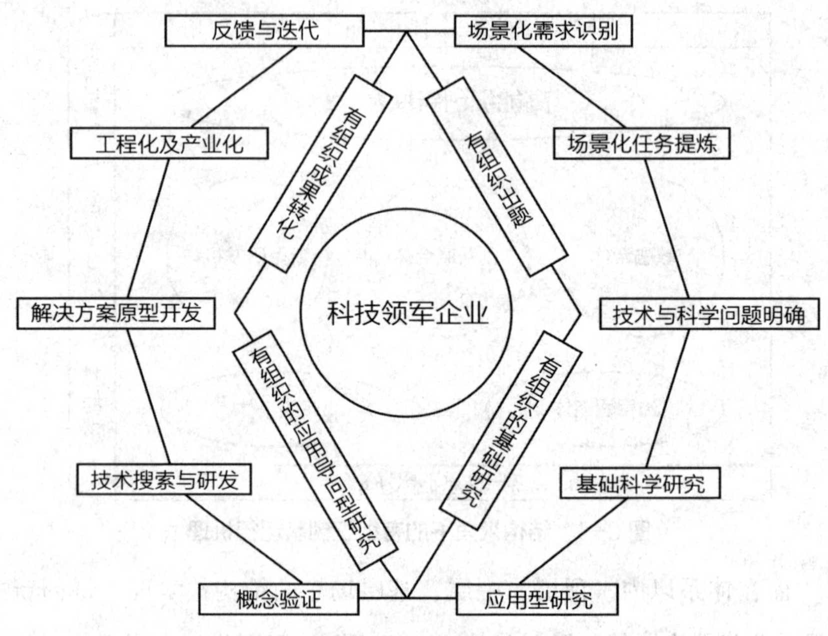

图 8-2　过程视角下的有组织创新运行机制

织成果转化的循环，体现其作为科技创新“出题人”“场景建设者”“答题人”“阅卷人”的多重角色。

具体而言，在不同阶段，科技领军企业作为创新场景的核心建构者分别与该阶段的主要参与创新主体开展协作。有组织出题阶段，科技领军企业主要与政府部门对接，在吸收场景内多元创新主体意见的基础上，完成场景化需求的识别，进一步联合战略科学家和研究型团队凝练科学问题。有组织的基础研究阶段，科技领军企业通过联合基金等方式发挥投入主体作用，以企业中央研究院为依托，支持国家实验室体系与科研院所完成基础科学研究和应用型研究。科技领军企业主要负责确保这一过程的问题导向，即在尊重战略科学家和领军学者自由探索的基础上，通过融入市场化机制，引导其好奇心并激发其能动性。在有组织的应用导向型研究阶段，科技领军企业接力承担有组织科研的平台型、牵引型组织执行角色，尤其是要通过融通创新型中小企业和专精特新企业，协同高水平研究型大学完成概念验证、技术搜索与研发、原型开发等关键环节，并在过程中实时针对需求、技术和情境的新变化与战略科学家团队交互沟通、调整优化具体的任务布局。有组织成果转化阶段，科技领军企业作为面向市场和社会公众的“阅卷代表”，主要负责把关工程化及牵头推进“首台套”设备、首批次材料零部件和首版次软件的场景化应用反馈与迭代优化。在此基础上，科技领军企业进一步洞察场景化需求的新变化，进而启动新一轮的创新循环，形成场景驱动全员、全要素、全时空的整合式创新。

3. 功能视角：国家层面全场景

基于场景驱动思维下的有组织创新，以“四个面向”下的顶层场景构建与体系设计，将使命愿景和战略导向转化为复合高阶场景化创新需求，进一步牵引创新主体与创新资源的汇聚。换言之，依靠顶层场景的设置，国家创新体系核心功能的定位、组成及分工也初步完成。因此，国家层面的场景构建对于国家创新体系的有组织创新，起到“压舱石”的锚定作用。其中，国家层面场景的界定是核心问题，需要承接国家发展之于科技创新的要求和需要，并尽可能地明确场景的边界与细分内涵。为开展有组织创新，顶层场景可以按其核心功能，被基本分类为“四个面向”框架下的科技核心型场景、社会核心型场景、经济核心型场景和生态核心型场景（图 8-3）。科技核心型场景是统合其余三种类型场景的核心。“核心型”的内涵在于体现该核心场景的场景逻辑，以何种底层视角思维作为基础来构建。四类顶层场景间相互关联促进，并无固定的封闭边界，而是共融一体，确保场景间的创新主体流动与创新要素互通。

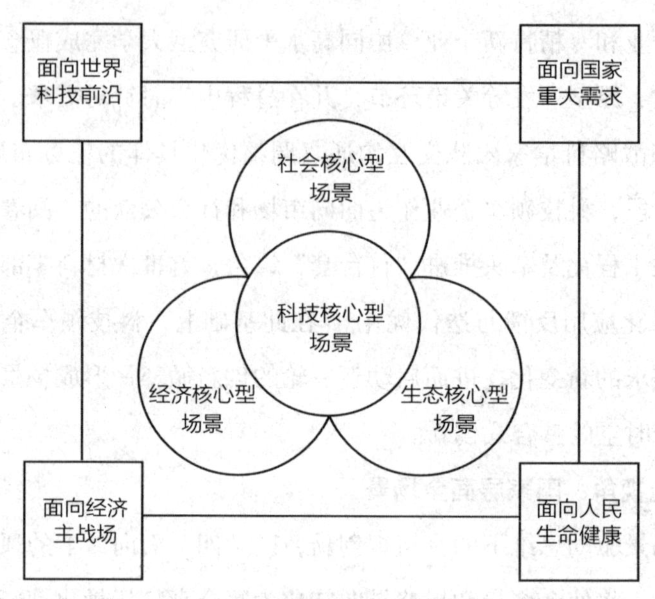

图 8-3　功能视角下的有组织创新顶层场景布局

(四) 以有组织创新加快提升国家创新体系整体效能的实践进路

有组织创新的战略规划，以提升国家创新体系的整体效能、推进国家创新体系的转型升级为核心目标。这一目标的实现，需要在把握核心战略要点、过程机理的基础上，多路并举整合推进。具体而言，五重实践进路意为：坚持“以人民为中心”的中心理念，加强自上而下与自下而上的循环互促，强化企业科技创新主体地位与主导作用，实现场景驱动下的横向整合与纵向协调，以全球在地化（glocalization，也即“全球本土化”）战略推进高水平对外开放。这五重实践进路相互关联、互为支撑，形成以人民为中心的中心理念下，微观企业的创新基础观转型带动国家创新体系升级、科技先导能力培育促进新质生产力发展的共演态势，进而体系化推进新型国家创新体系的建构与完善。

1. 坚持“以人民为中心”推进多重创新目标有机融合

新型国家创新体系与新型举国体制的“新型”内涵的实现，需要依靠有组织创新的战略，以体系建构和组织手段推动科技创新的核心理念实现向“以人民为中心”的转型。以人民为中心的理念，强调科技创新需要关注人的全面发展需求，并重视科技创新之于人民群众的多重效用，实现多元化诉求的统筹与协调。较之于创新过程，以人民为中心的理念要求创新主体树立“创新为人民—创新靠人民—创新福人民”的信念，并通过有组织创新的模式与机制支撑这一理念在新型国家创新体系中的贯彻。具体而言，以人民为中心理念指导下的国家创新体系转型升级，需要确保创新目标与任务的设定对人民多元诉求的反映，创新过程对人民实践智慧与创造性的吸收，创新活动成效的评价对人民共性意见的重视。

有组织创新的核心特征之一在于实现科技创新目标的多元化整合，体现以人民为中心的理念在国家创新体系组织模式与运行机制上的贯彻和落实。有组织创新下的科技创新目标设定，超越传统科技创新目标对于提升经济效益和带动产业发展的片面强调，而是转向关注经济、社会、生态效益等多维度的整合价值创造，并且全盘考虑其在短期、中期和长期的整体效益。只有实现多重创新目标的有机融合，才能提升国家创新体系在可持续发展导向下的整体效能。进一步推进国家创新体系内资源的集约利用、环境友好底线的设立，使其成为支撑中国式现代化与高质量发展的基础体系。

2. 加强自上而下制度引领与自下而上创新涌现的互补循环

以往国家创新体系理论和实践大多将创新链上游的政府或国家科研院所作为体系的组织核心，确立其对体系范围内科技创新的领导作用。系统失灵问题的解决方案，大多也基于行政手段的调配或疏通。诚然，历史实践中的举国体制的核心经验就在于通过顶层设计，实现科技资源的集中调配和统一部署，科技创新的全过程贯彻国家意志。总体而言，传统视角下的国家创新体系与举国体制实践都侧重强化“自上而下”的推动力，将其作为国家层级科技创新流程落实与效能提升的核心动力。然而，需要客观认识到新形势下，行政体系的规制与市场驱动的自组织间的脱节，日益成为完善新型举国体制突出的“瓶颈”问题。对此，新型国家创新体系与新型举国体制中“新”的关键就在于通过有组织创新，走以人民为中心的创新路线，推动自上而下制度引领和自下而上创新涌现的有机互补，形成驱动体系内部运转与整体演化的宏观循环合力。对于新型国家创新体系而言，有组织创新的组织模式有助于其打通自上而下和自下而上的双通路循环合力，赋予其自组织与自演化的属性。

自下而上的创新涌现之所以能够成为新型国家创新体系的关键运行支柱，不仅是顺应了“以人民为中心”的理念要求，更是在数智赋能和开放科学的趋势背景下，充分发挥体系内创新主体创造力与能动性的必然选择。人民参与之所以能成为有组织创新的核心构成，根本原因在于社会力量的创新探索已成为科技创新的核心动能来源之一。随着开放科学的潮流，社会公众获取知识的门槛被极大地降低。生成式人工智能等知识创造工具的普及，也极大地提升了人民群众的创新能力。数字化平台为传统意义上松散的原子化个体，提供了交流创新想法并开展创新协作的机会，催生了一批基于共同志趣的创新团队和初创公司。而颠覆性创新、朴素式创新、用户创新的影响力提升，也揭示了在当前创新迭代加快、创新路线多元化的背景下，重视作为创新用户的人民的反馈和创意的必要性。

根本而言，科技创新需要更加强调实际效用和需求导向，脱离了价值创造本质的创新活动终究是难以为继的。在此背景下，专业的权威性对创新的贡献正在减弱，甚至因其观念固化、视野局限和有限的创造力，反而可能制约国家创新体系的整体效能提升和转型升级。而自下而上创新涌现模式的建构，则有助于发挥群体智慧和领先个体的前瞻性，为新质创新主体先导能力进一步升维至国家科技创新先导能力提供通路。因此，创新的话语权、资源和机会都应该进一步对人民开放，为科技创新成果的持续产出与迭代提供不竭动力。有组织创新所依赖的核心动能，既不是计划主义下的教条式命令，也不是缺乏规则与底线的无序竞争，而是节律性自上而下制度引领与有序化自下而上创新涌现的有机融合。

具体而言，作为顶层国家意志的使命愿景和战略规划自上向下传导，建构并完善有组织创新模式在各个层级的初始布局。在每个周期的起始阶段负责启动并更新体系的基本设定，并对创新体系内的运行状态与主体行为进行适当的规制与干预。而自下而上的传导则基于“创新涌现”的逻辑，重在扩散来源于基层创新实践积累的领先创新模式和先进创新成果。依靠有组织创新模式下的双向联动快车道，建构从个体效能提升到体系效能提升的长期通路。并且伴随基层创新主体对有组织创新的实践逐步深化，其面向体系完善和科技创新的新需求也会持续涌现，并最终反映在下一阶段的顶层设计中。为此，国家创新体系需要通过有组织创新实现顶层与基层间的双向互通，确保诉求、经验等隐性创新要素被识别、解构与传递的可行性与完整性。

3. 强化企业科技创新核心主体地位与主导作用发挥

有组织创新作为指导国家创新体系整体效能提升的新战略范式，关键在于确立企业在科技创新全链条中的核心主体地位和主导作用。企业的组织核心地位与主导作用的合法性和历史必然性，一方面来自其相对于同层级创新主体的综合能力优势，能够同时承担科技创新“出题人”“答题人”“阅卷人”和“场景建设者”的多重角色；另一方面来自对市场化机制的深刻理解和熟练运用，具备市场化机制下丰富的科技创新组织与运行经验。

在完善新型举国体制上，科技领军企业能够依靠其在多重制度逻辑和混合机制下形成的组织与管理创新，为实现“有为政府”与“有效市场”的有机结合提供桥接渠道。根本而言，相较于其他创新主体，各个层级的企业往往最符合有组织创新核心组织主体在内在动力、实践经验与自主创新能力上的条件，尤其是国家战略科技力量层面的科技领军企业。换言之，有组织创新在具体层级上的运行，有赖于政府通过制度微创新支持具有相应意愿和能力优势的企业进一步主导产学研深度融合。强化企业科技创新核心主体地位与主导作用，能够促进企业的战略管理方式向创新基础观转型，激发其创新先导能力的培育，进一步加快国家创新体系的转型升级，作为微观动力基础带动新质生产力的发展。

4. 重视场景驱动、数据赋能横向协调与纵向整合

有组织创新在组织模式上的核心特征，在于实现国家创新体系内部各个层级间的同类创新主体在制度逻辑内的纵向协调，以及各个维度下同能级创新主体的横向整合。有组织创新以场景为抓手，驱动创新主体的需求对接和协作开展，并基于对新质创新主体的明确定位，充分释放其对于支撑体系高效运转的效用。具体而言，场景不仅能将“四个面向”下的科技创新目标转化为场景化需求和问题，更能基于此衍生出聚焦化的细分场景，作为载体组织创新主体基于场景逻辑对接场景化创新任务并开展协作。场景驱动下的创新组织模式，不同于以产业边界、地理边界或规模边界作为协同边界的传统思维，而是基于场景自身跨制度逻辑、跨能力层级的性质，推动创新主体在场景内形成“各得其所”的整合共创格局。

场景逻辑超越了原有创新生态中焦点企业对创新资源，以及生态位的编排角色，能尊重创新主体在现实情境中的核心诉求和能力异质性，形成场景任务与优势主体动态适配，推动多主体围绕场景任务的自组织。新质创新主体作为支撑创新体系运转、主体协作与要素联通的关键节点，将宏观体系共性难题转化为微观或中观主体间的具体协作创新任务组合。场景驱动思维下，还需进一步重视以新质创新主体为抓手，加快构建以数字技术为支撑，赋能横向协同与纵向整合，强化数据链牵引，形成政策链、人才链、创新链、产业链、资金链“六链”融合的全新生态。

5. 以全球在地化战略开辟国家创新体系新格局

自主是科技自立的基石，而开放则是科技自强的关键。新型国家创新体系建设需要在充分利用国家内部资源和激发主体活力的基础上，更加重视瞄准国际创新前沿，以高水平对外开放批判性借鉴国际创新经验、吸纳国际创新资源、深度参与国际创新合作。有组织创新的战略范式下，国家创新体系需要超越自主与开放的二元分裂思维，基于全球在地化的思维，推进基于自主的开放整合式创新，建设具有全球竞争力的开放型国家创新体系。

全球在地化的思维强调国际化前瞻视野与本土化实践智慧的有机结合。实践这一思维的核心在于把握独立自主与开放包容的平衡，形成二者相辅相成的互补态势。以前瞻性、体系化思想，依托战略设计实现开放环境下的自主、协同与全面创新的有机整合。一方面，要坚持底线思维，以自主保障自立，围绕产业关键核心和共性技术，形成能保障极限条件下“自给自足”的技术供应能力，并主动在颠覆性技术和未来技术上超前布局，占据竞争制高点。另一方面，要避免封闭思维，以开放实现高水平自强，特别要重视“引进来”与“走出去”的协同发展。在“引进来”上，需要积极吸引以领军科技人才为代表的高水平国际创新资源，将其融入国家创新体系的循环中。对国外科技领军企业和创新型企业开放本土市场，发挥“鲇鱼效应”，倒逼产业内部良性竞争和转型升级。

在“走出去”上，首先，要积极推动新型国际化，制度性鼓励支持中国科技领军企业和专精特新中小企业带动产业链和供应链“集体出海”，积极参与国际创新网络建设。通过形成“你中有我，我中有你”的生态互嵌新格局，增强中国产业链的全球话语权、吸引力和影响力。其次，要进一步重视把握“一带一路”和“全球南方”等倡议带来的发展机遇，鼓励产业龙头或链主企业在共建国家布局产业链与创新链。在发展中国家积极开辟新市场，并将其作为促进创新产出迭代与升级的创新利基，提升中国科技创新模式和创新体系的国际认可度，进一步强化我国在全球创新合作网络中的话语权。通过新型的“走出去”与“引进来”相结合的全球在地化战略布局，建设具有全球竞争力的开放型国家创新生态系统。

二、推进国家战略科技力量体系化协同，打造国家科技先导能力

中国式现代化的关键在于科技现代化，科技现代化的关键在于科技创新主体和能力现代化。习近平总书记深刻指出“世界科技强国竞争，比拼的是国家战略科技力量。国家实验室、国家科研机构、高水平研究型大学、科技领军企业都是国家战略科技力量的重要组成部分，要自觉履行高水平科技自立自强的使命担当”[①]。党的二十大强调，完善科技创新体系，坚持创新在我国现代化建设全局中的核心地位，完善党中央对科技工作统一领导的体制，健全新型举国体制，强化国家战略科技力量。

当前，我国正处于加快提升国家生存力、发展力、竞争力、持续力的关键时期，面对国内外复杂形势、极端风险挑战，以及推进中国式现代化新征程的新使命新要求，如何加快培育壮大科技领军企业，激活和推动各类战略科技力量体系化高效协同，成为科技领域战略性、方向性、全局性重大问题，更是以科技创新引领现代化产业体系建设和培育新质生产力的重大紧迫议题。

对此，笔者认为，在科技现代化支撑中国式现代化的新征程上，必须尽

①习近平．在中国科学院第二十次院士大会、中国工程院第十五次院士大会、中国科协第十次全国代表大会上的讲话［EB/OL］.（2021-05-28）［2024-03-01］. https://www.gov.cn/gongbao/content/2021/content_5616154.htm.

快跳出西方的“议程设置”所带来的“追赶—落后”“再追赶—再落后”的“追赶陷阱”，加快国家发展从传统的后发追赶、创新驱动，向超越追赶、创新引领的战略思维转型。强化重大科技创新组织领导，聚焦战略必争、体系必备、发展必需、安全必要的重大需求，加快培育壮大科技领军企业，重视强化科技领军企业作为“有力主体”在加强科技创新全链条管理和国家战略科技力量体系化发展中的主导性作用。发挥好科技领军企业市场需求、集成创新、组织平台的优势，发挥好企业主导型高能级创新联合体作为新型举国体制的独特载体优势，有效整合“有为政府”“有效市场”和“有容社会”，大幅提升科技攻关体系化攻关效能，打造国家科技先导能力，加快实现高水平科技自立自强，进而为提升产业链供应链安全韧性水平，加快培育新质生产力，推进新型工业化和高质量发展提供战略性支撑。

（一）新形势下亟待加强国家战略科技力量体系化建设

党的十八大以来，以习近平同志为核心的党中央把创新作为引领发展的第一动力，摆在党和国家发展全局的核心位置，深入实施创新驱动发展战略，坚定不移走中国特色自主创新道路，以前所未有的力度强化国家战略科技力量布局，国家战略科技力量日益成为创新型国家建设的主力军和科技强国的先锋队，推动我国创新型国家建设取得历史性突破。根据中国科学技术发展战略研究院 2023 年 11 月发布的《国家创新指数报告 2022—2023》，我国国家综合创新能力从 2011 年的第 20 位稳步上升至 2023 年的第 10 位，进一步向创新型国家前列迈进。航天科技、中国电子（中国电子信息产业集团有限公司）、中国电科（中国电子科技集团有限公司）、中国石油（中国石油天然气集团有限公司）、中国中车、京东方、中集集团等一批国资央企科技领军企业的产业控制力和带动力持续增强，涌现出华为、比亚迪、宁德时代、百度、腾讯、阿里巴巴、小米、大疆、美的等一大批领跑战略性新兴产业的科技领军民营企业，培育出 10 万余家专精特新中小企业，有 760 多家企业跻身全球研发 2 500 强行列。越来越多的科技领军企业在战略前沿技术和颠覆性技术方面甚至走在高校院所前面，已经有意愿、有能力成为科技创新的核心乃至主导主体，承担起科技创新“出题人”“答题人”“阅卷人”的作用。

随着百年未有之大变局加速演进，一方面，俄乌冲突、新一轮巴以冲突对全球产业链供应链带来的断链阻链风险加大，科技发达国家对华实行“小院高墙”“去风险”“友岸外包”等针对性围堵政策，并开辟尝试取代中国的“平行供应链”，同时西方科技领军企业逆势快速发展，并在通用人工智能、可控核聚变等多个颠覆性技术领域实现持续突破，对全球人才和创新资源虹吸效应增大，外部风险和挑战不断加大。另一方面，我国科技强国建设正处在将强未强、爬坡过坎的关键期，科技领军企业整体创新能力、集群数量和规模同科技发达国家的差距仍然明显，科技领军企业在国家战略科技力量中的主体性地位和主导性作用发挥不足。

战略科技力量的各自定位与布局结构有待优化。明晰各自定位，优化布局结构，是有效履行使命的必然要求。但当前，各创新主体的创新贡献度评价价值共识不够契合，高校侧重论文价值导向，企业侧重市场产品价值导向。开放共享的利益纽带不够紧密，缺乏在社会主义市场经济条件下的利益分享机制。许可、转让等协同共创之桥不够通畅，从事科技服务的机构较少，激活合作网络的桥梁纽带作用发挥不充分。综合来看，创新链、产业链、资金链、人才链“四链”融合的生态不够理想，战略科技力量引领国家发展的成效亟待提升。

体系化协同攻关不够是国家战略科技力量发挥作用的关键瓶颈。虽然我国国家战略科技力量发展迅速，成效显著，但多元战略科技力量主体间松散耦合、协同低效、利益争夺、重复研究、成果难转化、收益分配激励不相容，创新链和产业链融合不足，军民领域战略科技力量融通难等仍是突出痛点。

而同期科技发达国家则已经在快速行动，进一步强化国家战略科技力量体系化协同，以加强领先优势或主动围堵中国发展。例如美国政府在2017年的《美国国家安全战略》和2018年的《美国国防战略概要》及2022年出台的《芯片和科学法案》中提出并深化了国家安全创新基地（NSIB）的概念，将国家主导的研发投资视为美国政府应对中国竞争的基石，致力于动员和整合学术界、国家实验室、私营领域全部科技力量，应对中国等新兴经济体的竞争，确保美国全球科技领先优势和国防安全。

企业主导型高能级创新联合体缺乏成为战略科技力量体系化协同的掣肘。传统的产学研协同创新以高校院所为主导，成果转化也多从技术研发主体出发，缺少对企业主导的产学研深度融合新范式、新模式的重视和探索。创新联合体是促进产学研协同和成果转化的重要组织模式，但传统的创新联合体以松散耦合、市场化驱动和经济利益导向为主，难以有效支撑关键核心技术"卡脖子"问题的解决和承担国家重大使命。

（二）打造国家科技先导能力，形成加速新质生产力发展的能力引擎

面对新征程新形势和新使命新要求，要在中央科技委员会的领导下，由中央科技委员会办公室和科技部牵头，跨部门协同，强化党和国家对重大科技创新的集中统一领导，采取有力有效措施，加快培育壮大科技领军企业，旗帜鲜明地支持其在国家战略科技力量体系中发挥主导性作用，加强场景驱动、企业主导型产学研深度融合，发挥企业主导型高能级创新联合体在健全新型举国体制中的独特优势。充分发挥市场机制作用，围绕国家战略需求，以加快形成国家科技先导能力、推进科技现代化和高水平科技自立自强为锚定，优化布局战略科技力量和军民科技融合体系，增强六大能力，加快国家

战略科技力量整合式创新，大幅提升科技攻关体系化能力，全面提升国家创新体系整体效能。在此基础上，不断催生重大原始性创新，持续突破关键核心技术“卡脖子”问题，大幅提高重大科技成果转化成效，前瞻识别、培育和部署前沿技术、颠覆性技术和未来产业技术，加强新技术赋能和新质生产力培育，打通从科技强到企业强、产业强、经济强的通道，为实现高水平科技自立自强、建设现代化产业体系、推进新型工业化和中国式现代化提供强大支撑。

1. 明确使命定位，强化科技领军企业在国家创新体系中的牵头主导能力

尽快研制科技领军企业培育和评价指南与实施细则。加快国资央企新建重组步伐，培育现代新国企，打造科技领军企业主力军；进一步重视民营企业参与重大创新，支持科技领军民营企业牵头承担国家重大战略性科学任务、科技工程和重大专项。全面推广“链长制”，支持产业链链长企业参与乃至牵头国家实验室等重大科技创新平台建设，强化重大科技攻关需要的使命驱动型大兵团作战能力，在大兵团作战中培育科技领军企业。

强化科技领军企业在提升国家创新体系整体效能中的主导性作用。支持科技领军企业发挥“出题人”“答题人”“阅卷人”和重大创新“场景建设者”作用，推进自主创新、开放创新、集成创新一体布局，牵引发挥国家实验室前沿引领作用、国家科研机构建制化组织和原始创新策源地作用、高水平研究型大学基础研究与人才培养和重大科技突破的主力军作用，联合打造面向高水平科技自立自强的高能级创新联合体，推进国家战略科技力量体系化建设和一体化攻关。

聚焦集成电路、航空发动机、工业母机、新能源汽车、高端医疗装备等“大国重器”，人工智能、工业机器人、量子计算等“强国智器”和未来网络、生物制造、深海深地深空开发、氢能储能等“先导利器”领域，支持科技领军企业牵头打造任务型、体系化的创新联合体。引导战略科技力量围绕国家战略和产业共性需求开展跨组织、跨场景整合式创新，为有组织创新攻关提供稳定持续的平台和资源保障；加大对科技领军企业同国家自然科学基金委员会和其他战略科技力量联合发起基础研究基金、参与国家重大科技决策的支持力度，将高校院所参与科技领军企业牵头的攻关项目纳入国家项目范畴；建立场景驱动、企业主导的新型科技成果转化体系，形成有利于原创成果不断涌现、科技成果有效转化的"创新飞轮"。

2. 坚持人才引领，增强战略科学家和战略企业家"双核"引领能力

在关键产业技术领域识别、选调、培养一批战略科学家，长期稳定支持其牵头开展原始性科学创新、关键共性技术研发、基础科学探索等重大科技工程，发挥其对科技攻关体系的核心引领功能；加快培育和选拔一批胸怀"国之大者"，具有战略眼光、全球视野、科技素质、能力卓著的战略企业家，在国家奖励、卓越工程师等国家荣誉中加大对战略企业家的激励力度，授权支持其牵头推进现代企业制度创新探索，以治理体系现代化加快打造科技领军企业。

探索战略科技人才创新"白名单"制度，综合运用"军令状""赛马制""揭榜挂帅""包干制"和研发经费"负面清单"等多元制度创新，营造敢担当、讲能力、容失败的创新氛围；破除年龄限制，以风险投资思维，支持青年人才在颠覆性技术、前沿技术创新、产业化应用和公司内部创新创业项目中挑大梁、担重任，使战略性新兴产业和未来产业方向涌现出一批具有国际视野、未来眼光、复合能力的青年人才。

3. 坚持中央统筹，增强央地协同、错位联创能力

坚持"全国一盘棋"和宁缺毋滥原则，避免"大干快上"式重复无序建设，坚持央地协同，部门、区域协同，优化国家实验室等战略科技力量区域分工体系，与现代化产业体系结构耦合。由中央科技委员会牵头，科技部协同国家发展改革委、工业和信息化部等部门协同，研究制定促进战略科技力量和战略性创新资源跨区域流动与合理配置的指导意见，推动跨区域跨领域战略科技力量围绕国家重大任务和场景化需求快速对接、高效联创。建设能够支撑高能级创新联合体运行的国际科技创新中心、综合性国家科学中心和区域科技创新中心，“硬件”和“软件”融合推进，多维度强化区域创新生态。

4. 把握范式变革机遇，增强国家基础研究支撑能力

把握场景驱动创新、融合科学、科学智能（AI4S）、智能化科研（AI4R）等范式变革机遇，由国家发展改革委牵头，支持国家实验室、国家科研机构和高水平研究型大学联合科技领军企业，基于大科学装置和人工智能大模型等新型基础设施打造高能级创新平台，引聚战略科技人才，以战略科技任务、重大科研项目、大科学基础设施、大科学工程和大颗粒科研项目牵引大团队协同攻关，形成战略科学家和战略型企业家涌现、成长与“双核”引领的良性生态。

瞄准未来技术和产业发展趋势，超前布局未来产业科技创新基础设施和国家数据基础设施，与国家自主创新示范区、综合性国家科学中心等科技创新中心深度融合，形成国家战略性基础设施体系，打造国家科技创新公地，持续输出更多产业创新公共品，支撑未来产业培育和新质生产力打造。

5. 强化有组织创新，提升使命驱动型应急应战能力

由中央科技委员会指导科技部会同国家发展改革委、教育部、国家自然科学基金委员会等部门联合制定出台国家战略科技力量深化有组织创新的指导意见强调，加快推进重大科技创新组织从低水平重复、低端过剩、高端不足的追赶模式向使命驱动、大平台、跨领域和有组织创新的引领模式转型，更加重视强国使命场景和任务驱动的有组织科技攻关，尤其是要强化重大科技攻关所需要的使命驱动型大兵团作战能力，保障我国在科技创新上持续发力；引导战略科技力量围绕国家战略需求和产业共性需求场景开展跨组织整合式创新。以场景驱动有组织创新，提升自上而下的有组织科研和自下而上分布式协同的动态适配，努力实现科技的超越追赶，快速实现引领发展。

此外，要继续鼓励和支持问题导向型“小而美”的自由探索和并行路线的探索，警惕同质化、一窝蜂地投入同一领域或尝试同一技术路径而带来的资源虹吸和体系失灵、制度失灵等风险。

6. 坚持未来导向，加快培育国家科技先导能力

长期以来，我国的科技创新主要遵循后发追赶路径，极易陷入西方的“议程设置”所带来的“追赶—落后”“再追赶—再落后”的“追赶陷阱”。例如，西方近期在通用人工智能、室温超导材料、可控核聚变、人形机器人、一体化星链等领域均有新突破，引发相关产业的竞争制高点重构，必须警惕由此形成对我国科技发展新的“归零优势”。

对此，需加快战略思维从传统的后发追赶、创新驱动向超越追赶、创新引领转型，尽快启动研制《国家科学技术先导能力建设未来二十年规划》。以先导基础能力建设为锚定，优化国家实验室、科技领军企业等战略科技力量体系布局；建设科技先导能力建设研究院，研判筛选科技先导重点方向、重点领域，超前布局先导能力建设重大战略工程、科技先导平台和人才体系，加快打造国家科技先导能力，引领发展新质生产力和实现国家现代化。

在能力体系培育的基础上，要更加重视场景驱动，增强国家科技先导能力向国家科技先导优势转化、重大科技成果向新质生产力转化成效。瞄准国家重大战略需求和国计民生重大需求场景，建设场景驱动的高能级创新联合体，有效破解当前我国重大科技场景系统设计不足、场景机会开放程度不高、场景创新生态不完善等问题；引导支持国资央企和龙头企业发挥场景驱动科技创新主导作用，开放产业链场景，吸引多元主体和资本参与共建产业创新平台，对尚未出现主导路线和企业的未来产业，建议由政府牵头、企业主导、多主体参与，联合打造类脑智能、量子信息、下一代网络、深海空天开发、氢能储能等未来产业场景驱动的新型研发机构或创新联合体，以灵活机制、良好生态赋能创新涌现，开辟新领域新赛道，塑造发展新动能新优势。

7. 增强文化自信，建设“有容社会”

建设“有容社会”旨在激发全社会支持战略科技力量建设与科技成果转化的活力。文化自信是一个国家、一个民族发展中更基本、更深沉、更持久的力量。要充分发挥中国哲学和中华优秀传统文化中的整体思维、系统思维和全局思维优势，坚持走“以人民为中心”的科技先导能力建设路线。大力弘扬新时代科学家精神，健全科技伦理体系，倡导敬业、精益、专注、从失败中学习的创新创业文化，进一步营造热爱科学、崇尚和包容创新的文化与社会环境，持续赋能国家战略科技力量，以高水平开放打造具有国际比较优势的开放型国家创新生态体系，催生更多新技术新产业，开辟国家发展新领域新赛道，培育新质生产力和未来发展新优势。

三、加强企业主导型产学研深度融合，加快提升产业科技创新能力

近年来，我国积极加快科技强国建设，实施创新驱动发展战略。一大批国资央企、科技领军企业和专精特新企业积极参与以创新联合体为抓手的产学研协同攻关，在体制机制创新、关键核心技术突破和保障重要产业链供应链安全稳定方面取得了显著进展。

面向中国式现代化建设新征程新使命，亟待加快科技自立自强步伐，进一步集中优质资源，坚持创新链、产业链、人才链一体部署，推动企业主导的产学研深度融合，夯实企业科技创新主体地位，提升产业链供应链韧性和安全水平，将科技发展主动权牢牢掌握在自己手中，夯实新质生产力发展的重要微观基石。

（一）企业参与产学研协同创新的三种模式

按照当前我国企业在产学研协同创新实践中的地位与作用分类，主要有三种模式，包括企业牵头主导多方参与、企业参与高校或科研机构主导、企业参与政府主导三类。

第一，企业主导多方参与的产学研合作。由企业主导，聚焦重大产业场景，瞄准产业关键核心技术“卡脖子”问题突破的产学研合作创新，特色在于中央企业提供重大工程项目和重大应用场景，通过场景整合市场需求驱动和使命驱动，牵引创新链产业链深度融合，拉动大中小企业融通创新。

这类产学研合作属于重大任务导向型，通常为非独立法人的创新组织，不设置决策机构，主要通过与高校、科研机构等创新主体签订项目合同开展协同攻关。人员采取项目聘用制，校企人员实现双向流动，对合作项目的完成情况、成果转化等方面进行考核。科技成果在主导企业实现转化应用，创新攻关和需求应用紧密结合，转化收益按合同分配。

第二，企业参与高校、科研机构主导的产学研合作。由高水平研究型高校或国家科研机构主导的产学研合作，侧重技术驱动，有利于整合市场驱动和场景驱动的优势，特色是科技成果转化应用，或聚焦单点的关键核心技术突破。高校或科研机构负责确定研究方向、工作任务，拟定合作协议，征集合作单位，协同研发科研成果在企业实现转化和产业化应用，或者企业提出技术难题和科学研究需求，高校或科研机构提供人才支持、基础设施支持和研究资源支持，开展基础研究和应用研究。

这类产学研合作主要依靠高校科研资源开展联合研究，或者设立联合研发机构、公司等。人员多采用全员聘任制，研究人员以全职或兼职的身份开展联合研究；对项目多采取“里程碑”考核方式，对科研人员以科技成果转化数量和转化收益为指标进行考核，或者通过股权方式进行激励。

第三，企业参与政府主导的产学研合作。由政府牵头，确定研发需求、任务目标、合作条件、合作程序、激励机制、监督管理等事项，并提供资源、政策等方面保障；高校院所提供科技供给和智力支撑，企业提供资金、产业资源等支持，并助推科技成果转化；通过委托研发或“揭榜挂帅”等方式开展联合研发。

这类产学研合作可整合场景驱动、技术驱动和使命驱动。其中，中央政府主导的产学研合作主要聚焦国家重大战略需求，连接创新链产业链，保障产业链供应链安全稳定；地方政府主导的产学研合作主要破解需求来源分散、研发规模较小、研发周期短的难题，在推动区域性科技经济结合，打造区域创新中心和创新高地方面具有优势。

除此之外，一些地方政府还主导设立了实体机构（新型研发机构），这类机构一般具有独立法人资格，成立专门领导小组负责制度设计，采取理事会领导下的主任或院长负责制，决策机构为理事会，理事会成员由政府、企业、高校和科研院所、专家学者等构成。

（二）新阶段对产学研深度融合提出新要求

首先，从松散耦合迈向高效配置。目前，产学研创新联合体多由高校、科研院所或政府主导，企业主导的情况相对较少。面向高水平科技自立自强，建设现代化产业体系的抓手在企业。需要高度重视发挥企业，包括科技领军企业、科技型骨干企业在精准把握产业共性需求、汇聚集成科技创新要素、引领组织协同攻关的优势，以及专精特新中小企业和新创企业在打造韧性供应链、促进前瞻性颠覆性前沿性技术机会捕捉的灵活优势，提升重点领域项目、基地、人才、资金一体化配置效率。

其次，从要素协同迈向能力协同。当前，产学研协同创新联合体主要通过多元参与主体在资金、人才、项目等创新要素的协同，在关键技术、零部件和原材料等技术的研发、成果转化及产业化等方面获得突出进展。随着新一轮科技和产业变革的高端化、智能化、绿色化趋势凸显，亟须加快从要素协同向基于工业互联网平台和数字化、智能化技术的能力协同和联合共创，破解工业软件存软肋、原创基础研究孤立薄弱和产业基础能力空心化的瓶颈，以绿色化和数字化协同打造安全韧性和高质量、可持续的现代化产业体系。

再次，从成果共享迈向利益共享。现有产学研协同创新和创新联合体在实践过程中重点探索了政府支持下的科技成果评价、知识产权共享的激励相容机制，为破解机构主体协同瓶颈、围绕确定性技术路径和目标开展一体化协同攻关积累了宝贵经验和案例，极大地推进了科技自立和保障产业链供应链安全。但是在面向未来场景和事关国家非对称优势打造的前瞻性、基础性、颠覆性领域的创新，则存在技术、成果、市场、社会等多重不确定性，产学研协同和创新联合体建设会面临很多难以量化的资源投入和可预期的知识产权、经济价值产出。对此，亟须创新利益共享机制，以前置性、系统性的利益共享机制设计，激励全体人民参与创新，开辟发展新领域新赛道，不断塑造发展新动能新优势。

（三）推进企业主导产学研深度融合，夯实企业创新主体地位

一是重视使命型场景驱动，加快产学研深度融合范式转型。主动适应科技产业变革、科研范式变革趋势，推动由高校或科研机构牵头主导、企业参与组建的技术驱动型产学研合作范式，加快向由龙头企业尤其是中央企业和科技领军企业牵头、重大需求场景驱动，高校院所支撑、各创新主体相互协同的新范式转型。支持科技领军企业牵头组织产学研合作，强化企业科技创新主体地位和科技领军企业创新主导地位，发挥企业“出题人”“场景建设

者”和“阅卷人”作用，推动企业和高校院所等多元主体“同题共答”；支持科技领军企业前置性参与重大科学基金、重大科技项目和重大创新场景建设及科技项目的设计与决策。推动产学研从松耦合向高密度互动的紧耦合转变，避免重复布局和无序竞争，打造资源集成、分工明确、有序协同的大兵团作战模式，着力构建有效整合战略科技力量的使命型价值共同体。

二是强化科技领军企业主导组织协同、人才支撑等保障机制。为中央企业和科技领军企业主导产学研合作、开展有组织的科研攻关提供稳定可持续的资源保障，推动政府、社会、市场多元力量的有机整合。进一步强化依托高能级创新联合体和产业贯通联合体，发挥战略科学家、战略型企业家的引领性作用与产教融合科技人才支撑性作用；探索科技人才激励机制创新，支持科技人才大胆创新、敢于担当，提高基础研究水平和源头创新能力。鼓励国有企业、民营企业、高校院所的科研骨干在不同单位之间的流动，破除“创新孤岛”，打通成果转化“梗阻”，拆掉阻碍产业化的“篱笆墙”。通过“鲇鱼效应”激发创新主体的活力，正向激励和反向倒逼相结合，增强企业创新内生动力，推动战略人才力量更多出征攻坚关键核心技术“卡脖子”问题。

三是创建央国企联合创新示范区，深化治理机制和利益分享机制改革。统筹世界一流企业建设目标，着眼打造原创技术“策源地”、现代产业链“链长”，推进联合创新试点示范，构筑具有全球竞争力的开放创新生态。制定和完善有关联合创新的利益分配、产权归属、知识产权保护等方面的指导性意见，鼓励创新主体之间超越单一的经济利益和成果共享，走向广泛、深度的知识共享、经验共享与能力共享，为探索科技领军企业牵头主导打造高能级创新联合体、构建产业贯通联合体、发展新模式提供示范。加快从企业创新主体迈向企业创新主导，建设企业主导型国家创新体系，从企业主导和社会力量广泛参与、整合自主创新与新型国际化等维度健全完善新型举国体制，加快企业和创新联合体创新治理现代化，以企业主导的产学研深度融合为抓手，统筹推进教育、科技、人才一体化协同，全面提升国家创新体系整体效能，在科技自立自强上取得更大进展，为中国式现代化建设提供不竭动力。

四、创新人才工作机制，形成教育、科技、人才良性循环

深化人才工作机制创新是释放人才第一资源、强化人才支撑科技创新持续突破和加快发展新质生产力的战略性议题。习近平总书记强调，要按照发展新质生产力要求，畅通教育、科技、人才的良性循环，完善人才培养、引进、使用、合理流动的工作机制①。

教育是形成新质生产力的关键推动力，科技是发展新质生产力的核心要素，人才是推动科技创新转化为现实新质生产力的主体力量。畅通教育、科技、人才良性循环需要进一步深化教育、科技、人才领域的综合改革，形成相互促进、正向循环，共促新质生产力发展的合力。

（一）如何看待"教育、科技、人才三位一体化战略"

首先，"教育、科技、人才一体化战略"是党的二十大要求，2024年《政府工作报告》又进一步明确推进教育、科技、人才的综合改革，也包括了就加强教育强国、科技强国和人才强国一体化统筹建设，这是非常关键的战略布局。面向高质量发展要求，我们的教育，特别是高等教育要重视科学研究，把科学研究作为培养人才的重要抓手，所以就形成了"教育、科技、人才一

①习近平在中共中央政治局第十一次集体学习时强调　加快发展新质生产力　扎实推进高质量发展［N］. 人民日报，2024-02-02（1）.

体化战略”。

从全球高等教育发展规律来看，国内外高等院校都非常重视把科学研究作为人才培养的重要场所、重要基地、重要机制。我国各类高校都狠抓科技创新工作，在技术研究和面向产业、面向区域的技术创新过程中有效地发挥了科技创新培养人才的主要作用。我国的经济建设和社会发展都源于中国高等教育的贡献，高校是教育、科技、人才一体化的重要节点、汇聚点、交叉点。拥有全国 80% 重点实验室的高校应该成为人才培养的重要基地，成为培养具有创造力和创新能力的人才、建设创新型国家、实现科技高水平自立自强的关键。因此，《政府工作报告》所提出的“坚持教育强国、科技强国、人才强国建设一体统筹推进”是非常关键的战略。

在畅通教育、科技、人才良性循环，做好教育、科技、人才工作协调推进过程中，可以借鉴的发展规律之一就是，在发展过程中一定要重视从传统的教育培养到人才培养过程中加入科学研究。全球目前 60% 以上的诺贝尔奖获得者来自全世界的高校。国内一流的高校也非常重视科学研究，使得我国人才队伍非常有竞争力，为国家产业社会发展作出了突出的贡献。因此，下一步就是要把握好教育、科技、人才一体化的发展要求，实现高等教育的高质量发展。

（二）找准影响畅通教育、科技、人才良性循环的主要“卡点”

第一，是科技创意向产业创意转化的过程卡点。2024 年《政府工作报告》首先提出了要大力推进互联网产业体系和建设新知识产地，这是对我们高等教育发展提出的新问题。那么新质生产力的核心就是科技创新，科技创新主要以颠覆式创新和前沿技术创新为核心，那么这个过程中就需要我们高校孕育出颠覆性技术和前沿技术，甚至是未来技术，做好科技创新向产业创新的转换，这是高等教育发挥作用的一个关键点。因此，在学科建设过程中，需要强化面向现代化产业体系的现代工程教育、面向基础研究的科学教育，最终实现基础研究和产业共性技术开发与攻关，助力科技创新向产业创新的转换。

第二，是人才培养模式的卡点。一方面要大力培养拔尖创业人才，把创造力和创新能力建设作为人才培养的更高要求，同时也要重视辛勤劳动者的建设，大力提高职业教育的质量，强调具有工匠精神的专业技术人才培养。

第三，是组织模式的卡点或者学科建设的卡点。教育、科技、人才综合改革中要强调优化学科专业的布局。重视对基础学科的投入，重视对新兴学科的投入及重视对交叉学科的投入。要求高校发展过程中，要强调跨学科合作机制，不仅是跨学科科研机制，同时包括跨学科教学机制。

（三）突破关键“卡点”，深化教育、科技、人才综合改革的建议

“全面创新”是习近平总书记关于科技创新重要论述的一个关键点。全面创新包括理论创新、制度创新、科技创新和文化创新，制度创新是我们的关键，所以要加快形成知识全面创新的支持制度。

首先，宏观方面加强新型举国体制建设。进一步完善国家创新体系，从以市场为核心的新型举国体制发挥市场效能，兼顾以中央科技委领导下的新型举国体制。因此，期待教育部和科技部、工业和信息化部、国家发展改革委通力协同，形成步步合作的教育、科技、人才一体化的发展模式。

其次，中观方面应当创新链、产业链、资金链、人才链一体化，四链融合。教育发挥作用的首先是人才链方面。根据产业链布局人才链，使得教育的供需结构更加合理，就业质量会更高。因此，首先要加强人才链和产业链的对接。同时，今后的人才培养重点要关注基础研究和关键核心技术攻关。

人才培养要围绕“双链”：产业链和创新链。三链融合加上资金链融合，就可以为国家现代化产业体系建设，实现经济高质量发展，进一步发挥高等教育的支撑高质量发展的作用。

再次，微观方面需要明确深化科技评价、科技奖励、科技项目和技术管理的制度。最关键的是探索有利于高等教育科学研究的科技评价和奖励制度。鼓励高校科技工作者不仅强化有组织的基础研究，也要加强自由探索基础研究。因此，可以设计长周期的考核，鼓励高校科技工作者甘坐“冷板凳”，为整个人类的科学原理发现提供好的激励环境。同时，完善应急性的科技攻关项目的评价机制，支持广大教师和学生为国家的科技自立自强、自主创新发展作贡献。

（四）多维度全面提升自主创新能力的建议

2024 年《政府工作报告》强调强化原始创新能力，这是高等教育发挥作用的关键点。原始创新是由 0 到 1 的创新能力，需要首先加强基础研究能力的培养，可依赖于技术创新的工作。因此，培养创新能力成为高等教育科技工作的关键，也是进一步发挥高等教育作用的重要方面。由高校来完成原始创新工作，形成的原始创新和基础研究成果，以及技术开发成果，都能更好地推动产业发展来建设原始创新能力。同时集中力量为国家服务，尤其是面向国家战略需求的有组织科研。

同时，报告还明确提出强化国家战略科技力量的任务，包括充分利用社会创新资源。进一步和企业，中央的科研院所，包括国家实验室进行战略协同。企业普遍大量从事集成创新或开放创新，高等教育更多从事自由探索性的基础研究，中央级的国家科研院所以任务导向型的基础研究为主。

关于与企业的协同，如何加强创新能力，要依据企业的战略需求制订计划。为此，要支持实力雄厚的企业，让其牵头完成重大攻关任务，之后高校要与其配合，有效地优化国家的科技结构。这意味着科技创新的工作将更多地由企业来完成，而高等院校和科研院所则将承担起源头创新的任务。因此，这方面的工作需要进一步优化和完善。

此外，2024 年全国两会还强调了对颠覆性技术和前沿技术研究的重视，提出完善国家实验室运行机制的要求。拥有我国 80% 以上全国重点实验室的高校应该成为人才培养的重要基地。因此，如何让我国的高校参与甚至有效组建、管理下一代国家实验室，都是重大的任务。需要着手扩容和重组目前已有的全国重点实验室，以更好地面向产业重大需求，并进行多方面的攻关。

（五）如何从教育、科技、人才良性循环方面加快培养造就拔尖创新人才

第一，通识教育。拔尖创业人才的培养已被纳入国家发展战略的二十大文件中。拔尖人才的培养需要从加强通识教育入手，这是高等教育改革的关键方向之一。通识教育的目标是使广大学生更深入地了解人类和宇宙发展规律，涵盖各个教育阶段和层面。因此，需要探索高水平的特色教育，以更好地培养出拔尖人才。

第二，交叉教育。交叉教育也被认为是至关重要的。拔尖人才的核心在于多学科培养，比如美国的 STEM（科学、技术、工程、数学）教育中又加入医学成为 STEMM。因此，我们应坚持多学科人才的培养，以培养高水平的拔尖创新人才。

我国高校中的原始创新项目主要来自综合型大学。因此，发展多科教育和跨学科教育可能是高校改革的一个重要方向。通过优化教育模块，更好地

为拔尖创业人才的培养创造条件。

第三，人才早入科研领域。将优秀人才尽早引入科研领域，使科学研究成为人才培养的重要抓手。通过在科研中了解需求和进展，学生在学习知识时将更具目标性和效能性，提高了学习能力。因此，贯彻教育、科技、人才一体化过程，更大程度地发挥科学研究在人才培养中的作用，是未来的发展方向之一。

（六）从大中小贯通培养方面对拔尖创业人才培养的建议

当前，基础教育与高等教育之间的协同仍存在一些不足，表现为重复性工作较多。为了提高教育体系的整体效能，首先要明确在思想政治教育方面，需要实现大中小学的思想教育贯通。下一步的关键在于业务教育的协同，特别是在大中小学的业务素养教育方面。大中小贯通培养意味着大学教育的内容需要与中小学的教育内容协同，甚至延伸至幼儿教育，贯穿整个教育过程。

大中小皆可为创新者。依据习近平总书记科技创新和科学普及是实现创新发展两翼的理论，为中小学生做好科学普及很关键，同时也要让学生了解科学研究的本质。因此，在中小学阶段就要逐步引入科学教育和工程教育，让学生通过实践培养动手能力。

近期国家启动了“国家工程师奖”，旨在强调工程实践的重要性。这表明不仅仅在大学阶段，而且在幼儿园、小学和中学阶段都应强调工程教育，这也意味着应根据高等教育的发展规律优化基础教育。在这个过程中，鼓励更多理工科和其他类型的博士生参与中小学教育，这不仅有助于提升中小学教育的水平，还能够让来自大学的优秀教育者更好地了解高等教育的发展动态，为技术教育提供更优的支持和探索价值。

参考文献

陈劲，尹西明，2018. 建设新型国家创新生态系统加速国企创新发展 [J]. 科学学与科学技术管理，39(11):19-30.

董天宇，孟令星，2022. 双循环战略下提升中国人工智能产业竞争力途径 [J]. 科学学研究，40(2):230-236,287.

高山行，刘嘉慧，2018. 人工智能对企业管理理论的冲击及应对 [J]. 科学学研究，36(11):2004-2010.

李晓华，李纪珍，2023. 人工智能在组织管理中的应用：基于赋能与增益视角的分析 [J]. 当代经济管理，45(4):20-30.

梁正，王尚瑞，2023. 人工智能与公共治理实证研究前沿：一项文献综述 [J]. 公共管理评论，5(3)：178-200.

孙璇，2022. 美国人工智能发展策略与大国科技竞争格局 [J]. 中国科技论坛 (6)：172-178.

尹西明，苏雅欣，陈劲，等，2022. 场景驱动的创新：内涵特征、理论逻辑与实践进路 [J]. 科技进步与对策，39(15):1-10.

尹西明，陈劲，贾宝余，2021. 高水平科技自立自强视角下国家战略科技力量的突出特征与强化路径 [J]. 中国科技论坛 (9):1-9.

尹西明，陈泰伦，陈劲，等，2022. 面向科技自立自强的高能级创新联合体建设 [J]. 陕西师范大学学报 (哲学社会科学版), 51(2):51-60.

尹西明，陈泰伦，陈劲，等，2023. 加强企业主导型国家创新体系建设的逻辑与路径 [J]. 科技中国 (4):49-53.

尹西明，李一凡，李纪珍，等，2023. 人工智能国际领先机构 OpenAI 创新管理模式及对中国的启示 [J]. 创新科技，23(9):78-90.

尹西明，卢若愚，陈劲，2023. 场景驱动的产业数字化动态能力作用机制研究 [J]. 创新与创业管理 (1):1-18.

尹西明，钱雅婷，陈劲，等，2023. 小视科技：贴“地”而行，成就 AI 专精特新“小巨人”[J]. 清华管理评论 (6):100-110.

尹西明，钱雅婷，王伟光，2023. 场景驱动构建数据要素生态飞轮：从深圳数据交易所实践看 CDM 新机制 [J]. 清华管理评论 (5):107-117.

尹西明，苏雅欣，陈泰伦，等，2022. 屏之物联：场景驱动京东方向物联网创新领军者跃迁 [J]. 清华管理评论 (11):94-105.

朱巍，陈慧慧，田思媛，2016. 人工智能：从科学梦到新蓝海：人工智能产业发展分析及对策 [J]. 科技进步与对策，33(21):66-70.
LU Y, 2019. Artificial intelligence: a survey on evolution, models, applications and future trends [J]. Journal of Management Analytics, 6(1): 1-29.
YOO Y, HENFRIDSSON O, LYYTINEN K, 2010. Research Commentary: The New Organizing Logic of Digital Innovation: An Agenda for Information Systems Research [J]. Information Systems Research, 21(4): 724-735.

实践探索
区域篇

第九章
北京：智源研究院以人工智能大模型突破赋能新质生产力

2024 年 3 月 13 日，国务院总理李强在北京调研时强调，要深入学习贯彻习近平总书记在全国两会期间的重要讲话精神，认真落实两会明确的各项任务，牢牢把握新一轮科技革命和产业变革趋势，在推进科技创新和产业创新深度融合中培育和壮大新质生产力，加快塑造高质量发展新动能新优势。其间，李强在百度公司亦庄办公区调研了解大模型产品研发应用和国产化人工智能创新联合体建设情况时强调，要发挥我国应用场景丰富的优势，开放更多应用场景，加大制度供给，为人工智能产业发展营造更加宽松的环境。

调研中，李强召开座谈会，听取北京市新质生产力发展情况汇报和有关企业负责人发言。李强指出，发展新质生产力是推动高质量发展的内在要求和重要着力点。要紧紧抓住创新这个“牛鼻子”，加快关键核心技术攻关，以科技创新驱动产业创新，统筹推进传统产业升级、新兴产业壮大、未来产业培育，着力构建以先进制造业为骨干的现代化产业体系。要遵循产业发展规律、结合各地实际情况，因地制宜、科学谋划推进新质生产力发展。

李强指出，人工智能是发展新质生产力的重要引擎。要抓住算力、数据、算法等关键攻坚突破，多路径布局前沿技术，努力实现弯道超车、换道超车。要大力开展“人工智能 +”行动，统筹推进通用大模型和垂直大模型应用，引导更多行业领域开放应用场景，加强分类指导和典型示范，让人工智能更好赋能千行百业。

李强到北京智源人工智能研究院（简称“智源研究院”）详细了解了大模型前沿技术研发情况，察看了人工智能产品展示，并强调，要坚定信心、保持定力，瞄准世界先进水平，集中优势资源，加强攻关协作，不断取得新突破。

一、智源研究院：北京瞄准颠覆性技术突破部署的新型研发机构

面向人工智能科技革命的机遇和通用人工智能的原始创新策源，在科技部和北京市的联合指导支持下，智源研究院于 2018 年 11 月正式成立，也是首个国家新一代人工智能创新发展试验区牵头建设单位。

智源研究院作为北京市正式批准成立的首个人工智能领域新型研发机构，实行理事会领导下的院长负责制，由美国国家工程院外籍院士、微软亚太研发集团原首席技术官张宏江博士任首届理事长，北京大学计算机学院黄铁军教授任院长，依托北京大学、清华大学、中国科学院、字节跳动、旷视科技、百度、京东等北京人工智能领域优势单位共建。

智源研究院以推动人工智能技术的发展和应用为核心使命，致力于将原创算法、模型及工程化技术转化为具体的智能产品、智能服务和智能解决方案。通过识别重大场景需求，确定关键科研任务，汇聚政府、企业、高校、科研院所、金融机构等多元主体力量，吸引一流人才等优势资源，健全完善青年人才挑大梁的人工智能创新人才生态，围绕科研、工程、产业实现全链路布局，推动 AI 技术在购物消费、智能医疗、电子政务、智慧教育和智能交通等多个场景下的产业化应用。

得益于北京市的全力支持和在大模型领域的前瞻布局，智源研究院以重大使命型场景驱动与自由探索导向的科研组织模式和青年人才挑大梁的人才

引育用模式，探索场景驱动、人才引领、AI 技术突破和产业化的中国模式，在 2021 年推出了中国首个、世界最大的超大规模预训练模型“悟道 2.0”。悟道 2.0 大模型参数达到 1.75 万亿，是 OpenAI 发布的 GPT-3 的 10 倍，也超越了谷歌 1.6 万亿参数的大模型 Switch Transformers。随后，智源相继推出了“天演”生命智能模型、飞智大模型、“九鼎智算平台”和“悟道 3.0”多模态大模型，为科学智能（AI4S）和产业大模型开发、企业数智化转型提供基础性赋能。

智源研究院在大模型领域的工作也获得了国际同行的认可与尊重。其中，微软总裁布拉德·史密斯（Brad Smith）在 2023 年 2 月“Meeting the AI moment:advancing the future through responsible AI”的博客中指出，AI 已经成为国际竞争的前沿，必须依靠先进 AI 技术以赢得国际竞争和保障国家安全，并强调“与微软合作的 OpenAI，以及与谷歌合作的 DeepMind 成为秉持美国价值观的 AI 领导者，但必须重视这一次 AI 浪潮中的第三个领头羊，也就是来自中国的北京智源人工智能研究院（Beijing Academy of Artificial Intelligence）”。

二、智源研究院场景驱动人机协同赋能新质生产力发展的创新机制

智源研究院推进大模型基础研究、技术攻关和产业赋能的过程，体现了典型的“人—机—场”三元协同的创新范式。这一范式，强调人类专家智慧的研发和指导作用，AI 机器智能的涌现能力，以及场景需求的导向作用，旨在通过场景驱动的方式，实现人类与机器面向复杂动态环境的高效协同共创。智源研究院遵循“人—机—场”三元协同逻辑，设立聚焦基础研究探索的前沿中心、产学研联动的联合研究中心及聚焦 AI 工程化的创新中心，在推

进人工智能大模型研发和产业化的过程中，以场景驱动三大中心联动，围绕产业场景加快AI技术创新，突破AI产业化困难、“造血”能力差的瓶颈问题，形成了独具特色的“人—机—场”三元协同创新模式（图9-1），形成了场景驱动人工智能原创技术突破和快速产业化的“创新飞轮”，为其他高校、科研院所及新型研发机构的学术创业、科技成果转化和赋能产业发展贡献了智源智慧。

具体而言，智源研究院通过灵活的科研管理机制，开源生态和具有强大平台能力的通用人工智能基础设施，吸引和汇聚包括智源学者、优秀工程化团队与技术经理人团队在内的各方人才力量，共同牵引使命导向的前沿中心，紧密结合重大场景需求，确定关键科研任务，进行新理论和新技术的自由探索与围绕重大问题的联合攻坚。在此过程中，创新中心以目标为导向，面向重大场景亟须着力解决的若干重大问题，瞄准人工智能基础理论重大突破和人工智能技术落地应用目标，设立孵化项目，着力打造人工智能技术引擎，与科学家和创新创业人才共同推动人工智能技术的创新和产业发展。智源创新中心通过开放智源的生态资源，支持关键核心技术攻关，推动AI原始重大创新和关键技术落地与深度应用。在此基础上，联合研究中心通过联合传统行业科技领军企业开展场景示范应用，推动人工智能创新成果在购物消费、智能医疗、电子政务、智慧教育和智能交通等场景下的产业化应用。智源科技成果转化部、智源创投基金和“源创计划”基于投新投小投早的理念，全力投资支持新创企业，加速动能转化，赋能千行百业，推动项目与应用场景相结合，挖掘新兴行业对人工智能技术的需求，从而加速人工智能面向实际应用的广泛渗透与应用。

在“人—机—场”三元协同的创新范式下，智源面向涵盖基础研究、工程研究、成果孵化的重大场景，通过开放智源独特优势资源，支持孵化平台运营发展，包括开放数据集、共享算力平台、研究成果、服务支持等内部资

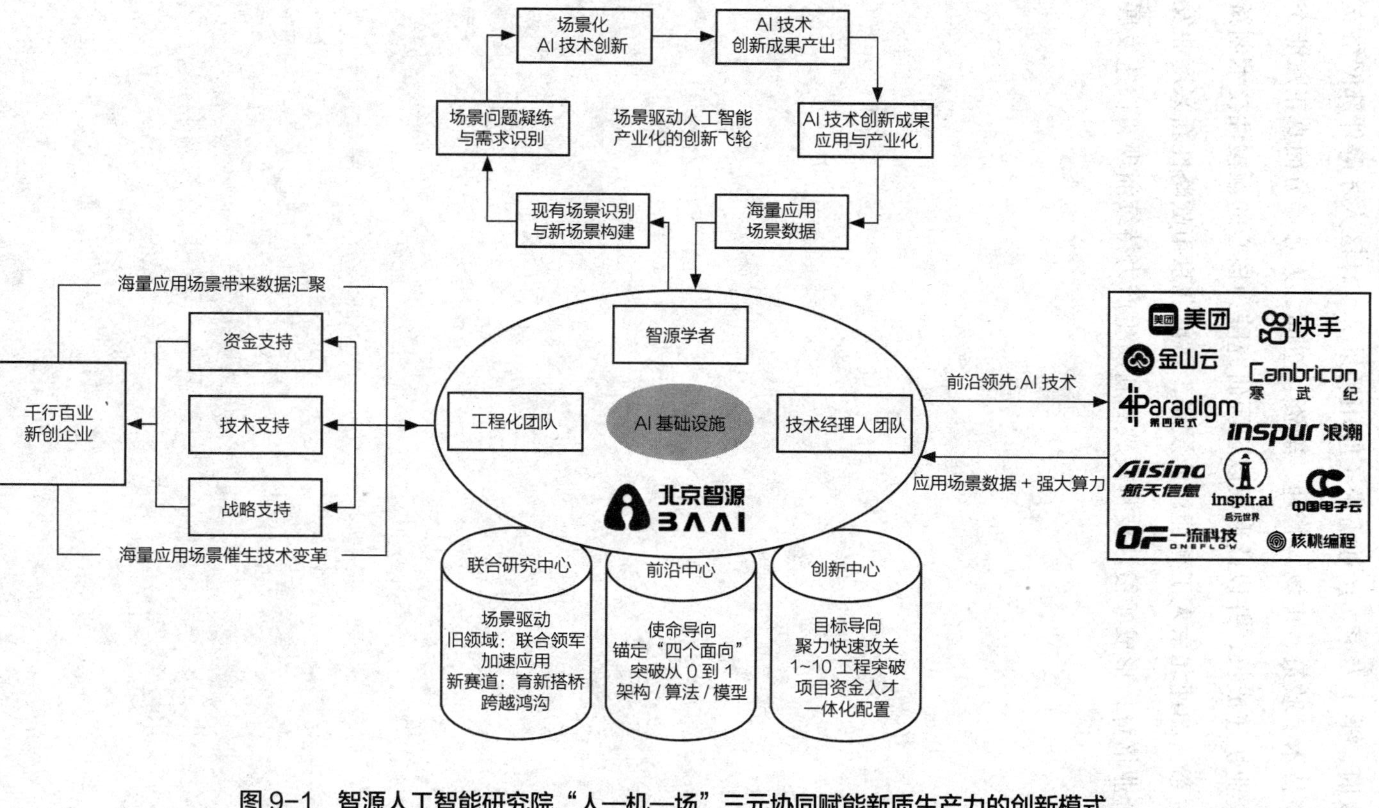

图 9-1　智源人工智能研究院“人—机—场”三元协同赋能新质生产力的创新模式

源和政府、学术专家、产业需求（应用场景）、社区人才等外部网络支持，实现在技术、政策、市场、管理、融资、空间、人才等方面真正赋能企业，助力企业快速成长，并以此形成以智源研究院为核心的颠覆性技术创新与转化大生态，加速北京人工智能产业发展，赋能北京市战略性新兴产业发展和未来产业培育，形成颠覆性技术突破和新质生产力持续涌现、快速发展的新格局。

第十章
重庆：区域科技创新中心支撑新质生产力与高质量发展

建设高水平的区域科技创新中心是高质量发展的战略支撑，但鲜有研究揭示其内在理论逻辑和实现路径。笔者以西部（重庆）科学城为例，采用探索性单案例研究方法研究发现，深化制度创新、打造国家战略科技力量、构建原始创新策源体系、持续优化创新生态系统、健全创新人才服务体系、强化区域协同，是西部（重庆）科学城建设区域科技创新中心进程中，支撑高质量发展的主要路径。本部分剖析了区域科技创新中心支撑高质量发展的理论逻辑和实现路径，揭示了创新驱动发展战略与区域高质量发展有机衔接的构成要素、传导机制、模式分类和驱动机理，为新征程上体系化布局和建设区域科技创新中心，加快推进高水平科技自立自强，培育新质生产力和实现高质量发展提供重要理论和实践启示。

在中国式现代化新征程上，建设区域科技创新中心是集聚创新要素和资源，促进各类创新主体的能力提升，推动区域创新引领高质量发展的重要抓手。党的二十大报告中指出，“高质量发展是全面建设社会主义现代化国家的首要任务”，“统筹推进国际科技创新中心、区域科技创新中心建设……提升国家创新体系整体效能”。在 2021 年两院院士大会和中国科协十大上，习近平总书记提出要“强化国家战略科技力量，提升国家创新体系整体效能”①，

①习近平 . 在中国科学院第二十次院士大会、中国工程院第十五次院士大会、中国科协第十次全国代表大会上的讲话［EB/OL］.（2021-05-28）［2024-03-01］. https://www.gov.cn/gongbao/content/2021/content_5616154.htm.

在明确了国家实验室、国家科研机构、高水平研究型大学和科技领军企业等主体型国家战略科技力量的基础上，习近平总书记进一步强调“要支持有条件的地方建设综合性国家科学中心或区域科技创新中心，使之成为世界科学前沿领域和新兴产业技术创新、全球科技创新要素的汇聚地”①。“实现高质量发展，必须实现依靠创新驱动的内涵型增长。”②因此，如何更好地实施创新驱动发展战略，建设和发挥好区域科技创新中心这一载体型国家战略科技力量，实现高水平科技自立自强，加快培育新质生产力，有力支撑区域和国家高质量发展，开辟发展新优势，是加快推进中国式现代化的战略性、基础性议题。

从全国来看，北京、天津、上海、广东、重庆、陕西、安徽等诸多省市正在积极响应国家战略使命，加快建设区域科技创新中心或综合性科学中心，努力打造支撑高质量发展的区域生态。根据中国科学技术发展战略研究院发布的《中国区域科技创新评价报告2022》，2022年全国综合科技创新水平指数得分为75.42分，比2012年提高了15.14分，区域科技创新水平普遍提升，目前我国已经形成了多层次、各具特色的区域创新体系，有力支撑了我国创新型国家和科技强国建设。但已有的关于科技创新支撑高质量发展的研究以定量分析为主，缺乏理论定性层面的机理机制分析，尤其忽略了在科技领军企业和新型研发机构等国家战略科技力量相对缺乏的西部地区如何实现区域科技创新中心对高质量发展的有效支撑与关键引领的问题。对此，亟须系统研究并揭示中国式现代化背景下区域科技创新中心支撑区域高质量发展的理论逻辑和实现路径。

---

①习近平．在中国科学院第二十次院士大会、中国工程院第十五次院士大会、中国科协第十次全国代表大会上的讲话［EB/OL］．（2021-05-28）［2024-03-01］. https://www.gov.cn/gongbao/content/2021/content_5616154.htm.

②习近平．在经济社会领域专家座谈会上的讲话［EB/OL］．（2020-08-24）［2024-03-01］. http://paper.people.com.cn/rmrb/html/2021-05/28/nbs.D110000renmrb_01.htm.

重庆市积极响应习近平总书记对成渝地区推进科技创新的明确要求，于2020年有组织地高标准、高起点推进西部（重庆）科学城建设，在打造具有全国影响力的科技创新中心，助力战略科技力量建设，支撑国家高质量发展方面取得了突出的阶段性成效。2023年3月，科技部、国家发展改革委、教育部等十二部委和重庆市人民政府、四川省人民政府联合印发《关于进一步支持西部科学城加快建设的意见》，明确提出加快建设西部科学城，到2035年建成综合性科学中心，引领成渝地区建成具有全国影响力的科技创新中心。

一、高质量发展的科学内涵

党的十九大提出了我国经济已由高速增长阶段转向高质量发展阶段的重要论断。作为中国式现代化的首要任务，高质量发展的核心是“质量第一、效益优先”，其内涵是由创新、协调、绿色、开放、共享组成的新发展理念，而创新驱动的经济建设是推动高质量发展的重点部分和强有力支撑。在微观层面上，高质量发展是指提供更多优质的产品和服务；从中观经济学的角度来看，高质量发展即实现产业的高质量发展；从宏观经济学的视角来看，高质量发展是实现社会的高质量发展，而判断是否达到高质量发展的标准是人民生活水平是否提高，是否更好地满足了人民的需要。关于高质量发展评价指标的研究较多，例如马茹、罗晖、王宏伟等从高质量供给、高质量需求、发展效率、经济运行和对外开放五个维度构建了高质量发展评价指标体系；杨耀武和张平则从经济成果分配、人力资本、经济效率及其稳定性、自然资源环境和社会状况五个方面来考察高质量发展情况。

二、区域科技创新中心

坚持创新发展已成为世界性趋势，是新时期下中国增强国际竞争力、应对未来挑战的必由之路。创新的概念由熊彼特首先提出，他将以前从未在生产系统中出现过的新组合引入生产的过程称为“创新”。科技创新则是在创新基础上，结合科学、技术的内涵进一步整合提出的，科技创新的重点是探索产品或工艺发展的本质。科技创新是创新型国家社会经济发展的核心驱动力。

鼓励创新资源密集的地区打造有特色的区域创新体系有助于探索未来创新发展新模式。习近平总书记明确指出“要支持有条件的地方建设综合性国家科学中心或区域科技创新中心”[①]。区域科技创新中心是国家战略科技力量的重要载体，而国家战略科技力量是解决国家发展实践瓶颈问题，打造高水平基础研究能力，引领世界科技前沿的创新主体和载体。作为“十四五”时期国家创新驱动发展战略的重要部署，建设区域科技创新中心对数字经济时代加快提升区域创新生态系统效能，构建新发展格局和实现区域高质量协调发展具有重要、长期和关键性的支撑作用。

近代以来，虽然世界科技创新中心几经更迭，但从科技创新中心发展的历程来看，它们仍有以下几点共同特性。一是要素集聚。以美国硅谷为代表的全球科技创新中心，聚集了大量的高水平大学、科研机构、科学家、风投资本、孵化器等创新要素，依托丰富的智力、科技、金融等资本，成为全球尖端科技创新高地。二是产业集聚。例如，日本东京在二战以后围绕信息技术产业、先进半导体、金融服务、软件信息等领域加强产业基础能级再造，加强技术链、产业链、创新链融合，通过长期投入充足的研发资金实现关键技术突破，成

①习近平．在中国科学院第二十次院士大会、中国工程院第十五次院士大会、中国科协第十次全国代表大会上的讲话［EB/OL］.（2021-05-28）［2024-03-01］. https://www.gov.cn/gongbao/content/2021/content_5616154.htm.

为世界主要信息科技创新中心。越来越多的国家和地区为了提升自身的实力和更好地应对科技革命而选择打造科技创新中心。

区域科技创新建设的核心抓手是科学城。科学城起源于20世纪50年代美国的“斯坦福研究园”。科学城的称呼在各国并不统一，有“科学园”（science park）、“研究园”（research park）、“技术园”（technology park）等。我国一般称为“科学城”或“科技城”。科学城的建立是为了汇聚各类高校和科学研究院所的智力资源，发挥创新制度基础设施的作用，将科学与城市有机地结合在一起，用科技进步推动区域创新创业和经济发展，反过来又利用城市建设来推动科技进步。科学城不仅具有空间集聚效应、知识溢出效应、辐射效应及长期效应等优势，还具有科研、城市、产业发展等基本功能。

三、西部（重庆）科学城建设概况

高水平建设、高质量发展西部（重庆）科学城，是党中央、国务院立足全国，推动形成引领西部高质量发展的重要增长极和新的动力源作出的重大战略部署。西部（重庆）科学城地处重庆市中心城区西部槽谷，规划占地面积1 198平方千米，涉及5个行政区，其中高新区直管园是科学城核心区。西部（重庆）科学城以“科学之城、创新高地”为总体定位，更好地把握和处理科学城与双城经济圈、大学城之间的关系，围绕“五个科学”（即科学教学、科学研究、科学实验、科学设施、科学机构）和“五个科技”（即科技人才、科技企业、科技金融、科技交易、科技交流），规划建成引领区域发展的科技创新中心核心区、推动成渝地区双城经济圈建设的高质量发展新引擎。

西部（重庆）科学城的发展历程如图10–1所示。在2020年以前，科学城建设还只是作为重庆市战略来规划实施，但在党中央明确提出成渝地区双城经济圈建设后，成渝共建西部科学城便上升为国家战略。面对错综复杂的

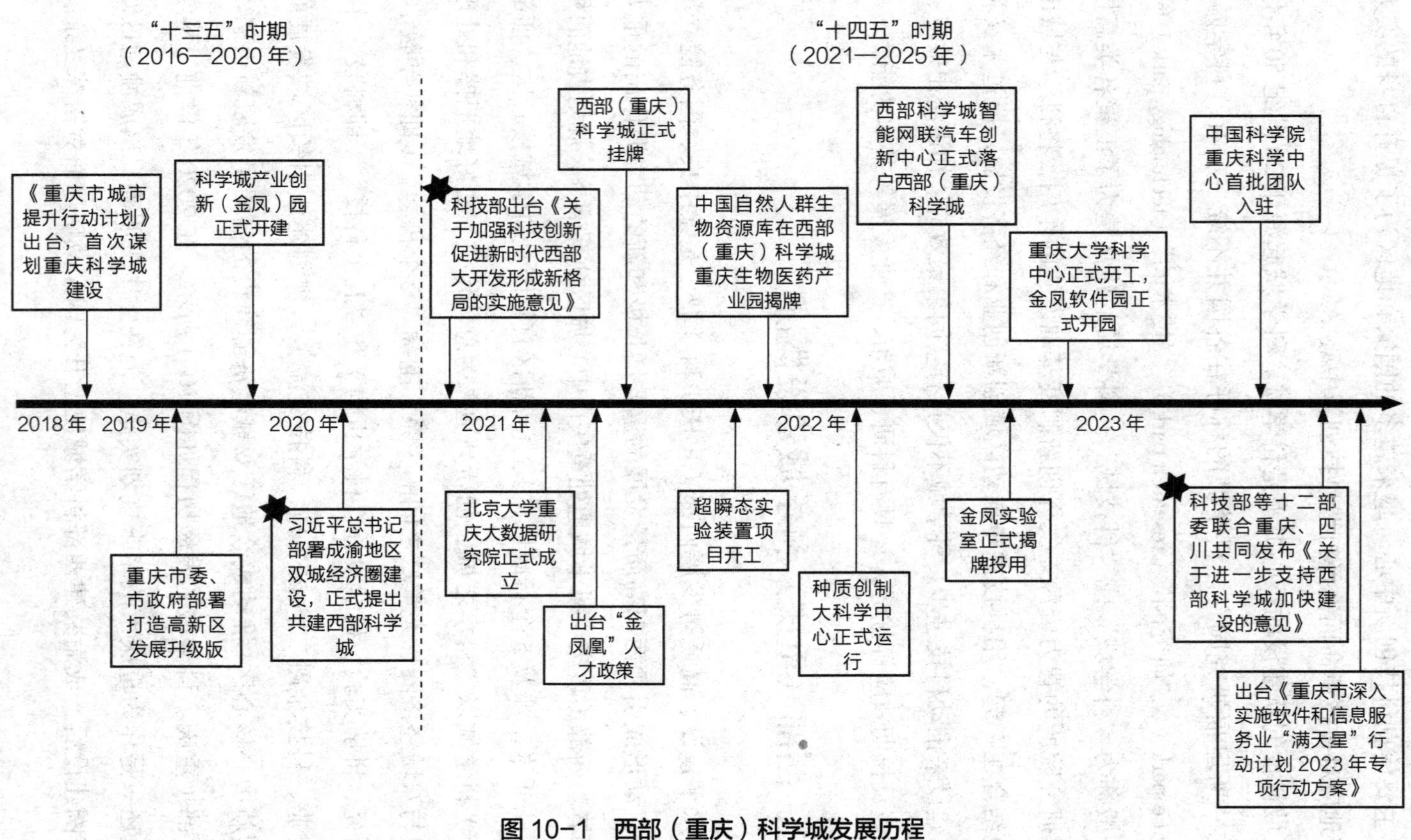

图 10-1　西部（重庆）科学城发展历程

国内外形势，“十四五”时期对加快科技创新特别是区域科技创新的发展提出了更为迫切的要求。《关于加强科技创新　促进新时代西部大开发形成新格局的实施意见》等文件对成渝地区建设科技创新中心支撑高质量发展也提出了更高要求。建设至今，重庆市举全市之力、集全市之智，出台了“金凤凰”“软九条”等促进创新链、产业链、资金链和人才链深度融合的相关政策，为西部（重庆）科学城的全面发展提供要素保障；积极推动科学城与大学城双城融合，支持科技型企业深度参与区域科技创新建设，加强企业主导的产学研深度融合创新体系，在多个创新领域都取得了阶段性成效，有力支撑了重庆乃至国家高质量发展对关键核心技术和培育创新型企业的需求。例如，超瞬态实验装置、种质创制大科学中心、中国自然人群生物资源库等重大科技基础设施已启动建设或已正式投入使用；聚集了众多高端创新资源，北京大学重庆大数据研究院自建院以来，已相继落成 2 个中心和 14 个实验室，其研发的北太天元数值计算通用软件打破了科学计算软件市场多年被国外垄断的局面；金凤实验室作为西部（重庆）科学城的“头号工程”，将疾病诊断作为核心攻关任务，截至 2023 年 5 月，已发布 7 项研究成果，多数为国内首创。截至 2023 年 1 月，科学城已引育市级科技型企业 1 500 余家，正在发展成为科技成果转化和创新驱动产业高质量发展的沃土。

四、区域科技创新中心支撑新质生产力和高质量发展的理论逻辑

（一）理论机制分析

区域科技创新中心包含众多创新主体要素和资源，这些要素间的分工与合作，推动资源要素的流动、产业集聚、技术扩散等，从而产生推进高质量发展

的动力，再经过不同的传导方式进行赋能，最终真正实现高质量发展。以下将从构成要素、驱动因素和传导机制三方面来分析区域科技创新中心支撑高质量发展的理论机制。

第一，构成要素。一般来说，区域科技创新系统的主要构成要素包括创新主体、创新环境、创新资源等要素。其中，创新主体是开展基础研究和技术创新的研究和服务机构，在区域创新系统中通过整合各类创新要素和资源开展创新活动，包括高校、新型研发机构、科技企业、政府及金融机构等。高校和新型研发机构作为基础研究的主要活动场所，为区域创新系统提供了知识源与技术源。企业是科技创新的主体，在创新链的研发活动中，采用新的生产方式与新的管理手段开发生产新产品、新服务，最终实现新技术产业化的输出。政府为创新主体提供的政策支持是推动区域创新活动开展的关键动力。创新资源的集聚与转化是开展区域科技创新活动的基础，其中包括人力、财力、技术、知识、信息等，每种资源都为区域创新活动的开展发挥着重要的作用。创新环境为区域创新活动的开展提供了重要的支撑。其主要包括硬条件与软环境两个方面。硬条件是指开展创新活动所需要的基础设施及载体平台；软环境是指整个区域创新系统所依赖的外部条件，包括政治、经济、教育、文化等。其中创新基础设施及载体平台为创新活动提供了技术基础与活动场地。

第二，驱动因素。技术创新是区域科技创新中心支撑高质量发展的重要体现，而技术创新的本质是原始性的理论创新。因此，作为能够实现重大科学技术发明或颠覆性科学理论发现的一种形式，原始创新水平决定了一个区域科技创新中心的整体创新能级，特别是在新时代、新发展格局背景下，我国在很多关键领域面临“卡脖子”技术问题，这就需要区域科技创新中心立足自身区位优势，强化基础研究和源头性的创新供给，为高质量发展助力赋能。

第三，传导机制。一方面，推动高质量发展需要通过重构新技术、新产品的范式来改进产品和服务，再在基础研究的共同驱动下，引发经济技术体系变革，推动经济向更高质量阶段迈进；另一方面，在科技创新推动经济高质量发展的过程中，要持续优化整合要素结构、供给结构、需求结构，持续升级产业结构，协调发展资源环境，促进社会公平，实现经济、社会、生态三者均衡发展，最终实现高质量发展。

例如，西部（重庆）科学城大力推动科技创新引领产业高质量发展，构建“原始创新、产业协同创新、产业化落地”的产学研协同创新体系，突出产业创新，集聚创新资源，催生创新成果，赋能电子信息、智能网联新能源汽车、数字医疗、软件信息、绿色低碳等产业发展。同时，强化企业的创新主体地位，增强企业创新动力，推进重点项目协同和研发活动一体化，加快构建龙头企业牵头、高校院所支撑、各创新主体相互协同的创新联合体，发展高效强大的共性技术供给体系，提高科技成果转移转化成效。

（二）支撑模式分析

习近平总书记指出，“要支持有条件的地方建设综合性国家科学中心或区域科技创新中心，使之成为世界科学前沿领域和新兴产业技术创新、全球科技创新要素的汇聚地”[①]。目前，我国先后布局了北京、上海、粤港澳大湾区和合肥等综合性国家科学中心，以及成渝、武汉、西安等具有全国影响力的区域科技创新中心。

从发展历程来看，国内科技创新中心具备以下几点共性：一是大多是省会城市或者是超大规模的副省级中心城市，对周边城市群和城市圈具备较强的虹吸效应和人口承载力；二是具备较强的产业基础能力，有竞争力较强的

①习近平．在中国科学院第二十次院士大会、中国工程院第十五次院士大会、中国科协第十次全国代表大会上的讲话［EB/OL］.（2021-05-28）［2024-03-01］. https://www.gov.cn/gongbao/content/2021/content_5616154.htm.

企业，产业链配套相对完善，形成了门类齐全的产业体系；三是拥有丰富的科教、产教基础；四是数字化发展水平比较高，例如，位于西部（重庆）科学城的北京大学重庆大数据研究院联合大数据分析与应用技术国家工程实验室、重庆国家应用数学中心等单位共建的数字化转型促进中心，通过政产学研用融合，围绕构建转型生态，推动产业繁荣和区域高质量发展；五是具备各类功能齐全的创新主体，例如大学、科研院所、孵化器、重点实验室等，形成了比较完整的区域创新生态体系。

从已有研究来看，在区域科技创新支撑高质量发展的范式层面，不同类型、特色的区域科技创新中心对高质量发展的驱动逻辑亦不相同。结合我国科技创新中心的理论研究和城市特点，围绕创新驱动支撑高质量的差异化发展模式，笔者梳理了三类科技创新中心驱动高质量发展的模式（表 10–1）。

技术驱动型科技创新中心，以北京、上海、武汉、合肥为代表，具有较强的技术支撑能力及基础研究和原始创新能力，在关键核心技术和“卡脖子”技术领域，聚集国家实验室、国家重点实验室、大科学装置等，形成了以国家战略科技力量为牵引、关键核心技术持续供给的发展模式。

市场驱动型科技创新中心，以深圳、广州、南京、杭州为代表，在科技型企业主导产学研深度融合和战略性新兴产业协同发展方面具有较强的实力，例如华为鲲鹏生态创新中心、深圳光明科学城、中国科学院深圳先进技术研究院、江苏省产业技术研究院等，形成了产业牵引、企业主导、市场驱动、政府培育创新环境的发展模式。

政策驱动型科技创新中心，以天津、成都、重庆、西安为代表，深度融入国家重大区域协同发展战略中，立足自身的产业科创基础能力，积极争取国家重大战略资源与政策试点。例如，西部（重庆）科学城以积极落实推动成渝地区双城经济圈建设，加快建设西部陆海新通道、国家数字经济创新发展试验区、新一代人工智能创新发展试验区等国家战略为牵引，构建政策创新、政策调整、政策落实的高质量支撑模式。而天津则在“十四五”规划和“十四五”科技创新规划中专门部署重大基础设施和高水平创新平台，提出加快推进共建京津冀国家技术创新中心建设，牵引关键核心技术攻关，提升区域产业创新能力与核心竞争力。

表 10–1　科技创新中心驱动高质量发展的差异化模式

典型城市	类型	关联程度							
北京、上海、武汉、合肥	技术驱动型	技术工具	技术类型						
			新兴技术	成熟技术	企业	大学	政府	新型研发机构	国家实验室
		技术预见	●	▲	★	●	★	●	●
		技术转移	★	●	●	▲	▲	●	★
		技术评价	▲	●	★	▲	●	●	●
		技术引进	●	★	●	★	★	★	●
深圳、广州、南京、杭州	市场驱动型	市场工具	市场维度						
			供给侧	需求侧	企业	大学	政府	新型研发机构	国家实验室
		社会投资	●	●	▲	★	★	▲	▲
		用户规模	▲	●	●	▲	▲	▲	★
		研发行为	★	▲	●	●	▲	●	●
		行业竞争	●	●	●	▲	★	★	●
天津、成都、重庆、西安	政策驱动型	政策工具	政策类型						
			产业政策	创新政策	企业	大学	政府	新型研发机构	国家实验室
		财政支持	●	●	★	●	★	●	★
		金融服务	▲	★	●	▲	▲	★	★
		人才引培	▲	★	●	●	▲	●	●
		知识产权	●	●	●	★	★	★	●

注：●表示强关联；★表示中关联；▲表示弱关联。

五、区域科技创新中心支撑高质量发展的实现路径

（一）路径一：以深化制度创新为抓手，统筹科技创新与高质量发展

习近平总书记指出，“科技创新、制度创新要协同发挥作用，两个轮子一起转”①。西部（重庆）科学城坚持创新驱动发展战略，充分发挥新时代西部大开发、成渝地区双城经济圈、西部陆海新通道建设等重大战略叠加的制度优势，打造重庆高质量发展的增长极和动力源。西部（重庆）科学城的制度创新具体包括顶层设计、政策安排与资源配置等三个层面。

一是顶层设计。2019 年 4 月，重庆市委对重庆高新区的升级作出重大决策部署，赋予重庆高新区建设西部（重庆）科学城的重要发展使命。高标准、高规格、高水平地对标雄安新区实施大部门制改革，建立科学城校地联席会议制度，构建形成党工委管委会抓总，各区域、功能和板块协调发展的高效管理机制。

二是政策安排。“十三五”以来，西部（重庆）科学城围绕营商环境、科技创新、产业强基、人才引培等方面出台了一系列重要政策文件，为科学城的高质量发展提供重要支撑。例如，《统筹推进西部（重庆）科学城“一核五区”高质量发展实施方案》《深化落实“五个科学”“五个科技”部署加快推进西部（重庆）科学城建设实施方案（2021—2025 年）》等文件为西部（重庆）科学城加快建设具有全国影响力的科技创新中心核心区提供了重要政策保障。

三是资源配置。重庆市委围绕成渝地区双城经济圈建设重大战略积极开展相关部署，举全市之力、集全市之智建设西部（重庆）科学城，提出了以

---

①习近平 . 为建设世界科技强国而奋斗［M］. 北京 : 人民出版社，2016:13–14.

“科学之城、创新高地”为总体定位，紧扣“五个科学”“五个科技”等一系列目标愿景，通过汇聚全市高端创新资源，初步构建要素聚合、主体协同、氛围优良的科技创新生态与现代化的产业体系。

（二）路径二：打造国家战略科技力量，合作共建国家级创新平台

作为体现国家意志、服务国家重大战略和国家安全的一种科技创新组织，国家战略科技力量在区域科技创新中心的建设中尤其重要。西部（重庆）科学城围绕生命科学、信息科学、临床医学、空天科学等方向聚焦国家战略需求与世界科技前沿，积极布局建设产业链、创新链深度融合与有机衔接的国家战略科技力量。西部（重庆）科学城科技创新的“头号工程”——金凤实验室把“重大疾病的下一代诊断”作为核心任务，借助国家新型研发机构的相关政策红利，创新体制机制改革，打破“四唯论”，实行关键核心技术任务清单制和项目PI（研究团队带头人）负责制，对标国家医学领域“卡脖子”技术等重要理论攻关领域，在技术研究路线、人员引进、经费使用上充分尊重科学家的自主权，充分激发了科技工作者的创新活力，形成了“技术清单+成果转化+市场化运营+人才培养”的独特模式。同时，金凤实验室打通纯基础研究、应用基础研究、纯应用研究的技术创新链与产业链，推动科学、技术、工程深度有机结合，让科研成果能够迅速从实验室走向生产线。“十四五”以来，西部（重庆）科学城已经聚集了中国科学院重庆科学中心、超瞬态实验装置、种质创制大科学中心、重庆国家应用数学中心等10余支区域性国家战略科技力量，成为我国西部地区具有重要影响力的颠覆性创新和前沿技术研究力量。

（三）路径三：构建原始创新策源体系，加快关键核心技术攻关

国家创新系统理论认为，增强原始创新策源能力是提升区域科技创新水平的重要保障。建立有为的政府和有效的市场、优化创新要素和资源的有效配置，实现区域、产业、组织间的高效协同是提升原始创新策源水平和区域整体创新效能的重要路径。

不同于科技园和高新区等，西部（重庆）科学城更强调原创性的科学理论研究发展，以及以重大科技基础设施集群为基础的原始创新能力。围绕基础研究领域，开展有针对性的原始创新活动，并持续打造良好的体制机制及创新环境，持续产出国际水平的高质量成果，形成原始创新的承载地。目前，西部（重庆）科学城正实施基础研究行动计划，推进集成电路、智能汽车、高端装备、生物医药、良种创新等重大科技专项，以基础研究支撑技术突破。同时推动与大学城的融合发展，布局一批重大科技基础设施、实验室集群和高端研发机构，打造学科内涵关联、空间分布集聚的原始创新集群，构建企业主导的产学研深度融合创新体系，推动科技创新引领高质量发展。

西部（重庆）科学城在打造原始创新策源体系的过程中，以基础研究和高技术研究成果的主要输出对象（高校、研发机构和企业）为主体，在政府政策和中介机构金融、成果转化的支持下相互协作、共同作用，并基于区域内人才、资金、技术等创新资源开展原始创新活动，整个活动周期都受到教育、经济、文化及政治等外部环境的影响。

（四）路径四：持续优化区域创新生态，赋能现代化产业体系建设

在新一轮的科技革命和产业变革的进程中，欧美等发达国家围绕科技创新领域的竞争愈演愈烈，均希望抢占关键核心技术的战略制高点和生态主导

权，因此，围绕产业链、创新链、供应链的关键环节，构建企业主导的创新生态系统，加强多元创新主体之间的“合作韧性”具有重要意义。西部（重庆）科学城按照“科创功能协同、产业错位联动、创新空间集聚”原则，通过重塑科技创新板块功能定位，完善科技创新服务基础设施等方式，形成了“基础研究 + 技术创新 + 产业生成”的创新生态系统（图 10–2）。

在产业体系方面，西部（重庆）科学城强化产业生态体系谋划，高标准打造金凤软件园、金凤实验室、科学谷、高新 ONE 等重点产业载体，以数字化、信息化赋能园区建设，打造形成了集成电路、软件信息服务、生命健康、智能网联汽车等现代化产业生态体系。

在协同体系方面，西部（重庆）科学城积极落实新型举国体制，加快引入“揭榜挂帅”“赛马制”等新型科研组织模式，以实验室体系为战略支撑，组织高校、新型研发机构、科技孵化器等组建创新联合体，推动创新链、产业链、政策链深度融合，形成了“一轴三心多点”一体化创新功能格局。

在创新生态方面，截至 2023 年 4 月，科学城已引育市级及以上研发平台 327 个、市级科技型企业 1 531 家，汇聚了重庆大学等高校 28 所、国家级研发机构 20 个、市级及以上孵化器和众创空间 16 个（其中国家级 6 个），日益成为我国西部地区创新创业创造的沃土。

（五）路径五：健全人才服务体系，激发人才创新创造活力

推动科学城高水平、高质量建设，关键在于人才，根本也在于人才。西部（重庆）科学城高度重视人才工作，努力完善人才服务体系，人才工作与人才队伍建设取得初步成效（图 10–3）。

在人才政策方面，西部（重庆）科学城围绕产业链布局人才链，制定出台了一系列人才政策，不断提高“筑巢引凤”的质量，为科学城发展提供智

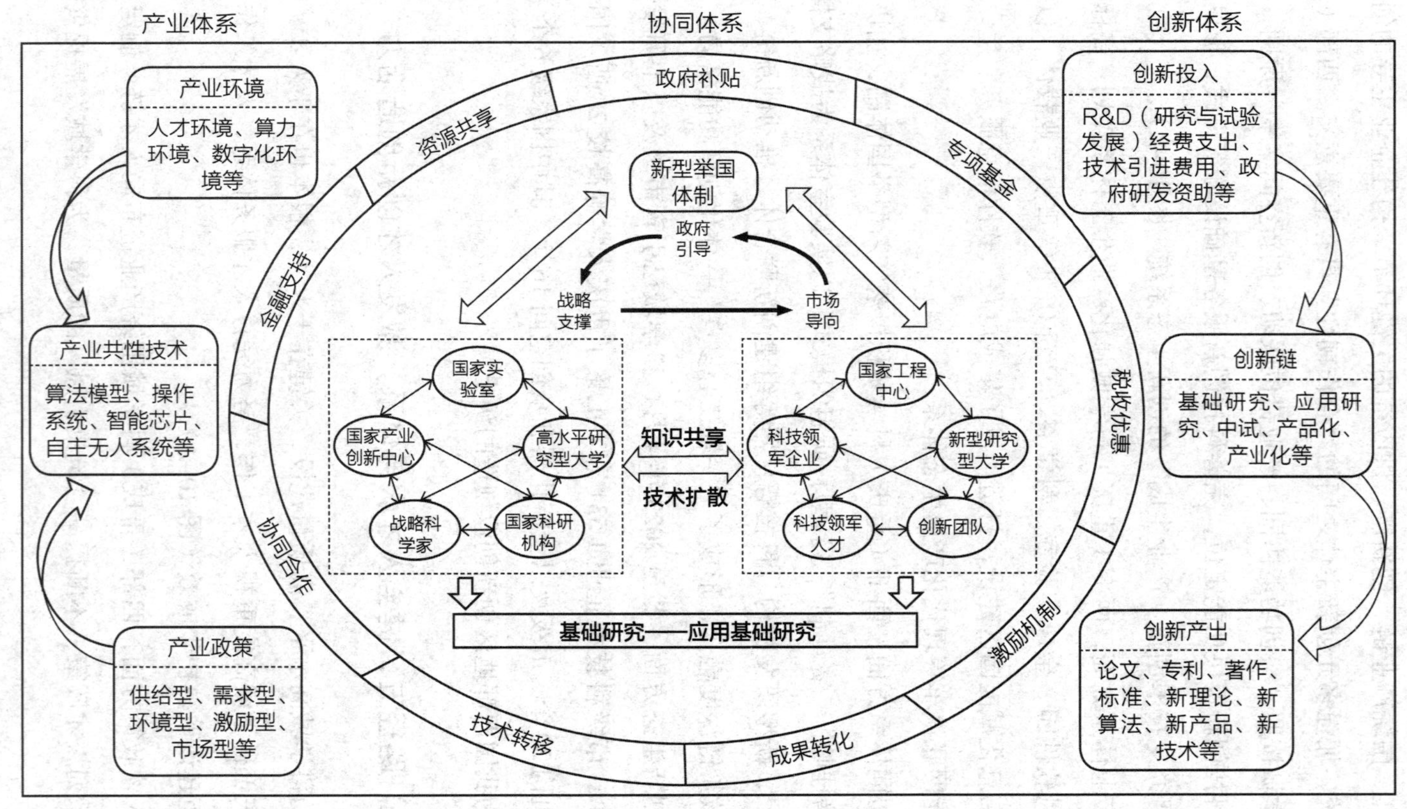

图 10-2　西部（重庆）科学城创新生态系统

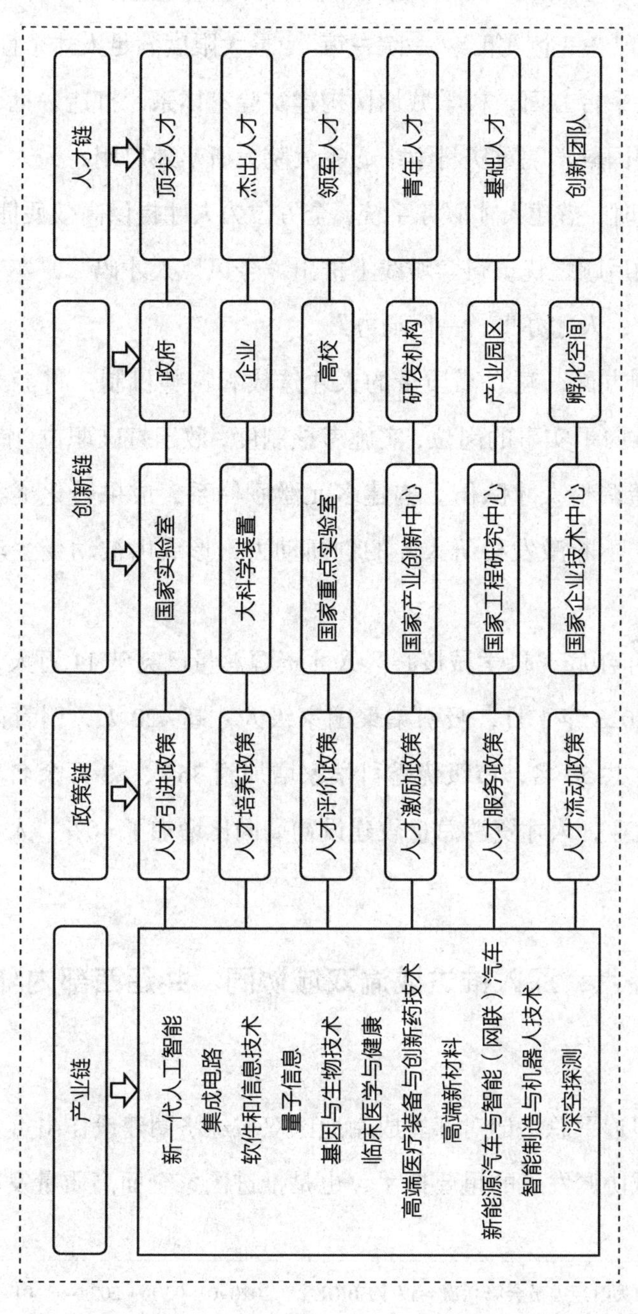

图 10-3　西部（重庆）科学城人才建设体系

力支撑。例如，“金凤凰”人才政策，针对部分重点企业和平台实施差异化的人才政策，实现“一企一策”“一院一策”，最大限度满足人才个性化需求。

在人才发展平台方面，科学城加快构建实验室体系，打造一批“重庆实验室”，推进中国科学院重庆科学中心等大院大所落地启用，为人才落地提供载体平台。同时，搭建人才服务系统，全方位为人才提供高效便捷的服务，解决人才发展的后顾之忧。科学城线上推出“金凤凰人才码”，实现人才服务“一码集成”、人才办事“一网通办”。

在体制机制方面，建立高质量的人才选拔和调整机制，将能力水平突出的科研人才推向干实事的岗位，实施考核制度，敢于打破职位“铁饭碗”，优胜劣汰，不断调整人才队伍。构建多元激励体系，成果转化奖励到位，实现多劳多得，不断激发科研人才的创新动力，形成由被动变主动的良好局面。

截至 2022 年年底，科学城核心区人才资源总量已突破 11 万人，同比增长 40%。截至 2023 年 1 月，吸引集聚国家级人才超 420 人，引育两院院士等战略科技人才共 50 名，市级优秀科学家增加到 36 人，3 万余名高校毕业生留在科学城就业，人才资源总量较建设初期同比增加了 40%，人才增速为全市第一。

（六）路径六：深入推进成渝双城协同，共建西部内陆开放新高地

2020 年，习近平总书记对部署成渝地区双城经济圈建设作出重要指示①，这既是促进区域协调发展的重要抓手，也是推进国家全面高质量发展的重要

---

①习近平主持召开中央财经委员会第六次会议［EB/OL］.（2020-01-03）［2024-03-01］.https://www.gov.cn/xinwen/2020-01/03/content_5466363.htm?eqid=d788ca8e000b930200000026463422c.

举措。该规划自提出以来，成渝两地已经召开了多场关于双城经济圈建设的会议，进一步实施成渝双城协同发展。双城协同包括以下内容：

一是建立协同机制。实现双城协同首先要建立健全两地合作机制，加强协同机制的落实。2020 年，成渝两地积极启动《成渝地区双城经济圈建设规划纲要》的编制，重庆高新区和成都高新区签署了关于“双区联动”的战略合作协议，以“一城多园”模式加强与四川合作共建西部科学城，提高协同创新发展能力，加快打造具有全国影响力的科技创新中心。

二是提高协同创新能力。成渝两地积极推进科技创新体系的融合进程，鼓励两地的创新型企业成立创新联合体，高校、科研院所共建研究机构，共同承接科技项目，实现科技成果的共享。截至 2023 年 5 月，有 6 个共建实验室已获批建设，比如特色生物资源研究与利用川渝共建重点实验室，共同申报项目 12 项，多次开展合作研究。

三是推动产业协同发展。两地共同推进产业链、供应链优化升级，深化重点园区协作互动，联手打造一批高质量、有特色的产业带。两地共同聚焦成渝地区智能网联新能源汽车、电子信息制造两大万亿级产业，加强产业链上下游之间的合作，打造产业生态与创新集群。

六、政策和实践启示

综合性科学中心和区域科技创新中心作为党中央集中统一部署、央地联合建设的载体型国家战略科技力量，肩负着建设世界科技强国和中国式现代化的重要远景使命和责任担当。笔者以中国西部（重庆）科学城为例，通过案例分析，研究发现区域科技创新中心在实现高水平科技自立自强的历史进程中，有力支撑了国家和地方的高质量发展。基于案例分析，笔者建构了区域科技创新中心支撑高质量发展的理论逻辑框架，解析了具体实现路径，为中央和地方政府发挥新型举国体制优势，加快体系化布局和建设区域科技创新中心、有力支撑高质量发展和中国式现代化建设提供以下政策启示。

第一，新时代实现高质量发展必须坚持创新驱动发展战略。党的二十大报告指出，高质量发展是全面建设社会主义现代化国家的首要任务。西部（重庆）科学城牢牢坚持创新驱动发展战略，聚焦国家高水平科技自立自强的现实需求，围绕关键核心技术重点领域，大力吸引和高效集聚创新要素，更好地发挥了科技创新对经济社会高质量发展的引领和支撑作用。面对百年未有之大变局，科技创新形态加速演化，建设区域创新中心和综合性科学中心更应该坚持守正创新，聚焦“四个面向”，加强科技领军企业创新基础能力再造，打造突破“硬科技”的区域战略科技力量，全方位推动高质量发展。

第二，实现高质量发展必须加强区域原始创新策源体系建设。在新一轮的科技革命与产业变革的浪潮中，新兴技术的创新具有非线性、动态性、偶发性、多学科融合等特点，实现新兴战略技术重大理论“从 0 到 1”的突破与关键领域的原始创新，不但需要长期厚重的基础研究与科学知识的积累沉淀，更需要多元创新主体、系统、组织、团队之间的分工协作。这就进一步突显了加强原始创新策源体系建设的重要性和紧迫性。西部（重庆）科学城正是在面临外部环境的复杂性和不确定性的变化过程中，通过加强顶层设计与创新制度建设，充分发挥“有为政府”在创新体系中的核心引导功能，同时打造兼顾公平和效率的“有效市场”，通过搭建各类协同创新平台、组织各类活动，运用相关政策工具设计促进各类信息、技术、人才、资金等创新要素的充分流动和高效共享，形成“基础研究 + 关键核心技术 + 产业共性技术 + 应用研究”的原始创新策源体系。

第三，实现高质量发展必须构建高效协同的创新生态系统。与传统的技术创新不同的是，一方面，新兴产业技术创新会受到发达国家在技术标准、生态联盟、专利产权和隐性知识等方面的“锁定效应”的影响；另一方面，我国在高质量发展进程中整合内外部各类优质创新资源的能力有待提高，这就导致我国在原创性基础理论、生命科学、智能芯片等领域还具有较大的差距，特别是高校、国家实验室、新型研发机构围绕产业链、创新链、供应链关键技术环节的“生态韧性”有待加强。西部（重庆）科学城通过构建空间集聚、互联互通、创新平台、科技金融、国际社区、创新孵化为一体的协同创新生态系统，为高质量发展提供源源不断的内生动力。因此，可以看出，与传统的以“挑选赢家”为导向的产业创新政策体系不同的是，打造区域科技创新生态系统的现实路径应从激发“原创的动力”、克服“协同的阻力”、提升“自主的能力”三个层面发力，形成开放共享、互联互通的协同创新生态系统。

第四，实现高质量发展必须坚持发展是第一要务、人才是第一资源、创新是第一动力。在百年未有之大变局下，我国建设世界科学中心和创新高地，实现关键核心技术的突破根本在人才。研究发现，西部（重庆）科学城通过构筑“塔式”科技人才体系，招引培育“塔尖”人才，壮大夯实“塔基”人才，加强人才载体建设，支持人才创新实践，优化人才发展环境，为我国区域高质量发展提供了参考样板。一是要加强基础研究人才的培养，《科学：无尽的前沿》一书指出，实现关键核心技术的突破需要大量的基础研究人才，要围绕关键核心技术实现的本质规律，在探索性基础研究阶段，大力增加基础研究人才的培养投入，锚定基础研究战略导向，推动原创性突破。在应用性基础研究阶段，进一步加强成果转化，特别是战略科技人才的评价、激励机制，进一步完善产学研深度融合的技术创新体系。二是加强产学融合、产教融合、科教融合。大学、科研机构、企业要建立人才培养联合体，构建跨学科、跨产业、跨领域的交叉培养模式，以产业需求为导向，注重学科交叉融合。三是把握基础研究、应用基础研究、技术创新等不同创新活动的特点，完善人才分类组织、分类管理、分类支持机制，改进科研项目组织实施与管理方式，促进人才链、产业链、创新链、资金链深度融合。

西部（重庆）科学城于2020年正式启动建设以来，目前取得了具有丰富多元化展示度的建设成果，具有时效性较强的结论和政策启示。但作为党中央重大战略——成渝地区双城经济圈建设的重要工程之一，如何更好地和成都科学城之间形成定位清晰、优势互补、分工明确的协同创新网络，加强成渝地区双城经济圈之间的教育、科技、人才协同赋能，实现高水平、高质量的科技自立自强，提升西部科技创新与产业基础能力，打造中国西部创新策源地，更好地支撑国家区域协调战略，需要今后花更长时间来进一步探索和检验。因此，未来研究可以拉长研究周期，对成渝地区双城经济圈如何互联互通、双向联动建设西部（重庆）科学城进行长期跟踪，围绕其如何实现教育、科技、人才三位一体的新发展战略，并将科技创新中心嵌入国家创新体系中，研究其促进新质生产力培育和推动经济高质量发展的效能与动态进程。

第十一章
江苏苏州：在科技创新与产业创新深度融合中发展新质生产力

一、江苏：科技创新与产业创新深度融合成就发展新质生产力的重要阵地

江苏作为中国智能制造和产业科技创新的高地，近年来通过科技创新和制度创新双轮驱动，在改革创新、培育新质生产力和推动高质量发展方面取得了突出进展。2024 年 3 月 5 日下午，习近平总书记在参加他所在的十四届全国人大二次会议江苏代表团审议时强调，要牢牢把握高质量发展这个首要任务，因地制宜发展新质生产力。面对新一轮科技革命和产业变革，我们必须抢抓机遇，加大创新力度，培育壮大新兴产业，超前布局建设未来产业，完善现代化产业体系。发展新质生产力不是忽视、放弃传统产业，要防止一哄而上、泡沫化，也不要搞一种模式。各地要坚持从实际出发，先立后破、因地制宜、分类指导，根据本地的资源禀赋、产业基础、科研条件等，有选择地推动新产业、新模式、新动能发展，用新技术改造提升传统产业，积极促进产业高端化、智能化、绿色化。①

习近平充分肯定了江苏经济社会发展取得的新进展新成效，希望江苏坚

①习近平在参加江苏代表团审议时强调　因地制宜发展新质生产力［N］. 人民日报，2024-03-06（1）.

定信心、鼓足干劲、勇挑大梁，为全国大局作出更大贡献。[①]习近平总书记强调，江苏发展新质生产力具备良好的条件和能力。要突出构建以先进制造业为骨干的现代化产业体系这个重点，以科技创新为引领，统筹推进传统产业升级、新兴产业壮大、未来产业培育，加强科技创新和产业创新深度融合，巩固传统产业领先地位，加快打造具有国际竞争力的战略性新兴产业集群，使江苏成为发展新质生产力的重要阵地。[②]

二、苏州：以创新联合体推进科技创新与产业创新深度融合的江苏示范

苏州作为江苏科技创新与产业创新深度融合的典型代表，坚持把培育创新型企业作为重中之重，着力提升企业自主创新能力，完善分层孵化体系，打造以科技型中小企业、民营科技企业为基础，高新技术企业、“瞪羚”企业为主体，“独角兽”企业、科技上市企业为标杆的创新型企业梯队。2012年至2021年的10年期间，苏州的科技进步贡献率从2012年的59.2%提高到2021年的67.5%；全社会研发投入占GDP的比重从2.5%增至3.9%；高新技术企业从1 864家增加到11 165家。2021年，苏州全社会研发投入达888.7亿元，比上年增加127.11亿元，增长16.69%，居全国大中城市第四位、全省第一位；占地区生产总值比重为3.91%，比上年增加0.13个百分点，居全国大中城市第六位、全省第一位。尤其是10年间，企业成为苏州科技创新体系的主体。2021年，苏州市规模以上工业企业研发投入达776.46亿元，比上年增加96.69亿元；占全社会研发投入的比重为87.37%。制造业企业研发投入为773.59亿元，占规模以上工业企业投入的99.63%，占全社会研发投入比重高达87.05%。也标志着企业主导的、以制造业为主的创新体系建

①②习近平在参加江苏代表团审议时强调　因地制宜发展新质生产力[N].人民日报，2024-03-06(1).

设，成为苏州培育和发展新质生产力的“新动能”。

为了进一步强化企业科技创新主体地位，2022 年 7 月，苏州在江苏率先启动了首批创新联合体建设工作，充分发挥产业基础扎实、创新资源密集等优势，强化企业科技创新主体地位，不断探索完善联合创新体制机制，全力推进龙头企业牵头、高校院所支撑、各创新主体相互协同的创新联合体。例如，苏州拥有国内唯一海底光缆集成铺设能力，行业链主亨通、科沃斯等都组建了创新联合体，布局新赛道，成就新发展。

得益于以创新联合体推进科技创新和产业创新深度融合的积极探索与改革，苏州的科技创新与产业创新互促并进、发展新质生产力的成效也得到了世界的关注。在世界知识产权组织发布的《2022 年全球创新指数（GII）》报告中，苏州首次与上海合并成为一个科技集群，整体排名上升至全球第六位。在 2023 年 9 月发布的《2023 年全球创新指数（GII）》报告中，“上海—苏州科技集群”首次跻身全球前五。苏州市每天新设 800 家市场主体、新增 50.8 件有效发明专利，2023 年全社会研发投入超 1 000 亿元，占 GDP 比重超 4.1%，在国家重大科技创新体系布局中的地位和作用日益突出。2023 年，苏州规模以上工业总产值 4.43 万亿元，位居全国第二，GDP 位居全国第六，上市企业数量位居全国第五。装备制造、电子信息、先进材料产业规模超万亿，纳米新材料、生物医药及高端医疗器械、高端纺织入选国家先进制造业集群，恒力、沙钢、盛虹入围世界 500 强，拥有全球“灯塔工厂”7 家，国家科技型中小企业入库数达到 2.5 万家，位居全国第一；潜在“独角兽”企业 75 家，位居全国第三；国家高新技术企业超 1.57 万家，位居全国第四；国家专精特新“小巨人”企业突破 400 家，位居全国第四。光模块产能全球第一，光纤光缆规模占全国的 35%，电梯占全国的 16%，新一代显示器占全国的 15%，笔记本电脑占全国的 15%，化纤占全国的 10%，家用吸尘器占全国的 53.2%。

2023年7月，习近平总书记在江苏考察时强调，江苏拥有产业基础坚实、科教资源丰富、营商环境优良、市场规模巨大等优势，有能力也有责任在推进中国式现代化中走在前、做示范。要完整准确全面贯彻新发展理念，继续在改革创新、推动高质量发展上争当表率，在服务全国构建新发展格局上争做示范，在率先实现社会主义现代化上走在前列，奋力推进中国式现代化江苏新实践，谱写"强富美高"新江苏现代化建设新篇章。①习近平总书记强调，要加强科技创新和产业创新对接，加强以企业为主导的产学研深度融合，提高科技成果转化和产业化水平，不断以新技术培育新产业、引领产业升级。要继续扩大国际合作，努力打造开放创新的世界一流高科技园区。②

三、苏州模式：以创新联合体为抓手推进产业科技创新

截至2023年年底，苏州创新联合体建设已形成"1—2—3"的资源格局，集聚国内领军企业超1 000家、各类科研机构超200家、国内外高校超300家。已立项的120个创新联合体，在产业分布上实现了重点产业细分领域全覆盖。同时还有一组"4—5—6"的数据，带动企业新增研发投入超40亿元，组织核心技术攻关超500项，预计新增专利申报6 000项。例如，长光华芯牵头的苏州市高功率半导体激光创新联合体自成立以来，拉动成员单位经济效益达20亿元，带动研发投入达2亿元，截至2024年1月5日，孵化项目已吸引各类社会资本投资超5 000万元，项目总估值超10亿元。

创新联合体正在成为苏州原始创新的原动力、产业升级的倍增器、人才引聚的强磁场和苏州加快发展新质生产力的新引擎。

苏州全力推进创新联合体建设工作，不仅是对国家战略的积极响应，更

---

①②习近平在江苏考察时强调　在推进中国式现代化中走在前做示范　谱写"强富美高"新江苏现代化建设新篇章［N］. 人民日报，2023-07-08（1）.

是地方政府因地制宜、以“加强科技创新和产业创新对接，加强以企业为主导的产学研深度融合”为科学指引和根本遵循，顺应市场发展和产业现代化建设需求的主动作为，以“政府有为、企业有意、分类支持、激励相容”而实现相互成就，逐渐探索出了一条具有苏州特色的科技创新赋能新质生产力发展之路。

（一）政府有为

政府有为，是政府从产业升级、未来布局的视角出发，在产业链的关键节点上发动组建创新联合体，正如“珍珠串”，关键节点的创新联合体就像一个个“珍珠”，将这些“珍珠”串起来，就带动了整条产业链的全面升级和价值链提升，其效果不是加法，而是乘法。例如，在新能源领域，苏州正加快建设培育由阿特斯、迈为、协鑫等龙头企业牵头，高校院所支撑，各创新主体相互协同的创新联合体集群。它们各有所长，比如协鑫擅长颗粒硅生产及钙钛矿电池，阿特斯擅长组件研发和制造，迈为擅长异质结高效电池整线生产设备，中信博擅长跟踪支架，晶银新材擅长银浆制备，等等，实现了从材料、组件到设备、配套等全产业链布局。在光子领域，苏州已集聚培育了一批关键节点龙头企业，如南大光电、长光华芯、旭创、亨通、永鼎等，通过有组织地引导和支持它们在各自细分领域组建创新联合体，实现从光芯片材料到光芯片，再到光器件、光模块、光通信的全链关键技术突破，进而带动全产业链升级。

（二）企业有意

企业有意，是指创新联合体确实符合企业当前和未来发展的需要，当然企业的建设初衷可能不一样，需要因产而宜、因企而制。对此，苏州市科学技术局相关负责人分享了三个相关的故事。

第一个故事的主角是“从一滴油到一匹布”的转型代表——盛虹。盛虹集团瞄准跨界升级，加快未来布局，从战略层面上，把智能纤维和可穿戴式智能纺织品作为未来发力的主要方向，研发能够根据外部变化而千变万化的“未来衣”。这就需要将传感器、无线通信、多媒体等技术嵌入面料或配件的便携式电子设备中，这种“跨界创新”，集成柔性材料、传感器、大数据相关的多门类技术，必然需要联合优势科研院校及上下游企业开展联合研发和多场景推广，创新联合体正是最有效的载体。

第二个故事的主角是老牌光纤光缆制造民营企业代表——永鼎。永鼎聚焦国产替代，抢占新赛道，比如 50G PON（无源光网络）涉及中国数亿家庭网关设备置换，是个千亿级市场，在产品端有众多共性技术难点需要攻关，尤其是某个波长 2 纳米带宽的镀膜器件，全球无供应商。永鼎股份联合国内顶尖高校，牵头组建创新联合体，已投入近 5 亿元，致力于激光器芯片和镀膜产品的关键技术突破和国产化生产，对整个行业产业化提速意义重大，也是推动这项未来产业成为苏州经济新增长点的有力一招。

第三个故事的主角是苏州一号产业明星——信达生物。信达生物聚焦供应链安全，加快自主可控，聚焦单克隆抗体研发和产业化，通过创新联合体形式，结合自身全产业链发展优势，提技术需求、定产品标准、供订单场景，按照“风险共担、利益共享”原则，上下游成员单位联合攻关成果可以直接进入信达供应链，以成果优先采购的利益分配机制，“联”出最强攻关合力。

（三）分类支持

在创新联合体建设上，苏州根据不同发展定位，布局生态融合型、战略引领型、市场驱动型、平台赋能型四类创新联合体。从建设的核心思路来说，是打造科技创新与产业创新深度融合的创新生态，构建“四梁八柱”的主体结构。

“四梁”体现大方向，即创新链、产业链、资金链和人才链，通过创新联合体实现四链融合。“八柱”体现核心要素，即一个产业细分领域、一个关键技术攻关方向、一批预期创新产品、一个牵头龙头企业、一个研发平台、一个大企业孵化器、一个博士后工作站、一个投资基金。抓好 8 个要素，架构清晰，打造一个从基础研究、试验验证、成果转化到项目孵化的产业链生态圈。

例如，异质结技术是太阳能电池发展的未来方向，为增强异质结电池技术在国际市场上的竞争力，还需从硅片薄片化、降低银耗量、核心零部件国产化等方面围绕“降本增效”目标进行技术创新。为此，光伏高端装备产业龙头企业迈为股份，牵头组建了苏州市先进太阳能电池和关键量产装备技术创新联合体。联合了苏州大学、中国科学技术大学及 10 余家上中游企业，实现从材料到工艺到设备开发的联合创新，通过自建产业园、引入基金等方式，加快产业创新生态打造。在创新联合体的共同努力下，首次实现可量产的异质结电池光电转换效率达到 26.41%，相关成果发表在国际顶级期刊 *Nature Energy* 上。电池转换效率每提升 1%，度电成本可以下降 5%~7%，迈为牵头的创新联合体真正实现技术突破，为高效率异质结光伏电池的大规模产业化奠定了基础。

旭创科技牵头组建了苏州市光通信创新联合体，建设大企业孵化器——旭创光电产业园，搭建芯片半导体研发及量产公共平台，建设用于 5G 和云计算等的核心芯片及元器件研发生态中心，发起及参与设立 11 只基金，服务上下游产业集群，实现从高端光电芯片、高速率光模块到下游测试验证设备的全链协同创新，助力打造光通信产业集群。

亨通和盛虹牵头组建的创新联合体，获国家 2023 年全面创新改革任务揭榜立项，是全国立项主体中仅有的两家民营企业（其余都是部门、央企和大院大所），充分体现了苏州民营企业的创新活力。实际上，苏州已立项的联合体中，近 80% 的牵头企业为民营企业。

（四）激励相容

激励相容，是通过激励相容的体制机制设计，使得创新联合体共建各方都能实现联合建设、联合创新、联合发展、共享收益，从而保障联合体符合市场激励相容的经济逻辑，并有效地将国家科技自立自强这一国家逻辑，同产业科技创新能力提升的产业逻辑，以及区域创新高地建设的区域逻辑，同企业自身发展的企业逻辑实现逻辑整合。

在运作机制上，主要发挥龙头企业的主导作用，广泛整合高校院所、科研机构、上下游企业、产业创新基金等各类创新主体和创新要素，聚焦产业关键共性技术难题，并通过建设大企业孵化器，集聚平台、服务机构、基金社会资本；在目标任务上，面向科技自立自强，构建以产品为导向的创新生态圈，实现从创新的联合到产业的联合，推动产业集群的高质量发展，为苏州新型工业化提供强有力的支撑；在功能定位上，贯通“技术攻关—成果转化—产业孵化—产业培育”全链条，强化知识交叉，大力推动集群式创新；在载体形态上，强化空间集聚，支持龙头企业建设专业孵化器和科技园，培育和集聚产业链上中下游企业；在内在机理上，推动“有效市场”和“有为政府”紧密结合高效联动，形成共同推进的强大合力。

四、持续精进：建好用好服务好创新联合体，加快发展新质生产力

苏州正是通过创新联合体的形式，强化“延链补链强链”，加快新型工

业化建设，培育新质生产力的新动能。在访谈过程中，苏州相关部门表示，未来还将围绕“建设好、使用好、服务好”三大主题，持续深化创新联合体发展。

“建设好”是指强化产业科技创新的延链补链，聚焦关键“卡脖子”领域、瞄准未来赛道，如集成电路的工艺制程、核心设备、关键零部件和材料等，新能源的光伏组件、逆变器、动力电池及储能等，继续强化创新联合体布局。

“使用好”则是进一步加快有组织创新，包括依托创新联合体，开展概念验证，加快创新成果商业化；推动大企业孵化器建设，构建产业创新生态。

“服务好”则是以体制机制改革继续做好苏州首创样板。研究出台集成政策“大礼包”，在人才引进、重大技术攻关、大企业孵化器、产业基金、应用场景示范等方面开展试点支持，为发展新质生产力作出更大贡献。

参考文献

冯之浚，刘燕华，方新，等，2015. 创新是发展的根本动力 [J]. 科研管理，36(11):1-10.

傅羿芳，朱斌，2004. 高科技产业集群持续创新生态体系研究 [J]. 科学学研究，22(12):128-135.

国家发展改革委经济研究所课题组，2019. 推动经济高质量发展研究 [J]. 宏观经济研究，243(2):5-17, 91.

江积海，廖芮，2017. 商业模式创新中场景价值共创动因及作用机理研究 [J]. 科技进步与对策，34(8):20-28.

焦豪，崔瑜，2008. 企业动态能力理论整合研究框架与重新定位 [J]. 清华大学学报（哲学社会科学版）(S2):46-53, 74, 143.

金碚，2018. 关于"高质量发展"的经济学研究 [J]. 中国工业经济，361(4):5-18.

巨文忠，张淑慧，2023. 关于区域科技创新中心布局的若干思考 [J]. 科技中国，306(3):84-86.

李正风，武晨箫，2019. 中国科技创新体系制度基础的变革：历程、特征与挑战 [J]. 科学学研究，37(10):1729-1734, 1751.

刘昌新，吴静，2021. 塑造数字经济：数字化应用场景战略 [J]. 清华管理评论 (6):92-96.

刘婕，谢海，张燕，等，2021. 动态能力视角下平台型企业的价值共创演化路径探析：基于积微物联的单案例研究 [J]. 软科学，35 (5): 138-144.

柳卸林，常馨之，2024. 构建市场导向的核心技术创新生态系统 [J]. 科学学研究 (3):1-21.

马茹，罗晖，王宏伟，等，2019. 中国区域经济高质量发展评价指标体系及测度研究 [J]. 中国软科学，343(7):60-67.

杨耀武，张平，2021. 中国经济高质量发展的逻辑、测度与治理 [J]. 经济研究，56(1):26-42.

HELFAT C E, 1997. Know how and asset complementarity and dynamic capability accumulation:the case of r&d [J]. Strategic Management Journal, 18(5): 99-102.

KARIMI J , WALTER Z, 2015. The role of dynamic capabilities in responding to digital disruption: A factor-based study of the newspaper industry [J]. Journal of Management Information Systems, 32(1):39-81.

实践探索
企业篇

第十二章

京东方："屏之物联"战略升维开启实体经济增长新空间

制造业作为国民经济的主体，价值链长、关联性强、带动力大，是立国之基、兴国之本、强国之基。党的二十大提出，坚持把发展经济的着力点放在实体经济上，推进新型工业化，加快建设制造强国等。要牢牢抓住振兴制造业特别是先进制造业，不断地推进工业现代化，推进中国制造向中国创造转变、中国速度向中国质量转变、制造大国向制造强国转变。在新型工业化道路的内涵和发展路径上体现出鲜明的中国特色。党的二十大强调要围绕推进新型工业化，加快建设制造强国、质量强国、网络强国、数字中国等战略任务，科学布局科技创新、产业创新。

当前，实体经济与数字经济的深度融合在全球掀起新一轮创新革命。AI、人工智能物联网（AIoT）、云计算等前沿性、颠覆性技术正快速融入细分应用场景，为实体经济的高端化、智能化、绿色化高质量发展提供了新的增长空间。而如何把握数字经济时代的新特征、新机遇，面向高水平科技自立自强的时代使命和高质量发展的首要任务，科技领军企业和世界一流企业，加快实现高水平科技自立自强，成为科技创新强国建设的重要时代任务，也是加快发展新质生产力、扎实推进高质量发展的重要抓手。

面对中国"缺芯少屏"的现实，京东方以"屏"作为原点，从第5代TFT-LCD生产线起步，通过对技术的消化、吸收和再创新，形成了自己在液晶屏领域的核心技术和研发能力，逐渐成为半导体显示市场的全球领军者。

而后，京东方把握数字时代的技术革命趋势和产业发展规律，立足自身基础，面向未来提出了“屏之物联”战略，开启了向物联网创新领军者跃迁之路。

京东方“屏之物联”战略升维、持续生长的过程，本质上就是前瞻性地把握场景驱动创新范式跃迁机遇，将“屏”植入更多场景，集成更多功能和衍生更多形态，从而构建人机物万物互联、企业创新发展、产业智能化升级的场景创新生态。

秉持“将‘屏’集成更多功能、衍生更多形态、植入更多场景”的发展理念，陈炎顺带领京东方把握产业变革趋势，以场景驱动打造产业数字化动态能力，构建物联网产业整合式创新生态，加速从半导体显示领域全球领导者向物联网产业全球领军者跃迁，开辟京东方“第二曲线”的同时，以“场景 + 技术”双轮驱动战略升维，赋能产业数字化，助力实体经济开启新增长空间，加快发展新质生产力。

一、转型背景：从行业领军迈向世界一流

抓住数字经济发展机遇，培育科技领军企业，加快产业数字化转型成为加快发展新质生产力的重要时代任务。京东方作为中国企业创新引领发展的典型代表，在实现显示业务全球领先后，准确把握数智化转型升级的战略机遇和创新管理变革趋势，以“屏之物联”为全新战略定位，通过持续的技术、管理与文化创新，朝着“打造世界一流科技领军企业、成为物联网创新领军者”的目标稳步迈进。

在“屏之物联”的战略引领下，京东方以显示业务为抓手，打造新引擎，迎来新增长，迈向新高地。2021 年在全球产业链供应链“少屏、缺芯、塞港、断电”等困局频现和半导体显示产业步入结构性调整期的背景下，京东方逆势实现指数型增长，总营收规模突破第二个千亿元（2 193 亿元），净利润

高达 258.3 亿元，同比增长 413%（图 12-1）。2022 年，面对全球疫情反复、经济承压与半导体显示产业持续下行等多重挑战，京东方依然保持稳定发展和领军优势，上半年营收达到 916.1 亿元。一方面，显示业务全面开花：五大主流应用领域 LCD 出货量稳居全球第一；柔性 OLED 加速创新，首推新一代 Q9 发光器件并全新自研蓝钻 ™ 像素排列方式；福州第 8.5 代半导体显示生产线入选"灯塔工厂"，为行业带来全新突破。另一方面，物联网业务也逐渐全面铺开：以 2022 年北京冬奥雪花为代表的高精尖科技创新成果，彰显公司颠覆性科技实力，助力其再次入选《麻省理工科技评论》"50 家聪明公司"（TR50）；智慧金融解决方案为工行、建行、农行等多家银行近 20 个省级行政区 2 700 个网点提供服务，通过智慧银行综合管理平台加速银行数字化和产融结合；智慧零售解决方案覆盖全球超过 60 个国家的 3 万家门店，利用 AI 打造集商品识别、物联网集成管理于一体的智能营销终端。

作为京东方开启物联网创新转型的领航者，董事长陈炎顺先后获评 2019 福布斯中国企业跨国经营杰出领导人和中国新闻周刊 2021 年度经济人物。京东方已然成为全球物联网领域的先行者，其物联网转型的创新探索不但具

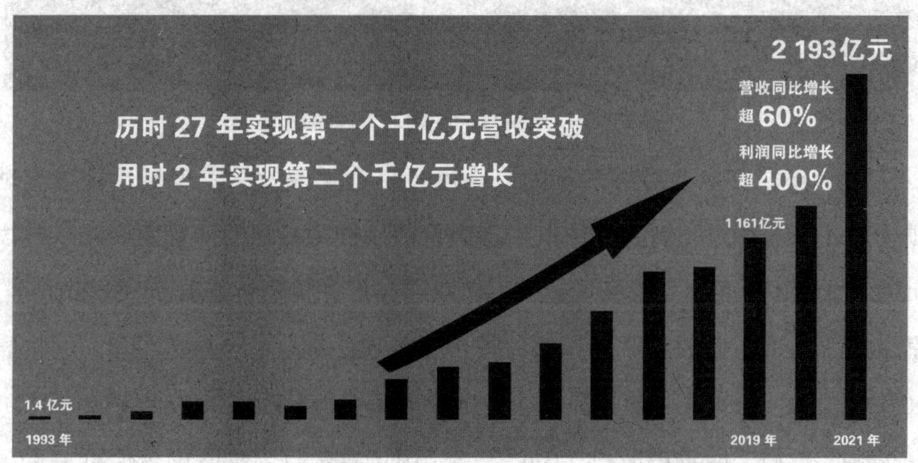

图 12-1　物联网创新转型开启京东方指数型增长

有重要的管理启示，更有助于加快中国制造业数字化、智能化转型与科技自立自强步伐。

二、战略引领：以显示联万物

（一）前瞻未来，屏之物联领航产业变革

京东方“屏之物联”的战略转型并非一时心血来潮，而是以前瞻思维把握产业革命重大机遇，基于对物联网产业融合发展的市场特征、产业运行内在规律的深刻认识和企业创新发展的深厚积累，不断深入探索和突破的过程（图 12–2）。

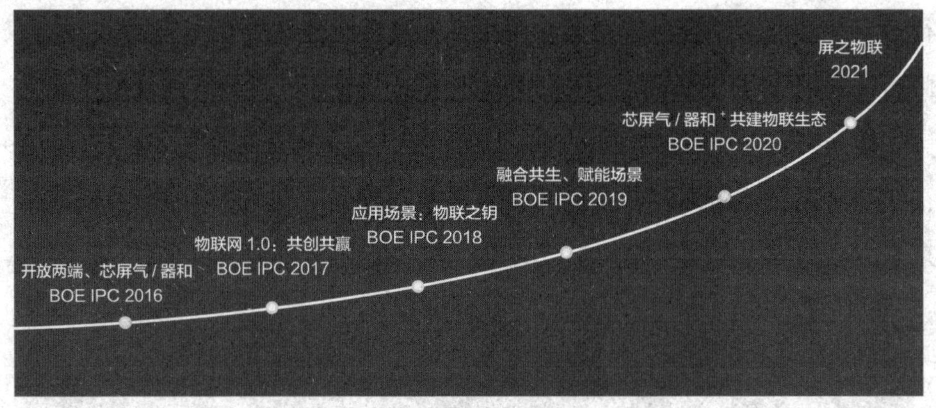

图 12–2　京东方物联网转型探索进程

2013 年，京东方持续多年的高强度投资初见成效，实现显示领域全球领先后，谋求长远发展。抓住以生态链价值延伸为特征的产业发展第二阶段机遇，加快面向多元显示场景的生态链圈层拓展和价值链提升步伐。2016 年，京东方明确了企业的物联网属性，提出“开放两端、芯屏气 / 器和”的物联网发展战略，正式从半导体显示企业向物联网企业转型。2017 年和 2018 年，其提出了“物联网发展阶段 1.0 论”“应用场景是打开物联网价值创造之门的钥匙”等观点，用以指导企业物联网转型实践探索。

2019 年，陈炎顺接过王东升的接力棒，基于科技自立自强的使命意识，对产业发展规律的深刻洞察，持续创新的基因及深厚的技术、管理与文化积淀，先后提出"融合共生、赋能场景""芯屏气 / 器和 ⁺ 共建物联生态"的价值主张和观点，并于 2021 年进一步提出"屏之物联"的发展战略，即使"屏幕"集成更多功能、衍生更多形态、植入更多场景。京东方也明确定位为物联网创新领域全球创新型企业，这标志着其物联网转型进入全新的战略阶段。

"屏之物联"战略是对京东方发展之道的传承与超越。这一阶段，京东方在"对技术的尊重和对创新的坚持"的基础上，更加强调抓住数字化时代的发展趋势，通过"1+4+N+ 生态链"全新战略布局，基于"屏即终端，屏即系统，屏即平台"的全新理念，充分发挥"屏"之核心优势，聚合产业链和生态链资本，通过面向多元的物联网场景，驱动技术体系、组织管理和运营体系的重构优化，激发全员创新动能与潜能，打造产业数字化动态能力，赋能千千万万物联网细分市场和场景业务发展，立志成为"地球上最受人尊敬的伟大企业"（Best On Earth，BOE），在实现企业高速高质增长的同时，领航产业链供应链韧性创新发展，支撑数字中国和科技强国建设（图 12–3）。

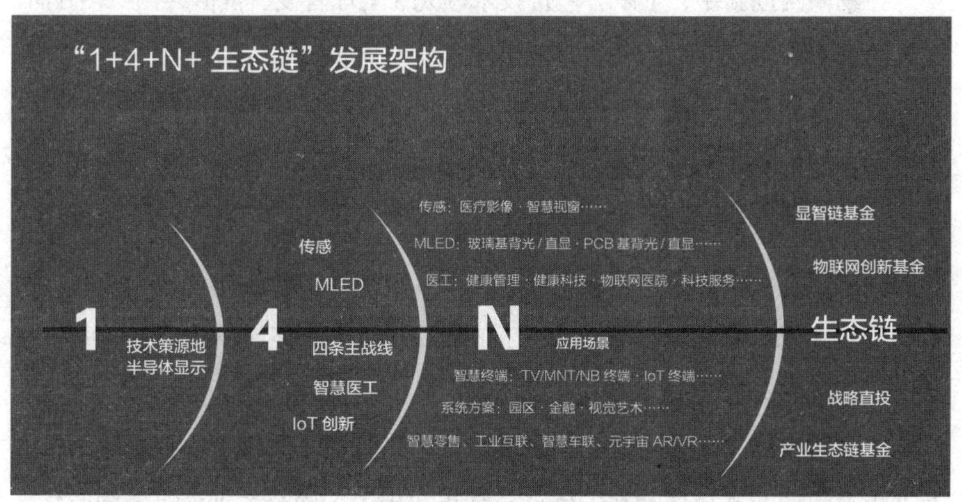

图 12–3　京东方"1+4+N+ 生态链"的物联网转型总体战略架构

（二）专注创新，奠定物联网战略转型坚实基础

京东方的逆袭突围成长史可以总结为“对技术的尊重和对创新的坚持”。初入行业时被日企、韩企等围追堵截的惨痛经历，使京东方意识到，“技术进步与产品创新是企业的制胜之道，技术行不一定赢，但技术不行一定输”。因此，京东方自2003年收购韩国现代TFT-LCD业务，建设中国大陆首条自主技术的第5代LCD生产线，全面启动25年战略布局，多年坚持7%左右的高研发投入强度，形成专心专注、激励创新的企业制度和文化。

陈炎顺接任董事长后，更是突出强调，将年度销售收入的1.5%，超20亿元，用于基础与前沿技术研究，以强大技术实力巩固全球竞争优势。在陈炎顺看来，京东方具备物联网创新变革的“天然优势基因”——显示先导力、技术引领力和平台整合力，这“三驾马车”将助力京东方转型与突围。“京东方以‘屏’起家，拥有丰富的面板产能资源、领先的半导体显示技术、知名的市场客户资源等，在显示无处不在的物联网时代，核心优势无疑是‘屏’及围绕屏的周边能力。”

在物联网创新中，京东方坚持技术领先、全球首发、价值共创：一方面，在集团技术中心设立前沿技术寻源组织，跟踪全球未来显示技术；另一方面，以开放包容的心态，联合产业链上下游企业协同开发，推动产学研深度合作。得益于持续的自主创新，京东方连续突破超高清显示、柔性显示、MLED显示等前沿技术，并于2021年12月正式发布包括ADS Pro、f-OLED和α-MLED在内的中国半导体显示领域首个技术品牌，开创了“技术+品牌”双元价值驱动的行业发展新模式。京东方目前拥有16条半导体显示生产线，其中包括中国大陆首条自主技术建设的第5代、第6代、第8.5代TFT-LCD生产线，终结了中国大陆“无自主液晶显示屏时代”，打破了中国大陆消费电子产业及平板显示产业被扼住咽喉的困局，真正实现了中国全系列液晶屏国产化。

这 16 条生产线中，还拥有全球首条 10.5 代 LCD 生产线、中国首条实现量产的 6 代柔性 AMOLED 生产线等。其中，布局于成都、绵阳、重庆的 3 条柔性 AOMLED 生产线均已实现量产并稳定出货。2022 年上半年，京东方在显示屏总体出货量，以及手机、平板、笔记本、显示器、电视等五大主流领域 LCD 出货量均稳居全球第一；在柔性 OLED 领域，京东方柔性 OLED 显示屏出货量稳居中国第一、全球第二。

（三）场景驱动，构建融合共生物联网创新生态

在战略布局层面，京东方立足显示主业，以应用场景这把钥匙打开物联网价值创造之门。对此，陈炎顺解释，随着 AIoT 应用场景的涌现，基于业务细分场景的定制解决方案正在取代标准产品和通用平台，成为满足个性化需求、创造价值的有效途径。近年，京东方以显示开拓应用场景，创新求变，不断丰富拓展技术能力和业务领域，逐步确立"1+4+N+ 生态链"发展架构，形成基于显示和传感两大核心能力，向半导体显示产业链和物联网场景价值链延伸的战略布局。

战略执行过程中，京东方凭借丰富面板产能资源与知名市场客户资源、领先显示技术硬实力与灵活创新变革软实力、显示产业链主地位与强大产业链整合能力等优势，全面构建人工智能开放平台等技术开发载体；打造以市场和客户为中心的产品企划能力，持续领先的制造能力，以及支撑物联网转型的核心架构能力、软件开发能力与软硬融合系统整合能力，在金融、园区、零售、医疗等行业实现跨界创新，多领域多层次赋能场景。

三、创新筑基：领航物联网转型

京东方物联网转型是响应国家发展重大需求、顺应时代变化趋势、符合

行业发展规律的全局性与长期性战略决策。京东方应用整合式创新思维，打造以场景驱动创新为特色，以屏之物联战略为引领，以一流技术体系为基础，以一流管理体系为支撑，以一流文化体系为保障的物联网创新体系，实现技术、管理、文化的有机统一，在实现自身转型的同时，领航产业数字化智能化创新跃迁。

（一）“软硬融合、智能物联”，建设一流物联网创新技术体系

以创新引领发展，始终秉持对技术的尊重和对创新的坚持，通过持续的高强度研发投入，打造一流的物联网技术创新体系，是根植于京东方企业文化中的基因。技术创新夯实核心能力，使企业时刻拥有竞争锋芒；技术能力连接现有业务，驱动新兴业务发展；核心能力与业务围绕场景紧密协同，进化共生，构成了京东方业务演变的内在逻辑。

对于物联网转型中的技术要点，京东方高级副总裁和联席首席技术官姜幸群在访谈中指出，随着京东方物联网战略转型，事业格局从半导体显示器件向多元化、立体化的方向发展，技术创新体系也需要相应升级。京东方的物联网转型，是立足于显示器件，发力于产品，落脚于场景化应用的。与之对应的技术体系，也需要支撑器件、整机、系统、平台等多模式多形态的业务需求。

确立转型战略后的两年中，京东方专注顶层架构设计，强化物联网业务发展的基础技术底座，逐步形成“软硬融合—智能物联—场景赋能”三位一体的 BOE AIoT 技术创新体系（图 12–4）。

其中，“软硬融合”强调物联网端口的传感化与智能化，包括芯片、屏幕、通信、传感等的系统集成，以及嵌入终端的操作系统和各类上层应用。“智能物联”指以人工智能、大数据、云计算、物联网等技术为牵引，打造以新一代信息技术为代表的技术创新能力。“场景赋能”注重围绕丰富应用场景，依托产品平台实现核心技术的智能应用。其要义在于通过制造技术与

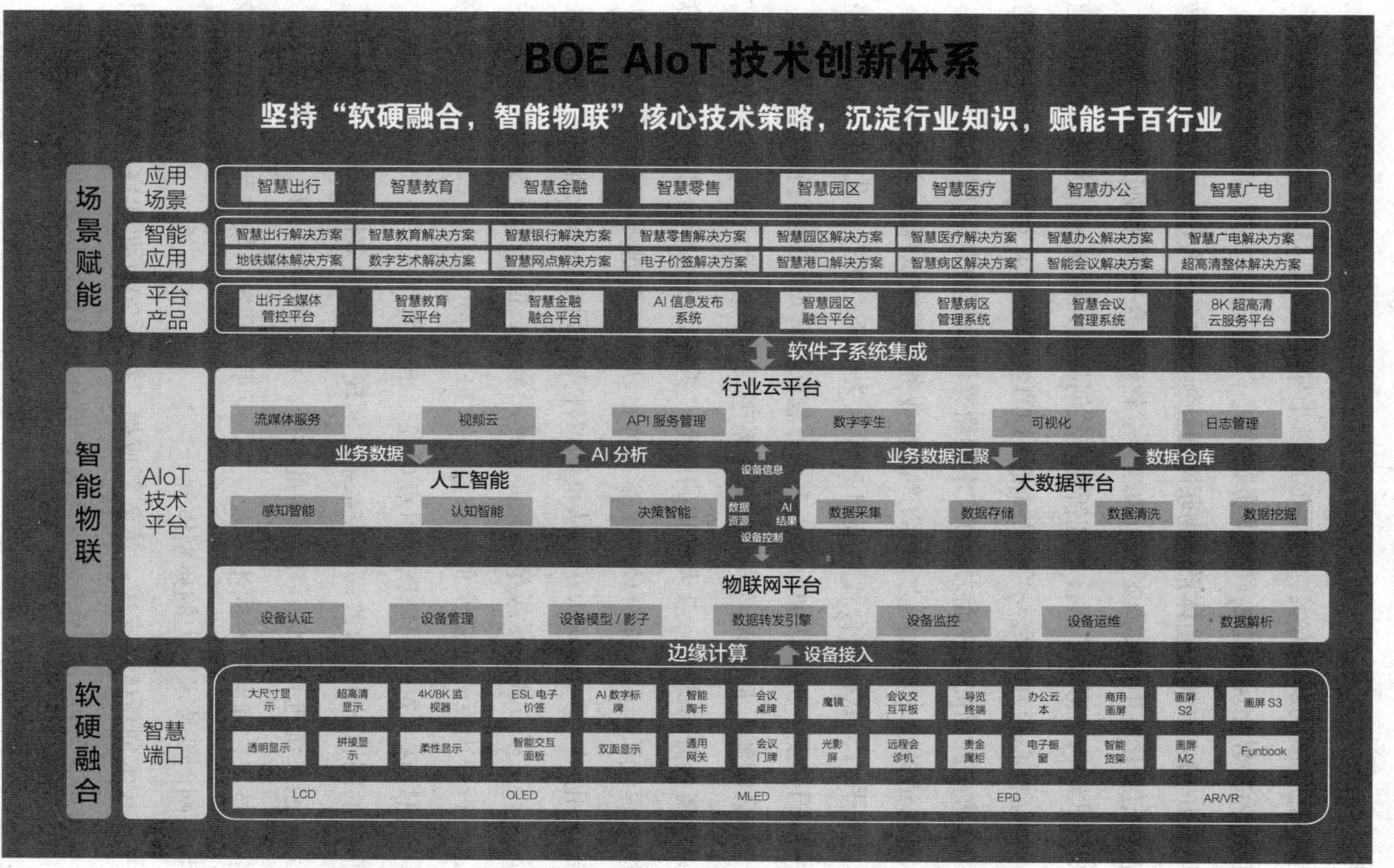

图 12-4　京东方 AIoT 技术创新体系

数字技术结合，推动实体经济与数字经济融合，向特定应用场景提供更便捷、更智能、更优质的解决方案，全面形成以半导体显示器件为基石，以新一代信息技术为差异化优势的物联网业务能力。

京东方 AIoT 技术创新体系以物联网细分领域的需求为导向，以共性核心技术和客户定制化应用开发为支撑，构建了“软硬融合—智能物联—场景赋能”三级矩阵式结构，形成了从技术创新到产品创新再到物联网解决方案的全价值链技术创新核心能力体系。“场景赋能”以真实场景需求为导向，赋予京东方透过场景解决问题的专业能力，为技术创新提供持续动力。“软硬融合”与“智能物联”打造的技术核心能力，则为产品和业务发展提供保障。细分场景应用、AIoT 技术平台、软硬融合智慧端口三者互为依托，相互优化，并推动与重点客户协同开发，价值共创，助力京东方物联网转型获得可持续竞争优势。

“场景赋能”是物联网技术创新体系建设的出发点，也是落脚点。2022 年北京冬奥会开幕式上，点火仪式的巨型“雪花”主火炬台作为复杂的物联网系统工程代表产品，充分体现了京东方物联网技术创新在国家重大场景中的落地应用。巨型“雪花火炬”从整体硬件支撑到软件系统都由京东方自主研发设计。京东方攻克了极窄发光面、异形显示、信号同步等技术难题，打造了这一行业内发光面最窄的单像素可控 LED 异形显示产品。巨型雪花嵌有 55 万颗灯珠，每一颗灯珠都单点可控，出光面仅 4.8 毫米，基于京东方自主研发的同 / 异步兼容终端播控系统，实现了 102 块双面屏幕毫秒级响应。高冗余控制系统进行通信、电路多重备份，在有线控制基础上，搭配 LoRa 无线控制技术，确保信号同步万无一失。巨型雪花这一场景赋能成果，是京东方物联网创新技术实力的典型体现。

一流技术创新体系支撑一流创新成果。截至 2021 年年底，京东方累计申请专利超 7 万件，发明专利占年度新增专利申请比例超 90%，海外专利 35%，覆盖了美国、欧洲、日本、韩国等多个国家和地区。年度新增专利申请中，

OLED、传感、人工智能、大数据等领域专利申请占比超 50%。截至目前，京东方共有 10 项人工智能算法取得全球测评第一，30 余项算法位列全球测评前十，其中 90% 已完成技术产品化。根据美国专利服务机构 IFI Claims 发布的 2021 年度美国专利授权报告，京东方全球排名跃升至第 11 位；根据世界知识产权组织（WIPO）报告，京东方 2021 年国际专利申请位居全球第七，达到 1 980 件，连续 6 年位列全球 PCT 专利申请 TOP10（图 12–5）。

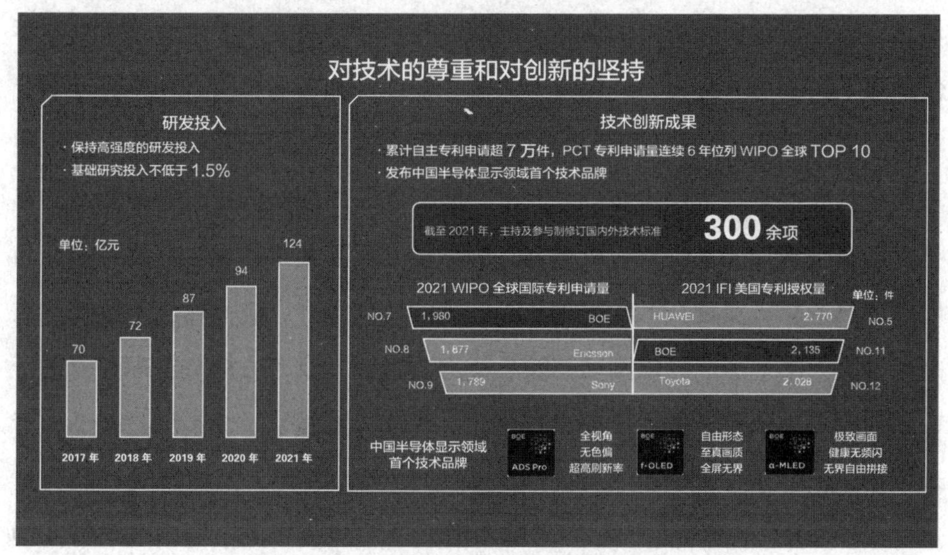

图 12–5　京东方技术创新体系投入和产出成效

（二）“三横三纵”，建设一流物联网运营管理体系

对于公司管理核心能力的打造，陈炎顺指出，对行业内在规律的充分理解是管理理念凝练、管理方法提出和管理体系构建的关键。这不仅有益于企业自身可持续发展，还有助于引领产业发展变革。因此，一直以来，京东方始终贯彻“站在月球看地球”的战略理念，以对行业发展趋势的充分认知为基础，确立长期发展战略和中短期战略目标。而后，打造平台型组织架构和独立运营机制，并基于 SOPIC 创新组织变革模型将“1+4+N”的战略架构映

射到“三横三纵”的管理体系，将物联网创新战略落到经营管理实处，以敏捷响应、高效协同的组织管理和流程提升应对行业周期性波动的组织韧性。

SOPIC 创新变革由战略（strategy）、组织（organization）、流程（process）、信息化赋能（IT）和内控（control）构成，以市场牵引、技术领先、产品创新为着眼点。在其指导下，京东方将物联网战略与组织行为有效对接，不仅将运营管理从生产线的区域管理升级为整体业务的全球管理，还将业务模式从供应硬件器件转变为提供物联网产品、技术和解决方案。由此，京东方不仅增强了洞察力、整合力、创新力、员工能动性和市场反应力，还提升了专业化、集中化和信息化程度，为物联网创新提供了机制保障。此外，公司还采用多种先进管理方法来协助 SOPIC，如引入面向创新的精益管理体系，将技术创新管理与质量管理有机结合，确保技术创新成果转化为高质量、高品质的成熟产品，实现技术和管理核心能力的协同整合，进而输出为数智化产品与解决方案，形成物联网动态核心能力。目前，京东方精益管理已取得了一系列阶段性成效，包括业务流程优化、管理体系强化、成本风险降低、管理效率提升、人—财—物高效利用等。2022 年上半年，公司高端产品交付达成率较 2021 年提升 6.3%，“双碳”管理工作进度也处于国内电子行业领先水平，目前京东方共拥有 11 个国家级绿色工厂。其研发的电子标签作为无纸化显示，将绿色低碳做到了极致，该产品全球出货近 3 亿只，每年 50 亿次变价，相当于节约纸张 6 000 吨，保护树木 10 万余棵。

在长期经营探索中，京东方打造了面向物联网创新转型的“三横三纵”运营管理体系（图 12–6）。“三横”包括敏捷前台、集约中台和保障后台，贯穿企业运营管理全过程。敏捷前台即快速应对市场和客户的反应机制；集约中台由技术核心能力、产销协同能力、集成制造能力构成，包括技术与产品中台、供应链中台、制造中台、品质中台；保障后台为市场营销和运营管理提供支撑保障。“三纵”主要包含纵向贯穿的战略管理、流程管理和绩效

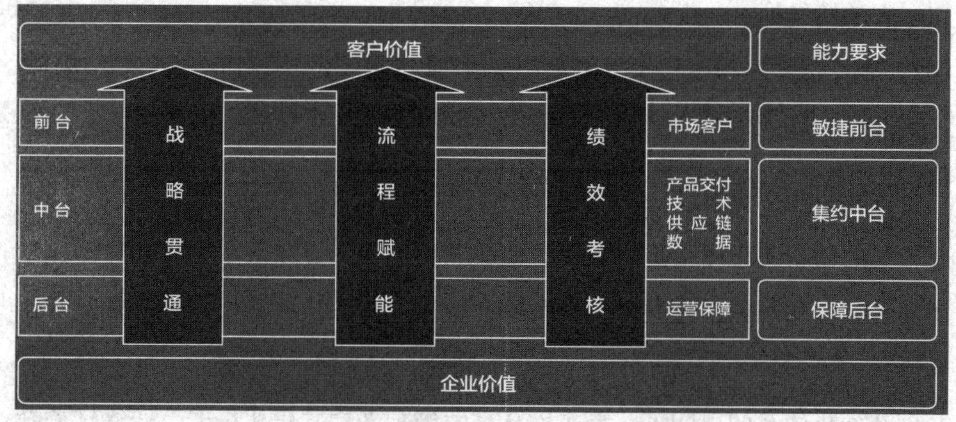

图 12-6　京东方"三横三纵"运营管理体系

管理三大核心职能，构成了贯穿前中后台的垂直管理体系。"三纵"虽是管理职能，但本质上具备服务属性，推动前中后台战略贯穿与流程互通。其中，战略管理体系将战略目标细化为重要措施和关键项目，分层级落实责任并执行、跟进；流程管理体系以控制系统性风险为目的，以严格责权划分和标准化流程管理为手段；绩效管理体系以项目为单位，以执行进度为标准，实行一体化监管，由专门绩效管理部门设定奖励，再由高层管理者审批。

"三横三纵"运营管理体系重在实现"五个拉通"：业务拉通，即四大业务板块互联互通；产品线拉通，即器件、整机、系统有机整合，形成完整物联网产品和解决方案；产品生命周期拉通，即打通物联网产品从企划、研发、制造、营销到售后的全流程；平台拉通，即内部协同、产品相联和员工互通；机制拉通，即各事业部统一机制。"五个拉通"的本质在于提升物联网转型运营的管理质量和运营效率，最大化企业的价值创造。

总的来看，京东方运营管理的高效顺畅是通过"三横三纵"体系各关键节点的打通来实现的，这有赖于公司平台化、数字化、标准化体系和企业文化系统形成的协同效能。陈炎顺董事长将"三横三纵"体系视为企业生命体的骨架系统，数字化平台是其构架中的神经系统和活力，企业文化体系则是京东方的精气神。

（三）信任为王，建设一流物联网创新文化体系

谈及企业文化建设，陈炎顺特别强调，包含“志气、勇气、骨气、士气、底气”的创新文化体系是京东方的血液和精气神，贯穿京东方从半导体显示颠覆者到物联网创新领航者的全过程，融入京东方从战略规划到日常运营的全流程，赋予京东方人独一无二的创新特质，汇聚成京东方强大的创新活力。在创新文化体系的熏陶下，京东方从高层管理者到基层执行者，始终怀着敬畏之心、感恩之心和创业之心，树立起“在关键时刻站得出来敢于担当，在危机时刻豁得出去勇于奉献”的企业人才观和团队价值观，以此应对物联网转型中的风险与挑战。如今，半导体行业陷入周期性低潮，京东方上下始终坚守战略目标。2022 年上半年京东方业绩表现优于同业，以战略坚定、管理独立、执行坚定来稳固精气神，在以组织韧性保障稳定发展的同时，积极寻求机会，拓宽增长潜力，为未来行业上行周期时的厚积薄发修炼内功。

值得一提的是，京东方物联网创新文化体系尤其强调信任与合作，并把“简单、直接、深刻、妥协”作为沟通法则，注重通过换位思考和求同存异来解决分歧矛盾。如“三横三纵”运营管理体系中各事业部、产品线、运作机制协同的关键在于信任互联，产业生态中各供应商、客户、投资者共赢的关键在于信任真诚。

四、场景驱动加速构建物联网创新生态系统

（一）场景驱动，打造物联网创新范式

场景驱动的创新是基于未来状态设想与创意，将技术应用于特定领域，

进而实现更大价值，获得技术突破，创造未来的过程。场景驱动的创新在大数据等技术密集型产业中能够发挥关键作用，帮助企业通过市场化运作获取前沿技术研发所需的海量数据和商业资源，快速验证待成熟的新技术，找寻潜在的商业模式，在场景实践中实现技术颠覆与商业爆发。

京东方在布局其物联网业务中应用场景驱动创新思路，提供体系化的解决方案。通过场景驱动的管理模式，以 N 类应用场景为抓手，驱动技术核心能力和管理核心能力整合转化为一流的创新服务与价值创造能力，真正解决特定场景和客户的实际需求与痛点问题。

京东方场景驱动的物联网创新范式探索取得了卓越的阶段性成效。在业务布局上，从专注显示发展为新业务矩阵；在运营模式上，从矩阵式管理转变为“三横三纵”授权赋能型运营管理；在技术应用上，持续推动超高清 8K 显示技术普及，推出全面屏、折叠、卷曲等柔性 OLED 创新产品，应用于众多一线品牌厂商，还推出 75 英寸（1 英寸 =0.025 米）、86 英寸玻璃基主动式驱动 Mini LED 产品和超高刷新率 500+Hz 显示产品等。

此外，公司多项创新成果已实现了基于场景应用的转化与落地。在视觉艺术场景中，自主研发设计的巨型雪花装置是行业内发光面最窄的单像素可控 LED 异形显示产品，在全球瞩目的北京冬奥会上大放异彩；自主研发的 3 290 块手持光影屏系统应用于国庆 70 周年庆祝活动，实现了举世惊艳的动态化广场表演；参与 4 项“百城千屏”超高清视音频传播系统技术标准的研制工作，并率先在北京落地全国首批 8K“百城千屏”建设项目。在智慧金融场景中，智慧网点管控系统已交付 40 余个标杆项目，为全国超过 2 700 家银行网点提供服务。智慧园区场景解决方案已在北京、天津、重庆等 20 余个城市落地应用，涵盖 7 大可视化主题及 20 余项闭环功能，覆盖 700 余家客户。面向智慧医工场景，构建以健康管理为核心、医工终端为牵引、数字医院为支撑的全周期健康服务闭环，除布局多家数字医院并实现正式运营外，重疾早筛查业务已累计签约 32 家合作代理商，授权 211 家医院，为近 9 万人提供便利。

（二）屏之物联，融通 N 大场景生态链

“屏之物联”是京东方物联网转型的关键，基于此，京东方依托显示、传感、AIoT 等核心技术，为出行、园区、金融、零售、教育、商业显示、展陈、工业等各个应用场景提供智慧化、个性化的物联网解决方案。

以智慧出行为例，近年来，随着汽车产业向电动化、智能化、网联化、共享化转型，创新显示技术在汽车领域加速应用，汽车座舱正从传统液晶仪表显示时代，快速进入智能交互显示时代，车内空间大屏化和智能化已成为车企差异化竞争的主战场。京东方以场景驱动型技术创新，以超大尺寸高清联体智能屏为核心，集成设计、系统板卡、MCU（微控制单元芯片）软件，提供面向汽车智能化的高质量一体化智能座舱整体解决方案，持续赋能中国新能源汽车“先发优势”转向“领先优势”。在设计方面，京东方采用背光一体化压铸技术和二合一板卡集成技术，让整体车载显示产品更加轻薄。在系统方面，嵌入式 MCU 软件，使得显示屏能自动调节亮度；包括诊断车载显示功能在内的系统级技术应用，极大提升了用户的智能化驾驶体验。目前，京东方已推出柔性 AMOLED、柔性多联屏、全贴合显示、曲面显示、Mini LED、BD Cell、超大尺寸显示等多款前沿技术产品，并全面应用于全球主流汽车品牌的汽车仪表、中控总成、娱乐系统显示、抬头显示、后视镜等多个车载显示细分场景。根据市场研究公司 Omdia 发布的报告，京东方车载显示出货量及出货面积在 2022 年上半年均位居全球第一。

随着万物互联时代的到来，数字化和智能化的显示产品正加速融入社会生活的各个场景，数智化正在改变汽车等各大传统产业的底层逻辑与生态体

系。京东方持续推进智慧车载显示和交互领域的产品创新，携手全球合作伙伴持续打造智慧出行新生态，成为其融通 N 大场景生态链的一个典型实践。

（三）自主开放，建设物联网整合式创新生态

数字化时代，物联网技术创新和应用强调协同共享，要求企业突破传统组织边界，构建开放式创新网络，实现从自主创新到基于自主的开放整合式创新转型。因此，在物联网转型战略引领下，京东方重点打造全新的产业合作平台——智慧系统创新中心。通过搭建软硬融合技术开发平台、国际人才交流与培训平台、新型材料与装备产业转化平台、产品与服务营销推广展示平台、开放式技术与市场合作平台五大平台，推动芯片、显示器、软件内容、功能硬件等物联网要素融合，构筑资源共聚、信息共联、机会共创、价值共赢的场景驱动型物联网整合式创新生态（图 12–7），使技术研发重自主、对外开放有底线、多方合作有章法、版图拓展有方向。一方面，京东方继续将自主创新摆在创新战略的制高点，潜心钻研物联网系统架构和人工智能与大数据底层技术架构，在显示、传感、AI、大数据等核心领域加快实现技术突破，掌握自主知识产权，领航产业价值跃迁；另一方面，坚持开放共赢和协同整合，积极扩大自主技术体系的全球影响力，从而完成由重资产向轻资产转变、硬件制造向解决方案转变、资本牵引向智力牵引转变的三个重要转型。2022 年 9 月，凯度集团、《财经》杂志、牛津大学发布了 2022 年生态品牌认证榜单及《生态品牌发展报告（2022）》，京东方成为首批获得生态品牌认证的 12 家品牌之一，为全球企业和品牌加快生态化转型提供实践启示，更为物联网行业提供了生态品牌建设的全新范式。

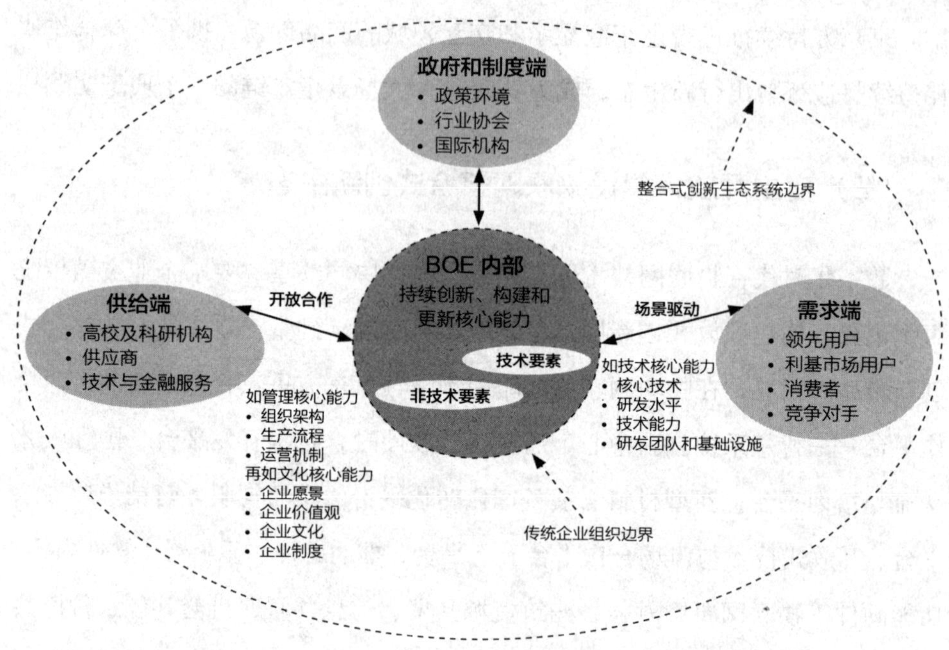

图 12-7　京东方场景驱动的物联网整合式创新生态系统

五、战略升维，穿越周期，向全球物联网创新领军者迈进

为了融入全球技术话语体系，在国际市场实现持续突破，京东方积极与高校科研院所深度合作，强化颠覆性技术前瞻布局能力；与同行业巨头开展战略合作，形成平台型互补资源；牵头推进国内外技术标准制修，提高行业标准制定的话语权；在合作基础上开放专利，合理应用成熟技术方案，既从他人的成熟先进技术中获利，也为世界技术体系发展贡献力量。

2023 年是京东方“三十而立”的一年，也是京东方把握场景驱动创新范式机遇，以“屏之物联”战略引领技术创新，推动产业创新，积极应对挑战和持续创新突破的一年。在显示领域，京东方持续保持领先，稳居全球半导体显示龙头地位，多项 LCD 产品实现全球首发和高端客户突破，整体经营质量和市场表现行业领先；柔性 OLED 领域，京东方 2023 年实现近 1.2 亿片柔性 OLED 屏幕出货，刷新国内柔性显示新纪录，COE 等自研平台技术实现产品导入，成功助力折叠屏出货同创新高；智慧车载领域实现飞速发展，出货量及出货面积均稳居全球第一。物联网创新业务捷报频传：裸眼 3D、IoT、低功耗等多个智慧终端业务实现重要市场突破，智慧金融、智慧园区、商用显示等多个场景业务实现行业领先。

2024 年是京东方面向下一个三十年的开局之年，也是以战略升维开启实体经济增长新空间、赋能新质生产力加快发展的新征程新起点。陈炎顺表示，京东方将继续面向国家发展战略需求，坚持"屏之物联"总体战略促发展，把握数字经济时代场景驱动创新机遇，遵循"可持续科技创新"的价值准则，加大创新研发力度，加快技术向产业和产业链转化速度，夯实企业发展根基。京东方也将继续开放两端，携手全球各界伙伴围绕多元场景开放创新、合作共赢，聚力以科技创新推动产业创新，开启实体经济高质量发展新空间，助力加快发展新质生产力。

第十三章
三峡集团：场景驱动打造原创技术策源地

强化国家战略科技力量，加快高水平科技自立自强，是加快发展新质生产力的重要支撑。打造原创技术策源地，是中央企业强化国家战略科技力量、支撑高水平科技自立自强和加快发展新质生产力的关键所在。本部分以三峡集团面向碳达峰碳中和重大民生场景的创新实践与探索为例，提出中央企业打造原创技术策源地的战略逻辑，梳理了中央企业打造原创技术策源地的抓手、重点路径和突出成效，提炼总结了中央企业通过场景驱动六位一体的整合式创新，加快打造原创技术策源地的启示与建议，为中央企业强化国家战略科技力量、助力高水平科技自立自强和发展新质生产力提供理论与实践参考。

国有企业特别是中央企业，作为国家创新体系的核心主体、现代产业链的“链长”和科技自立自强的国家队，必须积极主动履行科技自立自强的使命担当，努力打造科技攻关重地、原创技术策源地和科技人才高地，加快打造科技领军企业，成为国家战略科技核心力量。习近平总书记强调：“中央企业等国有企业要勇挑重担、敢打头阵，勇当原创技术的‘策源地’、现代产业链的‘链长’。”[①]国务院国有资产监督管理委员会（简称“国务院国资委”）努力推动中央企业围绕增强自主创新能力打造原创技术策源地，成为原始创新和核心技术的需求提出者、创新组织者、技术供给者、市场应用者，掌握技术进步和产业发展主动权。

原创技术策源地是一个相对综合的概念，已有研究对“打造原创技术策

①刘石泉．央企应自觉扛起加快科技自立自强的顶梁之责［N］．科技日报，2021-06-07（6）．

源地”的要求描述较多，对“原创技术策源地”的定义和实施路径探究相对较少，尤其是鲜有针对大型中央企业打造原创技术策源地的一手案例研究。本部分结合中国长江三峡集团有限公司（简称“三峡集团”）的探索与实践，梳理了原创技术策源地的定义，厘清了打造原创技术策源地的战略定位，提出场景驱动中央企业打造原创技术策源地的战略逻辑、实施路径与典型模式，为国有企业特别是中央企业进一步加快打造原创技术策源地、强化国家战略科技力量，以科技创新引领现代化产业体系建设，进而支撑高水平科技自立自强和高质量发展提供理论和实践启示。

一、原创技术策源地：从概念到国家战略

原创技术策源地就是主导从基础研究到产品研发、制造和生产整个创新链的原型系统知识策划和发源的全过程。原创技术的策划和发源受多方面影响，包括保护原创技术研发的制度安排、激励原创技术研发的公共政策、引领原创技术研发的大型企业、支撑原创技术研发的社会资源等。

关键领域前沿的原创技术决定了一个国家未来的国际竞争优势，过去400年间，世界5个科学中心的转移历程表明，鼓励原始创新的科技政策、科技人才培养和集聚制度、科技成果转化应用等是促使世界科学中心发生转移的重要影响因素。然而，我国重大原始创新偏少，原创技术与欧美科技发达国家相比明显不足，企业原始性创新能力还存在明显差距，从提出需求、创新组织、技术供给到市场应用的原创技术全链条创新生态亟待健全和优化。新发展阶段，必须瞄准国家战略需求，持续增强原创技术支撑力和产业带动力，掌握技术进步和产业发展主动权。

打造原创技术策源地，已经从学术概念上升为新发展阶段的国家战略，事关科技自立自强和新发展格局的构建。强化国家战略科技力量，必须充分

发挥企业科技创新主体作用。在国民经济发展中发挥“顶梁柱”和“压舱石”作用的中央企业，在自主创新方面具有引领作用，在协同创新方面具有带动作用，在发挥人才引领创新方面具有核心优势，在科技和经济深度融合、创新链和产业链融合方面具有重大牵引作用。

打造原创技术策源地，是中央企业加快实现高水平自立自强、增强产业链稳定性和竞争力、打造国家战略科技力量的必然要求和重要路径。中央企业通过集聚各类创新要素、着力加快关键核心技术攻关、完善新时代创新生态体系，能够促进企业、研发机构、高等院校等不同创新主体之间的融通创新和创新链的有机衔接，营造分工协作、优势互补、开放融合的良好生态，构建从基础研究、科技成果转化应用到产业化的创新全链条，增强产业链供应链的安全稳定性和韧性发展能力。

二、三峡集团科技创新体系建设与成效

三峡集团源起于1993年经国务院批准的长江三峡工程开发总公司，2009年更名为中国长江三峡集团公司，2017年完成公司制改革，名称变更为中国长江三峡集团有限公司。经过近30年的发展，三峡集团实现了从三峡走向长江、从湖北走向全国、从内陆走向海洋、从中国走向世界的跨越式发展，现已成为全球最大的水电开发运营企业和中国最大的清洁能源集团。

截至2022年年底，三峡集团可控投产装机规模达到1.25亿千瓦，其中清洁能源装机占比96.29%；年度总发电量达到3 838亿千瓦·时，其中清洁能源发电量占比94.67%，梯级电站设计多年平均发电量约占中国水力发电总量的1/4，全球12大水电站中，有5座（三峡、白鹤滩、溪洛渡、乌东德、向家坝）由三峡集团建设运营和管理，年度营业收入1 463亿元。三峡集团连续16年在国务院国资委年度业绩考核中获评A级企业，成为国务院国资

委确定的首批创建世界一流示范企业之一。

党的十八大以来，三峡集团坚定不移实施创新驱动发展战略，面向国家碳达峰碳中和重大使命型场景和清洁能源发展目标，以自主科技创新机构为主体，以联合科技创新中心为补充，以外部科研单位为协同，以群众性创新为延伸，基本形成了"国家级—省部级—集团级—基层级"的多层次、多专业的层级清晰、分工明确、优势互补科技创新平台体系。在此基础上，协同外部产学研优势主体与资源，搭建起了以自主创新为核、以协同创新和开放式创新为辅的科技创新体系，整合了科技创新需求提出者、创新组织者、技术供给者和市场应用者角色，形成了场景驱动、整合式创新循环（图 13-1），有力支撑三峡集团在水电工程建设和生产运营、新能源发展、抽水蓄能业务、海外业务等方面建成一批大国重器、突破多项"卡脖子"关键核心

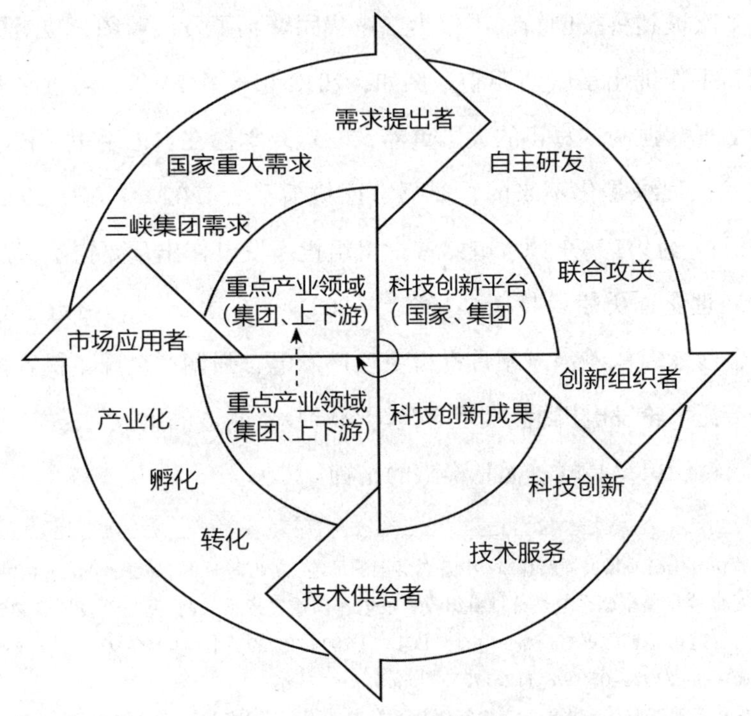

图 13-1　三峡集团科技创新体系过程逻辑

技术，走出了一条具有三峡特色的整合式创新之路。进一步地，借助场景驱动创新，三峡集团面向碳达峰碳中和的重点场景，开辟了“能源＋生态”“能源＋交通”“能源＋环保”“能源＋渔业”等新业务、新业态，形成了清洁能源和长江生态环保“两翼齐飞”的发展格局。

截至 2023 年 9 月，三峡集团拥有有效专利总量 4 200 项，其中发明专利 936 项，海外专利拥有量 74 项；软件著作权 890 项；共参与编制国际、国家、行业及团体标准 362 项，其中国际标准 12 项，国家标准 86 项。集团公司共荣获 309 项国家级、省部级、行业级科学技术奖励，包括国家级奖励 35 项，省部级和行业级奖励 274 项。其中，“长江三峡枢纽工程”荣获 2019 年度国家科技进步奖特等奖。

党的十八大以来，习近平总书记先后 9 次对三峡集团作出重要讲话指示批示，多次提到科技创新，不仅为三峡集团擘画了发展蓝图，更对三峡集团科技创新工作提出了殷切期望。例如，2018 年 4 月 24 日，习近平总书记视察三峡工程，强调“真正的大国重器，一定要掌握在自己手里。核心技术、关键技术，化缘是化不来的，要靠自己拼搏”①。2020 年 6 月 29 日，习近平总书记对金沙江乌东德水电站首批机组投产发电作出重要指示，强调要“坚持新发展理念，勇攀科技新高峰”②。2021 年 6 月 28 日，习近平总书记致信祝贺金沙江白鹤滩水电站首批机组投产发电，强调“全球单机容量最大功率百万千瓦水轮发电机组，实现了我国高端装备制造的重大突破”③，强调“发扬精益求精、勇攀高峰、无私奉献的精神”④。

---

①奋力谱写新时代高质量发展新篇章（沿着总书记的足迹·湖北篇）[N]. 人民日报，2022-06-13（1）.

②习近平对金沙江乌东德水电站首批机组投产发电作出重要指示强调 坚持新发展理念勇攀科技新高峰 努力打造精品工程更好造福人民 [EB/OL].（2020-06-29）[2024-03-02]. http://www.xinhuanet.com/politics/leaders/2020-06/29/c_1126172330.htm.

③④习近平致金沙江白鹤滩水电站首批机组投产发电的贺信 [EB/OL].（2021-06-28）[2024-03-02]. http://www.xinhuanet.com/politics/leaders/2020-06/29/c_1126172330.htm.

2021 年 11 月，三峡集团党组书记、董事长雷鸣山在集团科技创新大会上指出，要锚定当好国家战略科技力量的目标不动摇，牢牢把握国家战略科技力量主攻方向，坚定不移建设世界一流创新型企业。

三、打造原创技术策源地的战略逻辑

三峡集团科学技术研究院（简称“科研院”）于 2019 年 6 月成立，作为三峡集团中央研究院和统一科研创新平台，通过创新策划和创新发源的两个引擎，助力三峡集团打造技术创新策源地。科研院紧紧围绕集团战略布局和核心主业，参与编制集团科技战略发展规划及年度科研计划，负责建设集团产学研协同创新体系与创新攻关平台，跟踪分析科技前沿动态，面向大水电、新能源、新业态能源等战略性场景，开展基础性、前瞻性、应用性、关键共性技术研究工作。

从三峡集团科技创新体系过程来看，科研院作为集团中央研究院，在集团科技创新委员会和科技创新部指导下，按照“小管理、大科研”的原则搭建科研院的科技创新体系。其中，三峡集团科技创新部作为集团科技管理部门，遵循“分类分级、分层分步”管理原则，按照业务全覆盖、项目全生命周期，建立了“集团—子企业—生产单位”科技工作的分层分级管理矩阵构架，统筹指导全集团的科技创新工作。而科研院下设综合管理部、人力资源部、科研管理部、党群工作部等 4 个管理部门负责科技管理，设水电工程技术研究中心、电站运维技术研究中心、水资源高效利用技术研究中心、新能源科技创新中心、信息技术研究中心、综合能源技术研究中心、绿氢技术及应用创新中心等 7 个研究中心负责科技研发。

科研院瞄准碳达峰碳中和重大使命场景和清洁能源开发利用的海量应用场景，通过“科技创新”与“技术服务”双轮驱动，服务国家重大科技攻关需求，组建创新联合体，结合三峡集团自身重大工程项目，整合各个创新主体优势，开展以我为主的联合研发攻关；支撑集团和子企业业务发展中的科技研发和技术服务需求，通过对接集团业务发展中的科技掣肘和“卡脖子”技术，开展自主研发和联合研发，依托三峡集团全产业链优势支撑业务发展。同时，利用科技研发的技术成果，为各个子企业提供技术咨询服务、知识产权服务、科技创新服务等技术服务。

从功能视角来看，科研院通过场景驱动“科技创新”与“技术服务”双引擎，坚持“方略—方位—方向”三位一体，凝练原创技术需求，提供原创技术供给；依托三峡科技的转化推广平台、三峡资本的资本优势、三峡武创园的科创平台，实现原创技术成果孵化和转化；依托集团和子企业的产业链和市场优势，实现核心技术应用示范和重大技术成果产业化；借助三峡资本的资本市场优势，为三峡科技创新体系高效运转持续赋能。

（一）方略——战略方针

中央企业打造原创技术策源地，需要围绕增强自主创新能力开展原创技术的供给侧结构性改革，把握好产学研用创新链的各种要素资源，针对产业共性问题，以满足上下游需求为导向，通过技术信息流将需求提出者、技术供给者、技术创新者、市场应用者连接起来，以提出原创技术需求为起点，创新技术攻关组织体系的关键内容，建立原创技术供给的桥梁纽带，并在市场应用中充分试验验证，打造国内外高水平合作创新的新模式，实现技术的经济化与整体目标优化。

以科研院为例，在“双碳”目标场景驱动下，科研院紧紧围绕三峡集团清洁能源战略方向，以“双碳”目标和能源革命为机遇，结合三峡集团在大水电、新能源、新业态能源等重点领域的产业发展实际需求，主动对接产业链和创新链上下游的各单位，从生产实践中提炼一般科学问题和共性技术问题，总结原创技术需求，并通过打造战略科技人才梯队、建设重大科技平台、共建创新联合体，牵头组织研发攻关，将成果应用于工程一线。

（二）方位——目标定位

随着新一轮科技革命向纵深发展，传统的集成创新和引进消化吸收再创新发展面临瓶颈，已很难实现核心技术突破，必须加强原始创新。结合中央企业在国民经济发展中“顶梁柱”和“压舱石”的作用，中央企业打造原创技术策源地需要围绕国家科技创新体系，坚持面向经济主战场的定位，聚焦产业发展瓶颈和需求，开展共性技术攻关，促进科技成果转化应用和产业化，打造特定领域行业领先的、具有世界领导力的新型研发机构。在“双碳”目标背景下，构建以新能源为主体的新型电力系统，对从电力生产到终端用户全链条的产学研创新提出了更高要求。

三峡集团作为全球最大的水电开发运营企业和中国最大的清洁能源集团，清洁能源在发电装机容量中的占比超过96%。党的十八大以来，习近平总书记先后9次对三峡集团作出重要讲话指示批示，科技创新是贯穿始终的鲜明主线。科研院自2019年6月成立以来，始终坚持科技创新与管理创新并重，通过产学研用深度融合及协同创新，实现价值创造。作为三峡集团统一的科研创新平台，科研院面向经济主战场，瞄准国家能源转型的战略需求，扎实推进企业自主创新，全力推动绿色低碳关键核心技术攻关。

（三）方向——技术方向

进入21世纪以来，日益增长的能源需求及其伴生的生态环境问题，催生了新一轮能源转换的科技创新，特别是“双碳”目标的提出，给能源科技绿色发展带来了新的机遇和挑战。为此，中央企业需要聚焦关键核心业务领域，凝练特色技术方向和各个方向的科技树，开展业务和技术布局。

科研院坚持“科技创新”和“技术服务”双轮驱动，通过“创新策划”和“创新发源”两个引擎，开展战略前沿调研、共性技术凝练和市场项目策划，努力推动绿色能源领域的关键核心技术创新。一是面向“双碳”目标，组建11个研发团队开展科技前沿调研，编制完成水电、水资源、风电、太阳能、综合能源、氢能、储能等7个重点领域科技树，明确技术发展方向；二是面向国家重大需求，围绕三峡集团清洁能源核心业务发展的战略定位，充分发挥战略科技人才引领支撑作用，组织150余次行业共性问题技术研讨，论证未来5~10年的行业共性技术群，落实技术推广应用发展路径；三是面向经济主战场，对接市场产业化需求，根据全国各地氢能、地热能、综合能源等能源资源开发布局，派出50余批次科研团队参与氢能利用、地热能开发、综合能源规划等项目策划和前期工作，谋划产业研发方向。

四、打造原创技术策源地的主要抓手

（一）发挥人才引领支撑作用：打造战略科技人才队伍

中央企业打造原创技术策源地，需要强化科技人才培养和集聚优势，破解科技领军人才短板，发挥战略科学家的领航领军作用，建设战略科技人才梯队，加强专业技术团队等人才团队建设。

一是发挥战略科学家的领航领军作用。科研院以开放的人才培养模式、市场化的平台建设方式，推动建设以自主研发人员为核心、外联顶尖团队为补充的人才队伍。科研院成立以来，聘请18名两院院士、长江学者、百千万人才担任首席科学家，在水电、水资源、氢能、储能等重点研究领域发挥咨询指导作用，并挂帅申报国家重点科研项目。

二是建设战略科技人才梯队。根据战略发展方向提出前沿技术需求和战略科技人才需求，并开展业务架构设计和战略科技人才引进，从外部行业优势单位和三峡集团内部生产一线引进培养战略型人才。通过打造战略科技人才梯队，积极融入世界科技前沿，成功申请获批国家自然科学基金、国家重点实验室开放基金、中国科协青年人才托举工程项目、北京市青年人才托举工程项目、中国科协青年科学家沙龙活动项目等多项战略前瞻性项目和科技活动项目，并实现了两院院士、长江学者、青年人才项目等各类人才全覆盖。

三是通过打造专业技术团队，在中央企业关键业务领域开展核心技术攻关，培养专业技术人才和项目合作团队。以面向水风光资源开发利用和评估的共性问题突破为例，科研院围绕风光水火储一体化和源网荷储一体化的实际需求布局新兴技术，以项目为单元组建专业技术团队，创新组织储能电池的检测、大规模新能源接入仿真、多种储能形式验证、源网荷储功率路由器示范、能量管理系统等储能领域技术研发，开展数字储能电站关键技术研究、STATCOM 集成储能系统研制、智慧联合调控关键技术研究等攻关，解决规模化储能的运行安全和电池寿命问题、功率器件国产化和新型多电平功率变换技术问题，提高了新能源消纳能力。同时，通过创新科研动员方式和模式，借鉴工程项目的组织方式，打造团队协作、协同分工的柔性研发团队；根据重点项目攻关需求，在不调整专业人员所在单位部门隶属关系前提下，跨部门、跨单位组建团队，聘用外部优势人才任职或挂职，联合内外部力量共同开展技术攻关，培养领军型人才；瞄准关键共性核心技术的瓶颈，精选细分领域的专精尖单位近百家，创新组织以我为主的项目联合研发合作团队，强化自主研发，大力支持青年骨干广泛参与项目申报，为自主创新培养了产学研用全链条的人才队伍。

（二）推动重大科技平台建设，发挥科技创新引擎作用

为了促进科技人才培养和集聚、支撑三类人才团队建设，科研院重点构建研发试验、创新组织、专项攻关三种平台，支撑多元人才创新成长和原创策源。

一是研发试验平台。构建原创技术、关键核心技术研发所需的实验室、试验平台、检测平台等科研基础设施，提供基础条件支撑。科研院通过主动对接清华大学、华北电力大学等高校，创新策划以企业为主体的多维度研发试验平台，例如：搭建高性能计算平台、海上风电自升式勘探试验平台、海上风电大吨位桩基检测系统、光伏发电功能材料与光电子器件实验室、氢能实验室等，满足新能源和新业态能源开发的技术创新研发需求。

二是创新组织平台。以企业为主体申请国家和地方科技创新平台，集聚人才、设备和经费等资源，提供创新能力支撑。科研院依托三峡集团在内蒙古自治区乌兰察布市建设的全球规模最大的源网荷储示范项目，打造集研发、实证和应用为一体的源网荷储技术研发试验基地；联合水电行业上下游产业链 20 余家单位，牵头申报获批湖北省智慧水电技术创新中心，并将成功经验应用于申报西藏自治区藏东南水电技术创新中心、4 个国家能源研发中心和内蒙古自治区重点实验室等工作，不断夯实企业创新的资源和平台基础。

三是专项攻关平台。以企业为主体，联合国内外行业领先高校和科研院所共同申报、同台竞争申报国家和地方技术攻关项目，以竞争压力促进企业自身能力提升，培育各类创新要素，提供企业集群合作研发能力支撑。科研院紧跟国家重大需求，构建项目申报平台，牵头或参与申报“储能与智能电网技术专项”等 8 项“十四五”国家重点研发计划，在与行业优势单位同台竞争中展现了实力；联合储能领域知名高校和装备制造的头部企业，成功申报一批揭榜挂帅项目，成为行业共性难题的技术供给者。

（三）激发产学研多元合作主体活力，共建创新联合体

打造原创技术策源地，还需要激发产学研多元合作主体活力，共建创新联合体，促进行业技术进步。科研院积极推进任务型创新联合体建设，与南开大学联合建设太阳能高效利用技术联合研究中心，通过设立专项课题基金、探索柔性化用工机制等手段，深入推进产学研协同创新；与青海大学联合建设三峡集团—青海大学压缩空气储能联合实验室，以协同创新带动区域产业发展。同时，科研院全力推进三峡集团自主创新基地建设，带动产业链上下游共同参与研发。例如，通过在内蒙古自治区乌兰察布市建设乌兰察布源网荷储技术研发试验基地，实现了“源网荷储一体化”功率路由器示范工程、大规模新能源及储能综合仿真与实验平台、兆瓦时级固态锂离子电池储能关键技术及工程应用、兆瓦级直流耦合接入的锂离子电池 / 超级电容器混合储能系统和飞轮储能系统等一批科研成果投运，创下多个“国内之最”和“行业首次”纪录。

五、打造原创技术策源地的重点路径

中央企业打造原创技术策源地，关键是做好原创技术的创新组织者，紧密对接原创技术需求，重点做好原创技术、示范技术和推广应用技术等三种技术的策划和发源。通过有组织的创新策划和创新发源，高效协同实现持续的关键共性技术供给，高质量推进产学研、大中小企业融通创新，强化创新链和产业链自主可控。通过开放合作、融通创新，形成科技领军企业主导的原创技术方向、创新联合体和多维度新型研发平台，以中央企业主导的重大工程场景为驱动，实现从集成创新和引进消化吸收再创新向整合式创新的跃迁。

（一）平台支撑有组织科研，加快原始性创新突破

对于原创技术需求，集中力量进行研发攻关，在坚持集成创新和引进消化吸收再创新的基础上，加强从基础研究开始的原始创新，通过原创技术研发保障创新链稳定。例如，科研院通过构建创新组织平台，面向“双碳”应用场景，以工程建设经验指导技术研发，举全院之力打造乌兰察布源网荷储技术研发试验基地，跨部门调派专业技术人员开展 8 个项目 24 个专题的联合研发，在半年时间内搭建了风光储场站智慧调控系统“首台套”开发应用的 8 套算法模型和 2 套新型装备，满足了工程投产需要，掌握了持续迭代开发的核心技术，奠定了原创技术供给者的基础。

（二）产业与学科深度融合，加速关键核心技术熟化示范

对于具有一定成熟度的关键核心技术成果，依托中央企业丰富的市场应用场景开展技术示范。科研院通过对接产业和学科集群，为自主科研人才成长营造实践条件，选派研究人员赴工程一线挂职锻炼，有力推进了海上升压站挂轨式自动巡检机器人等多项原创技术的推广应用，大大降低了出海作业频次及安全风险发生率。2021 年，科研院与清华大学联合攻关，成功研发自主化 IGCT–MMC 子模块和阀段样机，打破了由国外长期主导的技术路线，为海上柔性直流换流站向轻量级转身，进而为我国深远海海上风电规模化、连片化开发作出积极贡献。在国家能源局公布的 2021 年能源领域“首台（套）”重大技术装备项目中，依托“源网荷储一体化”项目实施的“适用于新能源电站惯量和调频支撑的兆瓦级飞轮储能系统”被列入储能领域重大技术装备项目，是唯一入选的应用于新能源调频的技术装备，对推动新型储能技术的工程化、场景化应用起了重要作用。同时，以兆瓦时级固态锂离子电池储能关键技术工程实践为载体，实现了储能型固态锂离子电池在全球的首次示范应用。

（三）面向多元需求场景，加速重大技术成果产业化应用

对于已经相对成熟且具有商业化推广价值的技术，为成果应用和转化提供场景，加速原创技术的产业化应用。科研院把应用效益作为技术成果评价的重要维度，截至 2021 年年底已有 10 余项成果在产业中得到应用，例如，基于水轮机平行仿真模型的一次调频算法已应用在三峡电站 24 号机，国产漂浮式水文气象综合观测平台已布放在青州海域执行观测任务。

六、打造原创技术策源地的突出成效

科研院自 2019 年成立以来，抓住国家能源体系和科技体制改革机遇，围绕“建设新型企业中央研究院，推动高水平科技自立自强”的使命和目标，通过革新性举措，在国家重大项目、重点研发平台、研发队伍建设等方面取得突破性进展，科技成果在 2021 年实现了飞跃式增长，在掌握具有自主知识产权的核心技术方面取得突出成效，助力三峡集团荣获中央企业 2019—2021 年“科技创新突出贡献企业”称号。

在创新梯队建设方面，截至 2021 年年底，科研院规模已达到 173 人，其中研发人员 157 人，平均年龄 32.6 岁，具有博士学位人员比例达 70%，在中央企业研究院中名列前茅。

在原创技术方面，成功申报国家级重大项目 7 项，包括 4 项国家“十四五”重点研发计划项目。尤其是依托三峡集团重大工程，牵头申报 1 项“规模化储能系统集群智能协同控制关键技术研究及应用”项目，首批发布多项行业领先成果。其中“源网荷储一体化”功率路由器示范工程打造了国内容量最大的功率路由器设备；大规模新能源及储能综合仿真与实验平台是目前国内规模最大、类型最丰富的储能系统动态模拟平台。

在关键核心技术熟化示范和产业化应用方面，成功研发实物样机及软件

系统 15 项，并应用于三峡集团生产一线。例如，三峡枢纽工控系统升级改造项目，S.CTG 大型 PLC 在三峡左岸电站 12 号机的现地控制单元（LCU）改造项目中顺利投运，为我国水电站实现自主可控奠定了基础，在水电行业具有显著的示范效应；兆瓦时级固态锂离子电池储能关键技术及工程应用项目，实现了储能型固态锂离子电池在全球的首次产业化示范应用。

在知识产权创造和运营方面，持续加大知识产权创造和应用力度，成功实现知识产权工作从实用新型专利向发明专利的工作重心转变。获批建设“碳中和”产业知识产权运营中心，推进三峡集团在关键领域、核心技术上拥有自主知识产权。截至 2022 年 6 月，科研院有效专利授权量达 189 件，人均专利拥有量 1.1 件，在中央企业研究院专利质量评价结果中位于前列。经过两年多的攻关，在 2022 年上半年，科研院有效专利授权量占累计授权量的 52%，有效发明专利授权量占累计发明授权量的 85%，发明专利授权占比达 58%，助力三峡集团专利数量和质量双提升。

科研院的创新实践表明，通过建立“技术需求提出者—创新组织者—技术供给者—市场应用者”之间的双向快车道，依托中央企业完整的产业链平台和应用示范，能够有效促进政策链、创新链、产业链、资金链和人才链“五链”融合，实现人才在实践中成长、成果在应用中转化、技术在示范中提升的价值，充分体现了中央企业打造原创技术策源地的四个定位，为能源领域中央企业实现科技自立自强作出了突出贡献。

七、中央企业加快打造原创技术策源地的启示

科研院助力三峡集团打造原创技术策源地的探索与实践为中央企业加快打造原创技术策源地提供了重要的经验启示，即在中国式现代化新征程上，中央企业要坚持和强化党对科技创新工作的全面领导，坚持“四个面向”，

锚定中国式现代化新征程上的重大使命型场景，牢牢把握国家战略科技力量主攻方向，进一步通过“愿景使命牵引，坚持战略目标驱动，健全人才队伍支撑，强化重大科技平台赋能，面向多元重大场景，建设高能级创新联合体”六位一体的整合式创新，全面提升企业科技创新生态系统效能，多路并举推进原始性创新、关键核心技术突破和重大科技成果产业化应用，加快打造原创技术策源地，强化国家战略科技力量使命担当，以科技创新引领现代化产业体系建设，有力、有效支撑高水平科技自立自强和高质量发展（图 13–2）。

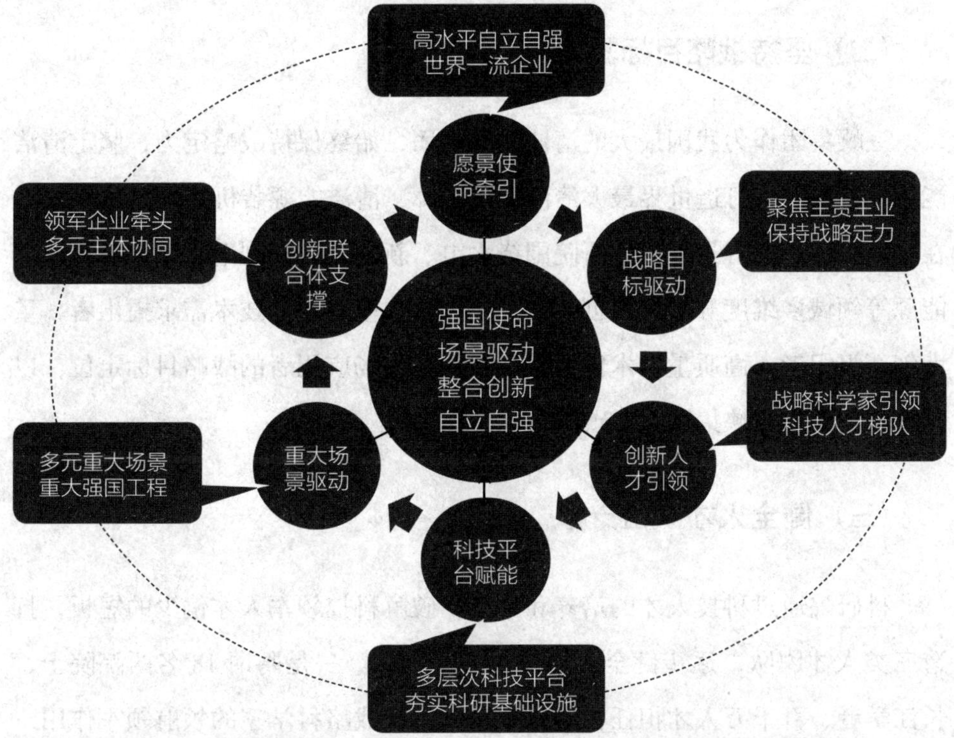

图 13–2　场景驱动中央企业打造原创技术策源地的整合式创新模式

（一）强化愿景使命牵引

三峡集团以“在保护中发展、在发展中保护，更好造福人民”为使命，以“奋进两翼齐飞，创建世界一流”为愿景，坚持和强化党对中央企业科技创新工作的全面领导，以愿景使命为牵引，以三峡特色的企业中央研究院为创新组织管理抓手，将党的政治优势、组织优势，转化为科技创新制胜优势。作为三峡集团的中央研究院和统一科技创新平台，科研院不断锤炼大水电核心引领优势，通过培育产业链自主创新组织能力和自主研发能力，破解新能源业务发展中的科技掣肘，推动三峡集团加快建设具有全球竞争力的世界一流清洁能源集团。

（二）坚持战略目标驱动

三峡集团作为我国最大的清洁能源集团，始终保持战略定力，坚定清洁能源发展方向，打造世界最大清洁能源走廊，清洁能源装机占比超过 96%。在“双碳”目标背景下，科研院围绕水电、新能源与新型电力系统、新业态能源等领域多维度开展科技创新和产业示范，坚持原创技术需求提出者、重大创新组织者、高质量技术供给者和产业化市场应用者的战略目标定位，以科技创新助力三峡集团“双碳”目标实施。

（三）健全人才队伍支撑

科研院通过科技人才的培养和集聚，破解科技领军人才偏少的短板，打造三类人才团队，逐步健全战略科技人才梯队。一是聘请 18 名两院院士、长江学者、百千万人才担任首席科学家，发挥战略科学家的领航领军作用，合作申报重点科研项目；二是外引内联，引进培养战略型人才，逐步健全科技人才梯队结构；三是项目支撑，通过柔性打造专业技术团队，开展关键业务领域核心技术攻关，培养卓越工程师。

（四）强化科技平台赋能

以“国家级—省部级—集团级—子企业级”的多层次、多种类科技平台为纽带，将构建原创技术、关键核心技术研发所需的实验室、试验平台、检测平台等科研基础设施和各类科技资源有机衔接，为打造原创技术策源地提供基础支撑条件。创新组织平台用于集聚人才、设备和经费等资源，提供创新能力支撑，不断夯实企业创新主体的资源和基础。项目申报平台为企业集群合作研发能力提供支撑，促进以企业为主体、联合国内外高校和科研院所共同开展科技攻关合作。

（五）面向多元重大场景

中央企业打造原创技术策源地，关键是聚焦主责主业，抓住场景驱动创新的范式跃迁机遇，聚焦碳达峰碳中和等社会民生发展重大场景、大国重器等重大工程和市场应用场景中的重大需求，以服务市场和服务行业为导向集聚科技资源，发挥我国超大规模市场、海量数据和丰富应用场景优势，加速原始性创新、关键核心技术突破和重大新兴技术成果应用。

（六）高能级创新联合体支撑

中央企业打造原创技术策源地，还应超越高校和科研院所主导的产学研协同创新模式，通过使命驱动、问题驱动和场景驱动三位一体，打造由领军企业牵头主导、高校和科研院所等多元主体高效协同的高能级创新联合体，健全和完善企业科技创新生态系统，全面强化企业创新体系效能，持续推进原始性创新、关键核心技术高质量供给和重大新兴科技成果产业化应用，加快科技创新转化为新质生产力。

对于原创技术需求，发挥平台的有组织科研优势，集中力量进行研发攻关，超越集成创新和引进消化吸收再创新的传统科技创新路径，加强从基础研究开始的原始创新，加快原始性创新突破，通过原创技术研发保障技术供应链的安全稳定。对于具有一定成熟度的技术，依托中央企业丰富的场景需求，开展技术应用示范，通过产业与学科深度融合，加速“首台套”核心技术熟化示范。对于已经相对成熟且具有商业化推广价值的技术，为成果应用和转化提供多元场景，加速重大技术成果产业化应用。

八、中央企业加快打造原创技术策源地的思考

打造原创技术策源地要求中央企业进一步强化高水平科技自立自强的使命担当，坚持“四个面向”，发挥科技领军企业的引领性和平台性功能，瞄准国家和产业重大战略需求场景，打造产学研用一体化的创新联合体，加强从基础研究到产品研发、制造和生产整个创新链的全过程创新，推进从提出需求、创新组织、技术供给到市场应用的全链条创新。

尤其是在建立以企业为主体的新型研发机构过程中，要结合其所在的产业链和科技创新链的位置确定战略重心，做好原创技术的需求提出者、创新组织者、技术供给者、市场应用者，持续提升产业链供应链安全韧性水平。同时，企业科技创新体系还要有效衔接和融入国家、区域、产业科技创新体系，全面提升国家创新体系效能，为加快实现高水平科技自立自强和建设世界科技强国贡献力量。

鼓励原始创新的政策是打造原创技术策源地的保障，为了进一步推进原创技术策源地的方略、方位和方向，在集团企业科技创新管理过程中还需要加强资源、制度、团队、激励等四个方面的机制保障建设：一是激励相容的制度设计，以制度创新确保责任落实，明确各单位、各团队责任，并保障责

任落实；二是资源保障，充分保障原创技术研发需要的不同专业人才、经费和其他资源；三是团队建设，加强领军型人才、战略型人才、专业技术型人才等不同类型人才培养，保障不断吸引外部优秀人才加入团队，大胆使用各类人才，制定保证人才脱颖而出的各项政策；四是人才引育用留激励机制，坚持目标一致性和发展多样性原则，为各类人才发展和潜能发挥创造条件。

在此基础上，中央企业还需要进一步以企业中央研究院为抓手，以场景驱动创新为契机，牵头打造面向科技自立自强的高能级创新联合体，推动产学研用全链条的创新和共创共赢的科技创新生态，促进全社会的技术和产品能够实现跨地域、跨行业的顺畅流动，在保障国家发展独立性、自主性和安全性基础上，加快建设具有全球竞争力的开放型创新生态，为发展新质生产力和开辟国家发展新优势提供强大科技先导动能。

第十四章
腾讯集团：探索数字科技向新质生产力转化新范式

新质生产力的培育和发展关键在于以科技创新推动产业创新和能级跃迁。如何把握新范式开辟新进路，加快科技创新成果向新质生产力转化，成为推进高质量发展的重要议题。腾讯集团立足新质生产力培育对科技成果转化的新使命新要求，基于国家创新体系和场景驱动创新理论，提出场景驱动、企业主导型科技成果转化的新范式。进一步结合腾讯公司的实践探索，总结提炼场景驱动数字科技成果向新质生产力转化的场景范式和实践进路。最后提出应重视场景驱动成果转化范式，建设企业主导的创新联合体，深化数字要素赋能“五链”融合，产教融合培育新型人才，优化相关制度环境，推动科技成果高质量供给和高效率转化，加快发展新质生产力。

一、新质生产力背景下，科技成果转化亟待范式突围

新质生产力的培育已经成为新发展阶段激发创新动能，重塑全球竞争新优势，全面推进高质量发展的关键着力点，其要义在于科技创新，通过技术的革命性突破和高效转化引领产业结构升级和能级跃迁。尤其在当前中美科技脱钩背景下，企业作为科技创新的主力军，如何以新范式和新模式加快科技成果转化，通过高质量成果供给、高效率成果转化和高效益产业赋能培育新质生产力，成为引领我国高质量发展的重要议题。

学术界和产业界以往主要从科技成果转化的影响因素、转化机制、组织模式与制度环境建设开展理论探讨和政策实践，如科技成果转化中介、平台建设，以及构建创新联合体等，但多遵循传统科技成果转化的线性范式或模块化思维，难以解决当前科技成果转化闭环难畅通、模式不健全、制度不完善、难以有效应对产业和国家重大场景需求的现实瓶颈问题。在此背景下，如何发挥我国海量应用场景的优势，优化创新资源，加快创新要素流动和高效配置，释放科技成果的场景价值，为新质生产力的培育提供微观基础，为经济和社会发展提供不竭动能，成为实现我国高质量发展的重大而紧迫的议题。

与此同时，场景驱动创新正成为数字时代科技创新的重大新兴范式。企业作为场景的主要建设者、成果转化应用场景的主导者，在场景驱动创新过程中发挥着重要作用，围绕国家和区域发展重大场景建设产学研深度融合的创新联合体逐渐成为推动科技成果高质量创造和高效率转化的新型组织模式。早在 2022 年 7 月，科技部等六部门就印发了《关于加快场景创新以人工智能高水平应用促进经济高质量发展的指导意见》，2024 年 1 月，中共中央办公厅、国务院办公厅印发《浦东新区综合改革试点实施方案（2023—2027 年）》，提出要“制定场景创新计划并面向科技创新企业开放，举办场景驱动的全球技术转化大赛”，1 月 18 日，工业和信息化部、教育部、科技部等七部门联合印发的《关于推动未来产业创新发展的实施意见》中也明确提出“以场景为牵引，贯通研发与应用，加快产业化进程”作为基本原则之一，并将“丰富应用场景”作为六大重点任务之一。中央部署之后，各地纷纷加码场景驱动创新和成果转化的政策实践，如广东省发展改革委 2023 年 6 月发布全省首批应用场景机会清单，包含 56 个应用场景机会项目和 110 亿元的项目总投资，并相继举办多次场景机会项目供需对接与路演活动；安徽省科技厅 2023 年 6 月印发《加快场景创新构建全省应用场景一体化大市场行动方案（2023—2025 年）》；重庆市 2023 年 7 月出台《重庆市以场景驱动人工智能产业高质量发展行动计划（2023—2025 年）》；湖南省工业和信息化厅于 2024 年 1 月发布湖南省智能网联汽车典型示范应用场景。中央和地方相关政策引导也凸显了场景对推动科技成果转化和产业培育，实现科技创新引领现代化产业体系建设和高质量发展的战略性价值。

综上，基于国家创新体系和场景驱动创新理论，探索高质量发展背景下面向新质生产力培育的科技成果转化新范式与实践路径，为推动我国驶入科技成果转化快车道，以高质量、高效率成果供给赋能现代化产业体系和新质生产力培育，加快高质量发展提供重要理论和实践参考。

二、面向新质生产力培育的科技成果转化：场景驱动新范式

我国科技创新与产业化体系效能提升难，引领高质量发展的系统动能不足，其核心在于缺少面向场景的体系化设计，缺乏面向国家重大战略、产业高质量发展和组织韧性发展场景的精细化任务设计。顺应现实需要和理论发展趋势，尹西明、陈劲等学者基于国内外数字时代的创新实践和理论研究，系统论述了场景驱动创新这一新兴创新范式，为数字经济时代的科技强国建设提供新思路。场景范式超越传统的数字技术创新与产业化逻辑，强调以场景为载体，瞄准数字化场景和具象化、复杂性需求痛点，在场景中完成技术、产品和服务迭代，实现技术创新和场景应用的高度融合。场景范式注重数字赋能资源汇聚融通，推动创新链、产业链、资金链、政策链和人才链深度融合，解决特定场景的复杂综合性需求，更适应数字经济时代复杂多变、模糊不定的创新情境特征。

场景驱动科技成果转化的新范式强调科技成果转化的主导逻辑从高校院

所主导转向企业主导，发挥企业丰富的应用场景优势，联合产业链生态伙伴打破传统科技成果转化为线性模式的瓶颈。在场景驱动、企业主导、产学研深度融合的新型国家创新体系逻辑下，把握场景创新范式机遇，推动科技成果转化更加精准、高效，加快突破制约科技成果转化的主要瓶颈，并形成反向牵引科技创新的“创新飞轮”。

场景驱动科技成果转化的新范式作用于科技成果研发和产业化的全流程，包含组织内部协作及其与外部生态的合作。在企业研发过程中，场景扮演着至关重要的角色，它激励组织在多样化的场景中采取探索性创新和应用性创新策略，以实现知识的生成和应用。科技创新不再局限于单纯的技术进步，而是转变为针对特定环境的解决方案。如何理解和构建精确的场景，推动技术与场景深度融合变得尤为重要，这需要围绕场景中的各个主体打通数据与场景，创新产品组合，实现科技成果和数据要素在多个场景中迅速转化应用，催生新的商业模式，以新技术新产品赋能产业创新跃迁，加快形成新质生产力。

三、场景驱动科技成果转化的实践进路——以腾讯为例

成立于 1998 年的腾讯公司，作为数字经济和数字技术创新领域的民营科技领军企业，秉持用户为本、科技向善的使命愿景，以创新实现科技突破，并面向海量用户、企业和产业场景加快数字技术价值释放。近年，腾讯把握场景驱动创新范式，在数字技术赋能千行百业和多元场景方面作了积极探索，不但放大了人工智能、大数据、云计算等新技术的经济社会价值，也反向加速了自身的创新速度和企业韧性增长。这一模式的本质在于，以企业为核心主体的产学研多元创新主体，以场景驱动、企业主导型科技成果转化的新范式，多路并举推进新要素、新技术、新产品赋能产业发展，形成了面向新质

生产力培育的科技成果转化的场景创新循环。

结合腾讯的实践探索，我们批判性地凝练了场景驱动科技成果转化的实践进路（图 14–1）。具体而言，以企业为核心的创新主体围绕数字时代场景驱动创新的新兴范式展开实践探索，强调在特定场景下，通过整合战略、技术、市场需求等创新要素，实现数字技术与应用场景、数字经济与实体经济的深度融合，通过识别和构建多样化的应用场景，将现有技术应用于解决真实世界的发展问题，从而释放科技创新引领企业、产业现代化和高质量发展的多维价值。

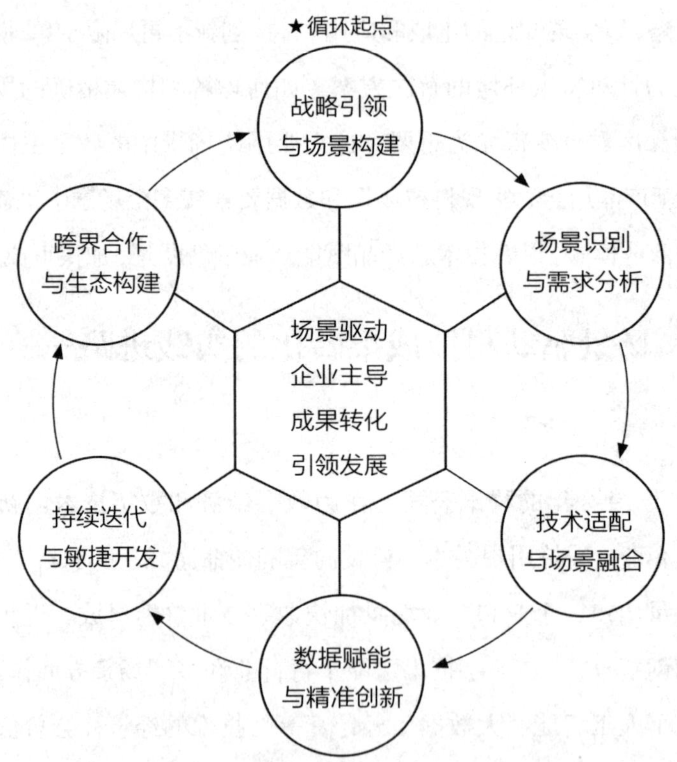

图 14–1　场景驱动科技成果转化的实践进路

（一）战略引领与场景构建

在腾讯的创新实践中，公司首先确立了“扎根消费互联网，拥抱产业互联网，推动可持续社会价值创新”的战略方向，专注于医疗健康、消费零售、制造等关键领域的深度发展。在战略引领下，腾讯把握企业、产业和国家等场景的需要，持续构建了一系列与国家发展需求紧密相连的应用场景。例如，面向医疗健康场景，腾讯通过“天籁行动”项目，将自主研发的音频AI技术应用于助听器开发，显著提升听障人士的听力体验，不仅解决了特定群体的实际需求，也推动了相关技术的商业化进程和社会价值的实现；面向消费零售场景，腾讯利用其在云计算和大数据方面的技术优势，帮助600家头部零售企业搭建用户服务网络，让供需匹配更高效，既激发了消费活力，也让企业销售额获得突破；在航空航天场景，腾讯与南航联合开发飞行模拟机视景系统，通过高度逼真的虚拟环境模拟，为飞行员提供了高效且安全的培训平台，这一系统的研发和应用，不仅大幅提升了飞行训练效率，也实现了国产自研视景系统关键技术突破，成功打造了我国首个完全自研的全动飞行模拟机视景系统。

（二）场景识别与需求分析

继场景构建后，腾讯识别与分析场景需求，通过深入基层洞察场景，精准把握场景需求。以天籁助听器项目为例，腾讯不仅关注听障用户的直接听力需求，还深入探究用户在社交互动和心理福祉方面的需求。天籁实验室团队“下场”深入调研听障用户需求，发现其在降噪技术中仍然希望保留自然声音（如雨声）的需求。基于此，团队进一步迭代技术，不仅满足了用户对声音的美好需求，也在过程中升级了腾讯会议的音频技术。通过对用户需求的深入洞察与用户画像的全面构建，腾讯能够设计出更加贴合用户实际生活场景的产品，确保技术创新不仅解决基本功能问题，还能提升用户的生活质量和社交体验。腾讯的场景识别与需求分析策略体现了场景驱动创新的核心理念，即通过精准定位用户在特定场景下的需求，实现技术创新与用户需求的无缝对接，不仅提高了产品的市场适应性和用户满意度，让 3 000 多元的国产助听器拥有了上万元进口助听器的性能，也为腾讯在竞争激烈的科技市场中确立了差异化的竞争优势。腾讯以此持续推动技术创新，同时确保其产品和服务创新面向用户的真实场景化需求，实现技术价值的最大化。

（三）技术适配与场景融合

在腾讯的技术适配与场景融合过程中，企业展现了对技术实用性和场景适应性的深刻理解。以腾讯会议的实时音频技术为例，腾讯不仅致力于提升音频的清晰度和流畅度，还通过运用深度学习算法，显著增强了降噪和回声消除功能。这种技术适配与场景融合的策略，使得腾讯会议能够在多样化和复杂的声场环境中，如家庭、办公室或公共场所，提供稳定且高质量的音频通信体验。这不仅极大地提升了用户的沟通效率和会议体验，还显著增强了腾讯会议产品的市场竞争力。基于场景进行技术适配，解决场景下特定的实际问题，不但能够推动产品服务的持续优化和用户体验的持续升级，同时通过场景牵引能够加速突破性技术创新步伐。例如，腾讯通过这一策略开发出了支持 100 万人同时参会的技术——“一种数据传输方法、系统以及相关设备”，获得 2021 年第二十二届中国专利奖金奖。这种技术创新与场景形成的创新循环，为企业在激烈的市场竞争中赢得了先机，并持续强化其在领域内的领先地位。

（四）数据赋能与精准创新

数据作为新质生产要素，打破了传统生产要素质态，对赋能要素生产效率全面提升，推动企业、产业能效升级跃迁具有成熟效应和倍增价值。在科技成果转化过程中，腾讯充分把握数据要素，面向场景精准整合创新资源，引领产业提质增效。腾讯云与瑞泰马钢联合打造的“透明工厂”就是一个典型案例。起初，瑞泰马钢是一家传统的制造业企业，面临着产业中普遍存在的库存管理混乱、生产数据孤岛化、缺乏统一标准和大数据平台等一系列挑战。对此，腾讯云帮助瑞泰马钢打造“透明工厂”，将瑞泰马钢的 5 条生产线和上百台设备的生产节拍都还原在一块数字孪生大屏上，将生产制造、订单跟踪、流程管理等多个系统无缝链接，实现了研发、生产、销售、客服等各个环节的提速增效。在此过程中，腾讯云团队成员深入一线，深入学习耐材行业的知识，以充分洞察场景需求，实现生产场景与数据关联匹配，通过最直观的方式将核心数据呈现给管理者，高效赋能组织的精益管理，真正实现数实融合，帮助瑞泰马钢颠覆了整个耐材行业的生产与管理模式，实现生产效率提升 30%、产品质量提升 10%、故障率降低 25%、工序能耗降低 10% 的质效跃升，获得了行业和国家的认可，入选工业互联网产业联盟评选的“2020 工业互联网垂直行业应用案例”。在拥抱产业场景的过程中，腾讯高度关注数据要素、数字技术与产业场景的深度融合，以数据赋能用户、企业、产业乃至国家重大场景，也反向牵引了腾讯 WeMake 工业互联网平台的建设和快速生长。迄今，WeMake 平台已服务 61 万家工业企业、覆盖 22 个工业子行业、开放 3 000 多个工业 APP、沉淀工业模型数量达 5 300 个、链接工业设备数达 120 万台，连续 4 年入选国家级“双跨”平台。

（五）持续迭代与敏捷开发

场景驱动的成果转化范式超越以往的一次性转化模式，强调持续迭代和敏捷开发。通过面向复杂场景下的需求分析和用户反馈，创新团队能够精准定位技术和产品改进方向，实现现有技术的快速应用和持续迭代，为用户提供更加贴合场景需求的解决方案。以腾讯会议为例，疫情初期线上会议需求爆发，研发团队紧密围绕用户在不同会议场景下的需求，通过敏捷开发流程，迅速响应并集成用户反馈，不断丰富和完善会议功能，100 多天里更新了 20 个重要版本，实现“赶火车”式迭代。例如，针对远程工作场景中用户对专业形象的需求，腾讯会议增加了虚拟背景功能；为了提升多语言会议场景中的沟通效率，引入了实时字幕服务。场景驱动的敏捷开发和功能迭代，确保了产品能够紧跟用户需求的变化，不仅提升了用户体验，也进一步提升了腾讯对复杂场景下用户需求的深刻理解力和快速响应能力，从而使其在竞争激烈的视频会议市场中保持活力和领先地位。

（六）跨界合作与生态构建

场景驱动成果转化不止于科技成果的应用和产品的迭代，更大的优势在于通过场景驱动跨界合作，激活“小核心—大协同”的合作模式，助力构建充满活力的创新生态，在推动现有技术跨场景应用的同时，能够前瞻识别新场景新需求，开辟新赛道和新增长机会。如腾讯深入实施场景驱动的合作策略，与多个行业的领军企业、科研机构和政府部门建立了战略合作伙伴关系，前瞻识别并聚焦于产业关键应用场景，进而整合各方的技术专长和资源，共同开发创新解决方案。例如，在与南航的合作中，腾讯将自身的游戏引擎技术与南航的虚像显示技术相结合，共同研发了飞行模拟机视景系统，仅用 3 天就能“建好”一座机场，建模效率提升了 10 倍以上。这一系统不仅提升了飞行训练的真实性和效率，而且通过场景驱动创新，实现了飞行训练技术的革新。这类实践探索，不仅增强了腾讯在特定场景下的市场竞争力，也使得整个生态系统的参与方实现价值共创共享，共同推动技术创新与产业升级。

四、场景驱动成果转化培育新质生产力的对策建议

（一）重视场景驱动成果转化范式，形成创新循环

一是凝练场景问题，找准技术创新方向。在重视场景驱动的创新战略下，首先要凝练“国家—区域—产业—组织—用户”等多维场景中存在的实际问题。深入了解和研究特定场景，分析其中的痛点和需求，聚焦特定场景问题，确定技术创新方向，避免盲目研发，提高科技成果转化的成功率。二是要直面场景痛点，推进技术攻关与工程化。深入了解场景中的技术挑战并设计场景化解决方案。强化高质量技术研发和供给能力，通过开展核心技术攻关，解决特定场景中存在的难题，并保持对未来科学场景的密切关注与探索，持续创新。三是要主动对接场景主体，释放科技成果价值。在技术攻关的基础上，进一步发展市场洞察力和拓展能力。主动对接场景主体，如政府、企业、用户等，将科技成果转化为实际的产品或服务。通过建立合作关系、开展试点项目、共同开发和推广等方式将技术创新与市场需求有机结合，实现科技成果的商业化，在场景中释放科技成果的经济价值与社会价值。

（二）支持企业主导型创新联合体，引领创新突破

在当前全球科技创新竞争日益激烈的背景下，建设企业主导型创新联合体成为推动科技突破和产业升级的关键力量。强调企业在科技创新中的引领作用，通过整合产学研各方资源，构建协同创新的生态系统。企业主导的创

新联合体能够精准对接市场需求，聚焦国家战略科技力量，形成以企业为主体、市场为导向的创新链条。这种模式不仅能够加速科技成果的转化应用，还能有效促进关键核心技术的突破，为国家科技自立自强提供坚实支撑。通过创新联合体的建设，企业能够更好地发挥其在研发、市场、资本等方面的优势，吸引高校、科研院所等创新主体参与，共同推动科技创新与产业融合，实现高质量发展。这种模式的实践，将有助于构建更加开放、灵活、高效的创新体系，为加快发展新质生产力、建设创新型国家和实现科技强国目标提供新的动力。

（三）深化数字要素赋能“五链融合”，提升创新效率

在数字经济时代，数据作为核心生产要素，对于推动科技创新和产业升级具有至关重要的作用。为了更好地实现科技成果转化，必须重视并深化数字赋能创新链、产业链、资金链、人才链和政策链“五链”融合策略，特别强调数据链的构建与优化。通过建立高效的数字化平台，可以促进科技资源的优化配置，加速信息流通，从而降低研发成本，提升创新效率。此外，数据链的强化能够为科技成果的市场化提供精准的市场定位和需求分析，确保科技成果能够迅速响应市场变化，实现与市场需求的高效对接。这种融合不仅能够加速科技成果的商业化进程，还能够推动形成以数据为核心的创新生态系统，为高质量发展提供强有力的支撑。

（四）产教融合培育新型转化人才，激发创新源泉

探索新范式、开发新模式依赖具备新思维和新能力的人才。为了激发创新源泉，必须坚持培育具备深厚专业知识、敏锐市场洞察力、卓越项目管理能力和跨学科协作精神的复合型人才。这要求不仅要在高等教育和职业培训

中加强科技成果转化相关课程的设置，还要通过实际项目参与、国际交流等方式，增强科研人员和企业管理者的实战经验。支持校企联合、产教融合方式开发技术经理人才培养课程和培训项目，培养既懂技术又懂市场的创新型人才，确保成果转化的人才供给与市场需求同步发展，为成果转化注入原动力。健全科技成果转化人才库，并跟踪支持人才持续成长和优化配置。

（五）优化科技成果转化制度环境，激活创新生态

整合“政—产—学—研—金—服—用”等多方资源，构筑创新生态，进一步完善相关法律法规，尤其是简化人工智能等前沿颠覆性技术成果转移转化流程，健全完善科技成果评价、激励和保护机制，激活创新生态。通过政策引导为创新提供方向和支持，通过产业界的合作与投资为技术创新提供实际应用场景和资金保障，支持研究型大学和国家科研机构、国家实验室等凝练科学问题，提升问题导向的有组织科研效能，以新技术解决场景问题、提升用户体验，甚至催生新产业。捕捉场景中涌现的新需求新机会，形成场景驱动成果转化和逆向创新的循环。依托人工智能大模型打造开源开放的技术创新社区和平台，推动公共科研数据和科技资源的普惠共享，降低跨界协同成本，激发跨界交流、知识碰撞与场景化协同的生态活力。

第十五章
阿里巴巴：科技平台企业如何赋能新质生产力

2024年《政府工作报告》将“大力推进现代化产业体系建设，加快发展新质生产力”作为2024年政府工作首要任务，明确提出推进数字经济创新发展，支持平台企业在促进创新、增加就业、国际竞争中大显身手。作为加快发展新质生产力这个首要任务的三大主任务之一，充分说明推进数字经济创新发展在推动生产力能级跃迁方面的主力军作用，体现了“创新引领发展，数字加速创新”的内在逻辑。尤其是产业数字化和数字产业化，作为数字经济创新发展的两个向度，是赋能加速现代化产业体系，培育新质生产力和高质量发展新模式、新业态、新赛道，进而催生新动能新优势的关键突破口。

一、如何理解科技平台企业

随着信息技术的飞速发展，科技平台企业在全球范围内崛起，成为推动经济发展的新引擎。这些企业通过整合资源、创新商业模式和提升产业效率，赋能新质生产力的发展。在我国，科技平台企业如阿里巴巴集团、华为、京东集团、腾讯集团、科大讯飞、字节跳动等，不仅在电商、金融等领域取得了重要成功，还引领了产业升级和数字化转型的新趋势，为科技平台企业赋能新质生产力发展提供了重要探索。

科技平台企业作为一种新型商业模式，以其独特的特点和优势在当今社会经济中扮演着越来越重要的角色。科技平台企业通常以互联网技术为基础，通过提供技术平台、数据资源和公共服务，连接供需双方，促进信息的快速流动和资源的优化配置。其核心特点包括开放性、互动性、网络效应和动态性。开放性体现在平台向第三方开放接口，允许其接入并提供服务；互动性体现在平台用户之间的互动和协作；网络效应则是指平台的价值随着用户数量的增加而增加；动态性则体现在平台能够快速适应市场变化，持续迭代升级。

2023 年 7 月 12 日，中共中央政治局常委、国务院总理李强在北京主持召开平台企业座谈会，听取对更好促进平台经济规范健康持续发展的意见建议。中国工程院院士、阿里云创始人王坚代表阿里巴巴集团参加座谈并发言。在发言过程中，王坚提出了“科技平台”理念，并主要谈到了云计算平台企业对于科技企业创新的基础作用，以及支持中国科技平台企业加速全球布局等议题。

科技平台与传统平台企业不同，它是以公共云计算平台为载体，以构建创新生态为使命，通过基础设施即服务、数据即服务、模型即服务等新型服务模式，不断孕育、孵化新技术、新企业，赋能社会 AI 创新与转型，以数字创新生态驱动发展的新型平台。

科技平台具有科技要素强、融通创新资源的天然优势，是孕育和孵化科技企业的“黑土地”，构建创新生态的“热带雨林”，是产业 AI 创新和转型的“源头活水”。科技平台是科技企业的孵化器、创新要素的连接器、AI 创新和转型的赋能器，承载着千行百业，驶向智能化新时代。

科技平台与用户企业的关系起始于商业，参考电子商务平台。但是在演化过程中，科技平台通过提供低成本、广覆盖的云计算与 AI 基础服务，帮助创新企业能够迅速、高效地搭建创新应用，承载其全球化、低延时、高质量的全球化海量服务。中小企业以较低成本得到与全球科技巨头同样的创新基础设施，打破了传统企业发展路径。科技平台企业与平台用户企业形成了紧密的创新联合体。

具体而言，科技平台企业是孵化器、连接器和赋能器：

第一，科技平台企业是孵化器。典型的平台型组织，具有构建生态能力，是孕育孵化新技术、伴随新企业成长的摇篮和黑土地，是新技术、新产品、新品牌、新商业模式的超级孵化器和核心加速器，是数字时代创新的基础设施。

第二，科技平台企业是连接器。开放是科技平台的基本属性，通过开源开放打造开放的创新生态。科技平台企业一端连着海量对数字化渴望的企业用户，一端连着海量数字技术提供者和 ISV（independent software vendors）合作伙伴，是创新的超级连接器。科技平台企业将需求和供给精准匹配，通过搭建和运营大型“技术—商业生态系统”能力，帮助用户跨越“创新死亡之谷”，实现持续创新。

第三，科技平台企业是赋能器。普惠服务是科技平台企业的本质特征。科技平台企业通过云计算，为社会搭建覆盖低成本、易扩散、广覆盖的数字技术基础设施，激发了数据要素潜在价值，推进了数据智能在生产全链条的普及，加速数字科技推广普及的速度、广度和深度，推进了 AI 创新和转型的步伐。

新质生产力的提出与推进对于阿里巴巴等广大科技企业而言，更是巨大的鼓舞与清晰的方向指引。阿里巴巴的诞生，得益于中国对数字经济的前瞻性布局与成功的产业政策。阿里巴巴从 18 人的初创公司，成长为科技平台，其发展本身就是新质生产力驱动企业成长的实践探索。同时，阿里巴巴也正在并且进一步勇挑重担，发挥作用，努力促进新质生产力加快发展。

二、科技平台企业促进新质生产力加快形成和发展的模式

科技平台企业是以数字科技创新赋能产业创新，推动数字产业化和产业

数字化双向协同发展的关键市场主体，也是连接“有为政府”和“有效市场”、加速发展新质生产力的“有力主体”。平台企业不但能够依靠在数字技术和数据要素方面的积累和探索，汇聚市场主体和创新要素，加快人工智能等数字技术创新，也能够发挥平台化和制度中介的优势，推动“人工智能+行动”的快速落地，将数字技术、数据要素和人工智能等这些发展新质生产力的新型生产要素真正加快融入产业链中。一方面以更低成本、更高效率地推动传统产业智能化高端化绿色化，提升产业链供应链安全韧性水平；另一方面能够以数字技术创新和数据要素交互流通加速战略性新兴产业融合集群发展和催生未来产业。同时，平台型企业作为深度参与现代化产业体系建设的新型实体企业，是打造科技领军企业、推动国家战略科技力量集成攻关的有力载体，能够发挥平台优势，推动数字经济领域大中小企业深度融通和产学研深度融合，加快产业智能化发展步伐，为新质生产力发展提供不竭的市场驱动力。

科技平台不是一朝一夕能够打造的概念或者阶段性模式，而是我国平台经济发展的自然结果，是参与新一轮全球科技竞争的“国之重器”。科技平台基于长期以来积累的系统能力与成熟机制，促进新质生产力加快形成，在“创机制、给动力、扩主体”三方面发挥作用：

（一）创机制：科技平台在科研创新领域引领发挥“飞轮效应”

亚马逊创始人杰夫·贝索斯曾经把平台企业在商业领域的成功归纳为“飞轮效应”。以亚马逊为例，平台企业汇聚商家产品满足消费者多样化市场需求，继而通过规模效应实现成本降低带来的价格竞争优势，然后从单纯价格优势演化为多维度提升客户体验（包含物流、配送、售后服务等），最终吸引更大规模用户为商家提供优质流量入口。以最新一轮 AIGC（生成式人工智能）

竞争为例，科研创新领域也呈现出更为显著的“飞轮效应”。在上游，科技平台依托在“数据、算力、算法”领域的大规模投入，训练形成“大模型”，从而服务下游海量行业应用。而在应用过程中积累的更多专有行业知识与用户数据支撑乃至反哺了科技平台对“大模型”的提升迭代。

科技平台推动科研创新的“飞轮效应”不是凭空出现的，而是“完美继承”商业领域的实践。上述机制从根本上提升了科研成果转化率，带动了生产力提高。

（二）给动力：科技平台助力培育新产业

从行业属性来看，一切利用新技术提升生产力水平的细分领域，都属于新质生产力的应用范畴，既包括新一代信息技术、新能源、新材料、先进制造、生物技术等战略性新兴产业，也包括人工智能、量子信息、工业互联网、卫星互联网、机器人等未来产业。

科技平台提供的普惠算力、AI 大模型、大数据分析等能力已经成为培育新产业的必要条件之一。以制造业为例，科技平台支持企业主体在研发设计、生产工艺、运维质控、销售客服、组织协同等环节进行全面优化，加速制造业走向智能化。科技平台与制造业深入融合，AI 大模型进入控制环节，驱动工业软件从 SaaS 走向“在线化”“智能化”。AI 大模型推动数据高效畅通流动，弥合制造业数据流断点，大幅提升智能制造水平，成为制造业智能化发展的引擎。科技平台是前沿技术与千行百业深入链接与融合的“中介”。

科技平台助力催生新产业新业态，推动生产力水平实现跃迁升级，将带来涉及领域新、技术含量高且经济社会效益好的新质生产力。以医疗领域为例，2023 年年末阿里巴巴达摩院联合全球十多家顶尖医疗机构，将 AI 用于体检中心、医院等无症状人群的胰腺癌筛查。只需要最简单的平扫 CT，就在 2 万多真实世界连续病人群体中发现了 31 例临床漏诊病变，其中两例早期胰腺癌病患已完成手术治愈。相关研究成果登上了国际顶级医疗期刊《自然·医学》（*Nature Medicine*），该刊专门配发评论文章："基于医疗影像 AI 的癌症筛查即将进入黄金时代。"

（三）扩主体：科技平台降低技术门槛，为创新涌现赋能新质生产力强基

一方面，科技平台企业为创业型科技公司提供云、数据智能产品、丰富的 SaaS 应用等普惠创新基础设施，企业专注于技术和产品创新，催生了一批科技独角兽企业，包括米哈游、蘑菇物联、黑湖科技、奥哲科技、奈飞、Snowflake（雪花）、Airbnb（爱彼迎）等，这些数字原生企业，公司市值快速增加，逐渐成为科技领头企业。如上海米哈游公司，是一家 100% 在云上成长起来的元宇宙公司，2012 年创立之初就以"轻资产"方式在公共云上实现了全球化服务能力，2022 年的利润超过了索尼的 PlayStation（22 亿美元 vs 18 亿美元）。阿里云目前拥有全球超过 400 万付费客户，其中包括国内 80% 的科技公司。

另一方面，科技平台通过"平台 + 低代码 &AI+ 生态"助力中小企业降本增效，正在构建一条普惠、个性、低成本的新的技术架构和解决方案，赋能中小企业创新发展。阿里云为全球超过 400 万家企业和机构提供云计算服务，其中 90% 以上是中小企业。钉钉用户数超过 7 亿，企业组织数超过 2 300 万，70% 是中小企业。全国超过 60% 专精特新"小巨人"企业使用钉钉平台。钉钉上数字化应用超过 1 000 万个，"低代码"应用超过 700 万个，低代码开发人员超过 500 万人。2024 年 1 月 9 日，钉钉发布 7.5 版本，全面

拥抱 AI，致力于打造适用面最广的“智能助理平台”，让每一家企业乃至每一个人都能够以低成本拥有一个“超级 AI 助理”，享有新技术带来的红利与生产力提升。

科技平台对研发的巨额投入以满足自身发展需要为前提，承担了巨大不确定性风险。而当其形成规模，并通过产品应用服务市场时，新技术应用门槛被大幅降低，从而自然带动更多主体勇于以更低的试错成本大胆投入创新，由此，科技平台能够为创新的涌现提供底层基础。

三、从中美竞争视角看科技平台的使命与责任

新一轮科技和产业革命的趋势表明，科技平台成为全球数字经济竞争的制胜点。亚马逊、微软、阿里云是全球科技平台的典型代表。科技平台公司具有五大能力：一是云计算技术的先进性；二是新企业孵化与新技术加速创新扩散能力；三是企业数字化运营支撑能力；四是数字技术生态搭建能力；五是支撑企业全球化拓展能力。

2022 年 11 月末，OpenAI 公司研发的 ChatGPT 横空出世，似乎是以一己之力将人工智能带入“通用人工智能”（AGI）时代。然而，深入了解其发展历程，OpenAI 的成长来自英伟达及微软等科技平台的产品与服务支撑。在最初的 GPT-1 与 GPT-2 版本表现平平的情况下，OpenAI 团队指数级提高模型训练的参数与数据规模，得到了微软云提供的大算力加持，ChatGPT 才“涌现”出惊人的智能水平。而 OpenAI 的成功，又激发出全新的生态。2024 年 1 月 11 日凌晨，OpenAI 宣布正式推出 GPT 商店（GPT Store）。首批上线的智能应用超过 300 万个。距离 2023 年 11 月，OpenAI 首次展示 GPT 商店功能，仅仅过去 2 个月。

以微软、英伟达与 OpenAI 的合作模式为典型，科技平台与创新企业共

生共荣，共同主导创新生态加速形成，在客观上，也加速了新技术与千行百业深度融合。放眼未来，科技平台的比拼将继续成为中美竞争的焦点之一。

一方面，应理性认知中国与美国科技平台之间的差距。无论是在基础科研、工程规模还是应用实践等环节，中国科技平台都处于落后追赶状态。尤其是在孵化培育独角兽企业、支撑和培育 SaaS 市场及全球化拓展方面差距巨大。比如，基于科技平台，美国培育和孵化的 SaaS 市场规模是中国的 10 倍。阿里云的全球合作伙伴仅 1.2 万家，也同美国领先的科技平台企业差一个数量级。

另一方面，差距让中国科技平台有了迎难而上、奋力追赶的迫切性。2022 年年末中央经济工作会议指出，要大力发展数字经济，提升常态化监管水平，支持平台企业在引领发展、创造就业、国际竞争中大显身手。

提高科技创新水平，加快新质生产力形成，服务实体经济，进而在国际竞争中发挥作用，是包括阿里巴巴在内的所有中国科技平台的使命与责任。当前，全社会以新质生产力理论体系为指引，正在进一步形成鼓励创新、追求创新的氛围与机制，企业的科技创新主体的地位得到强化。阿里巴巴等科技平台企业，需要进一步在云计算、操作系统、数据库、人工智能等领域承担国家重大科技任务、关键核心技术攻关和揭榜挂帅任务等，更需要进一步与用户企业、科研机构形成创新联合体，持续培育和繁荣自主创新生态体系。

展望未来，加快发展新质生产力这一首要任务，对数字经济高质量和创新发展，尤其是发挥科技型平台企业在推进数字产业化、产业数字化和数实深度融合方面的优势和潜力提出了新的要求，也提供了巨大的创新场景和国家战略发展空间。2024 年《政府工作报告》提出要更加支持平台型企业发展，需要平台型企业围绕新质生产力和数字经济创新发展的目标，融入企业创新管理实践，敢于探索、善作善成，凝心聚力促进数字技术创新、人工智能创新和应用，进一步探索和创造新的就业形态、就业模式及就业赛道，同时，发挥好平台型企业在国际竞争前沿敏感、市场灵活度、激励相容机制创新经验等方面的优势，带动中国数字经济和实体企业集体出海，助力国内国际双循环新发展格局，抢抓全球数字经济、人工智能发展主导权，提升中国经济的全球竞争力和贡献度。

第十六章
深圳数据交易所：新质主体加快数据要素向新质生产力转化

数据要素是数字时代发展新质生产力的新型生产要素。数据交易所作为数据要素市场化配置的重要制度性平台机构，是加快数据要素向新质生产力转化的重要新质主体。深圳数据交易所通过瞄准多维场景的复杂综合性需求，应用数据要素市场化配置的场景数据匹配（context-data-match，CDM）机制，构建了场景驱动的数据要素生态飞轮，推动数据交易所在建设数据交易场景、汇聚数据交易主体、连接数据服务机构、提高数据市场化配置效率等多个维度取得了显著的阶段性成效，为探索数据交易新机制、建设中国特色数据交易制度体系，激活数据要素潜能，做强做优做大数字经济，培育新质生产力的新动能新优势提供了有益参考。

一、新质主体如何突破数据要素市场化困局

数据作为新型生产要素，已经成为推动我国经济高质量发展，构筑全球数字经济竞争优势的基础性和战略性资源。2020 年 4 月，中共中央、国务院公布《关于构建更加完善的要素市场化配置体制机制的意见》，首次从国家层面将数据要素与其他传统生产要素并列，提出要加快培育数据要素市场。党的二十大报告进一步强调要“加快发展数字经济，促进数字经济和实体经济深度融合，打造具有国际竞争力的数字产业集群”。2023 年 2 月，中共中央、国务院印发的《数字中国建设整体布局规划》明确提出“到 2035 年，

数字化发展水平进入世界前列，数字中国建设取得重大成就”的目标。2023年3月的国务院机构改革方案确定组建国家数据局，建制化统筹推进数字中国、数字经济、数字社会规划和建设。在此背景下，如何构建规范高效的数据交易场所，推动场景数据快速匹配，加快培育数据要素流通和交易服务生态，成为充分发挥我国海量数据规模和丰富应用场景优势，激活数据要素潜能，优化数字中国体系，进而培育中国式现代化建设新动能新优势的核心难题。

当前，数据要素市场化配置以场外点对点或多方撮合交易为主，存在供需双方难对接、数据要素场景开发开放不足、场景数据难匹配、交易合法性难确定、生态机制不健全等突出瓶颈。而数据交易场所作为由政府正式批准设立、开展数据要素市场化配置的新型制度性载体，以其公共属性和公益属性定位打造数据交易的制度媒介，在数据流通交易市场建设中发挥着至关重要的制度桥接作用。

2015年4月14日，贵阳大数据交易所正式挂牌成立，成为我国第一个地方政府批复成立的数据交易所，之后各省市相继成立数据交易所或交易中心。截至2022年年底，全国范围内由地方政府发起、主导或批复成立的数据交易所已有30余家。

理论上，数据交易所通过提供贯穿数据要素“收—存—治—易—用—管”全生命周期的数据交易服务和价值管理，能够有效围绕场景开展数据供给与需求匹配，并为数据交易提供合法性保障。数据交易所已经成为国家、地区和行业推进CDM机制探索和生态建设实践的新质主体。然而，现有数据交易所在推进数据要素市场化配置过程中普遍面临着供给侧数据难引进、需求侧场景难激活、合规侧成本难平衡、生态侧主体难管理的痛点问题。

2022年12月，我国颁布首份专门针对数据要素的基础文件《关于构建数据基础制度 更好发挥数据要素作用的意见》（简称“数据二十条”），科学搭建了我国数据基础制度的“四梁八柱”，并鼓励围绕智能制造、节能降碳、绿色建造、新能源、智慧城市等重点领域和典型场景推进数据开放、共享、交换、交易。“数据二十条”中正式提出要“统筹构建规范高效的数据交易场所”，“引导多种类型的数据交易场所共同发展”，“培育数据要素流通和交易服务生态”，对加快探索数据交易所的商业模式创新，构建促进使用和流通、场内场外相结合的交易制度体系提出了新任务、新要求。

深圳数据交易所（简称“深数所”）是现有数据交易所中成立时间较晚但发展速度快的典型代表。深数所于2022年11月15日正式揭牌，截至2023年年底，实现累计交易规模65亿元，累计跨境交易额1.1亿元，汇聚数据卖方、数据商、数据买方等各类参与主体共计1 706家，涉及交易场景228个，覆盖30个省级行政区、128个城市，入选深圳发展改革十大亮点，成为全国数据交易所中交易规模最大、数据市场化生态参与主体最多、开发应用场景数量最多的数据交易所。

CDM机制是将场景驱动的创新范式融入数据要素“收—存—治—易—用—管”的全要素生命周期价值管理，突破线性模式，推动场景与数据有效融合，构建场景驱动的数据要素生态飞轮。深数所在推进数据交易所建设过程中，抓住了场景与数据匹配的内核，通过生态主体汇聚和生态服务链接，以场景驱动问题解决，并开展数据要素全生命周期价值管理，强化了场景嵌入与交易撮合能力，以数据融通“公共—产业—企业—用户”多维场景，探索形成了生态主体、生态服务、生态能力三位一体的场景数据匹配机制（图16–1）。借助CDM机制探索，深数所拉动了数据要素市场，以场景驱动数据要素市场化配置，初步构建了高效运转、持续运行、不断进化的数据要素生态飞轮。这一探索也为进一步破解数据交易所普遍面临的发展瓶颈，激活数据要素价值，做强做优做大我国数据要素市场，加快建设数字中国提供了有益示范。

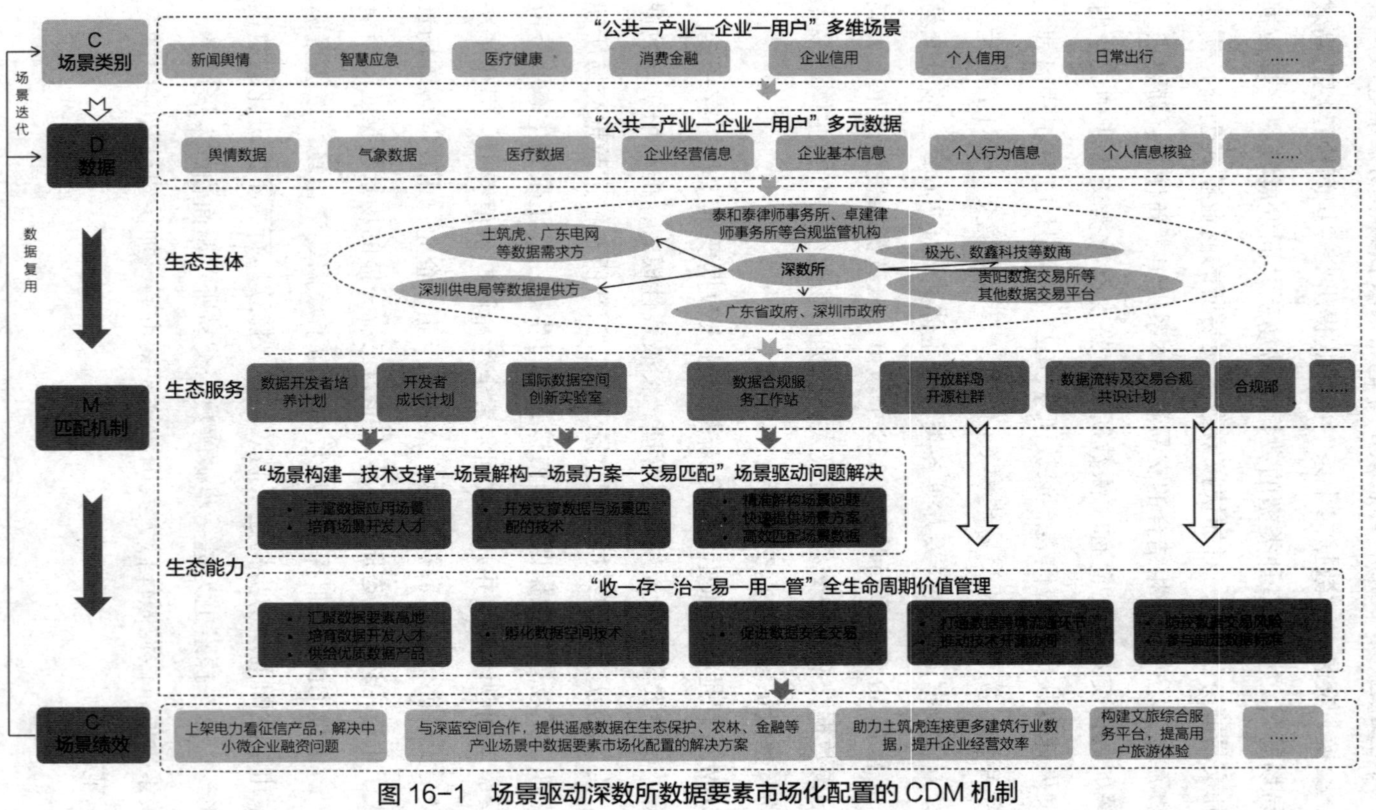

图 16-1　场景驱动深数所数据要素市场化配置的 CDM 机制

二、抓内核：场景化需求与多元数据精准匹配的“蝴蝶模型”

深数所的前身是深圳数据交易有限公司，是由深圳市政府与国家信息中心统筹指导，深圳市发展和改革委员会作为责任单位牵头成立，定位为公益性的国有全资企业。自 2021 年 12 月落户福田后，深圳数据交易有限公司便积极探索数据交易的供需匹配、技术路径和合规标准，并积极响应广东省政府“支持深圳市设立数据交易市场或依托现有交易场所开展数据交易”的政策号召，筹备设立和运营深数所。2022 年 11 月 15 日，由广东省人民政府指导，深圳市人民政府主办的深数所揭牌仪式暨数据交易成果发布仪式在深圳顺利举办，深数所正式揭牌成立，成为加快落实中央《深圳建设中国特色社会主义先行示范区综合改革试点实施方案（2020—2025 年）》文件精神、深化数据要素市场化配置改革任务、打造全球数字先锋城市的重要实践，承载着中央及广东省政府等多部门布局数据交易网络、深化数字经济发展的殷切期望。

自揭牌起，深数所以建设国家级数据交易所为目标，深刻意识到数据只有依托于场景才能最大化数据交易所的社会价值，加快培育壮大数据流通和交易服务生态。因此，深数所突破传统数据交易所仅仅发挥交易撮合职能这一局限，牢牢把握场景驱动数据要素市场化配置的顶层逻辑和 CDM 机制的内核，抓住场景驱动的创新这一数字经济时代的重要创新范式跃迁机遇，以赋能数字产业化和产业数字化为使命牵引，将场景化需求与多元数据精准匹配作为提供数据交易服务的关键，以场景嵌入牵引数据市场化交易和价值释放的全过程，形成了场景数据匹配赋能数字经济高质量发展的“蝴蝶模型”（图 16–2）。

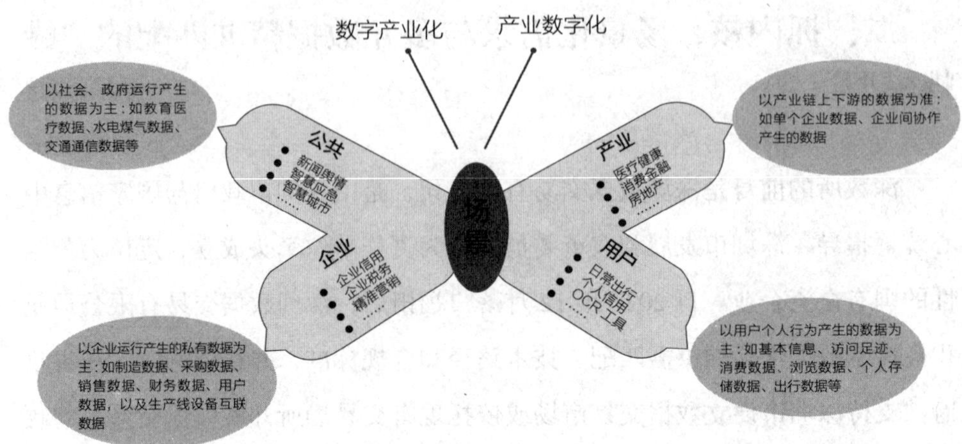

图 16-2　深数所场景数据匹配赋能数字经济的“蝴蝶模型”

基于这一顶层设计，截至2023年2月28日，深数所面向公共、产业、企业、用户四个维度，构建新闻舆情、医疗健康、企业信用、日常出行等75类应用场景。针对不同场景中的复杂综合需求，深数所精准识别问题痛点，从而更好地在海量数据与产品中寻找解决方案，与数商合作数字技术和数据产品的创新应用，最终为解决特定场景下的复杂综合性需求问题提供场景化、数字化的解决方案。

为更好地匹配场景与数据，发挥数据交易所场景嵌入与交易撮合两项重要职能，深数所首创场景驱动的数据供需智能匹配系统（图 16-3），将数据、

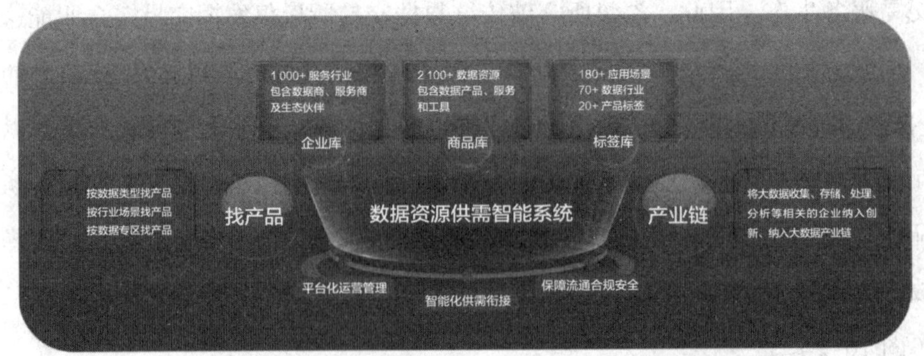

图 16-3　深数所打造的“数据要素 X”场景驱动数据供需智能匹配系统

产品、行业和场景有效关联，提出了"场景—行业—产品"的解决路径。依据供需匹配图谱，深数所将不同类别的数据资源形成不同的产品形态，找到数据产品适用的行业和具体场景。一类数据可以匹配多类应用场景，一类应用场景也可以应用多类数据产品和数据资源，充分激活数据跨场景应用的价值，推动场景需求高效满足。供需匹配图谱将供需关系和场景方案可视化，为深数所发挥场景嵌入与交易撮合功能提供有力遵循。通过场景驱动数据要素市场化配置持续推进数字产业化，进而通过数字产业化加速产业数字化，最终达到"两化"协同发展，推进中国数据交易市场乃至数字中国的整体建设。

三、强能力：从生态汇聚到能力形成

精准识别特定场景下的复杂综合性需求和瓶颈问题，充分释放数据要素价值是提高数据要素市场化配置效率的核心抓手。如何从机制上确保数据要素与场景需求匹配融合，将场景嵌入数据要素全生命周期价值管理？对此，深数所构建了从生态汇聚到能力形成的多层机制，在实践中发挥 CDM 机制的杠杆效应，成为数据交易所充分发挥数据交易的制度媒介作用的典范。此外，还构建了以数据交易所为核心，政府、数据供需双方、数商、合规监管机构和其他数交所等多元数据要素生态主体共同构成的多层级、多领域、多元化的数据要素生态体系（图 16-4），通过一系列生态服务，使得数据要素生态网越编越大、越编越紧、越编越牢，推动形成"数据与场景匹配创新数据产品，产品与场景对接激活数据价值"的良性循环。

（一）战略引领组织架构创新，做强数据要素生态

战略决定组织，组织决定能力。内外部组织架构的设计和融通是激活内

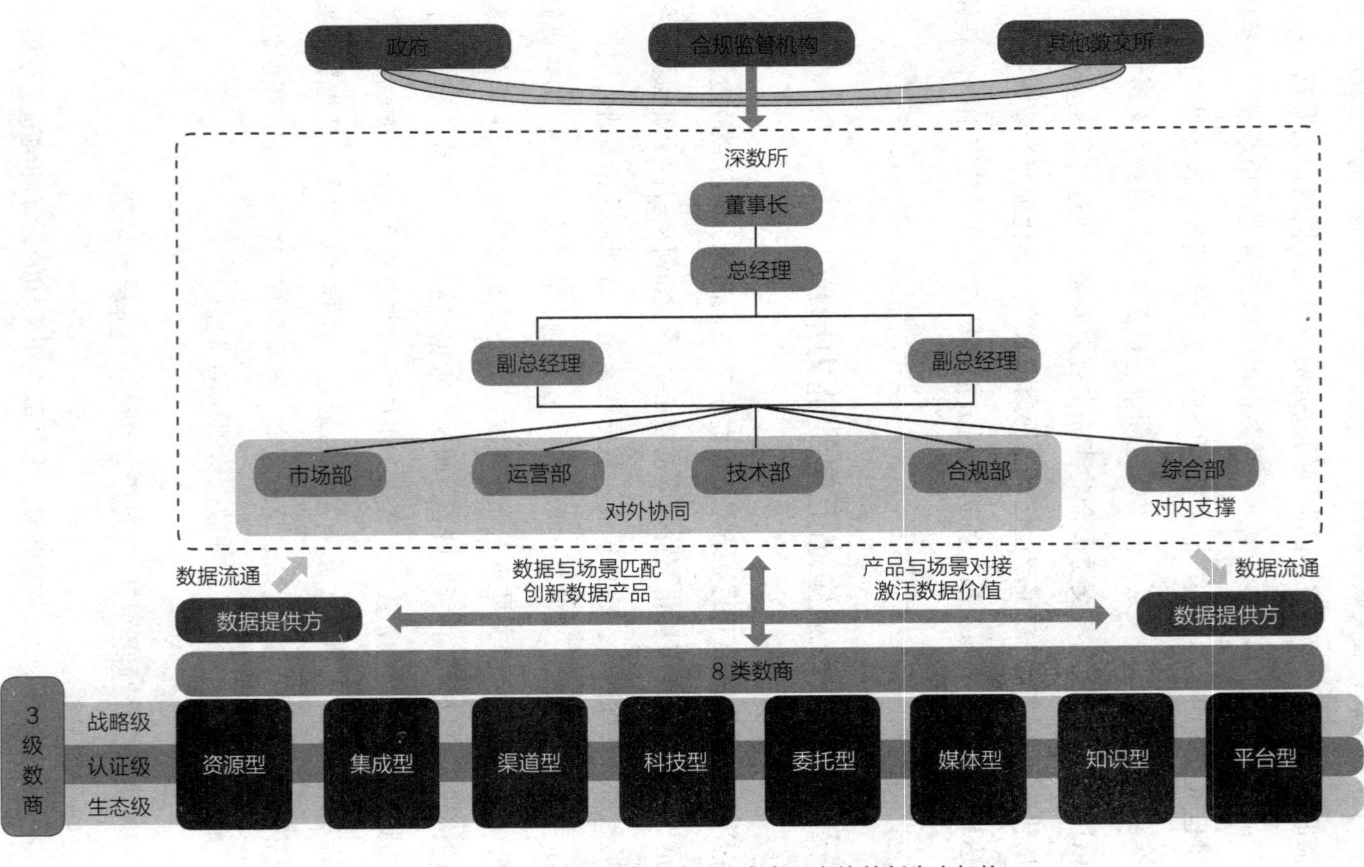

图 16-4　深数所牵头构建的数据要素多元主体共创生态架构

外部主体参与，加快生态战略落地的关键。CDM 机制创新的第一步是通过组织架构创新，为做强数据要素市场生态奠定基石。深数所在组织架构设计方面，设置了市场部、运营部、技术部、合规部与综合部 5 个核心部门。市场部主要负责生态管理、商务对接、品牌宣传与政企对接，充分打通数据要素市场的体系建设；运营部主管产品交易规则与上下架，保障数据交易运行；技术部主要构建从供给延伸到需求端的一体化平台建设，将多元技术整合，支撑数据交易平台；合规部主要开展交易前后的合规评估与政策解读。这 4 个部门通过共同对外协同，打通供给侧数据，激活需求侧场景，协同合规侧成本，完善生态侧主体。综合部作为战略、规划、统办、人事、财务的功能主体，聚焦完善制度体系，支撑深数所数据交易与生态建设稳定进行。

数据商作为整个数据要素生态的产品提供方和技术保障方，在持续供给高质量数据产品、保障数据交易安全的过程中发挥着主要作用。早在 2022 年 3 月，深数所在其还是深圳数据交易有限公司时便牵头发起“2022 数据要素生态圈”计划，将构建数据要素生态作为企业业务发展的重点任务，联合粤港澳大湾区大数据研究院、北鹏前沿科技法律研究院、深圳市信用促进会共同搭建国内权威数据要素生态，保障数据要素交易流通与价值释放的精准性、高效性与合法性。

为进一步规范数商主体，优化资源配置，明确数商职能，深数所结合数据要素市场的发展现状与数据交易产业链的专业化分工，率先建立数据商分级分类体系，探索多元协同、规范高效、责权分明的数商生态。

在数商层级上，深数所将数商分为生态级、认证级、战略级三个等级。不同级别的数商与深数所的关系不同，合作目标也有差异：生态级数商参与深数所的数据要素生态活动，认证级数商与深数所通过业务合作共同探索数据价值提升策略，战略级数商与深数所携手引领数据要素产业发展。对不同等级的数商，深数所赋予其相应的权益与资源。例如，针对生态级数商，提供品牌宣传、产品撮合等服务；针对认证级数商，打造专属赛道，完成品牌活动、商业路演、需求对接等商业赋能；针对战略级数商，会成立工作专班，协作撰写标准、对接政企、共同引领行业标准，打造行业数据流通标杆案例。其中，战略级数商能享受生态级与认证级数商的相应权益，认证级数商也能享受生态级数商的相应权益。通过优化数商分级结构，深数所有力提升了数商业务合作和生态合作的目标感与积极性。

在数商类别上，深数所根据数商在产业链中的专业分工将其分为资源型、集成型、渠道型、科技型、委托型、媒体型、知识型和平台型 8 类，促进数商在垂直领域深耕发展，为数据交易市场的对接提供了更高效、更精准的模式参考，助力数商精准匹配数据供需双方，将数据与场景匹配，快速创新数据产品，将产品与场景对接，高效激活数据价值。通过生态汇聚，深数所引导多方数据要素主体参与数据要素市场建设，提升了产业链协同能力，完善了与数字经济发展相适应的政法体系、公共服务体系、产业体系和技术创新体系。

（二）场景嵌入联动优质主体，做优数据要素生态

CDM 机制第二步是联合优质的数据要素生态主体，做优数据要素市场生态。生态优的关键在于能力强，从而跨越从组织建设到生态激活的鸿沟。为最大效能地激活数据要素生态，深数所通过一系列生态服务联动数据与场景，不断强化深数所的场景嵌入与交易撮合能力。

在场景嵌入方面，将其拆解为场景构建、技术保障、场景解构、场景方案与场景数据匹配，通过战略指引和技术保障，沿着场景构建到问题解决的路径布局生态服务，发挥整个数据要素生态的力量，健全场景驱动数据要素市场化配置的 CDM 机制。通过开发者培养计划配套开发者成长计划，深数

所为高校及企业等广大开发者提供了安全可信的数据产品及场景开发环境，培育助力优质数据产品和高价值场景孵化的稀缺人才，提高了深数所的场景开发能力。

场景与数据融合离不开数字技术的支撑，深数所创立了国际数据空间创新实验室，通过孵化自主可控、安全可信、可追溯的数据流通技术体系为场景与数据匹配提供技术保障，推动数据、技术与场景融合应用。场景构建和技术保障是数据与场景匹配的必要条件，场景问题解构与场景数据匹配则是CDM机制创新的关键过程。对此，深数所建立了企业数据合规服务工作站，工作站的主要任务为筛选高价值数据产品上架，提供数据合规及交易服务。以坂田天安云谷站为例，当数据需求方提出数据及数据产品购买需求时，工作站将进一步解构数据需求方的数据应用场景，进一步分析识别场景问题，并提出数据与数据产品的解决方案，在此基础上，通过深数所为其匹配场景解决方案内合适的数据提供方及数商，完成“场景—数据”匹配过程，最终使数据有的放矢，协助企业基于业务场景有序高效开发并利用数据资源，最终有效解决场景问题。

优质的数据要素生态主体能够向数交所共享数据要素市场化配置的全周期管理能力。因此，深数所进一步通过开放群岛开源社群、数据流转及交易合规共识计划、设立合规部等生态服务优化主体功能，强化“收—存—治—易—用—管”数据要素全生命周期管理，并首创动态合规体系构筑数据交易防线，为数据供需双方提供高质量高效率的交易撮合服务。开放群岛与开源社群主要进行隐私计算、大数据、人工智能等前沿技术探索，为技术的开源协同、标准的协同制定、场景的精准落地提供数字技术保障。合规部与“数据流转及交易合规共识计划”互动，形成动态合规体系的第三、四道交易防线。第一道防线是基于企业诚信合规自证的入库标准；第二道防线是基于第三方律师事务所合规评估的上市准入标准；第三道防线则由合规部进行内部质量把关，以规范数据交易的制度与管理；“数据流转及交易合规共识计划”作为第四道防线，对有争议的数据交易标的进行把关，由深数所对外发起成立，包含 13 位来自数据流通及法律合规领域的专家组成的专家委员会，助力深数所保障数据交易合规并参与制定数据标准。

（三）权益分配赋能良性发展，做大数据要素生态

CDM 机制第三步是面向数据要素生态主体，分配好数据要素市场化配置的红利，通过设计有效的收益分配激励机制，形成数据要素生态系统持续良性发展、持续生长壮大的模式。对此，深数所基于数商分级分类机制与权益分配体系，建立了动态的数商评估机制，激励数商层级向上动态变化。根据季度和年度的综合数据评估，深数所对数商的生态等级进行升降级处理，并按照新等级提供相应的权益与资源服务。此外，深数所还设立数据交易的积分兑换制，数商完成目标工作，便可以得到积分奖励。数商可以用积分兑换精准商机匹配、商品宣传、投融资服务等数据交易服务，从而以自身优势充分对接资源，完成场景与数据匹配，在获得自身能力增长和价值实现的同时，持续赋能数据要素市场主体，共同参与数据要素市场化配置的大生态建设。

从生态主体汇聚到生态服务建设最终到生态能力的形成，深数所围绕场景驱动数据要素市场化配置，超越传统数交所强化场景嵌入与交易撮合的能力，并通过动态合规体系保障交易合法性，促进数据交易高效流转，最终成功打通 CDM 机制，也为其他数据交易所把握 CDM 机制，跨越数据场景匹配的鸿沟提供了示范路径。

四、提成效：破解场景痛点，释放数据价值

CDM 机制作为场景驱动数据要素市场化配置的新机制，对于瞄准公共、

产业、企业及用户痛点，融通多维场景与多元数据，最终充分释放数据价值具有重要作用。围绕多维场景，深数所在实践中探索数据要素生态主体间的合作模式，最终成功破解场景痛点，突破数据与场景难融合的瓶颈问题，最终有效赋能场景，推动数据价值释放。

在多方主体协同努力下，深数所围绕新闻舆情、医疗健康、企业信用、日常出行等70余类重要应用场景联合更多跨地区、跨行业、跨平台的数据交易主体，汇聚数据资源55大类，数据产品超600个，打造数据资源和数据产品的聚集高地，实现数据资源和应用场景精准匹配。截至2023年2月28日，深数所引入备案数据商117家，数据提供方127家，数据需求方419家，建立3个品牌数据专区，推出超50种重点领域的数据产品，联动13家数字化领域专业机构、89位数据领域资深专家，触达1 000家以上市场主体。

面向公共场景，基本模式是由政府和公共事业单位结合场景共享数据，政企合作开发数据产品，公开上架至数据交易所，快速匹配多元场景促成交易。以深数所上架“电力看征信”为例。为扶持中小微企业发展，国家大力发文出台政策，但银行等金融机构如何考察企业信用问题以便更精准高效地为中小微企业提供征信服务一直是一大公共难题。对此，深圳供电局基于场景难题，有效利用政府和企业已形成的海量数据构建一套包括用电状态、电费缴纳、用电量、违约行为等四类电力数据的企业征信指标，打造首个电力数据产品——“电力看征信”，为多家实体银行和网商银行提供企业贷前授信、贷后监控等服务。2020年，宁波银行接入“电力看征信”数据产品，极大提升了线上授信产品的触达精准度和服务效率，为本地超千家中小微企业发放了逾十亿元的融资，为中小微企业的融资提供了有力支撑。2022年，深圳供电局联合深数所将“电力看征信”公开上架，拓宽至更多场景，率先打造电力数据合规交易新模式，有效缓解中小微企业融资这一公共场景难题。

面向产业场景，基本模式是由企业与上下游合作机构深耕产业数据，开发基于场景的数据产品，并与数交所合作，共同拓宽产业数据产品的应用场景，探索产业数据产品在不同应用场景下的合规交易模式。以深数所与深蓝空间共同探索卫星遥感数据资产化和数据交易为例。深蓝空间遥感技术有限公司作为遥感行业领先的空间数据和技术解决方案提供商，依托与航天部门的战略合作伙伴关系和自身在航天领域的技术优势，深耕卫星遥感影像信息提取和基于遥感影像的行业数据生产技术，挖掘卫星遥感空间数据的价值。截至 2021 年年底，深蓝空间开发了 9 类卫星遥感产品服务包，每类产品涵盖 4 个服务资产板块，共计 316 项卫星大数据信息服务模块。作为深数所的重要数商成员，深蓝空间与深数所就卫星遥感数据资产化和数据交易达成实质战略合作，共同探索卫星遥感大数据在生态环保、农林牧、能源、金融、交通、双碳等不同场景的新型合规交易模式和应用解决方案，并将其投入场景试点，推进遥感数据的价值挖掘与激活，进一步推动我国空间数据经济发展，打造具有国际竞争力的空间数据产业集群。

面向企业场景，基本模式为企业依托数据交易所及其主导的数据交易生态，针对企业业务痛点开发利用数据，降低企业数据使用门槛，为企业降本增效。以土筑虎接入深数所为例。深圳土筑虎网络科技有限公司是一家深耕建筑工程领域的互联网平台，该平台拥有超过 1 000 万用户，沉淀了大量企业与用户数据，但数据是否可靠，如何开发使用数据推动业务增长是该企业的难题。在接入深数所后，用户在该平台可匹配的符合条件的企业由原本的 1 万家增至 10 万家。在与深数所的合作中，土筑虎沉淀的海量数据得到合规有序的开发，经营效率也由此提升。

面向用户场景，基本模式为针对个人用户在数据分析开发方面的高门槛痛点，由数据交易所上架解决用户痛点的公共数据产品，提高用户衣食住行的效率，促进数据价值在用户层面释放。文旅消费是满足用户精神文明需求的重要途径，如何在旅途中为用户提供一体化游览服务，节约用户的时间、资金与搜索成本是用户层面的一大痛点。对此，深数所上架数据产品航旅商业智能解决方案，以期提高用户旅游体验。当用户到达旅行目的地后，该产品会定向推荐特色景点，并提供旅游介绍和地点定位，优化用户游览效率；该产品还会定向推送消费券减免相关费用，提高用户旅行体验感。通过面向用户场景开发数据产品解决用户痛点，推动用户积极参与数据要素的市场化配置，培育繁荣的数据要素市场主体。

五、共生长：场景驱动的数据要素生态飞轮

目前，数据交易大多是点对点或者多方撮合交易，场内交易机制不清，体系未成。深数所通过场景驱动数据要素市场化配置的 CDM 机制初步尝试打通数据要素市场化体系，并取得卓越成效，使数据要素生态迸发活力。究其原因，CDM 机制不仅打通了数据要素生态内的价值共创，更通过不断丰富数据与场景，形成更大范围、更高质量的数据要素生态，使得深数所具备了充分利用外部资源整合内部优势保持数据要素生态高效持续稳定的动态能力，初步构建了高效运转、持续运行、不断进化的数据要素生态飞轮。

数据要素生态获得高效持续稳定的关键在于海量的数据、丰富的场景，以及专业的场景数据匹配能力。深数所主导形成的数据要素生态在运行中能够不断迭代形成新场景，汇聚形成新数据，通过数据复用高效挖掘数据价值，推动数据要素生态体系建设（图 16-5）。

从需求侧来看，数据需求方基于业务痛点有具体的场景问题，但不知道如何运用数据解决。深数所提供专业的场景嵌入功能，以具体场景匹配数据提供方与数商，为数据需求方提供高度适配的数据资源及数据产品，有效解决其业务场景痛点，提高数据需求方的价值感知。在此过程中也会汇聚形成新的数据，形成新的场景问题，实现需求侧循环。

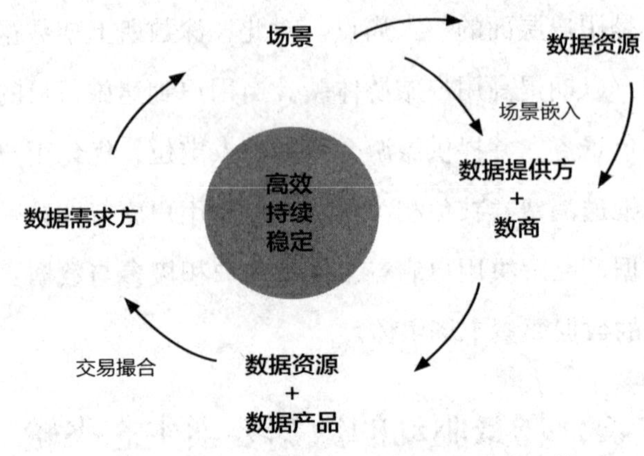

图 16-5　场景驱动的数据要素生态飞轮

从供给侧来看，数据供给方和数商有数据与产品但不知道如何使用，深数所主导的数据要素生态能有效匹配需要该数据和该产品的数据需求方，从而帮助它们解决场景问题。在此过程中，将会生成新的数据，又能进一步开发优质数据产品，继续由深数所帮其匹配优质的数据需求方，实现供给侧循环。

为了充分实现数据需求方复杂综合的场景需求，保障数据要素交易的合规建设，深数所也需要进一步吸引和拉动更多生态主体参与数据要素生态建设，主导建设多层次、多领域、多区域的数据要素生态，引导多元生态主体基于新场景和新数据不断挖掘数据价值，实现场景驱动“拉通体系，拉通场景，拉通数据”的数据要素价值共创闭环机制，推动高质量数据精准赋能高价值场景，解决公共、产业、企业、用户等多维场景痛点，保障数据要素生态飞轮持续运转。

六、创未来：建设国家数据交易生态体系，培育现代化新动能

深数所推进的数据要素市场化配置模式，其特色是抓住场景驱动的创新

范式，应用CDM新机制，以数交所为主导，发挥多维应用场景中的复杂综合性需求牵引作用，汇聚多元数据要素市场主体，构建数据要素生态。通过提供场景问题解决服务与数据要素交易服务，发挥数交所场景嵌入与交易撮合的双重功能，推动场景与数据匹配，最终实现数据价值释放与具体场景赋能，形成主体不断完善、场景不断丰富、数据不断迭代的数据要素生态飞轮，推动数据要素生态主体价值共创与利益共享。

通过CDM机制创新，深数所重塑了数据交易所的商业模式。以场景驱动的创新范式突破传统数据交易的线性模式，将场景与数据匹配作为数据要素市场化配置的关键过程，进而以系列生态服务打通场景嵌入数据要素“收—存—治—易—用—管”的过程，使得数据要素精准、高效、合法地赋能具体场景。深数所的实践探索，不但为其他数据交易所进一步探索和发展CDM机制提供了借鉴，更为我国应用场景驱动的创新范式，加强国家级数据交易场所体系设计，加快建设规范高效的数据交易场所，构建适应数据特征、符合数字经济发展规律、保障国家数据安全、彰显创新引领的数据基础制度提供了有益探索。

未来，国家和各地政府、行业主管部门需要更加重视场景驱动的创新范式，引导多种类型的数据交易场所基于CDM机制实现差异化、体系化发展，提升场景与数据融通匹配能力。数据交易场所商业模式的持续创新和能力培育，也将打造数字经济时代的新型公益性、公共性基础设施，实现“公共—产业—企业—用户”多维场景赋能与多元数据价值释放，进而加快推进数字产业化与产业数字化协同发展，为发挥我国超大规模市场、海量数据和丰富应用场景优势，激发数据要素潜能，做强做优做大数字经济提供强大牵引，进而为因地制宜发展新质生产力，培育经济发展新动能，构筑国家发展新优势提供强大支撑。

第十七章
小视科技：场景驱动AI赋能企业与产业智能化跃迁

以OpenAI发布的ChatGPT为代表的新一代人工智能及其应用正在加速重塑科学研究与生产生活范式，但由于技术复杂性、数据质量和数量需求较高、计算资源限制等因素，人工智能的技术突破与产业化应用瓶颈日益凸显。在众多AI企业纷纷走向技术原创化道路时，源起于南京的AI视觉企业小视科技，前瞻把握场景驱动创新范式跃迁机遇，选择贴“地”而行，遵循“人—机—场”三元协同的创新逻辑，以“智慧视觉全场景生态服务商”为定位，构建了场景驱动的一体化智能服务生态架构，面向互联网身份认证、社会治理、工业生产等多元领域打造差异化、场景化的解决方案，形成了场景驱动核心能力打造、产业牵引和价值共生的AI生态飞轮，不仅快速成长为国家级专精特新“小巨人”，也为场景驱动AI创新发展，推进产业数字化、智能化、绿色化、融合化，加快建设现代化产业体系和发展新质生产力提供参考。

一、破局AI产业化困境：从技术驱动迈向场景驱动

2023年年初，OpenAI发布的ChatGPT引爆了生成式人工智能，引发新一轮科技产业与科学范式变革，国内外围绕AI预训练大模型的新一轮创新锦标赛方兴未艾。加快人工智能产业发展，不仅是赢得全球科技竞争主动权的必然要求，也是实现区域产业数字化转型、构筑现代产业体系、迈向全球价值链中高端的战略抉择。北京、上海、深圳等多地发布加快打造AI创新

策源地和产业高地的政策举措。中国拥有海量应用场景，如何把握 AI 科技革命浪潮，加快 AI 技术创新和场景化应用，赋能千行百业，不但是持续提升产业链供应链韧性和安全水平，加快构建中国特色的现代化产业体系的战略性议题，更是塑造发展新动能新优势，赢得未来发展和国际竞争战略主动权的先手棋。

AI 企业作为 AI 技术创新和机制创新的核心主体，肩负着聚焦国家战略和产业发展需求，推动关键核心技术突破，构建高水平 AI 产业体系与赋能高质量发展的重要使命。中国 AI 产业经过数十年发展，涌现了以 AI 四小龙（商汤、旷视、云从、依图）为代表的技术驱动型创业企业，其依托一流技术与人才积累获得资本青睐，成长为独角兽企业。大模型至少需要具备规模大、涌现性、通用性三大特征。然而，高精尖的 AI 技术和通用模型不一定能够解决具体的场景问题。由于通用类 AI 模型算力成本高、算法“黑箱”、高质量领域数据缺和专业知识弱等特征，大模型量产和能力复用也存在瓶颈，难以满足实体经济对专业大模型和企业级模型的长尾需求；且在差异化场景下，同一 AI 算法模型的复用性和针对性相对较差。因此，虽然“百模大战”愈演愈烈，落地乏力、自我“造血”难的窘境仍困扰着政产学研金等各方主体。是否有其他创新范式，不但能破解 AI 应用过程中落地性差的难题，还有可能反向驱动 AI 原始创新？

源起于南京的小视科技（江苏）股份有限公司（简称“小视科技”），走出了一条独具特色的创新创业之路——贴“地”而行，这里的“地”即为场景。创始于 2015 年的小视科技，基于深度学习的 AI 技术，以智慧视觉技术为核心，致力于为数字城市、数字产业和数字生活等场景提供数字服务，先后为互联网身份认证、社会治理、工业生产等领域打造了差异化、场景化的解决方案。相比其他多数 AI 企业，小视科技避开了技术驱动的发展路径，基于场景驱动的逻辑开辟了一条专注于 AI 技术落地的道路（图 17–1）。如

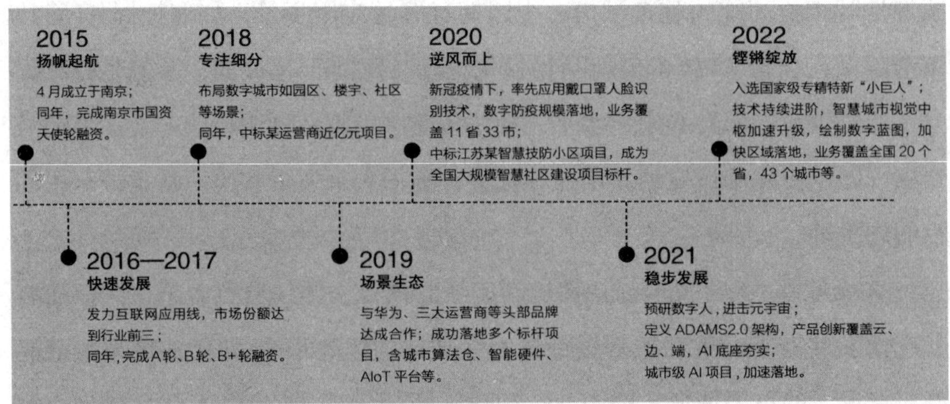

图 17-1 小视科技发展历程与里程碑事件

今我们再回溯这条在当时看来不那么受资本关注的小路，却发现其深刻把握了 AI 产业的发展趋势。2022 年 7 月，科技部等六部门印发《关于加快场景创新以人工智能高水平应用促进经济高质量发展的指导意见》，明确指出“场景创新成为人工智能技术升级、产业增长的新路径，场景创新成果持续涌现，推动新一代人工智能发展上水平”，场景驱动人工智能产业的创新发展成为国家层面的战略共识。

小视科技在贴“地”而行的战略选择下深耕人工智能视觉场景，先后获得多目标追踪 MOT（multiple object tracking）国际赛事 8 项指标排名第一，NIST（national institute of standards and technology）国际人脸识别竞赛 FRVT（face recognition vendor test）开放场景全球第二，江苏省科学技术一等奖等多项 AI 行业顶级奖项，并与华为、三大运营商等知名头部企业深度合作，从创业初期一家名不见经传的 AI 小企业发展成为国家级专精特新“小巨人”。

截至 2022 年年底，小视科技 500 多名员工中研发人员占比超过 70%，拥有核心专利和各类软件著作权专利等自主知识产权 300 余项，参与两项国家标准和多项行业、地方、团体标准制定，业务覆盖 20 个省 40 余个城市，拥有中国移动、中国电信、腾讯、华为、中国石油、中国电科等 1 000 余家生态合作伙伴，2022 年营收突破 2 亿元，同比增长超过 20%。贴“地”而行不仅激活了小视科技的内部创新机制，更助其通过打通小场景，逐步打造人工智能产业创新联合体，深度嵌入中国 AI 产业大生态。

二、战略生长，场景驱动——贴“地”而行的创新之路

2015 年 4 月 30 日，小视科技成立于南京。此时，AI 产业方兴未艾，绝大部分 AI 企业都将技术作为立身之本，不断研发出更好的技术，并通过新技术的开发、实验和改进，探索适合自己的产品空间。然而 AI 产业大浪淘沙，如何不被浪潮冲走并在沙尽之时尽显黄金本色，小视科技创始人兼 CEO 杨帆陷入了沉思。环顾行业内，商汤、旷视等头部 AI 企业都走上了技术原创化的道路，小视科技如何应对技术驱动 AI 发展道路上“神仙打架”的局面？苦思冥想后，杨帆决定另辟蹊径，将技术的落脚点放在场景，并提出了“智慧视觉全场景生态服务商”的企业定位。相比于技术原创化企业，小视科技服务于场景，通过场景驱动技术创新，以技术的场景化应用和场景价值释放为导向。小视科技通过凝练场景问题，识别场景需求，进而精准设计场景任务，通过企业自身研发，或者与 AI 技术原创化企业合作供给场景解决方案，最终实现技术的场景化应用与场景价值释放。小视科技在场景深耕的基础上，能够为 AI 技术原创化企业提供场景，从而锚定技术发展方向，与 AI 技术原创化企业共同推进产业发展。正如杨帆所说：“AI 技术企业不是我们的竞争对手，我们未来可能也会用到他们的技术，目的是服务好我们已经率先进入的场景。”

尹西明等认为，场景驱动的创新从场景中的复杂综合性需求出发，超越技术驱动的线性逻辑，能够整合协同多种创新要素，高效匹配技术与场景，

破解 AI 技术创新与产业化的瓶颈。场景驱动技术和市场需求高度融合是小视科技追求的目标，但也走了一些弯路。在一次“以图识图”解决方案的开发过程中，小视科技基于自研深度学习技术，快速实现了人脸识别技术及配合式活体检测技术研发落地。杨帆希望能够借此技术进军互联网身份认证领域，在实名认证场景中检测待认证人是不是本人及活体。然而市场反馈不容乐观，因为在实际场景中，企业一般由人工直接审核从业人员的真实性和相关资质，杨帆等人拿着技术的“锤子”并没有找对“场景”的钉子。很快，杨帆便意识到技术驱动的发展模式并不适用于小视科技的长期发展，技术驱动之外，AI 企业的另一条求生之路在哪里？从场景出发，贴“地”而行！AI 技术走向产业化，是一个整合性、复杂性和系统性工程，技术驱动可能难以落地于场景，而需求驱动并没有瞄准特定的复杂性情境，缺乏对环境因素、多重参与主体等的关注，因而可能难以兼顾场景中的其他限制因素或并行需求，使得技术研发后无法完全适应场景。因此，仅靠技术和需求驱动可能无法与产业化完美对接。

在杨帆的带领下，小视科技上下一心，坚定选择走贴“地”而行的战略路径，以场景为源，深挖企业真实需要且难以解决的场景痛点。发展思路从“这项活体检测技术如何切入互联网身份认证场景”转变为“互联网实名认证场景中身份识别的真正痛点在何处，现有技术需要如何改进才能解决场景痛点？”很快，小视科技发现，互联网身份认证场景中，审核待认证人的信息准确性和相关资质才是企业真正的细分场景痛点。由于数据体量更大、复杂度更高，仅靠人工和单一维度数据难以准确识别实名认证人员信息的准确性和资质的符合性。因此，小视科技锁定“互联网 SaaS 认证与服务场景”，为互联网企业提供身份认证综合性服务。场景驱动下，小视科技进行了新的产品研发，这次研发聚焦数据积累，进一步将场景与技术融合。从 2015 年年底到 2016 年 8 月，小视科技团队不断打通多维度数据源，精进对人脸自动化生产精准标签的技术能力。凭借对场景痛点的精准把握，小视科技打通了多维数据和微表情精准标签，在互联网综合身份认证场景快速发展，完成了单凭技术所无法完成的业务目标。尝到了场景驱动的甜头后，小视科技趁热打铁，不断扩大场景版图，将业务延伸到安防、商业、矿山等其他领域，慢慢摸索出自己独特的场景驱动创新之道。

在场景驱动的战略逻辑下，小视科技跳出“人机协同”的常规模式，探索出了“人—机—场”三元协同的升级模式，旨在充分把握 AI 和人的关系，在场景中提高人和机器的协同工作效率。小视科技副总裁王忠林表示：“AI 的价值不是替代人，而是让人在场景中更高效，更具有创造性，AI 在实际生产和作业场景中，去协助人更好地完成工作，实现产业价值，才能真正实现技术价值。”在新的协同模式下，无论是人还是机器，都需要围绕场景，以实现场景价值为终极目标。为了更好地将人与机器融入场景，小视科技的研发人员直接进入一线场景，在对场景理解和业务逻辑把控的基础上研发紧贴场景痛点的 AI 技术和解决方案，真正实现人和机器在场景中的最优效能。

回顾小视科技的探索历程，小视科技将贴“地”做到极致，以“人—机—场”三元协同的创新机制，其本质上是场景驱动创新视角下“技术—场景—能力”三位一体的企业演进模式（图 17–2）。贴“地”而行的战略路线，使得小视科技能够将有限的企业资源精准投放至产业价值创造的一线，围绕客户实际需要的场景开展核心技术和算法模型的研发与应用，有效避免了先进技术研发之后高高在上，但在产业应用中无用武之地的资源浪费和现实困境。创业初期，小视科技为解决特定场景中缺少足够多的图片样本的产业共性问题，研发了小样本弱监督技术，通过少量样本就可以训练可用模型，结合具体场景不断迭代，应用于智能终端设备，赋能煤焦化、社会民生、园区安防等场景。

在贴“地”而行的战略指引下，小视科技以解决具体场景问题为导向，

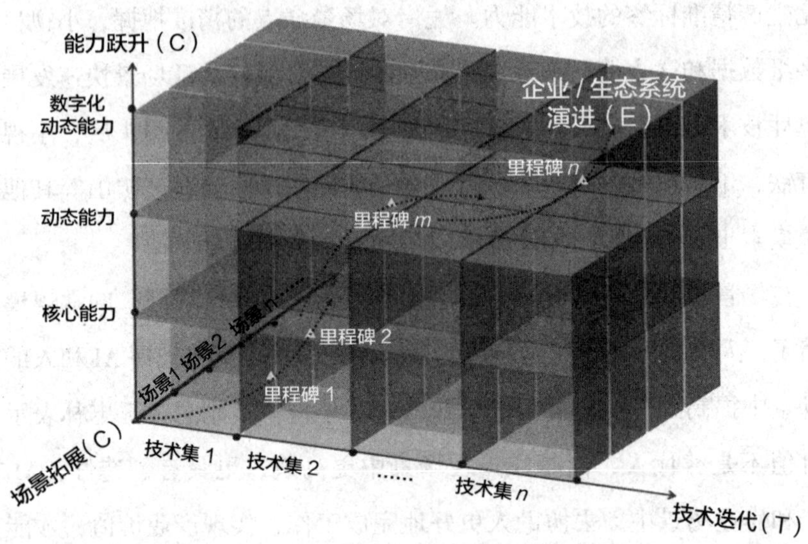

图 17-2　场景驱动“技术—场景—能力”三位一体战略演进体系

研发能够用于场景生产的技术，从而完成技术贴“地”，并形成企业的核心能力。进一步，瞄准新的场景拓展技术应用场景时，要求针对新的场景问题对原有技术集进行二次开发和迭代，形成新的技术集并落地于新场景。在此过程中，研发和业务管理模式也需要面对变化的环境和场景进行更新适配，驱动核心能力向动态能力跃迁。随着场景不断拓展、技术不断迭代，小视科技得以在 AI 产业生态中扎根，与合作伙伴共筑资源，共创价值，实现企业技术能力、管理能力与场景整合能力共同演进，打造赋能多元场景智能化的数字化动态能力，驱动横向业务跃迁和纵向能力跃升。历经 8 年多积累，小视科技逐步形成了图像采集、图像标注、模型训练、模型发布等一整套能力，产出效率成倍提升，平均一周即可实现一次模型升级迭代，每年都会涌现里程碑事件推动企业发展迈向新台阶，超越其他同期的 AI 创业企业。

三、机制创新：构建企业增长飞轮

机制创新是小视科技有效整合技术与场景，稳步推行场景驱动的创新战略，构建企业增长飞轮的关键（图 17-3）。小视科技瞄准政策和产业发展趋势，以用户价值为出发点和落脚点，保持自身重力，以场景策源地构建紧贴场景的价值创造，提供飞轮动能，进而研发场景化技术；以 ADAMS 智能创新产品架构，也即算法（AI）+ 智能硬件（device）+ 应用服务管理平台（AM）+ 解决方案（solution），推进技术与场景深度融合，减少飞轮阻力，使得技术在场景中迭代测试，落地应用。在旋转过程中，小视科技持续赢得客户信任，提升企业能力和声誉，并吸引更多用户与场景，推动企业飞轮持续快速运转。

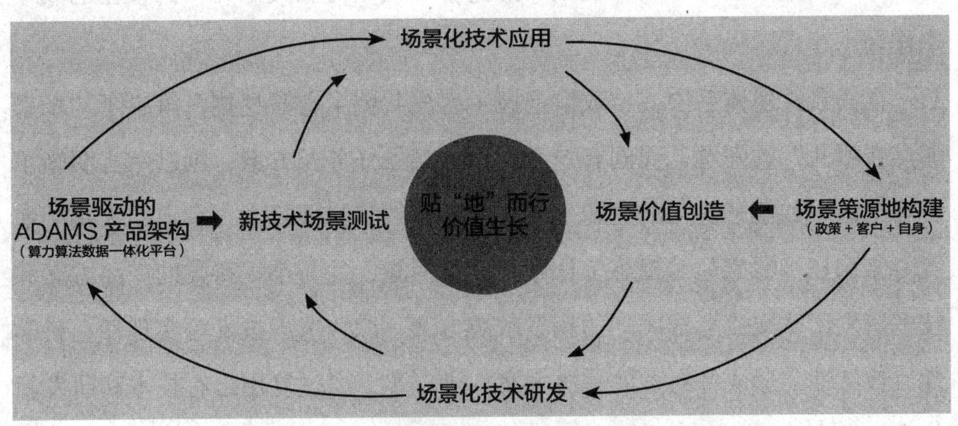

图 17-3　场景驱动小视科技企业增长飞轮

（一）“政策把握 + 客户共创 + 自身挖掘”共建场景策源地

通过“政策把握 + 客户共创 + 自身挖掘”构建高质量的场景策源地是小视科技贴近顾客价值的战略抓手。

首先，精准把握政策机遇和产业发展趋势，前瞻性地制定和优化发展战略，是小视科技赢得市场和政策主动的重要基础。其次，秉持客户价值驱动的理念，通过结合客户的业务场景痛点，与客户共同探讨当前存在的痛点问题和真实需求，据此进行产品和解决方案的开发。目前，小视科技的客户覆盖江苏、上海、广东、重庆、山西、新疆、甘肃等20余个省区市，覆盖行业包括以智慧社区园区校园为代表的基层社会治理领域、以煤矿和煤焦石油化工为代表的能源产业、以互联网身份认证服务为代表的数字生活领域。这些领域的客户都会基于现实问题向小视科技提出场景化需求，而小视科技也会站在客户价值端利用技术针对性赋能场景。此外，小视科技也基于自身积累和在研的技术，主动挖掘场景问题。例如，在车辆物资运输票管理场景中，小视科技基于通用OCR技术实现了客户运输票的自动识别和关键字提取，并针对识别置信度提示人工复核，避免了手动填写和人工无目的校正的烦琐工作。

在场景共建体系中，“政策把握+客户共创+自身挖掘”解决了“场景痛点在哪儿”的问题，而同客户合力设计场景任务及方案，则进一步明晰了“场景痛点如何解决”的问题。在小视科技的实际项目中，客户中大量的业务专家和技术专家总结提炼工作中存在的问题，并与小视科技的产品方案和技术研发团队交流形成闭环的场景解决方案，综合考虑技术可实现性、科学性、经济性，形成针对性的解决方案。进一步，通过复用已有技术和研发新技术相结合的方法，将方案产品在场景中试点、优化，直至成熟后推广，实现场景驱动问题解决的闭环。在此基础上，吸引更多客户开放场景和需求，加深合作，为增长飞轮提供更多动能。

（二）场景驱动“数据+算法+算力”技术迭代的全链路

小视科技作为深耕场景的AI企业，同时拥有深厚的技术积累和强大的研发能力。然而，作为一家专注于 AI 技术应用的企业，扫清场景与技术融合的障碍、实现“人—机—场”高效协同的具体抓手在哪儿？对此，小视科技研发数据、算法和算力一体化平台，形成场景驱动的 ADAMS 智能创新生态架构，找到“人—机—场”协同的执行抓手，不断推进技术迭代、场景迁移与能力跃升。

数据、算法和算力作为人工智能三大要素，能够有效感知触达场景并在场景中提升人机协同效率，是场景驱动技术迭代全链路的核心。小视科技深入理解数据、算法和算力与“人—机—场”协同中的关系，从而有效构建协同机制。首先，用数据感知场景需求。数据来源于前端设备，能够测量场景的时空维度、复杂程度、关系强度、主体行为方式等。小视科技建立场景化数据驱动算法开发的敏捷研发机制，并将科学家前置入一线业务场景收集数据，以便更快深入理解业务场景和客户需求，并精准设计开发算法模型，减少试错成本。其次，用算法搭建场景方案，算法代表关键核心技术，其要义就是核心技术高速迭代。小样本学习系列技术作为小视科技的核心技术，是企业向新场景、新技术集拓展延伸的重要基础。在演化进程中，企业围绕场景持续迭代核心技术，缩短其算法研发周期并降低研发成本为客户快速解决问题，提升客户对企业能力的认可与对企业价值的感知，形成场景下的核心能力和动态能力。最后，用算力优化场景方案，算力体现了方案的性价比与场景的最优解，能够为客户带来更高的感知价值。小视科技研发的轻量化神经网络系列技术，能够大幅度降低算法模型的大小和计算量，从而降低算力开销和硬件要求，加速算法的执行速度，以数字化技术为更多的生态主体提供更高的生态价值，向企业数字化动态能力跃升。

ADAMS 智能创新生态架构是小视科技通过数据、算法、算力三要素打通“人—机—场”协同机制的重要桥梁（图 17–4）。遵循“人—机—场”三元协同的创新逻辑，将数据、算法和算力通过细分场景、前端设备、中枢平台

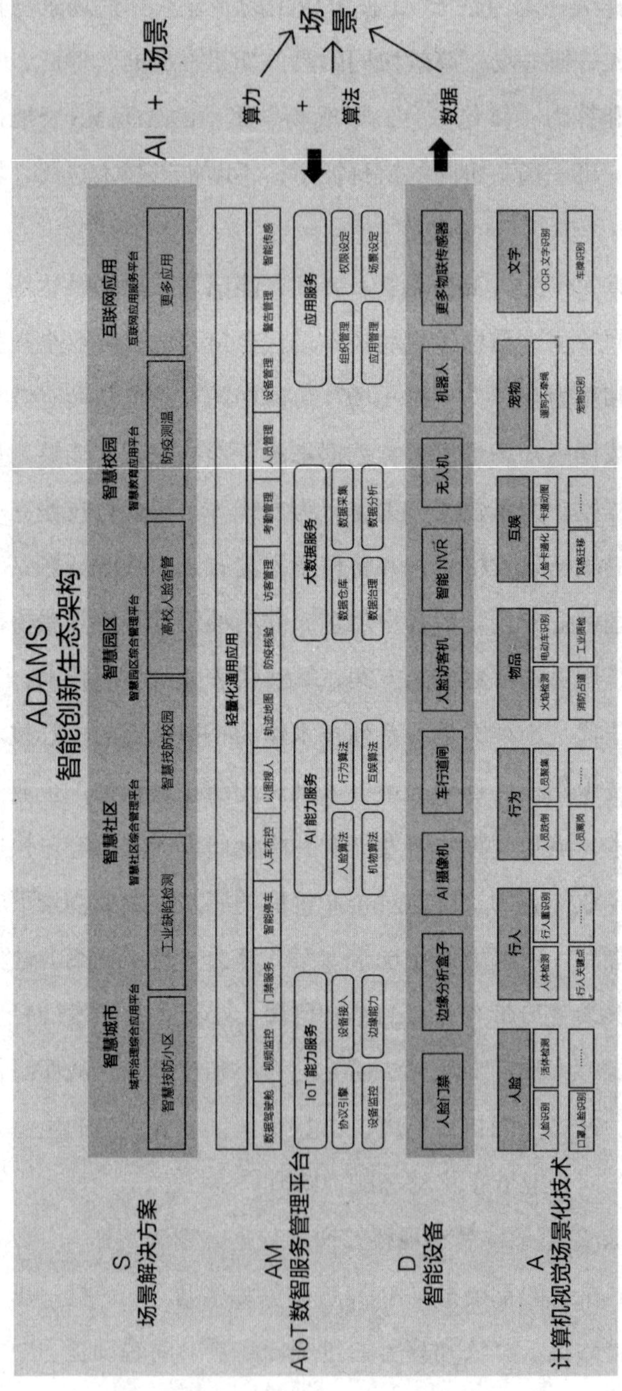

图 17-4 小视科技 ADAMS 智能创新生态架构

和解决方案有机协同，在场景需求下部署企业技术体系，搭建智能化平台，在方案定制中迭代 AI 技术体系，为场景痛点寻找最优解（图 17–5）。

围绕计算机视觉场景需求，小视科技开发了包含人脸、行为、物品等的场景化技术。针对每一个场景，都有对应的前端物联传感设备与其联结，并完成数据收集、整合及处理，用数据触达场景需求，从而更好地理解场景。算法和算力是构建场景能力的核心环节，小视科技将定制化算法服务、提高算力效率作为差异化策略的重要手段，自主研发 AIoT 人工智能公共基础能力平台——数智服务管理平台，并建立算法“开发—运行—运营”的全生命周期管理体系。由数智服务管理平台按需提供平台运行时服务（数据、算法、算力等服务的配置与监测）和微服务框架等技术手段，优化整个平台的性能和资源利用率，在灵活的模式下统一 AI 共性服务标准接口，联结各类物联传感设备。借助规范的算法管理体系为平台运行提供机制保障，真正实现小视科技为场景寻找方案，为客户创造价值的初心目标，推动企业飞轮持续运转，企业价值不断增长。

此外，小视科技应用创新生态系统的思维，通过接口将各类模块化应用、分析警告及数据研判结果开放至第三方业务平台，与合作伙伴共同为场景需求服务，不仅提升了算法的适配性和迭代能力，也进一步收获了其他生态主体的认可与支持，在产业生态中释放了 AI 价值。

四、价值绽放：赋能不同场景中的新质生产力涌现

场景驱动的战略逻辑使得小视科技能够始终把握顾客需求与技术方向，在多维场景策源地中挖掘场景痛点，在用户、社会、产业等各个场景下实现技术价值落地与客户价值增长。

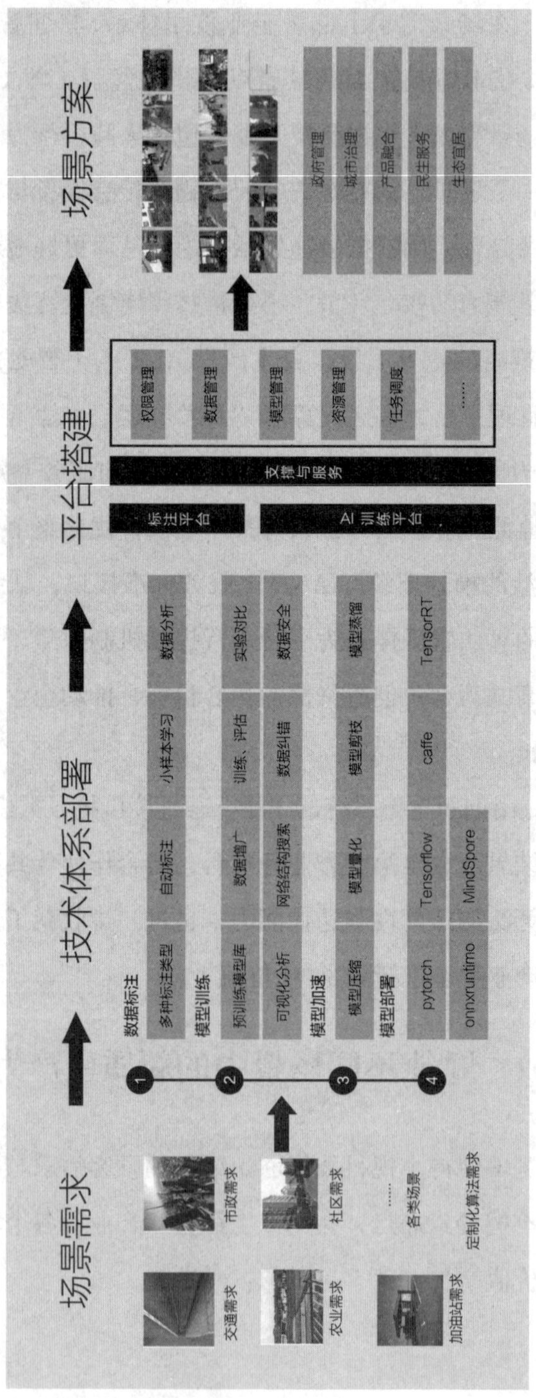

图 17-5 场景驱动 AI 技术体系迭代逻辑

（一）用户场景：自助认证开启互联网身份认证场景变革

基于深度学习的人脸识别技术在 2016 年进入发展井喷期，伴随资本、人才、技术的高度聚集，人脸库规模、召回率、识别角度及最小像素这些相关指标成为各大 AI 视觉企业的竞争焦点。然而，指标背后的场景需求究竟在哪儿？

拿着“场景驱动”的利刃，刚刚起步不久的小视科技敏锐地观察到实名制身份认证在网约车、快递、网上银行等领域中存在效率低、成本高、漏洞多等痛点，给用户实名认证带来了极大的不便。在发现场景的真实需求后，小视科技迅速开启技术研发，推出了互联网身份认证 SaaS 服务，将实名制认证从 5 天缩减到 1 分钟，掀起了从人工认证转变为个人自助认证的实名制身份认证方式变革，高效为用户场景赋能。小视科技此番贴“地”之举得到了大量国内互联网头部企业的认可和支持，为其嵌入大企业的业务生态奠定了坚实基础。

（二）社会场景：数字哨兵守卫社会防疫场景

2020 年年初，在新冠疫情冲击下，一些企业失去发展韧性，陷入大幅度裁员甚至倒闭的困境。小视科技却凭借对场景的把握，以科技向善的理念，用技术为场景赋能，在疫情防控期间获得“逆势增长”。

2020 年春节期间，小视科技应区政府客户需求，需要解决“戴口罩下的出入口通行管理”的场景痛点，从而降低疫情传播风险。接到需求后，小视科技快速响应，在大年初一组建科技攻关团队，利用小样本弱监督的企业核心技术，仅仅 3 天就实现了技术突破，并快速应用于企业智能终端设备，成为业界第一个突破戴口罩情况下人脸识别技术的企业，也是第一个将人脸识别技术应用于疫情防控的企业。随后，企业加快研发速度，围绕疫情防控场景涌现出的新需求，推出疫情防控“数字哨兵”产品、疫情防控时空伴随大数据平台、“天天来上班”“政府—企业—个人”联动联防平台等系列社会场景产品，用科技力量为疫情防控贡献了社会价值。

（三）产业场景：“小视磐石”守护煤焦化场景

2020年2月，国家发展改革委、国家能源局等八部委联合下发《关于加快煤矿智能化发展的指导意见》，提出到2035年，各类煤矿基本实现智能化，建成智能感知、智能决策、自动执行的煤矿智能化体系。然而，作为资产重、技术标准与规范不健全、平台支撑不够、技术装备保障不足、高端人才匮乏的典型产业，煤焦化行业企业如何拥抱数字化、智能化，保障安全作业生产？

秉持对场景痛点的深刻把握，小视科技以煤焦化场景下安全生产风险防范和安全审查方面的智能识别应用作为场景切入点，提出了煤焦化场景落地的“2+1”模式。其内涵是2个前置和1个转变：数据标注与算法训练前置、人工智能专家团队前置，以及价值观念由“面向用户销售AI产品”转变为“向用户提供AI产业服务”。在此模式的指导下，小视科技聚焦场景用户价值，让人工智能专家团队走向生产一线，带动数据标注与算法训练从实验室走向生产环境，推动技术与行业规则同场景需求深度融合。

山西常信煤矿依托小视科技的场景化AI智慧视觉分析技术与产品，实现视频监控“三违”（违章指挥、违章作业、违反劳动纪律）的智能化案例，在2023年3月被国家矿山安全监察局山西局作为典型样本在全省发文推广学习。这一场景驱动的创新案例，正是以“2+1”模式为指引，聚焦环境和人两大要素，将人工智能视觉中枢平台应用于安全生产之中，唤醒大量沉睡的视频监控资源，开发了具备智能识别视频对象及其行为、特殊事件主动推送警告等功能，将过去"人找事"的生产转变为"事找人"，对井上井下重点监控区域进行布控分析、实时检测，形成了自动预警、自动推送、自动考核的全流程闭环管理，并在此基础上拓展至副井口、井下主煤流运输等多元应用场景，在场景拓展过程中丰富和完善场景算法，提升技术能力的同时，为焦煤矿每年降低 80% 以上的安全生产风险和 50% 以上的管理成本，以磐石之坚守护安全生产。

五、生态嵌入：小企业妙入大生态

构建开放的人工智能产业生态，推动人工智能与实体经济深度融合，加快产业数字化、智能化转型升级是高质量发展的重要突破口。小视科技在创新发展中探索出了"核心能力打造—产业链升级—多方价值共创"的生态价值实现路径，基于场景驱动的创新打造自身核心能力，靠场景化技术和产品深耕重点场景，破解产业链升级痛难点，不断扩大生态影响范围，形成强劲的生态生长力，进一步强化生态凝聚力与生态牵引力，引领生态主体价值共创，推动生态持续生长，实现 AI 智慧视觉场景生态飞轮持续运转（图 17-6）。

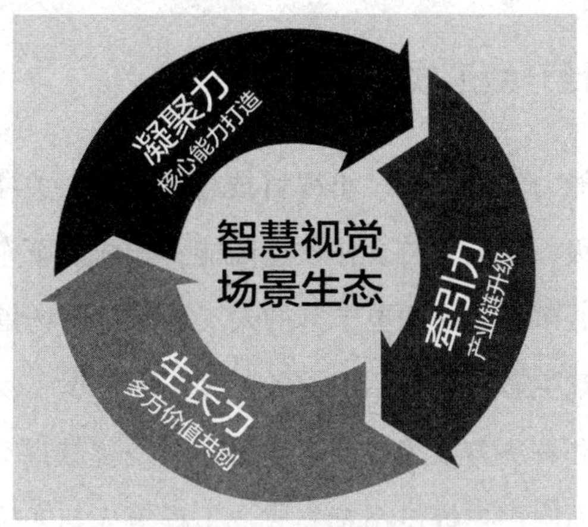

图 17-6　场景驱动小视科技生态增长飞轮

（一）核心能力打造生态凝聚力

小视科技作为聚焦场景智能视觉算法的研发和云端智能视觉标准产品的供应商，瞄准具体场景向客户提供系统化场景解决方案，打造出场景化的核心能力，牵引产业链持续升级，并通过开放生态推动多元主体价值共创，不断提升生态的生长力。一方面，小视科技依托通用场景智能视觉算法，在场景中挖掘客户的业务价值，将技术与场景紧密结合，推动产业数字化智能化升级。在钢铁冶炼、电力等行业场景中，小视科技通过对视频图像进行深度分析，实现了对生产过程中异常情况的智能监测与预警；在物流、零售等行业场景中，小视科技的智能识别技术通过识别图像和视频中的信息，提高了客户的生产和管理效率。另一方面，小视科技向客户提供定制化场景解决方案，依托现有的智能视觉技术在新的场景中根据客户实际需求定制化开发，在与客户的沟通与反馈中动态调整和完善场景解决方案，在构筑场景核心能力的基础上形成了服务生态的动态能力，在满足客户个性化需求的同时推动自身技术持续创新跃迁，围绕通用场景和定制化场景问题迭代场景化技术，以场景化技术凝聚生态主体，持续强化生态凝聚力。

（二）产业链升级形成生态牵引力

在夯实核心能力的基础上，小视科技高瞻远瞩，关注产业链上下游发展和产业链整体升级，向上下游合作伙伴赋能，形成上下牵引的生态能力，与合作伙伴共同拓展市场，挖掘更丰富的人工智能应用场景。

智慧视觉场景生态主要包括上游的芯片与硬件设备供应商和处于下游的业务软件开发商和解决方案集成商。上游企业是智慧视觉算法和能力的硬件载体，下游企业面向用户提供系统集成、工程集成与实施等服务。在与上下游企业共同组成的智慧视觉生态中，小视科技以智慧视觉能力为赋能主线，一方面向上赋能，将 AI 算法与芯片深度融合，直接赋予芯片智能计算能力，将芯片升级为智能计算模组，让芯片和设备具备智能视觉计算能力；另一方面向下赋能，将 AI 算法与终端设备、边缘计算设备深度融合，将设备升级为在场景中具备独立智能计算能力的智能设备。AI 能力平台为应用系统提供智能计算服务，让用户业务系统具备向用户提供智能化应用的能力，为业务应用系统和整体场景解决方案提供智慧视觉计算能力，助力行业数智化升级。

（三）多方价值共创增强生态生长力

客户价值与技术价值融合共创是场景驱动小视科技创新的核心要义，让技术贴近场景，让企业贴近客户是小视科技实现多方价值共创，构建生态生长力的重要举措。从创业到发展，小视科技的生态影响力不断扩大，并逐步获得政府、产业需求方、投资人和企业内部员工等多方信任。通过场景驱动产业链、创新链、资金链、人才链深度融合，与政产学研多元主体共生共创，不断强化生态的生长力。

在合作过程中，小视科技以场景需求为导向，通过技术、产品、服务、市场营收、共同成长等多种方式，助力政府、产业需求方等客户在场景和业务上取得成功。面向政府、产业、科技界等客户与合作伙伴，注重开放能力，助力应用软件开发合作伙伴提升智能化竞争力；控制边界，将自身能力聚焦在智能视觉算法和能力平台建设上，其他由合作伙伴完成；成果共享，与合作伙伴共享经济和社会成果，提升合作伙伴的营利能力和企业声誉，与合作伙伴共同发展。对于不同的生态主体，小视科技精准把握生态关系与赋能要点。面向投资人，小视科技以企业自身营收和估值的持续增长成就投资人。面向企业内部员工，小视科技与员工共享成果，注重员工在项目中实现成长，助力内部团队价值实现。

六、持续破界，创新跃迁

"场景 +AI"的战略思维，不但有望驱动 AI 初创企业持续破界生长，也为数字时代的创新发展提供了全新的战略进路——坚持场景驱动创新，借力先进的 AI 通用基础模型，通过面向专业场景的模型微调（fine-tuning），持续增强 AI 技术的场景适应性，以 AI 技术与场景的深度融合解决千行百业的场景痛点问题，在更多场景中锤炼技术价值，反向加速技术迭代、企业能力跃迁和 AI 价值释放，成就场景驱动 AI 赋能美好生活的生态飞轮。

参考文献

白光祖，万劲波，彭现科，等，2022. 强化国家战略科技力量支撑，服务构建新发展格局 [J]. 科技导报，40(11):6-14.

陈劲，1994. 国家创新系统：对实施科技发展道路的新探索 [J]. 自然辩证法通讯 (6): 22-29.

陈劲，2018. 关于构建新型国家创新体系的思考 [J]. 中国科学院院刊，33(5): 479-483.

陈劲，2019. 全球科技创新的前沿分析及对策 [J]. 人民论坛·学术前沿，184(24):8-13, 150.

陈劲，2022. 以新型举国体制优势强化国家战略科技力量 [J]. 人民论坛，750(23):24-28.

陈劲，贾宝余，尹西明，等，2023. 国家战略科技力量 [M]. 北京：经济日报出版社 .

陈劲，阳镇，尹西明，2021. 双循环新发展格局下的中国科技创新战略 [J]. 当代经济科学，43(1): 1-9.

陈劲，阳镇，朱子钦，2021 . 新型举国体制的理论逻辑、落地模式与应用场景 [J]. 改革 (5): 1-17.

陈劲，朱子钦，2021. 探索以企业为主导的创新发展模式 [J]. 创新科技，21(5): 1-7.

柳卸林，丁雪辰，高雨辰，2018. 从创新生态系统看中国如何建成世界科技强国 [J]. 科学学与科学技术管理，39(3):3-15.

柳卸林，魏江，陈劲，等，2021. 实施创新驱动发展战略　加快推动我国现代化建设：研究阐释党的十九届五中全会精神笔谈 [J]. 经济管理，43(1):5-17.

柳卸林，朱浪梅，2021. 中国区域创新全要素生产率的演变动态：追赶还是落后？ [J]. 科学学与科学技术管理，42(12):99-112.

穆荣平，2017. 强化创新第一动力　增添持续发展动能 [J]. 人民论坛 (z2):106-107.

宁吉喆，2023. 中国式现代化的方向路径和重点任务 [J]. 管理世界，39(3): 1-19.

任保平，文丰安，2018. 新时代中国高质量发展的判断标准、决定因素与实现途径 [J]. 改革，290(4):5-16.

戎珂，柳卸林，魏江，等，2023. 数字经济时代创新生态系统研究 [J]. 管理工程学报，37(6): 1-7.

眭纪刚，2020. 全球科技创新中心建设经验对我国的启示 [J]. 人民论坛·学术前沿，190(6):16-22.

孙祁祥，周新发，2020. 科技创新与经济高质量发展 [J]. 北京大学学报（哲学社会科学版），57(3):140-149.

万劲波，吴博，2019. 强化科技强国对现代化强国的战略支撑 [J]. 中国科学院院刊，34(5):512-521.

王如松，杨建新，2000. 产业生态学和生态产业转型 [J]. 世界科技研究与发展，22(5):24-32.

王寿兵，吴峰，刘晶茹，2006. 产业生态学 [M]. 北京：化学工业出版社.

王巍，陈劲，尹西明，等，2022. 高水平研究型大学驱动创新联合体建设的探索：以中国西部科技创新港为例 [J]. 科学学与科学技术管理，43(4): 21-39.

王一鸣，2022. 中国数字化转型的战略重点和路径 [J]. 金融论坛，27(2):3-14.

谢智刚，2021. 数字经济与中国经济数字化转型 [J]. 财政科学，71(11):20-25.

许红丹，杨武，2023. 中国科技创新驱动经济高质量增长时序性分析：基于 TVP-VAR 模型的实证研究 [J]. 科学学研究 (11):2073-2085.

尹西明，陈劲，2021. 科技自立自强与新型国家创新体系建设 [J]. 群言 (8): 15-18.

尹西明，陈劲，2022. 产业数字化动态能力：源起、内涵与理论框架 [J]. 社会科学辑刊 (2):114-123.

尹西明，陈劲，贾宝余，2021. 高水平科技自立自强视角下国家战略科技力量的突出特征与强化路径 [J]. 中国科技论坛，2(9): 1-9.

尹西明，陈泰伦，陈劲，等，2022. 面向科技自立自强的高能级创新联合体建设 [J]. 陕西师范大学学报（哲学社会科学版），51(2):51-60.

尹西明，陈泰伦，陈劲，等，2023. 加强企业主导型国家创新体系建设的逻辑与路径 [J]. 科技中国 (4): 49-53.

尹西明，苏雅欣，陈劲，等，2022. 场景驱动的创新：内涵特征、理论逻辑与实践进路 [J]. 科技进步与对策，39(15):1-10.

尹西明，苏雅欣，李飞，等，2022. 共同富裕场景驱动科技成果转化的理论逻辑与路径思考 [J]. 科技中国 (8): 15-20.

张军扩，侯永志，刘培林，等，2019. 高质量发展的目标要求和战略路径 [J]. 管理世界，35(7):1-7.

张文忠，2022. 中国不同层级科技创新中心的布局与政策建议 [J]. 中国科学院院刊，37(12):1745-1756.

张学文，靳晴天，陈劲，2023. 科技领军企业助力科技自立自强的理论逻辑和实现路径：基于华为的案例研究 [J]. 科学学与科学技术管理，44(1):38-54.

张颖莉，杨海波，2023. 世界科学城的演变历程及对粤港澳大湾区的启示 [J]. 中国科技论坛，321(1):161-169.

赵涛，张智，梁上坤，2020. 数字经济、创业活跃度与高质量发展：来自中国城市的经验证据 [J]. 管理世界，36(10):65-76.

赵玉帛，张贵，王宏，2022. 数字经济产业创新生态系统韧性理念、特征与演化机理 [J]. 软科学，36(11):86-95.

周翔，叶文平，李新春，2023. 数智化知识编排与组织动态能力演化：基于小米科技的案例研究 [J]. 管理世界 (1):138-157.

邹波，杨晓龙，董彩婷，2021. 基于大数据合作资产的数字经济场景化创新 [J]. 北京交通大学学报（社会科学版），20(4):34-43.

SUBBANARASIMHA P N, 2001. Strategy in turbulent environments:the role of dynamic competence [J]. Managerial & Decision Economics, 1: 202-208.

TEECE D J， PISANO G, SHUEN H, 1997 . Dynamic capabilities and strategic management [J]. Strategic Management Journal, 18(7):509-533.

TEECE D J, 2010 . Explicating dynamic capabilities:the nature and micro foundations of (sustainable) enterprise performance [J]. Strategic Management Journal, 28(13):1319-1350.

TEECE D J, 2018 . Profiting from innovation in the digital economy:Enabling technologies, standards, and licensing models in the wireless world [J]. Research Policy, 47(8):1367-1387.